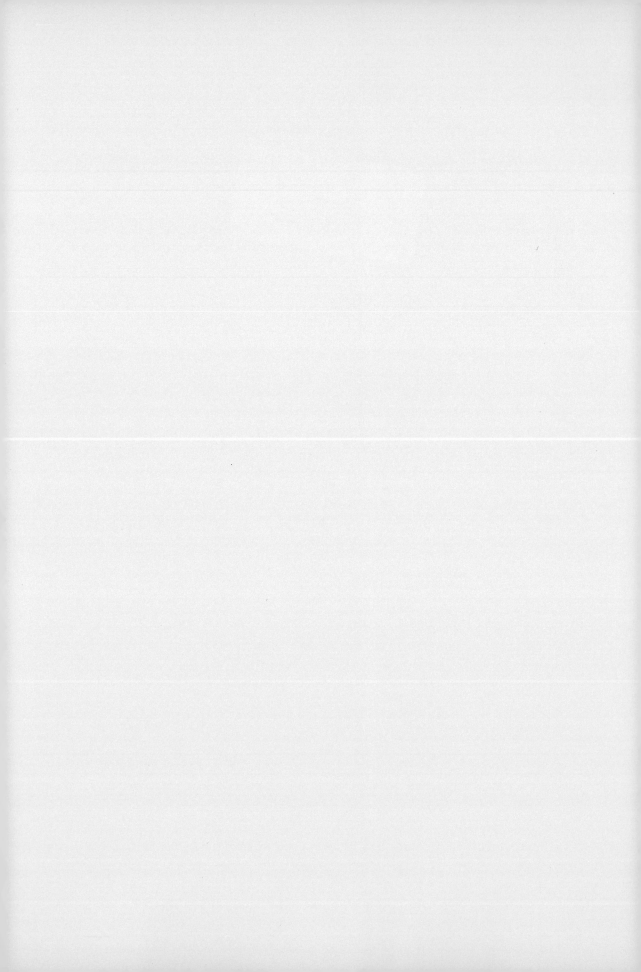

2.ª edición

Coreano fácil · Intermedio

Coreano fácil • Intermedio

2.ª edición

Autora	Seung-eun Oh
Traductor	Roberto Vega Labanda
Correctora de estilo	María del Rosario Albarracín Gordillo
1.ª impresión	enero de 2021
1.ª edición	enero de 2021
Editor de proyecto	Kyu-do Chung
Editores	Suk-hee Lee, Ji-eun Oh, Joo-hee Seol
Diseñedores	Na-kyung Kim, Soo-jung Koo, Hee-jung Kim
Ilustrador	Byung-chul Yoon
Actores de voz	In Kim, So-hee Kim, Alejandro Sánchez Sanabria

DARAKWON Publicado por Darakwon Inc.

Darakwon Bldg., 211, Munbal-ro, Paju-si, Gyeonggi-do, República de Corea 10881
Tfno.: 02-736-2031 (Dpto. Mercadotecnia: Ext. 250~252; Dpto. Edición: Ext. 420~426)
Fax: 02-732-2037

Precio: 22,000 wones (incluye MP3 descargable gratuito)

ISBN: 978-89-277-3267-9 14710
978-89-277-3263-1 (set)

http://www.darakwon.co.kr
http://koreanbooks.darakwon.co.kr

※ En caso de querer más información sobre nuestras publicaciones y promociones, así como las instrucciones de cómo descargar los archivos MP3, visite la página web de Darakwon.

El presente libro fue seleccionado por la Agencia de Promoción de la Industria Editorial de Corea dentro del "Proyecto de Subvenciones a la Traducción de Contenidos Editoriales de 2020".

Coreano fácil Intermedio

2.ª edición

Seung-eun Oh

DARAKWON

Prólogo

〈Korean Made Easy〉 시리즈는 제2언어 혹은 외국어로서 한국어를 공부하는 학습자를 위해 집필되었다. 특히 이 책은 시간적·공간적 제약으로 인해 정규 한국어 교육을 받을 수 없었던 학습자를 위해 혼자서도 한국어를 공부할 수 있도록 기획되었다. 〈Korean Made Easy〉 시리즈는 초판 발행 이후 오랜 시간 독자의 사랑과 지지를 받으며 전세계 다양한 언어로 번역되어 한국어 학습에 길잡이 역할을 했다고 생각한다. 이번에 최신 문화를 반영하여 예문을 깁고 연습 문제를 보완하여 개정판을 출판하게 되어 저자로서 크나큰 보람을 느낀다. 한국어를 공부하려는 모든 학습자가 〈Korean Made Easy〉를 통해 효과적으로 한국어를 공부하면서 즐길 수 있기를 바란다.

시리즈 중 〈Korean Made Easy–Intermediate〉는 중급 학습자가 혼자서도 한국어를 공부할 수 있도록 고안한 책으로, 〈Korean Made Easy for beginners〉의 다음 단계의 책이라고 할 수 있다. 하지만 중급 책은 초급 책과 형식을 달리하여 언어적 다양성과 의사소통을 강조하였다. 중급 학습자는 문법을 정확히 이해하고 적절한 상황에서 활용하는 능력과 함께 각기 다른 상황에서 다양한 어휘 사용 능력을 발휘하는 것이 중요하기 때문에 초급과 다른 형식이 필요했다. 더욱이 혼자 공부할 때 가장 어려울 수 있는 의사소통을 펼칠 수 있는 활동도 중급 책에서 강화되어야 한다고 판단했다.

〈Korean Made Easy–Intermediate〉는 일상생활에서 접할 수 있는 15개의 주제가 과로 구성되어 있다. 이 책에서는 중급 학습자가 어휘와 문법을 주어진 맥락에 맞게 어떻게 활용할 수 있는지 보여 주는 것을 최우선 과제로 삼았기에, 각 주제별로 3개의 담화 상황을 설계하여 어휘와 문법이 제시, 연습, 확장되도록 구성하였다. 또한 해당 주제와 문맥에 맞게 어휘와 문법을 사용하여 의사소통 할 수 있도록 말하기 활동을 포함하였다. 아울러, 어휘의 짜임을 이해할 수 있도록 중급 어휘에 필수적인 한자의 음을 의미별로 묶은 어휘망을 제시하였다. 마지막으로 관용어 표현 및 속어, 줄임말 등 문화 속에 반영된 어휘를 배움으로써 한국 문화를 엿볼 수 있도록 하였다.

이 책을 완성하기까지 많은 사람의 관심과 도움, 격려가 있었다. 훌륭한 번역과 교정으로 개정판을 완성시켜 주신 Roberto Vega Labanda 교수님과 설주희 씨, 그리고 스페인어 감수를 맡아 주신 María del Rosario Albarracín Gordillo 선생님께도 감사의 말씀을 전하고자 한다. 또한 한국어 책 출판을 든든하게 지원해 주시는 ㈜다락원의 정규도 사장님과 저자의 까다로운 요구를 마다하지 않고 근사한 책으로 구현해 주신 한국어출판부 편집진께 마음을 다해 감사 드린다. 마지막으로, 항상 저를 응원해 주시며 매일 기도하기를 잊지 않으시는 어머니와 딸의 출판을 어느 누구보다 기뻐하셨을 돌아가신 아버지께 이 책을 바치고 싶다.

2021년 1월

오승은

La serie *Coreano fácil* ha sido diseñada para estudiantes de coreano como lengua extranjera o segunda lengua; más concretamente, para aquellos que hayan decidido aprender coreano por su cuenta al no poder recibir educación formal al respecto debido a la falta de tiempo o la lejanía de los centros educativos que oferten cursos de coreano. Parece que la serie *Coreano fácil* ha sido muy bien recibida y apreciada desde su primera edición. Además, ha sido traducida a varios idiomas, lo que ha convertido esta serie en una valiosa herramienta para aprender coreano. Como autora, me siento extremadamente recompensada por la publicación de esta edición revisada, la cual incluye ejemplos con innovadores contenidos culturales y ejercicios complementarios adicionales. Espero que todos aquellos interesados en aprender coreano lo puedan hacer de manera eficaz y entretenida por medio de la serie *Coreano fácil*.

El presente manual, *Coreno fácil – Intermedio*, constituye dentro de esta serie la continuación natural de *Coreano fácil* para principiantes, ya que está dirigido a aquellas personas que deseen adquirir un nivel intermedio en lengua coreana estudiando por su cuenta. Sin embargo, a diferencia del manual de nivel inicial, en este se presta una mayor atención a los recursos comunicativos y a una mayor cantidad de elementos lingüísticos. Dado que las necesidades de los estudiantes de nivel intermedio difieren notablemente de los estudiantes de nivel inicial, este manual trata de proporcionar recursos léxicos aplicables en diferentes situaciones, así como ayudar a entender y a utilizar estructuras gramaticales dentro de sus respectivos contextos. Asimismo, se incluyen actividades que en las que hay que reflexionar y practicar aquellos contenidos de nivel intermedio que resultan más difíciles cuando uno estudia por su cuenta.

Coreano fácil está compuesto por quince capítulos sacados de situaciones de la vida cotidiana. Puesto que la meta principal de este manual es mostrar a los estudiantes del nivel intermedio gramática y vocabulario convenientemente contextualizados, se ofrecen tres situaciones comunicativas por tema, en las que se presentan, se analizan y se ponen en práctica contenidos gramaticales y léxicos. A continuación, se incluyen actividades de expresión oral que requieren el uso de esos vocablos y estructuras gramaticales según la situación comunicativa. Por otra parte, también se pueden encontrar diagramas de sílabas basadas en caracteres chinos que permitirán entender más fácilmente cómo este tipo de palabras se forman en coreano. Finalmente, la última página de cada capítulo presenta un texto que ofrece una visión desenfada a la cultura coreana a través de elementos léxicos como expresiones, coloquialismos, acortamientos léxicos, etc.

Este libro ha sido posible gracias al interés, la colaboración y el apoyo de muchas personas. En primer lugar, quisiera expresar mi agradecimiento al Prof. Roberto Vega Labanda por su excelente traducción en la segunda edición de este libro, así como a la D.ª Joo-hee Seol por su corrección y a la Prof. María del Rosario Albarracín Gordillo por su revisión. También querría darle las gracias desde el fondo de mi corazón, en primer lugar, a D. Kyu-do Chung, presidente de la editorial Darakwon S. L., por su apoyo a la publicación de libros de coreano, así como también, en segundo lugar, a todo el personal del Departamento Editorial de Lengua Coreana de Darakwon por atenderme cordialmente siempre que acudía a ellos con alguna petición. Por último, me gustaría dedicarle este libro a mi madre por su constante apoyo y sus oraciones, y a mi difunto padre, quien más que nadie se sentirá orgulloso de la publicación de este libro.

enero 2021

Seung-eun Oh

Cómo usar este libro

Objetivos

Cada capítulo comienza presentando las destrezas comunicativas que se adquirirán tras estudiar dicho capitulo, de manera que los usuarios de este manual pueden consultar los puntos gramaticales, los léxicos y los objetivos.

Gramática

En este apartado se presentan los contenidos gramaticales necesarios para desarrollar las destrezas comunicativas que se persiguen.

Cada capítulo incluye tres conversaciones y cada una de estas incluye dos puntos gramaticales, lo que hace un total de seis puntos gramaticales por capítulo.

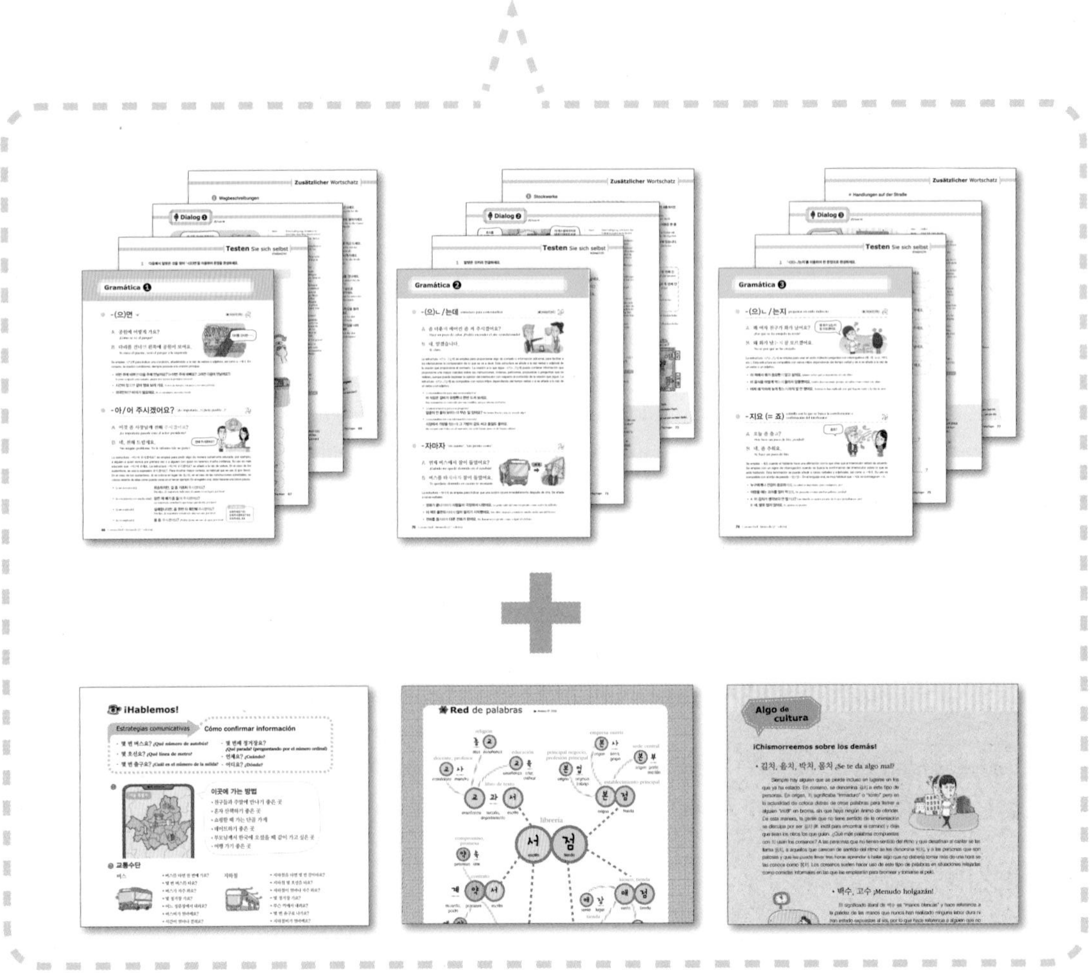

Gramática

Esta sección proporciona algunos diálogos como ejemplos para ilustrar el contexto y el sentido de los puntos gramaticales. La presencia de ilustraciones acompañando dichos ejemplos ayuda a entender de manera sencilla, casi intuitiva, los diálogos, las situaciones y el contexto en el que se usan. Las frases que siguen a los ejemplos se pueden dividir entre aquellas acabadas en 1) –다 (Ej. –고 있다, –(으)려고 하다, etc.) y aquellas acabadas en 2) –요 (Ej. –(으)시겠어요?, –지요?, etc.). Es importante recordar que las frases acabadas en –다 se pueden usar tanto oralmente como por escrito, mientras que las acabadas en –요 solo se emplean en el registro oral.

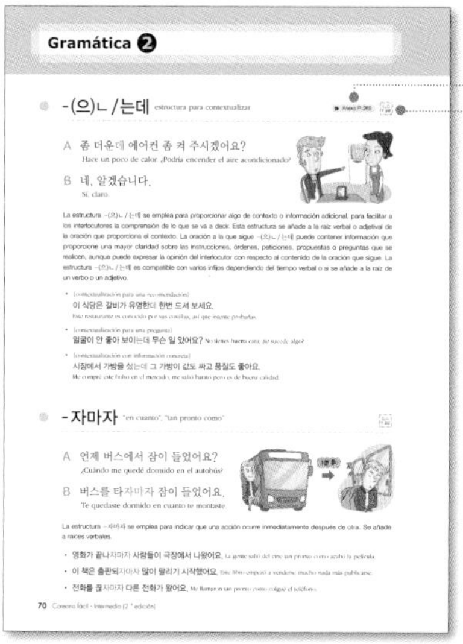

Anexo gramatical

Hace referencia al anexo gramatical que proporciona información complementaria sobre las estructuras gramaticales.

Tablas de conjugación

El anexo gramatical incluye tablas de conjugación como apoyo a la comprensión y a la adquisición de la conjugación necesarias para poder hacer uso de los puntos gramaticales estudiados. Los puntos gramaticales se encuentran organizados según su terminación, si empiezan por consonante o vocal, si se añade a un verbo o a un adjetivo, o si pueden en pasado. El uso de un asterisco indica las conjugaciones que son irregulares, el empleo de dos asteriscos señala las conjugaciones que suelen hacerse de manera incorrecta. La utilización de tres asteriscos muestran cómo se ha de modificar la vocal final de una raíz según se añadan a una estructura que comience por –아 o por –어.

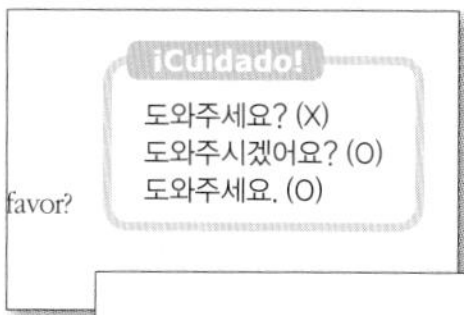

¡Cuidado!

Estos apuntes indican errores con los que hay que tener cuidado, ya que son muy comunes entre las personas que aprenden coreano.

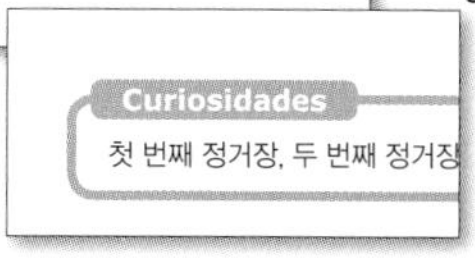

Curiosidades

Estas anotaciones aportan información complementaria sobre la gramática y el vocabulario.

Autoevaluación

Esta sección permite autoevaluar la comprensión de los puntos gramaticales por medio de una serie de ejercicios que ayudará a los usuarios de este manual a entender mejor el uso de dichos puntos gramaticales.

Clave de respuestas

La clave de respuesta se encuentra en el anexo.

Conversación

El vocabulario clave de cada capítulo se presenta contextualizado en conversaciones acompañados por imágenes. Las conversaciones son considerablemente más largos que los del nivel para principiantes y no han sido diseñados para ser memorizados sino más bien para facilitar la adquisición de una mayor competencia en coreano.

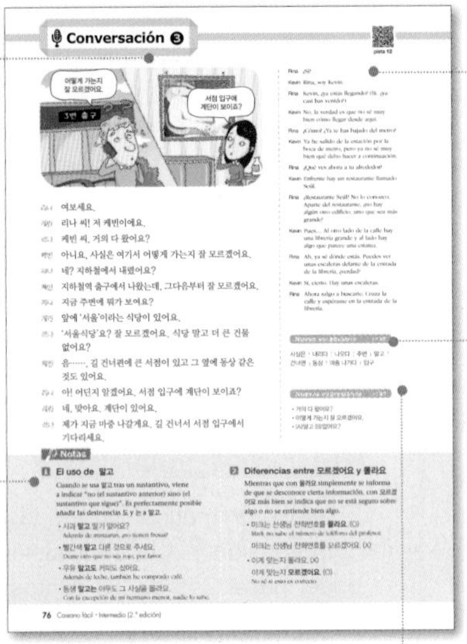

Audición

Cada conversación del libro cuenta con su correspondiente audición en el MP3, de manera que sea de ayuda a la hora de practicar la pronunciación y la entonación.

Notas

Esta sección proporciona información adicional sobre otros puntos gramaticales, diferentes de los vistos en Gramática, que aparecen en la conversación. Cada conversación va seguida de dos notas.

Traducción

Todas las conversaciones van acompañadas por su traducción al español para facilitar su comprensión. Sin embargo, estas no son meras traducciones literales sino que han sido traducidas a un español natural. En ocasiones se ofrecerán ciertas traducciones literales entre paréntesis.

Nuevo vocabulario

Se puede encontrar en el anexo los nuevos vocablos con sus correspondientes significados en español.

Nuevas expresiones

Esta sección presenta tres expresiones de uso habitual en coreano. El significado de las expresiones también se puede encontrar en el anexo.

Vocabulario adicional

Esta sección busca ayudar a los estudiantes a expandir su léxico proporcionándole listas de palabras organizadas por categorías y relacionadas con el tema de la conversación. El contenido de la sección será de gran ayuda tanto a la hora de poner en práctica los objetivos de cada capítulo, así como para ampliar el vocabulario de los estudiantes.

Expresiones esenciales

Recordar estas expresiones será de gran ayuda para adquirir un mayor dominio léxico.

¡Hablemos!

Esta sección ha sido diseñada para que los estudiantes puedan interactuar por medio de conversaciones realistas en las que puedan poner en práctica la gramática y el vocabulario que han aprendido en ese capítulo. Para sacar el mayor partido a esta sección, se recomienda a los estudiantes que practiquen con coreanos nativos u otros estudiantes para adquirir una mayor fluidez oral.

Estrategias comunicativas

Esta sección presenta expresiones relevantes en situaciones concretas, las cuales les serán de gran ayuda a los estudiantes a que su expresión oral resulte más natural.

Nuevo vocabulario

En esta sección se pueden encontrar vocablos nuevos que aparecen en ¡Hablemos! junto a sus respectivos significados para facilitarles a los estudiantes la comprensión de conversaciones cotidianas de la vida real.

Red de palabras

En cada capítulo se parte de un vocablo coreano de origen chino que se divide en lexemas monosilábicos provenientes de caracteres chinos relacionándolos con otras palabras coreanas de origen chino, con el propósito de facilitar la comprensión y el aprendizaje de este tipo de vocabulario gracias a poder identificar los lexemas de este tipo de términos. No es necesario aprenderse los caracteres chinos de los que provienen estos lexemas, pero sí conviene ser capaz de identificar dichos lexemas para intuir el significado de este tipo de vocablos. Por esa razón no aparecen los caracteres chinos en esta sección sino solo su pronunciación en hangul. Se puede encontrar una relación de los lexemas de origen chino en el Anexo de red de palabras con caracteres chinos que se encuentra en el Anexo, el cual puede ayudar a los estudiantes a darse cuenta de que ciertos lexemas homófonos tienen diferentes significados al provenir de caracteres chinos diferentes.

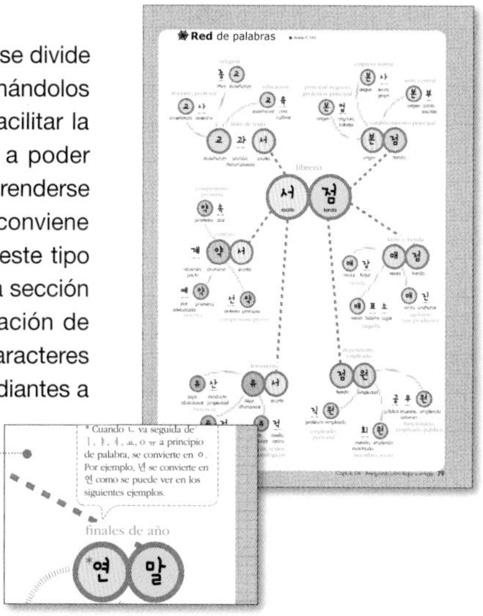

Aquellos lexemas que presentan una pronunciación diferente de la original van acompañados por una nota explicativa.

Algo de cultura

Esta sección trata de presentar expresiones y neologismos con gran detalle en lugar de simplemente incluirlas en una lista de vocabulario con el significado al lado a modo de diccionario, de manera que los estudiantes puedan entender la lengua coreana a través de la cultura.

Anexo

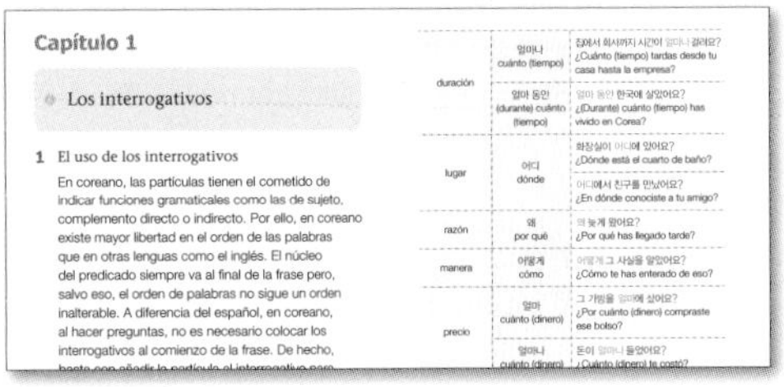

Anexo gramatical

Esta sección ofrece explicaciones más detalladas de los contenidos gramaticales vistos a lo largo del libro.

* Debido a la falta de espacio, las traducciones de los ejemplos de frases que no salen en las lecciones, se podrán encontrar al final del acceso gramatical correspondiente del anexo, a modo de consulta.

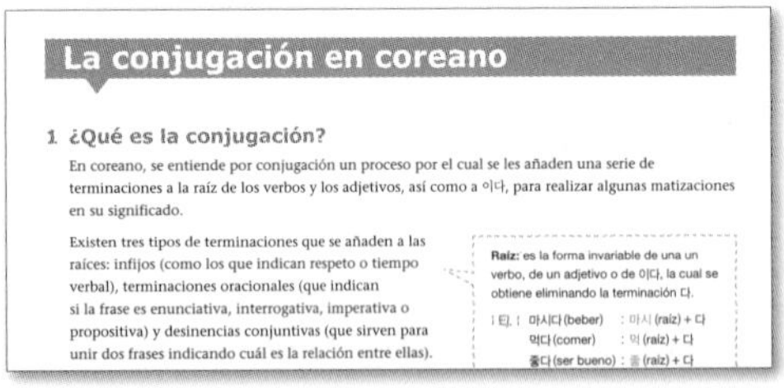

La conjugación en coreano

Esta sección explica en qué consiste la conjugación en coreano y cómo funciona para ayudar a los estudiantes a mejorar su comprensión de la lengua coreana.

Tablas de conjugación

Esta sección presenta las formas regulares e irregulares conjugadas de una forma visualmente clara y bien estructurada.

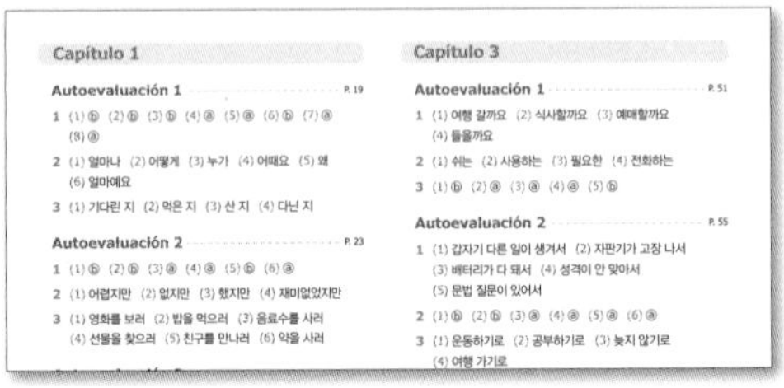

Clave de respuestas

En esta sección se pueden encontrar las respuestas a los ejercicios de <Autoevaluación>.

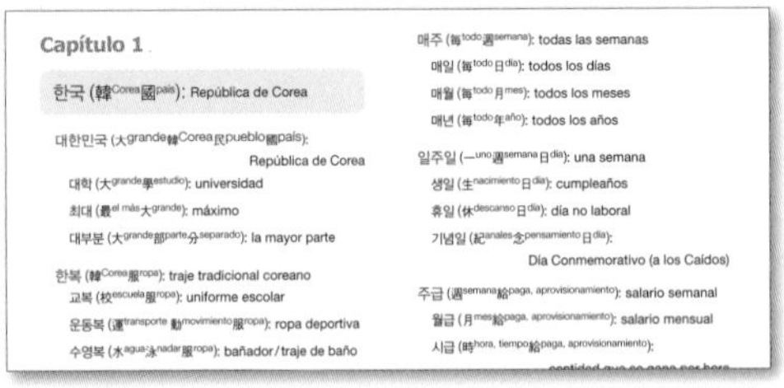

Anexo a red de palabras con caracteres chinos

En esta sección se pueden encontrar los caracteres chinos, junto a sus significados, que conforman los vocablos coreanos de origen chino de <Red de palabras>.

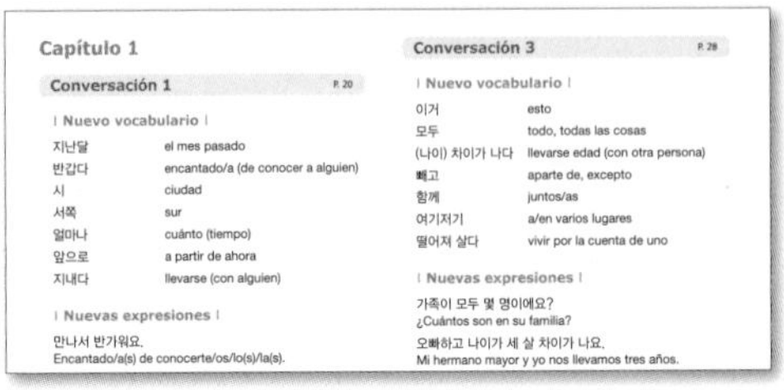

Nuevo vocabulario & Nuevas expresiones

En esta sección se pueden encontrar de las nuevas palabras y expresiones que aparecen en <Conversación> con sus respectivos significados.

Índice

Tabla de contenidos

Vocabulario adicional 2	Gramática 3	Vocabulario adicional 3	¡Hablemos!	Estrategias comunicativas	Algo de cultura
El nombre completo Las profesiones	• Los numerales coreanos autóctonos • 의 La partícula posesiva	• Los hermanos • Los tíos • La familia política • Los descendientes	Hablar sobre la familia y sobre uno mismo	Encontrar puntos en común	¿A quién puede llamar 언니 y 오빠?
Tareas domésticas La frecuencia	• -(으)ㄴ 후에/다음에 "después de" • -기 전에 "antes de"	• Partes del día • Indicar la hora • Expresar la duración de algo a lo largo de todo un periodo	Hablar sobre hábitos cotidianos	Cómo compararse con los demás	Anglicismos del coreano
Citas: formas activas y pasivas Verbos relacionados con las citas y los compromisos 잘못: equivocaciones Adverbios de duración de tiempo	• -(으)니까 "porque" • -는 게 forma contracta de -는 것: -는 게 어때요? "¿Que tal si…?" -는 게 좋겠어요. "Estaria bien…"	• Los dos valores de 뭐/누가/어디/언제 • Variantes verbales según se usen con objetos o personas, y en un registro coloquial o respetuoso	Hablar sobre nuestra opinión acerca de una promesa	Expresiones de vaguedad	Expresiones relacionadas con la espera
Las plantas de los edificios Ubicar objetos en un expositor Describir una ubicación	• -(으)ㄴ/는지 preguntas en estilo indirecto • -지요 (=죠) coletilla con la que se busca la corroboración o confirmación del interlocutor	• Acciones que podemos ver en la calle cotidianamente	Explicar cómo se puede llegar de un lugar a otro	Cómo confirmar información	¡Chismorreemos sobre los demás!: 길치, 음치, 박치, 몸치, 백수, 고수 y 술고래
Verduras Frutas Tipos de carne Marisco Tipos de pescado Otros alimentos Estado de los alimentos	• -(으)ㄴ/는 적이 있다 "haber + participio", "tener la experiencia de" • -고 있다 "estar + gerundio"	• Modos de cocinar • Manipular alimentos • Describir restaurantes	Hablar sobre nuestras preferencias a la hora de comer	Mostrar acuerdo	Palabras que van más allá de meramente describir sabores: 시원하다, 느끼하다 y 고소하다
Cómo expresar acciones y estados Describir estados	• -(으)면 안 되다 "no poder", "no haber de" • -네요 expresión para expresar y confirmar opiniones	• Búsqueda de trabajo • Vocablos provenientes de caracteres chinos relacionados con el trabajo • Vocabulario de uso frecuente en entornos laborales	Proporcionar información útil para vivir en Corea	Comparar Corea con el país propio	Particularidades de la cultura coreana: 눈치가 없다, 눈치를 채다 y 눈치를 보다
Vocabulario para describir el estado de una casa	• -거든요 expresión para justificar algo de manera enfática • -지 그래요? expresión para hacer sugerencias de manera cordial	• Problemas domésticos habituales	Señalar las ventajas y las desventajas de las viviendas	Matizar o corregir lo que se ha dicho	¡Aprendamos a usar correctamente 방 (cuarto) y 집 (casa)!: 노래방, 찜질방, 만화방, 꽃집, 빵집, 떡집, 술집 y 고깃집

Capítulo	Tema	Objetivos	Gramática 1	Vocabulario adicional 1	Gramática 2
8	쇼핑 De compras	• hacer preguntas sobre productos y contestarlas • hablar sobre las ventajas y desventajas de un producto • comparar • comprar artículos • descambiar un artículo • explicar los problemas de un artículo • preguntarle al interlocutor sobre sus intenciones • justificar por qué se quiere descambiar un artículo • explicar el procedimiento para descambiar artículos	• –(으)ㄴ/는데 "pero", estructura para expresar contrastes entre dos frases • –는 동안에 "mientras"	• Vocabulario para describir artículos	• –(으)니까 estructura para indicar que alg sucedió después de que una accion tuviese lugar • –(으)시겠어요? estructura para preguntar con mucl cortesía
9	한국 생활 El día a día en Corea	• comparar el momento en el que uno llegó a Corea por primera vez con el presente • hablar sobre errores • expresar sentimientos • indicar las dificultades de aprender coreano • pedir y dar consejo • hablar sobre el empleo actual y los planes para el futuro	• –(으)ㄹ 때 "cuando" • –겠– infijo especulativo	• La expresión de emociones añadiendo sustantivos provenientes de caracteres chinos al verbo 하다 • La expresión de emociones añadiendo sustantivos autóctonos coreanos al verbo 하다 • La expresión de emociones hacia personas u objetos	• –아/어도 "incluso si", "aunque", "por mucho que" • –아/어지다 estructura para indicar cambic de estado
10	문제 Problemas	• hacer preguntas sobre problemas y responderlas • hacer peticiones • aceptar peticiones • preocupaciones climáticas • sugerir ideas • expresar obligaciones • hablar sobre decisiones	• 반말 "banmal" (lenguaje informal) • –(으)ㄴ/는데요? estructura para preguntar de manera inquisitiva	Verbos relacionados con el manejo de aparatos	• –(으)ㄹ 줄 알다 "sabe (cómo) + infinitivo" • –(으)ㄹ까 봐 "por miedo a", "para no"
11	사람 Gente	• describir gente físicamente • hablar de transformaciones y cambios de estado • describir cómo va vestida la gente • hacer preguntas retóricas • confirmar la información • hablar sobre lo que se desea o espera • hablar sobre la motivación por la que se lleva a cabo una acción	• –(으)ㄴ/는 desinencia que une oraciones de relativo con los sustantivos que modifican • –아/어 보이다 "parecer"	• El rostro • El cabello • La complexión y la edad • Primeras impresiones	• –(으)ㄹ까요? pregunt retóricas • –잖아요 terminación de frases empleada para confirmar que interlocutor conoce cierta información
12	건강 La salud	• dar noticias • confirmar lo que se acaba de oír • hacer conjeturas • hacer hipótesis imprecisas • confirmar rumores • preguntar por alguien y enviarle saludos • explicar las causas de heridas y enfermedades	• –다고 하다 estilo indirecto • –다고요? "¿Dices que...? ", "¿Has dicho que...?"	• Partes del cuerpo • Verbos relacionados con las partes del cuerpo	• –(으)ㄴ/는 것 같다 "parecer que" • –(으)ㄹ지도 모르다 "se posible que", "puec que"
13	관심사 Intereses	• hablar sobre planes • hacer propuesta • expresar preocupaciones • animar • opinar de manera cortés • dar consejos	• –(으)ㄹ 테니까 "puesto que...", "ya que parece que..." • –(으)ㄹ래요 "querría", "gustaría"	• Áreas de interés	• –(으)ㄹ까 하다 "estar pensando en + infinitivo" • –(으)ㄹ수록 "cuanto más"
14	여행 Viajes	• hacer conjeturas • hablar sobre ideas equivocadas • hablar sobre viajes • preguntar y responder sobre viajes • hablar sobre actividades cotidianas • presentar excusas • expresar arrepentimiento	• –나 보다 "debe de", "parecer que" • –(으)ㄴ/는 줄 알았다 "pensaba que"	• Ubicar a una persona • Ubicar algo en una fotografía • Frases para describir fotos	• –던 oración de relativo en pasado • –곤 하다 "soler"
15	관계 Relaciones	• justificarse • pedirle la opinión a alguien • regañar a alguien por no hacer algo que debería haber hecho • presentar excusas en contextos formales • disculparse • rechazar peticiones • hacer suposiciones sobre hechos futuros • describir a otra persona	• –다가 "mientras" • –(으)ㄴ/는데도 "a pesar de...", "aunque"	• Hacer reservas • Usar el teléfono	• –았/었어야지요 "debería(s) haber... "tendría(s) que haber..." • –았/었어야 했는데 "debería haber... pero..."

Vocabulario adicional 2	Gramática 3	Vocabulario adicional 3	¡Hablemos!	Estrategias comunicativas	Algo de cultura
• Problemas con la ropa • Problemas con aparatos eléctricos • Problemas con los muebles	• -(스)ㅂ니다 lenguaje formal • -는 대로 "en cuanto","tan pronto como"	• Verbos relacionados con el dinero • Palabras provenientes de caracteres chinos relacionadas con el dinero • Métodos de pago	Hablar sobre compras	Expresar sorpresa	Expresiones relacionadas con las compras: 바가지 쓰다, 대박 y 싸구려
• La expresión de emociones con el verbo 나다 • La expresión de emociones con el verbo 되다 • La expresión de emociones de otras formas	• -(으)려고 "para", "con la intención de" • -(으)려면 "para", "en caso de querer"	• Sustantivo + 있다: "ser", "tener" • Sustantivo + 많다: "tener mucho" • Sustantivo + 나다: "producirse", "surgir" • Sustantivo + 되다: "ponerse", "volverse" • Otros	Conversar sobre experiencias vividas en Corea	Cómo reaccionar ante las emociones de los demás	Interjecciones frecuentes en coreano: 아이고, 깜짝이야!, 맙소사! 세상에!, 이야~!
• Vocabulario relativo al clima • Descripción del clima	• -아/어야지요 "(tú) deberías + infinitivo" • -아/어야겠다 "(yo) debería + infinitivo"	• Problemas habituales	Dar consejos para resolver problemas	Aconsejar	¿Cuándo se puede usar "너"?
• Vestirse • Describir artículos	• -았/었으면 좋겠다 "ojalá", "desearía" • -도록 "para que", "de manera que"	• Rasgos psicológicos • Otros rasgos psicológicos	Presentar a alguien y señalar sus características personales	Describir personas	Hablemos sobre la personalidad de la gente: 통이 크다, 통이 작다, 뒤끝이 있다 y 뒤끝이 없다
• Expresiones con 아프다 y partes del cuerpo • Expresiones con 통 (dolor) y partes del cuerpo • Expresiones con el verbo 나다 para indicar dolores físicos y heridas • Expresiones con 걸리다 e 있다 para indicar enfermedades concretas • Otras expresiones	• -다면서요? "¿Es verdad/cierto eso que he escuchado de que…?" • -(으)ㄹ 뻔하다 "casi", "estar a punto de"	• Lesiones • Causas de lesiones • Tratamiento de una lesión o una enfermedad • Tipos de medicamentos	Hablar sobre enfermedades, lesiones y la salud	Expresar opiniones propias de manera indirecta	Expresiones con 애: 애타다, 애태우다, 애쓰다 y 애먹다
• Antónimos adverbiales • Expresiones habituales	• -기는 하지만 "es asi pero…" • -군요 terminación empleada para indicar que se ha entendido al interlocutor o para darle la razón	• Estadísticas demográficas • Fracciones y múltiplos • Interpretando gráficas	Hablar sobre pasatiempos e intereses	Pedir que repitan información	¡Hablemos sobre gente!: 괴짜, 왕따, 컴맹 y 몸짱
• Preparar el equipaje para viajar • Preparativos de viaje • Destinos de viaje • Duración del viaje • Tipos de viaje • Gastos de viaje	• -느라고 "porque (en ese momento ocurría cierta acción)" • -(으)ㄹ 걸 그랬다 "ojalá hubiera", "desearía haber"	• Expresiones adverbiales • Contrariedades que pueden ocurrir en los viajes	Hablar sobre viajes	Maneras de mostrar reticencia y vacilación en el discurso oral	¡Hablemos sobre comida!: 파전, 막걸리, 김밥, 짜장면 y 치맥
• Uso del verbo 받다 con sentido pasivo	• -(으)ㄹ 텐데 estructura para expresar conjeturas, esperanza e hipótesis: "es probable que", "ojalá", "quizá" • -(으)려던 참이다 "estar a punto de"	• Describir conversaciones	Participar en interacciones sociales	Mostrar acuerdo y desacuerdo	¡Aprendamos algunos acrónimos!

Personajes principales

진수 Jinsu

coreano

estudiante universitario compañero de Rina a punto de graduarse pero algo preocupado con sus estudios

리나 Rina

coreana

estudiante universitaria compañera de Jinsu con gran interés en las culturas de otros países

마크 Mark

estadounidense

estudiante de intercambio especializado en Estudios Coreanos y extremadamente atraído por la cultura coreana

새라 Sarah

estadounidense de ascendencia coreana

amiga de Mark que estudia coreano para poder comunicarse con sus parientes de Corea

케빈 Kevin

australiano

maestro de inglés en una escuela primaria que estudia coreano al tiempo que trabaja

유키 Yuki

japonesa

aficionada a la música y las teleseries coreanas que empezó a estudiar coreano como pasatiempo

웨이 Wei

singapurense

empleado de una empresa coreana, amigo de Ling Ling y colega de Minho

링링 Ling Ling

china

estudiante de intercambio y amiga de Wei que vino a Corea para entrar en una universidad coreana

민호 Minho

coreano

empleado de una empresa comercial y colega de Wei

Capítulo **01**

첫 만남

Primeros encuentros

Objetivos
- saludar al encontrarse con alguien
- preguntar y responder acerca del lugar de origen y de la duración de la estadía
- hablar sobre las razones por las que uno se encuentra en Corea
- hablar sobre la vida de uno en Corea
- preguntar y responder acerca del trabajo y de cómo contactar
- hablar sobre la familia
- hablar sobre diferencias basadas en la edad

Gramática

❶ Los interrogativos
–(으)ㄴ 지 "hace (tiempo) que..."

❷ –지만 "pero"
–(으)러 "para", "con la intención de"

❸ Los numerales coreanos autóctonos
의 La partícula posesiva

Gramática 1

Los interrogativos

Anexo P. 258

A 어디에서 왔어요?
¿De dónde eres?

B 미국에서 왔어요.
Soy de Estados Unidos.

En español, la función de las palabras en una frase (sujeto, complemento directo, etc.) viene determinada por su ubicación dentro de la frase, el uso de determinadas preposiciones, etc. Por el contrario, en coreano la función gramatical de las palabras viene determinada por sus desinencias (이/가, 을/를, 에/에게, etc.). Como se puede comprobar en el ejemplo de arriba, el orden de las oraciones interrogativas es el mismo que el de las oraciones enunciativas y añadiendo la partícula correspondiente al pronombre interrogativo. Por el contrario, en español se alterará el orden de las palabras de las oraciones enunciativas al hacer preguntas con interrogativos. En el ejemplo de abajo, para preguntarle a Jinsu a quién va a ver, basta con añadir la partícula 를 al pronombre interrogativo 누구 sin que sea necesario colocar ese 누구를 al comienzo de la pregunta, como sí sucede en español. El orden de la frase interrogativa es exactamente el mismo que el de la frase enunciativa.

- A 진수가 누구를 만나요? ¿A quién va a ver Jinsu?
  B 진수가 친구를 만나요. Jinsu va a ver a un amigo.
- A 누구한테서 그 얘기를 들었어요? ¿A quién le has oído eso?
  B 친구한테서 그 얘기를 들었어요. Se lo he oído a un amigo.

-(으)ㄴ 지 "hace (tiempo) que..."

Anexo P. 259 C.C P. 306

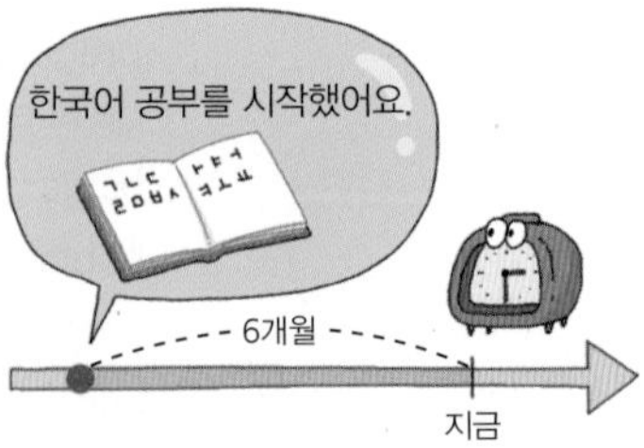

A 한국어 공부를 시작한 지 얼마나 됐어요?
¿Cuánto tiempo hace que empezaste a estudiar coreano?

B 6개월 됐어요.
Hace seis meses.

Se utiliza -(으)ㄴ 지 para expresar cuánto tiempo ha pasado desde que ocurrió una acción o se vive una situación. Se coloca -(으)ㄴ 지 tras la raíz verbal. Para preguntar cuánto tiempo hace que algo sucedió, se ha de emplear el interrogativo 얼마나.

- 그 친구를 만난 지 꽤 됐어요. Ya hace bastante desde que vi a ese amigo.
- A 진수를 안 지 얼마나 됐어요? ¿Desde cuándo conoces a Jinsu?
  B 2년쯤 됐어요. Desde hace unos dos años.
- 밥 먹은 지 1시간도 안 됐어요. 그런데 배고파요. No hace ni hora que comí, pero tengo hambre.

Autoevaluación

▸ Clave de respuestas P. 314

1 **알맞은 것을 고르세요.**

(1) ⓐ 어디에/ⓑ 어디에서 왔어요?

(2) 이 가방이 ⓐ 누가/ⓑ 누구 거예요?

(3) 이 음식 중에서 ⓐ 뭐가/ⓑ 뭐를 제일 좋아해요?

(4) 이번에 ⓐ 누가/ⓑ 누구 승진했어요?

(5) 어제 ⓐ 누구를/ⓑ 누구한테 도와줬어요?

(6) 친구들이 ⓐ 어디에/ⓑ 어디에서 기다려요?

(7) 그 사람은 성격이 ⓐ 어떤/ⓑ 어느 사람이에요?

(8) 좋아하는 음식이 ⓐ 뭐예요?/ⓑ 뭐 있어요?

2 **대화를 완성하세요.**

(1) A 회사까지 시간이 ______________ 걸려요?

B 1시간 넘게 걸려요.

(2) A 그 사실을 ______________ 알았어요?

B 친구한테서 들었어요.

(3) A ______________ 전화했어요?

B 회사 동료가 전화했어요.

(4) A 한국 생활이 ______________?

B 재미있어요.

(5) A ______________ 늦게 일어났어요?

B 어젯밤에 늦게 자서 늦게 일어났어요.

(6) A 월세가 ______________?

B 50만원이 조금 안 돼요.

3 **다음에서 알맞은 것을 골라서 '-(으)ㄴ 지'를 사용하여 문장을 완성하세요.**

다니다	기다리다	먹다	살다

(1) 그 사람을 ______________ 한참 됐어요. 그런데 아직 연락도 없어요.

(2) 밥을 ______________ 얼마 안 됐어요. 그래서 지금 배 안 고파요.

(3) 이 집에 ______________ 오래됐어요. 그래서 이웃들을 잘 알아요.

(4) 이 회사에 ______________ 한 달밖에 안 됐어요. 그래서 회사에 대해 아직 잘 몰라요.

Conversación ❶

pista 01

리나 안녕하세요? 저는 리나예요. 이름이 어떻게 되세요?

마크 마크예요. 여기 학생이세요?

리나 네, 지난달부터 여기에서 공부해요. 만나서 반가워요.

마크 저도 만나서 반가워요.

리나 마크 씨는 어디에서 오셨어요?

마크 미국에서 왔어요.

리나 미국 어디에서 오셨어요?

마크 뉴저지에서 왔어요.

리나 뉴저지요?

마크 뉴욕 알죠? 뉴저지는 뉴욕 시의 서쪽에 있어요.

리나 그래요? 한국에 온 지 얼마나 되셨어요?

마크 1년 됐어요.

리나 그렇군요. 우리 앞으로 잘 지내요.

마크 네, 잘 지내 봐요.

Rina ¡Hola! Soy Rina. ¿Cómo se llama?

Mark Soy Mark. ¿Es usted estudiante de aquí?

Rina Sí, hace un mes que estoy estudiando aquí. Mucho gusto. (lit. Encantada de conocerlo.)

Mark El gusto es mío. (lit. Yo también estoy encantado de conocerla.)

Rina ¿De dónde es usted, Mark?

Mark Soy de Estados Unidos.

Rina ¿De qué parte de Estados Unidos es?

Mark Soy de Nueva Jersey.

Rina ¿Nueva Jersey?

Mark Conoce Nueva York, ¿verdad? Nueva Jersey está al oeste de la ciudad de Nueva York.

Rina ¿De verdad? ¿Cuánto tiempo hace que llegó a Corea?

Mark Hace un año.

Rina Ya veo. Espero que nos veamos con frecuencia. (lit. Llevémonos bien a partir de ahora.)

Mark Sí, ojalá nos veamos a menudo. (lit. Llevémonos bien.)

Nuevo vocabulario ▸P. 325

지난달 | 반갑다 | 시 | 서쪽 | 얼마나 | 앞으로 | 지내다

Nuevas expresiones ▸P. 325

- 만나서 반가워요.
- 그렇군요.
- 우리 앞으로 잘 지내요.

Notas

1 Omisión del sujeto

En coreano, el sujeto puede omitirse cuando este se puede identificar claramente gracias al contexto. La omisión del sujeto es sobre todo habitual en el lenguaje hablado. En la conversación de arriba, se omiten los sujetos de las frases porque resulta evidente si se están refiriendo a sí mismos o a su interlocutor.

- 마크 **(리나 씨는)** 점심을 뭐 먹었어요?
  ¿Qué has almorzado?

  리나 **(저는)** 냉면을 먹었어요.
  He comido naengmyeon.

2 Preguntar de manera respetuosa

Al preguntarle a alguien sobre algo personal como, por ejemplo, su nombre, su familia, su edad o sus aficiones, si queremos hacerlo de manera respetuosa, debemos usar la partícula 이/가 al sustantivo y terminar la pregunta con 어떻게 되세요?.

- (취미)가 **뭐예요**? ¿Qué aficiones tiene usted?
  → (취미)가 **어떻게 되세요**?
- (연락처)가 **몇 번이에요**? ¿Cuál es su (número de contacto)?
  → (연락처)가 **어떻게 되세요**?
- 나이가 **몇 살이에요**? ¿Qué edad tiene?
  → 나이가 **어떻게 되세요**?

1 Nacionalidad y ascendencia

1. 국적 Nacionalidad

〔nombre del país + persona〕: Las nacionalidades se forman añadiendo 사람 o 인 tras el nombre del país.

동양인
oriental

- 한국인 coreano/a
- 중국인 chino/a
- 일본인 japonés/esa
- 태국인 tailandés/esa

서양인
occidental

- 미국인 estadounidense
- 호주인 australiano/a
- 스페인인 español/a
- 멕시코인 mexicano/a

2. 출신 Orígenes

- 태어나다 nacer
- 자라다 criarse, crecer
- 이민 가다 emigrar
- 교포 persona de ascendencia coreana
- 혼혈 persona cuyos padres son de etnia diferente, mestizo
- 입양되다 ser adoptado

영국에서 태어났어요. Nací en el Reino Unido.

호주에서 자랐어요. Me crié/crecí en Australia.

6살 때 미국으로 이민 갔어요. Emigré a Estados Unidos cuando tenía seis años.

저는 교포예요. 부모님이 모두 한국인이에요.
Soy de ascendencia coreana. Mis dos padres son coreanos.

저는 혼혈이에요. 아빠가 프랑스 사람이고 엄마가 태국 사람이에요.
Soy mestizo. Mi padre es francés y mi madre es tailandesa.

4살 때 입양됐어요. Me adoptaron cuando tenía cuatro años.

2 Ubicación

1. 동 Este, 서 Oeste, 남 Sur, 북 Norte

- 동유럽 Europa Oriental
- 서유럽 Europa Occidental
- 남미 América del Sur
- 북극 Polo Norte
- 동북아시아 Nordeste Asiático
- 동남아시아 Sudeste Asiático
- 중앙아시아 Asia Central
- 중동 Oriente Medio

2. Para referirse a grandes regiones

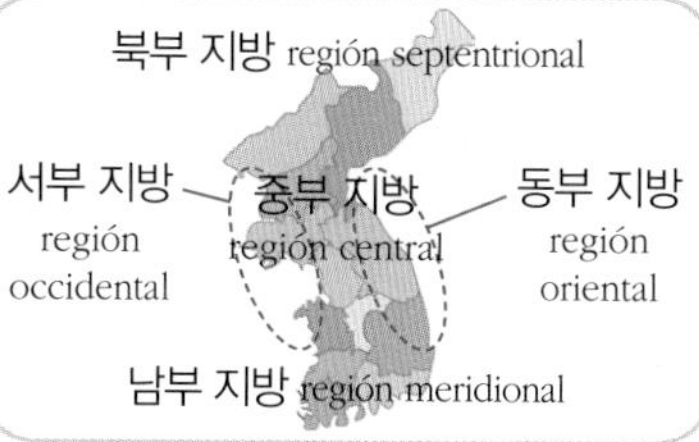

3. Lugares

도시 ciudad

시골 campo

국경 frontera
경계선 línea divisoria

- 우리 집은 남산 북쪽에 있어요. Nuestra casa está al norte de Namsan.
- 저는 미국의 동부에서 왔어요. Soy del este de los Estados Unidos.
- 저는 시골에서 태어났지만 지금은 도시에서 살아요.
  Nací en el campo pero ahora vivo en la ciudad.
- 우리 집은 미국하고 캐나다 국경 지역에 있어요.
  Nuestra casa está por la frontera entre Estados Unidos y Canadá.

Expresiones esenciales

- 저는 서울 출신이에요.
  Soy de Seúl.
- 홍대 근처에 살아요.
  Vivo por Hongdae.

Gramática 2

-지만 "pero"

C.C P. 298

A 날씨가 어때요?
¿Qué tiempo hace?

B 밖은 덥지만 집 안은 시원해요.
Fuera hace calor pero dentro de casa hace fresco.

Se usa –지만 para unir dos frases en las que existe una oposición, por lo que equivaldría en español a "pero". Hay que añadir –지만 a la raíz del verbo, adjetivo o del sustantivo de la primera frase. También se puede añadir –지만 a las formas –았/었– y –겠–. Como se puede ver en el ejemplo de arriba, es habitual usar la partícula 은/는 para enfatizar el contraste (como en fuera 밖 y dentro 안). También se puede usar –지만 para empezar a hablar de otro tema de manera indirecta.

- 이 음식은 비싸지만 맛이 없어요. Este plato es caro, pero no está rico. (= 이 음식은 비싸요. 하지만 맛이 없어요.)
- 친구를 만났지만 오래 얘기하지 못했어요. Me encontré con un amigo, pero no pudimos hablar mucho.
- 이 얘기를 하면 놀라겠지만 말할게요. Te va a sorprender si te lo cuento, pero te lo voy a decir.
- 죄송하지만, 길 좀 가르쳐 주세요. Disculpe, pero ¿podría indicarme el camino, por favor?

-(으)러 "para", "con la intención de"

Anexo P. 260

C.C P. 306

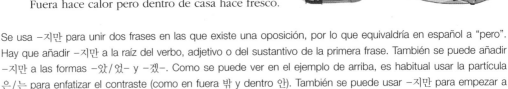

A 왜 한국에 왔어요?
¿Por qué viniste a Corea?

B 일하러 왔어요.
Vine para trabajar.

Se coloca –(으)러 delante de verbos de desplazamiento como 가다, 오다 y 다니다 para expresar el objetivo de dicho desplazamiento. Hay que colocar –(으)러 al final de la raíz verbal para indicar la intención. Las palabras que designan el destino de ese desplazamiento van seguidas por la partícula 에 y pueden ir antes o después de la intención indicada con –(으)러.

- 우리 집에 집을 구경하러 한번 오세요. Vengan a nuestra casa a echarle un vistazo.
- 다음 주에 친구 만나러 제주도에 갈 거예요. Voy a ir a ver a un amigo a la isla de Jeju la próxima semana.
- 어제 저녁 먹으러 친구 집에 갔어요. Ayer fui a cenar a la casa de un amigo.

1 알맞은 것을 고르세요.

(1) 음식을 많이 먹었지만 ⓐ 배불러요. / ⓑ 배고파요.

(2) 저 사람은 부자지만 돈을 ⓐ 많이 써요. / ⓑ 안 써요.

(3) 이 건물은 오래됐지만 시설이 ⓐ 좋아요. / ⓑ 나빠요.

(4) 많이 아프지 않지만 병원에 ⓐ 갔어요. / ⓑ 안 갔어요.

(5) 여행을 떠나고 싶지만 돈이 ⓐ 많아요. / ⓑ 없어요.

(6) 그 친구를 자주 만나지 않지만 저하고 정말 ⓐ 친해요. / ⓑ 안 친해요.

2 '-지만'을 사용하여 대화를 완성하세요.

(1) A 일이 어려워요?

B 네, 일은 ________________ 재미있어요.

(2) A 열이 있어요?

B 아니요, 열은 ________________ 콧물이 나요.

(3) A 숙제 다 했어요?

B 네, 숙제는 다 ________________ 집에 놓고 왔어요.

(4) A 그 영화가 재미있었어요?

B 아니요, 영화는 ________________ 배우 연기가 좋았어요.

3 다음에서 알맞은 것을 골라서 '-(으)러'를 사용하여 문장을 완성하세요.

밥을 먹다	영화를 보다	약을 사다
선물을 찾다	친구를 만나다	음료수를 사다

(1) 내일부터 새 영화가 시작해요. ________________ 영화관에 같이 가요!

(2) 아침을 못 먹었어요. 그래서 ________________ 식당에 가는 중이에요.

(3) 목이 말랐어요. 그래서 편의점에 ________________ 가요.

(4) 내일 친구 생일이에요. 그래서 ________________ 밖에 나갔어요.

(5) 친구가 한국에 왔어요. 그래서 ________________ 공항에 마중 나갔어요.

(6) 아침부터 머리가 아팠어요. 그래서 ________________ 약국에 갔어요.

Conversación 2

pista 02

유키 케빈 씨, 왜 한국에 오셨어요?

케빈 일하러 왔어요.

유키 무슨 일 하세요?

케빈 한국 사람한테 영어를 가르쳐요.

유키 그러세요? 일은 재미있으세요?

케빈 네, 재미있어요.

유키 한국 생활은 어떠세요?

케빈 언어 때문에 조금 힘들지만 재미있어요.

유키 한국어 공부는 시작한 지 얼마나 되셨어요?

케빈 1년 됐지만 아직 잘 못해요.

유키 잘하시는데요. 연락처가 어떻게 되세요?
(mientras saca su teléfono para guardar el número de Kevin)

케빈 010-4685-9234예요.

유키 이름을 이렇게 써요?

케빈 네, 맞아요.

Yuki Kevin, ¿por qué vino a Corea?

Kevin Vine para trabajar.

Yuki ¿En qué trabaja?

Kevin Enseño inglés a coreanos.

Yuki ¿En serio? ¿Es divertido su trabajo?

Kevin Sí, es divertido.

Yuki ¿Qué tal la vida en Corea?

Kevin Es un poco difícil por el idioma pero es divertida.

Yuki ¿Cuánto hace que empezó a estudiar coreano?

Kevin Hace un año pero todavía no puedo hablar bien.

Yuki Pero si habla muy bien.
¿Cuál es su número de teléfono?
(lit. ¿Cómo se puede contactar con usted?)
(mientras saca su teléfono para guardar el número de Kevin)

Kevin Es el 010-4685-9234.

Yuki ¿Se escribe así su nombre?

Kevin Sí, correcto.

Nuevo vocabulario ▸P. 325

가르치다 | 생활 | 언어 | 때문에 | 힘들다 | 아직 | 못하다 | 잘하다 | 연락처

Nuevas expresiones ▸P. 325

- 무슨 일 하세요?
- 한국 생활은 어떠세요?
- 아직 잘 못해요.

Notas

1 La partícula 한테

En coreano, algunas partículas gramaticales varían dependiendo de si se añaden a sustantivos animados o inanimados. En el caso de los sustantivos animados, la partícula también puede variar dependiendo de si se emplea en un contexto formal o coloquial.

- 한테 (sustantivo animado, registro informal):
  가족**한테** 편지를 썼어요. Le he escrito una carta a mi familia.
- 에게 (sustantivo animado, registro formal):
  회사 사람들**에게** 인사했습니다. Saludé al personal de la empresa.
- 에 (sustantivo inanimado):
  사무실**에** 전화했어요. Llamé a la oficina.

2 La partícula de tema 은/는

La partícula 은/는 se añade al sustantivo que indica el tema que se está tratando en ese momento o un nuevo tema sobre el que se quiere tratar. La función de la partícula 은/는 es la de indicar el tema del que se está tratando. Por eso, se usa para indicar a la persona (uno mismo u otra persona), el objeto o el asunto del que se está tratando. También se usa para indicar que se ha cambiado de tema de conversación, como se puede ver en la conversación de arriba (일, 한국 생활, 한국어 공부).

1 El nombre completo

1. 성 (apellido) y 이름 (nombre)

Ej. 1 김 진수 (apellido: 김, nombre: 진수)

Ej. 2 이 호 (apellido: 이, nombre: 호)

Ej. 3 남궁 원 (apellido: 남궁, nombre: 원)

Por lo general, la mayoría de los nombres coreanos, como se puede ver en el ejemplo 1, se componen de tres sílabas, la primera sílaba suele corresponder al apellido y las otras dos sílabas al nombre de pila. No obstante, también existen personas cuyo apellido y cuyo nombre de pila son monosílabos, como en el ejemplo 2, o con apellido bisílabo y nombre monosílabo, como en el ejemplo 3.

2. deletrear nombres y apellidos

(1) Cuando no estamos seguros de cómo se escribe un determinado nombre porque suena parecido a otro, como en el caso de los apellidos 전 y 정, podemos:

전

① indicar la consonante final diciendo "받침이 'ㄴ은'이에요."

② buscar una palabra que contenga esa misma sílaba diciendo, por ejemplo, "전화할 때 '전'이에요." (lit. 전 como en 전화).

(2) Cuando no sabemos si se trata de 'ㅐ' o 'ㅔ', como en el caso de '재' o '제', podemos:

재 indicar que se trata de 'ㅐ' diciendo "아이".

제 indicar que se trata de 'ㅔ' diciendo "어이".

2 Las profesiones

Los siguientes sufijos se emplean en numerosas profesiones.

OO사 se suele usar con profesiones que cuentan con reconocimiento social	교사 profesor, 의사 médico, 수의사 veterinario, 간호사 enfermero, 약사 farmacéutico, 변호사 abogado, 회계사 contable, 요리사 cocinero
OO원 se suele emplear con profesiones de carácter inespecífico	회사원 empleado de una compañía, 공무원 funcionario, 연구원 investigador, 은행원 empleado de banca
OO가 se suele utilizar con profesiones que requieren algún talento o habilidad especial	음악가 músico, 작곡가 compositor, 작가 autor, 화가 pintor, 예술가 artista, 사업가 empresario
OO관 se suele usar con profesiones dedicadas al servicio del país	경찰관 policía, 소방관 bombero
OO 직원 se suele emplear para referirse a empleados de ciertos negocios, instituciones o campos laborales concretos	식당 직원 camarero, mesero 대사관 직원 empleado de embajada
기타 otras profesiones	배우 actor/actriz, 가수 cantante, 운동선수 deportista, 군인 soldado, 정치인 político, 기자 periodista

Expresiones esenciales

- (회사명)에 다녀요.
  Trabajo en (nombre de la empresa).
- (지역명) 지사에서 일해요.
  Trabajo en la sucursal de (nombre del lugar).

Gramática ❸

Los numerales coreanos autóctonos

▶ Anexo P. 260

A 나이가 몇 살이에요?
¿Cuántos años tienes?

B 스물한 살이에요.
Tengo veintiún años.

El coreano cuenta con dos sistemas de numerales: uno autóctono coreano y otro de origen chino denominado sinocoreano. Cuando se cuenta algo, se hace uso de los numerales autóctonos coreanos, a los que se les suele añadir un sufijo clasificador dependiendo de lo que se esté contando. Por ejemplo, al hablar de la edad de alguien, tras el numeral coreano autóctono se añade 살, aunque los numerales del 1 al 4 y el 20 pierden el sonido final cuando se añade este sufijo. No es infrecuente que se omita 살 con edades superiores a los cuarenta años.

1	2	3	4	5	6	7	8	9	10
하나	둘	셋	넷	다섯	여섯	일곱	여덟	아홉	열
11	12	13	14	15	16	17	18	19	20
열하나	열둘	열셋	열넷	열다섯	열여섯	열일곱	열여덟	열아홉	스물
10	20	30	40	50	60	70	80	90	100
열	스물	서른	마흔	쉰	예순	일흔	여든	아흔	백

- 아버지는 예순다섯 살이고 어머니는 쉰일곱 살이에요.
  Mi padre tiene sesenta y cinco años y mi madre tiene cincuenta y siete.
- 동생하고 세 살 차이가 나요. Le llevo tres años a mi hermano menor.
- 선생님의 실제 나이는 마흔이 넘었어요. El profesor en realidad ya tiene más de cuarenta años.

의 La partícula posesiva

▶ Anexo P. 261

A 친구의 회사가 어디에 있어요?
¿Dónde está la empresa de tu amigo?

B 시청 근처에 있어요.
Está por la zona del ayuntamiento.

La partícula 의 se emplea entre dos sustantivos para expresar una relación de pertenencia. El poseedor se ubica antes de 의, mientras que lo poseído se coloca detrás de la partícula. Aunque 의 se usa mucho en el lenguaje escrito, su omisión es muy habitual en la comunicación oral. La partícula 의 se suele pronunciar como 에. Cuando se usa con pronombres, es muy habitual que se contraiga.

- 친구의 부탁 (= 친구 부탁)을 거절 못 했어요. No pude negarme al favor que me pidió mi amigo.
- 선생님의 전화 (= 선생님 전화)를 못 받았어요. No pude responder la llamada telefónica del profesor.
- 혹시 저의 안경 (= 제 안경)을 못 보셨어요? ¿No habrás visto por algún casual mis gafas?

1 **알맞은 것을 고르세요.**

(1) 시골에 2 번 (ⓐ 이 번/ⓑ 두 번) 갔다 왔어요.

(2) 제 사무실은 7 층(ⓐ 칠 층/ⓑ 일곱 층)에 있어요.

(3) 학교에서 집까지 1 시간 (ⓐ 일 시간/ⓑ 한 시간) 걸려요.

(4) 우리 아들은 올해 5 살 (ⓐ 오 살/ⓑ 다섯 살)이에요.

(5) 1 달 (ⓐ 일 달/ⓑ 한 달) 전에 한국에 처음 왔어요.

(6) 6 개월 (ⓐ 육 개월/ⓑ 여섯 개월) 후에 고향에 돌아갈 거예요.

2 **다음에서 알맞은 것을 골라서 문장을 완성하세요.**

곡	마디	마리	군데

(1) 우리 집에는 개가 세 (　　　)이/가 있어요.

(2) 노래방에서 노래 두 (　　　)을/를 불렀어요.

(3) 그 사람에게 말 한 (　　　)도 하지 마세요.

(4) 오늘 친구의 선물을 사러 가게를 세 (　　　) 갔어요.

3 **그림을 보고 다음에서 알맞은 것을 골라서 보기 와 같이 문장을 완성하세요.**

잔	장	개	봉지	켤레	상자

보기  사과 한 개 이/㉮ 있어요.

(1)  커피 ________ 을/를 주문했어요.

(2)  표 ________ 을/를 예매했어요.

(3)  신발 ________ 밖에 없어요.

(4)  사과 ________ 을/를 사 왔어요.

(5)  포도 ________ 을/를 선물로 보냈어요.

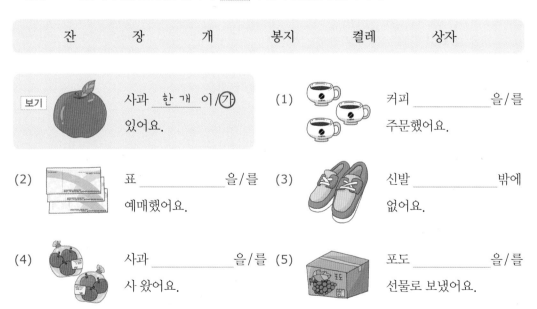

Conversación ❸

pista 03

진수 이거 새라 씨의 가족 사진이에요?

새라 네, 제 가족 사진이에요.

진수 가족이 모두 몇 명이에요?

새라 할머니하고 부모님, 오빠, 남동생, 그리고 저, 여섯 명이에요.

진수 오빠는 지금 무슨 일 하세요?

새라 회사원인데 친구의 회사에서 일해요.

진수 그래요? 오빠하고 나이가 몇 살 차이가 나요?

새라 세 살 차이가 나요.

진수 동생은요?

새라 동생은 저보다 두 살 어려요.

진수 새라 씨 빼고 다른 가족들이 함께 살아요?

새라 아니요, 여기저기 떨어져 살아요. 할머니하고 부모님은 시애틀에 사세요. 오빠는 일 때문에 시카고에, 동생은 학교 때문에 보스톤에 살아요.

Jinsu ¿Es esta una foto de tu familia, Sarah?

Sarah Sí, es una foto de mi familia.

Jinsu ¿Cuántos sois en tu familia?

Sarah Mi abuela, mis padres, mi hermano mayor, mi hermano menor y yo, así que somos seis.

Jinsu ¿A qué se dedica tu hermano mayor?

Sarah Trabaja en una empresa, que es de un amigo suyo.

Jinsu ¿De verdad? ¿Cuántos años os lleváis tu hermano mayor y tú?

Sarah Nos llevamos tres años.

Jinsu ¿Y tu hermano menor?

Sarah Mi hermano menor es dos años menor que yo.

Jinsu Excepto tú, ¿viven todos juntos en familia?

Sarah No, viven en diferentes ciudades. Mi abuela y mis padres viven en Seattle. Mi hermano mayor vive en Chicago por su trabajo y mi hermano menor, en Boston por sus estudios.

Nuevo vocabulario ▸ P. 325

이거 | 모두 | (나이) 차이가 나다 | 빼고 | 함께 | 여기저기 | 떨어져 살다

Nuevas expresiones ▸ P. 325

- 가족이 모두 몇 명이에요?
- 오빠하고 나이가 세 살 차이가 나요.
- 여기저기 떨어져 살아요.

Notas

1 Sustantivo + 인데

En coreano, es habitual añadir 인데 a un sustantivo cuando se va a añadir información complementaria. Dicha información complementaria se ubica detrás de 인데. Por ejemplo, cuando se presenta a alguien, se puede añadir 인데 al nombre, la profesión o la nacionalidad de esa persona para pasar a proporcionar más información sobre la misma.

- 이곳은 인사동**인데**, 외국인이 기념품을 사러 많이 가요.
  Esto es Insa-dong, adonde van muchos extranjeros a comprar recuerdos.
- 이분은 우리 이모**인데**, 지금 대학교에서 일하세요.
  Esta es mi tía materna, la cual trabaja ahora en la universidad.

2 El sufijo de plural 들

En coreano, el plural se indica normalmente añadiendo el sufijo 들 a los sustantivos para expresar el plural, por ejemplo 친구들. Sin embargo, su uso suele estar reservado para sustantivos contables y animados, por lo que no se suele usar con sustantivos inanimados, es decir, sustantivos que designan objetos, lugares, etc.

- 학생**들**이 **가방**을 2개씩 들었어요.
  Cada estudiante llevaba dos carteras.
  가방들을 (X)

① Los hermanos

Dependiendo de si el hablante es hombre o mujer, este debe llamar a sus hermanos de las siguientes maneras teniendo en cuenta los factores de la edad y del sexo.

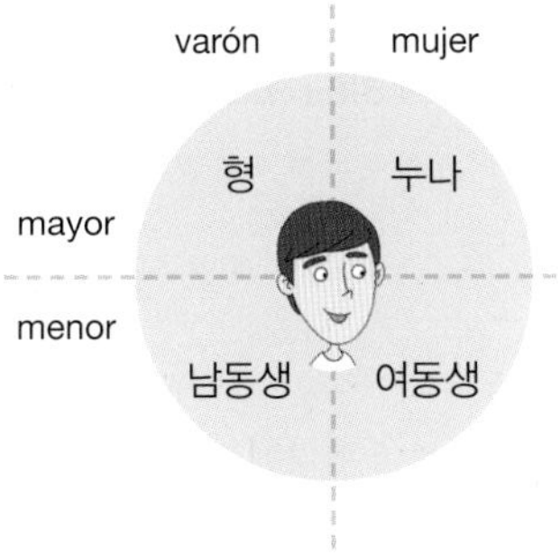

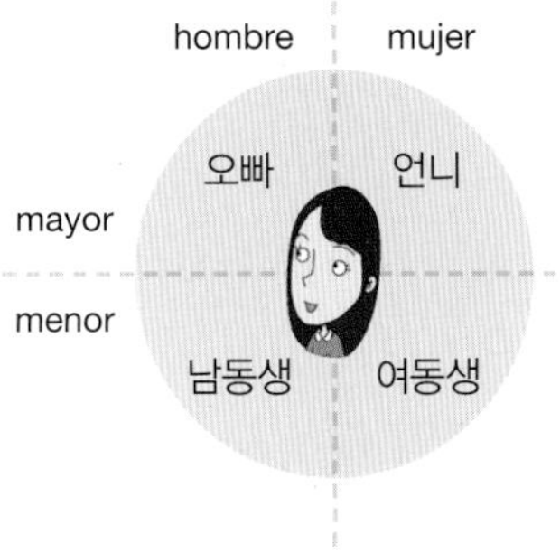

- 형제: 형과 남동생
 hermanos: con respecto a un varón (hermano mayor y hermano menor)
 자매: 언니와 여동생
 hermanas: con respecto a una mujer (hermana mayor y hermana menor)
- Cuando un varón tiene dos hermanos varones mayores que él:
 큰형 primer hermano mayor
 작은형 segundo hermano mayor
- Cuando un varón tiene tres o más hermanos varones mayores que él:
 첫째 형 primer hermano mayor
 둘째 형 segundo hermano mayor
 셋째 형 tercer hermano mayor
 ⋮
 막내 형 más joven de los hermanos mayores

② Los tíos

	tíos paternos			tíos maternos	
tíos carnales	큰아버지 hermano mayor del padre (casado)	작은아버지 hermano menor del padre (casado)	고모 hermana del padre	외삼촌 hermano de la madre	이모 hermana de la madre
tíos políticos	큰어머니 esposa de un hermano mayor del padre	작은어머니 esposa de un hermano menor del padre	고모부 esposo de una hermana del padre	외숙모 esposa de un hermano de la madre	이모부 esposo de una hermana de la madre

★ 삼촌 tío: hermano soltero del padre

③ La familia política

La familia política de un hombre:

★ Los varones se dirigen a sus suegros llamándolos respectivamente 장인어른 y 장모님.

장인 suegro	⇐	아버지 padre	⇒	시아버지 suegro
장모 suegra	⇐	어머니 madre	⇒	시어머니 suegra
처남 cuñado (hermano mayor de la esposa)	⇐	형 / 오빠 hermano mayor	⇒	시아주버니 cuñado (hermano mayor del esposo)
처형 cuñada (hermana mayor de la esposa)	⇐	누나 / 언니 hermana mayor	⇒	시누이 cuñada (hermana mayor del esposo)
처남 cuñado (hermano menor de la esposa)	⇐	남동생 hermano menor	⇒	시동생 cuñado (hermano menor del esposo)
처제 cuñada (hermana menor de la esposa)	⇐	여동생 hermana menor	⇒	시누이 cuñada (hermana menor del esposo)

La familia política de una mujer:

★ Las mujeres se dirigen a sus suegros llamándolos respectivamente 아버님 y 어머님.

★ 형 (cuando el hablante es una mujer se usa 오빠), 누나 (cuando el hablante es mujer se usa 언니)

④ Los descendientes

Por parte de un hijo:	아들 hijo, 며느리 nuera, 친손자 nieto, 친손녀 nieta
Por parte de una hija:	딸 hija, 사위 yerno, 외손자 nieto, 외손녀 nieta

☼ Expresiones esenciales

- 아들과 딸 한 명씩 있어요.
 Tengo un hijo y una hija.
- 제가 셋 중에서 막내예요.
 Soy el menor de los tres.
- 제가 외동딸이에요.
 Soy hija única.

¡Hablemos!

Estrategias comunicativas — Encontrar puntos en común

- Para indicar un punto en común: 저도 그래요. **Yo/A mí también.** 제 경우도 같아요. **Estoy en la misma situación.**
- Para indicar una diferencia: 저는 안 그래요. **Yo/A mí no.** 제 경우는 달라요. **Mi situación es diferente.**

Mi familia

1 □ 우리 가족은 가까이 살고 있어요.
□ 우리 가족은 멀리 떨어져 살고 있어요.

2 □ 나는 형제와 사이가 좋은 편이에요.
□ 나는 형제와 사이가 좋지 않은 편이에요.

3 □ 나는 친척하고 자주 모여요.
□ 나는 친척하고 거의 연락하지 않아요.

4 □ 나는 아버지하고 외모가 많이 닮았어요.
□ 나는 아버지하고 외모가 안 닮았어요.

5 □ 나는 아버지하고 성격이 많이 비슷해요.
□ 나는 아버지하고 성격이 전혀 달라요.

❶ 가족이 모두 몇 명이에요? 가족이 어디에 살고 있어요? 언제 가족이 전부 모여요? 모여서 뭐 해요?

우리 가족은 멀리 떨어져 살고 있어요. 제 아버지와 어머니는 부산에 사세요. 형은 일 때문에 제주도에서 살아요. 저는 학교 때문에 서울에 살아요. 보통 우리 가족은 설날에 전부 집에 모여서 함께 시간을 보내요.

❷ 형제나 자매가 있어요? 여러분과 몇 살 차이가 나요? 형제하고 사이가 좋아요? 어떤 형제하고 더 친해요? 왜요?

❸ 친척이 많이 있어요? 어디에 살아요? 친척과 많이 친해요? 누구하고 제일 친해요?

❹ 가족 중에서 누구하고 외모가 닮았어요? 어디가 많이 닮았어요? 아버지와 어머니 중에서 누구하고 더 닮았어요?

❺ 가족 중에서 누구하고 성격이 비슷해요? 어떤 점이 비슷해요? 가족 중에서 누구하고 성격이 잘 맞아요?

Yo

□ 나는 태어난 곳과 자란 곳이 같아요.
□ 나는 태어난 곳과 자란 곳이 달라요.

□ 나는 어렸을 때 자주 이사를 다녔어요.
□ 나는 어렸을 때 이사를 다니지 않았어요.

□ 나는 한국에 아는 사람이 많이 있어요.
□ 나는 한국에 아는 사람이 별로 없어요.

□ 나는 한국의 문화에 관심이 있어요.
□ 나는 한국의 문화에 관심이 없어요.

□ 나는 문법 때문에 한국어 공부가 어려워요.
□ 나는 단어 때문에 한국어 공부가 어려워요.

❶ 어디에서 태어났어요? 어디에서 자랐어요?

❷ 어렸을 때 자주 이사했어요? 어디에서 학교를 다녔어요?

❸ 한국에 아는 사람이 몇 명 있어요? 그 사람을 어떻게 알게 됐어요? 그 사람하고 자주 연락해요?

❹ 한국에 대한 것 중에서 무엇에 관심이 있어요? 왜 관심을 갖게 됐어요?

❺ 어떻게 한국어를 공부해요? 뭐가 제일 어려워요?

Nuevo vocabulario

가까이 cerca | 멀리 lejos | 사이가 좋다 llevarse bien | 친척 pariente | 모이다 reunise | 거의 casi | 외모 apariencia | 닮다 parecerse | 성격 personalidad | 태어나다 nacer | 자라다 crecer, criarse | 이사를 다니다 mudarse constantemente | 아는 사람 conocido/a | 별로 no mucho, apenas | 문화 cultura | 관심을 갖다 tener interés

🕸️ **Red** de palabras ▶ Anexo P. 318

máximo
최 대
el más grande

universidad
대 학
grande estudio

la mayor parte
대 부 분
grande parte separado

República de Corea
대 한 민 국
grande Corea pueblo país

lengua nacional (=coreano)
국 어
país lengua, habla

palabra
단 어
único, simple lengua, habla

idioma
언 어
hablar lengua, habla

lingüística
어 학
lengua, habla estudio

República de Corea (forma abreviada del nombre oficial)

한 국
Corea país

traje tradicional coreano
한 복
Corea ropa

수 영 복
agua nadar ropa
bañador/ traje de baño

교 복
escuela ropa
uniforme escolar

운 동 복
transporte movimiento ropa
ropa deportiva

extranjero
외 국
fuera país

외 출
fuera salir
salida

외 교
fuera cruzar
relaciones exteriores

해 외
mar fuera
ultramar, extranjero

ola coreana (=popularidad de los productos de entretenimiento surcoreanos a nivel mundial)
한 류
Corea corriente

intercambio
교 류
cruzar corriente

상 류
arriba corriente
clase alta

주 류
dueño, principal corriente
corriente dominante

nacional
국 내
país dentro

contenido
내 용
dentro incluir

실 내
habitación, sala dentro
interior

시 내
ciudad dentro
centro de la ciudad

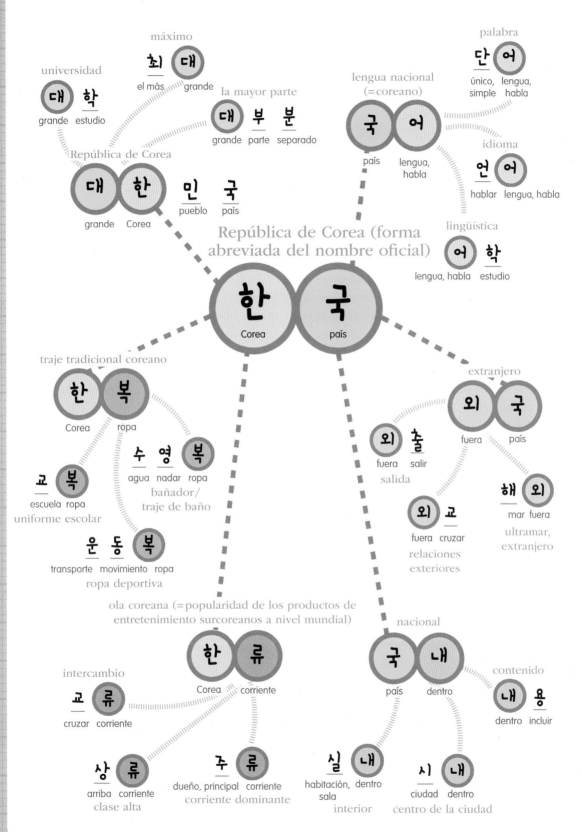

Algo de cultura

¿A quién puede llamar 언니 y 오빠?

• 언니

Dado que la sociedad coreana se encuentra estructurada verticalmente en base a la edad y a las jerarquías, se considera grosero llamar por su nombre a alguien que tenga más años o un mayor estatus. En estos casos, se debe hacer uso de alguna forma de tratamiento en lugar de llamarlos por su nombre, incluso aunque la diferencia de edad sea de tan solo de un año.

En origen, 언니 era la forma en la que las mujeres se dirigían a sus hermanas mayores, pero en la actualidad es habitual que las mujeres usen 언니 para llamar a cualquier otra mujer mayor que ellas con las que se lleven bien en contextos como asociaciones estudiantiles o iglesias. En el caso de situaciones de naturaleza más formal como, por ejemplo, con compañeras de trabajo mayores, es preferible dirigirse a ellas usando 선배 o su cargo en la empresa en lugar de emplear 언니.

Sin embargo, últimamente no resulta infrecuente que algunas mujeres empiecen a llamar 언니 a otras nada más conocerlas. Si usted es mujer y se dirige a la empleada de una tienda de edad aparentemente similar a la suya, resulta perfectamente admisible el uso de 언니. Cuando una mujer se encuentra con otra de similar edad por primera vez, al no conocerse todavía e ignorar cuál es la diferencia de edad existente, es posible que se use 언니 con alguien de menor edad. No obstante, puesto que en Corea resulta inadmisible usar una forma equivalente a "tú" a un desconocido, es aceptable el uso de 언니 aunque la otra mujer sea más joven, siempre y cuando no se trate de una situación formal y quede clara la intención de dirigirse a ella de manera amistosa.

Por esa misma razón, las dependientas pueden también dirigirse a una clienta llamándola 언니 en lugar de 손님 (señor/a cliente) para mostrar una mayor cercanía y cordialidad. De hecho, es muy habitual que en mercados como los de Namdaemun y Dongdaemun, vendedoras de cuarenta o cincuenta y tantos años usen 언니 para dirigirse a veinteañeras y treintañeras, a pesar de existir una diferencia de edad de más de diez años. En este tipo de situaciones, se ignoran la diferencia de edad entre las mujeres. El uso de 언니 es también muy común como en el caso de mujeres jóvenes y de mediana edad para evitar llamarlas 아줌마, puesto que este tratamiento podría molestarlas.

• 오빠

En origen, 오빠 era la forma en la que las mujeres se dirigían a sus hermanos mayores. Al igual que 언니, 오빠 también es una expresión que nace en el contexto familiar pero que se puede usar fuera de él para mostrar confianza. Por el contrario, a diferencia de 언니, 오빠 jamás se usa con desconocidos. Su empleo queda restringido a aquellos varones de mayor edad con los que la mujer tiene confianza. El uso de 오빠 implica una relación personal muy cercana.

En el mundo del entretenimiento, también es habitual el empleo de 오빠 con cantantes famosos y estrellas del cine. En estos casos, la diferencia de edad no se tiene en cuenta, ya que lo que importa es el cariño y cercanía que sus seguidoras desean expresar. No importa que esas celebridades hayan ya superado los cincuenta o incluso los sesenta años, pues su seguidoras seguirán llamándolos 오빠.

Capítulo **02**

일상생활

Vida cotidiana

Objetivos
- hablar del día a día
- hablar sobre las aficiones y los intereses personales
- hablar sobre actividades de ocio
- hablar sobre la frecuencia con la que se practican las aficiones
- hablar sobre la rutina diaria

Gramática

❶ –고 "y"
–(으)면서 "mientras"

❷ –거나 "o"
–(으)ㄴ/은 편이다 "bastante"

❸ –(으)ㄴ 후에/다음에 "después de"
–기 전에 "antes de"

Gramática 1

-고 "y"

Anexo P. 262 C.C P. 298

A 보통 주말에 뭐 해요?
¿Qué haces normalmente los fines de semana?

B 친구를 만나서 저녁을 먹고 커피를 마셔요.
Quedo con un amigo, cenamos y tomamos un café.

La desinencia –고 tiene principalmente dos usos. El primero es el relacionar acciones o estados independientemente del orden cronológico, como se puede ver en el primer ejemplo de abajo. Se usa añadiendo –고 a la raíz de los verbos o adjetivos, así como a 이다. También se puede usar –고 para relacionar acciones indicando el orden cronológico, como se puede ver en el segundo ejemplo de abajo. Este segundo uso es solo válido con verbos. En este caso, no se puede cambiar el orden de los verbos porque este indica el orden cronológico en el que sucedieron las acciones. En el caso de que la acción de la primera frase lleva a que ocurra la segunda, como en el tercer ejemplo de abajo, ha de usarse –아/어서 en lugar de –고.

- 이 식당은 음식이 맛있고 값이 비싸요. = 이 식당은 값이 비싸고 음식이 맛있어요.
  La comida de este restaurante está rica pero el precio es alto. = Este restaurante es caro pero la comida está rica.
- 얼굴을 씻고 자요. ≠ 자고 얼굴을 씻어요. Lávate la cara y acuéstate. ≠ Acuéstate y lávate la cara.
- 지난 주말에 친구 집에 가서 놀았어요. El fin de semana pasado fui a casa de un amigo y los pasamos bien (ahí).
  (Si la acción de pasarlo bien tuvo lugar en la casa del amigo, se debería usar 가서 en lugar de 가고.)

-(으)면서 "mientras"

Anexo P. 262

A 주말에 집에서 뭐 해요?
¿Qué haces en casa los fines de semana?

B 음악을 들으면서 책을 읽어요.
Leo algún libro mientras escucho música.

La desinencia –(으)면서 se emplea para indicar que dos acciones o dos situaciones son simultáneas. Se usa añadiendo –(으)면서 a la raíz de los verbos o adjetivos, así como a 이다.

- 텔레비전을 보면서 밥을 먹어요. Como (arroz) mientras veo la televisión.
- 이 스피커는 작으면서 소리가 좋았어요. Estos altavoces eran pequeños, pero tenían buen sonido.
- 이 호텔은 전통적이면서 멋있어요. Este es un hotel tradicional y además es muy bonito.

1 그림을 보고 보기 와 같이 질문에 답하세요.

보기

A 주말에 보통 뭐 해요?

B 책을 읽고 게임해요 .

(1)

A 어제 날씨가 어땠어요?

B ______________________.

(2)

A 내일 뭐 할 거예요?

B ______________________.

(3)

A 그 식당이 어때요?

B ______________________.

2 알맞은 것을 고르세요.

(1) 먼저 손을 ⓐ 씻고/ⓑ 씻어서 요리를 시작해요.

(2) 아침에 일찍 ⓐ 일어나고/ⓑ 일어나서 운동할 거예요.

(3) 친구에게 ⓐ 연락하고/ⓑ 연락해서 회사 전화번호를 물어볼게요.

(4) 어제 버스를 타지 ⓐ 않고/ⓑ 말고 지하철을 탔어요.

(5) 너무 많이 걱정하지 ⓐ 않고/ⓑ 말고 자신감을 가지세요.

(6) 여기는 제 방이 ⓐ 않고/ⓑ 아니라 동생 방이에요.

3 다음에서 알맞은 것을 골라서 '-(으)면서'를 사용하여 문장을 완성하세요.

낮다	일하다	운전하다	좋다

(1) 그 사람은 낮에 ______________ 밤에 공부해요.

(2) 이 집은 시설이 ______________ 월세가 싸요.

(3) ______________ 전화하지 마세요.

(4) 이 음식은 칼로리가 ______________ 맛있어요.

Conversación ❶

pista 04

리나 보통 일이 몇 시에 끝나요?

케빈 저녁 7시쯤 끝나요.

리나 일이 끝나고 뭐 해요?

케빈 집에 돌아가서 저녁 먹고 쉬어요.

리나 그리고요?

케빈 핸드폰하면서 이메일도 확인하고 친구의 블로그도 봐요.

리나 어떤 블로그를 봐요?

케빈 저는 여행에 관심이 있어요.
그래서 주로 여행에 대한 블로그를 봐요.

리나 운동은 안 해요?

케빈 주중에는 시간이 없어요.
하지만 주말에는 토요일 아침마다 운동해요.

리나 무슨 운동을 해요?

케빈 주로 한강 공원에서 음악 들으면서 자전거 타요.

리나 어떤 음악을 자주 들어요?

케빈 이것저것 다양하게 들어요. 가끔 한국 가요도 들어요.

Rina ¿A qué hora acabas de trabajar normalmente?

Kevin Termino sobre las siete de la tarde.

Rina ¿Qué haces después del trabajo? (lit. Trabajas y (después), ¿qué haces?)

Kevin Vuelvo a casa, ceno y descanso.

Rina ¿Y luego?

Kevin Reviso el correo electrónico y leo los blogs de mis amigos con mi teléfono móvil.

Rina ¿Qué tipo de blogs lees?

Kevin Me encantan los viajes, así que sobre todo leo blogs sobre viajes.

Rina ¿No haces ejercicio?

Kevin Entresemana no tengo tiempo, pero todos los sábados por la mañana hago ejercicio.

Rina ¿Qué ejercicio haces?

Kevin Por lo general voy al Parque Río Han y (ahí) monto en bicicleta mientras escucho música.

Rina ¿Qué tipo de música sueles escuchar?

Kevin Escucho de todo. A veces también escucho canciones coreanas.

Nuevo vocabulario ▸P. 325

돌아가다 | 쉬다 | 확인하다 | 관심이 있다 | 주로 | 에 대한 | 주중 | 이것저것 | 다양하게 | 가요

Nuevas expresiones ▸P. 325

- 저는 여행에 관심이 있어요.
- 토요일 아침마다 운동해요.
- 이것저것 다양하게 들어요.

Notas

1 Diferencia entre 에 대해 y 에 대한: "sobre", "acerca de"

Tanto 에 대해 como 에 대한 significan "sobre" o "acerca de", pero el primero se usa antes de verbos, mientras que el segundo se usa antes de sustantivos. En la conversación de arriba, podemos ver que se usa 에 대한 porque aparece antes del sustantivo 블로그(blog).

- 한국 역사**에 대해** 얘기했어요.
  Estuvimos hablando sobre la historia de Corea.
- 한국 역사**에 대한** 책을 샀어요.
  He comprado un libro de historia de Corea.

2 La partícula 마다: "cada"

La partícula 마다 se añade a los sustantivos y equivale en español a "cada".

- 일요일**마다** 교회에 가요.
  Cada domingo voy a la iglesia.
- 사람**마다** 성격이 달라요.
  Cada persona tiene una personalidad diferente.
- 지역**마다** 음식 맛이 달라요.
  En cada región el sabor es diferente.
- 학생**마다** 책을 한 권씩 받았어요.
  Cada estudiante ha recibido un libro.

1 Informática

• (타자를) 치다
teclear, escribir a computadora/ordenador

• 저장하다
guardar/grabar (un documento)

• 삭제하다
borrar

• 이메일을 보내다
enviar un correo electrónico

• 첨부 파일을 보내다
enviar un archivo adjunto

• 이메일을 받다
recibir un correo electrónico

• 첨부 파일을 받다
recibir un archivo adjunto

• 이메일을 읽다
leer un correo electrónico

• 첨부 파일을 읽다
leer un archivo adjunto

• 제 친구는 저보다 두 배 빠르게 **타자를 칠** 수 있어요. Mi amigo puede teclear el doble de rápido que yo.
• 서류를 만들 때 꼭 파일을 **저장하고**, 필요 없는 파일은 **삭제하세요**.
Cuando creen documentos, guárdenlos sin falta en archivos y borren los archivos que no necesiten.
• 이메일로 신청할 때 신청서를 **다운로드한** 후 **첨부 파일**로 보내세요.
Cuando solicite algo por correo electrónico, envíe la solicitud en un archivo adjunto después de haberla descargado.

2 Internet

1. 자료를 검색하다
buscar información
2. 동영상을 보다
ver videos
3. 블로그를 방문하다
visitar blogs
4. 채팅하다
chatear
5. 다운로드하다
descargar (un archivo/programa)
6. (글/사진)을 올리다
subir/colgar (una publicación/una foto)
7. 댓글을 달다
dejar un comentario
8. 인터넷 쇼핑하다
comprar en línea
9. 컴퓨터 게임하다
jugar a juegos de computadora

• 시간이 날 때마다 재미있는 **동영상을 보거나** 관심 있는 분야의 **블로그를 방문해요**.
Siempre que tengo tiempo, veo vídeos divertidos o visito blogs sobre temas que me interesan.
• 저는 친구하고 자주 **채팅하지만**, 인터넷에 **글을 올리거나 댓글을 달지** 않아요.
Chateo a menudo con mis amigos, pero no cuelgo publicaciones ni dejo comentarios en Internet.
• **자료를 검색할** 때 인터넷을 사용하지만 **인터넷으로 쇼핑하지 않아요**.
Cuando busco información uso Internet, pero no compro en línea.

3 Adverbios de frecuencia

100%	항상/언제나/늘	siempre
75%	자주	a menudo
50%	가끔	a veces
	이따금	algunas veces
	때때로	de vez en cuando
	종종	de cuando en cuando
25%	별로 + (안)	apenas
10%	거의 + (안)	casi (nunca)
0%	전혀 + (안)	nunca

• 저는 **항상** 아침에 이메일을 확인해요.
Siempre miro mi cuenta de correo electrónico por la mañana.
• 친구는 약속 시간에 **자주** 늦어요.
Mi amigo llega tarde a menudo cuando queda con alguien.
• 보통 지하철을 타지만 **가끔** 버스를 타요.
Suelo usar el metro pero a veces tomo el autobús.
• 고기를 **별로** 많이 먹지 않아요.
No como carne apenas.
• 저는 핸드폰으로 게임을 **전혀** 하지 않아요.
Yo nunca juego a nada con mi celular.

¡Cuidado!

Es importante recordar que cuando se desea expresar escasa o nula frecuencia con 전혀, 별로 o 거의 respectivamente, los verbos deben usarse en forma negativa.

Expresiones esenciales

• A와/과 B 둘 다 사용해요. Uso tanto A como de B.
• A와/과 B 둘 다 사용 안 해요. No uso ni A ni B.

Gramática 2

- 거나 "o"

Anexo P. 263 C.C P. 298

A 저녁은 어디에서 먹어요?
¿Dónde cenas?

B 밖에서 친구하고 사 먹거나 집에서 간단하게 해 먹어요.
Salgo a cenar fuera con algún amigo o preparo algo simple en casa.

Se usa –거나 para indicar dos o más alternativas y equivaldría en español a la conjunción "o". Se usa añadiéndola a la raíz de los verbos o de los adjetivos.

- 밤에 큰 소리로 얘기하거나 전화하지 마세요.
  De noche no hablen en alto ni llamen por teléfono.
- 저녁에 1시간쯤 책을 읽거나 텔레비전을 봐요.
  Por las noches veo la televisión o leo algún libro más o menos una hora.
- 몸이 아프거나 피곤해요? 그럼, 이 약을 드세요.
  ¿Le duele algo o está cansado? Entonces, tómese este medicamento.

-(으)ㄴ / 는 편이다 "bastante"

Anexo P. 263 C.C P. 307

A 동생이 키가 커요?
¿Es alta tu hermana pequeña?

B 아니요, 제 동생은 키가 작은 편이에요.
No, mi hermana pequeña es bastante baja.

Esta estructura –(으)ㄴ / 은 편이다 se usa para indicar un hecho evitando afirmarlo de manera tajante. En el primer ejemplo de abajo, se indica que Jinsu es en promedio más hablador, al menos en comparación con otros amigos. Esta estructura se usa añadiéndola a la raíz de los verbos.

- 진수는 말이 많은 편이에요. 그래서 진수를 만나면 저는 보통 진수 얘기를 들어요.
  Jinsu habla bastante. Por eso, cuando me encuentro con él, yo suelo (dejarle hablar) y escuchar.
- 운동을 잘하는 편이니까 금방 배울 수 있어요.
  Como se te dan bien los deportes, aprenderás a hacerlo enseguida.
- 저는 일찍 일어나는 편이 아니니까 아침 회의는 정말 힘들어요.
  Como no acostumbro a levantarme temprano, me cuestan mucho las reuniones en la mañana.

▸ Clave de respuestas P. 314

1 보기 와 같이 '-거나'를 사용하여 대화를 완성하세요.

> 보기 A 보통 주말에 뭐 해요?
>
> B 장을 보거나 ________ 빨래해요. (보다)

(1) A 거기에 어떻게 가요?

B 택시를 ________________ 15분쯤 걸으세요. (타다)

(2) A 보고서는 어디에 내요?

B 직접 사무실에 ________________ 이메일로 보내세요. (내다)

(3) A 보통 언제 음악을 들어요?

B 스트레스가 ________________ 피곤할 때 음악을 들어요. (많다)

2 보기 와 같이 '-(으)ㄴ/는 편이다'를 사용하여 글을 완성하세요.

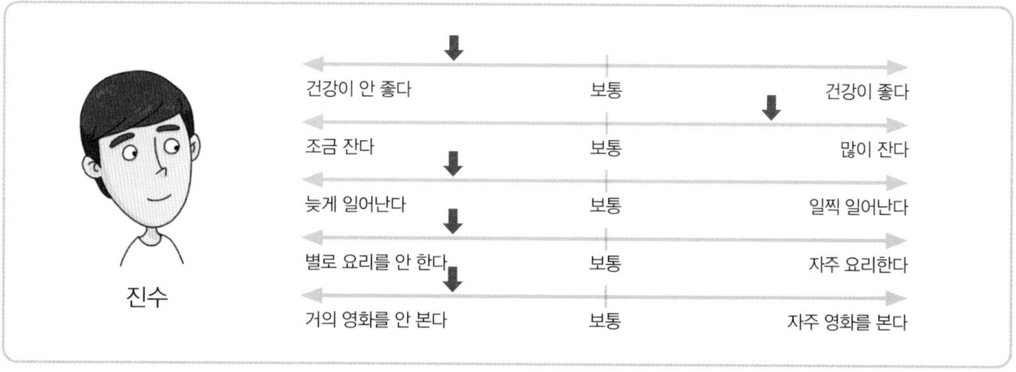

> 진수는 건강이 보기 안 좋은 편이에요. 왜냐하면 생활이 불규칙해요. 보통 진수는 잠을 (1) ____________ 편이고 아침에 (2) ____________ 편이에요. 진수는 음식을 좋아해요. 하지만 집에서 (3) ____________ 편이 아니에요. 그래서 주로 밖에서 음식을 사 먹어요. 진수는 영화에 관심이 없어서 (4) ____________ 편이에요.

3 알맞은 것을 고르세요.

(1) 서울은 6월에 장마가 있어요. 그래서 비가 ⓐ 안 오는/ⓑ 많이 오는 편이에요.

(2) 겨울에는 일이 별로 없어요. 그래서 ⓐ 바쁜 편 않아요./ⓑ 바쁜 편이 아니에요.

(3) 날씨가 안 좋아요. 일주일 내내 비가 와요. ⓐ 거나/ⓑ 아니면 눈이 와요.

(4) 친구를 사귀고 싶어요. ⓐ 친절하거나/ⓑ 친절한 이나 착한 친구를 소개해 주세요.

Conversación 2

pista 05

진수 보통 주말에 뭐 해요?

새라 밖에서 친구 만나거나 집에서 쉬어요.

진수 친구를 자주 만나요?

새라 자주 만나는 편이에요. 한 달에 2~3번 정도 만나요.

진수 친구 만나서 보통 뭐 해요?

새라 같이 영화 보고 저녁 먹으면서 얘기해요.

진수 영어로 얘기해요?

새라 아니요, 영어하고 한국어로 반반씩 해요.

진수 집에서는 뭐 해요?

새라 책 읽거나 집안일해요.

진수 어떤 책을 읽어요?

새라 주로 소설이나 역사 책을 자주 읽는 편이에요.

진수 집안일은 자주 해요?

새라 아니요, 저는 좀 게으른 편이에요.
그래서 집안일은 가끔씩 해요.

Jinsu ¿Qué sueles hacer los fines de semana?

Sarah Quedo con amigos fuera o descanso en casa.

Jinsu ¿Quedas con tus amigos a menudo?

Sarah Quedo con mis amigos con bastante frecuencia. Nos vemos unas dos o tres veces al mes.

Jinsu ¿Qué sueles hacer cuando quedas con tus amigos? (lit. Quedas con tus amigos y ¿qué sueles hacer (con ellos)?)

Sarah Vemos alguna película y charlamos mientras cenamos.

Jinsu ¿Habláis en inglés?

Sarah No, hablamos mitad en inglés y mitad en coreano.

Jinsu ¿Qué haces (normalmente) en casa?

Sarah Leo algún libro o hago alguna tarea doméstica.

Jinsu ¿Qué clase de libros lees?

Sarah Por lo general suelo leer bastantes novelas o libros de historia.

Jinsu ¿Haces tareas domésticas con frecuencia?

Sarah No, soy bastante vaga, así que hago tareas domésticas de vez en cuando.

Nuevo vocabulario ▸P. 326

밖 | 정도 | 반반씩 | 집안일 | 소설 | 역사 | 게으르다 | 가끔씩

Nuevas expresiones ▸P. 326

- 한 달에 2~3(두세) 번 정도 만나요.
- 영어하고 한국어로 반반씩 해요.
- 집안일은 가끔씩 해요.

Notas

1 Omisión de partículas

Cuando se habla en coreano, es muy habitual omitir las desinencias de sujeto 이/가, las de complemento directo 을/를 y las de posesión 의. Sin embargo, las desinencias 에, 에서 y (으)로 nunca se omiten, ni siquiera en el lengua oral.

- 토요일**에** 시간~~이~~ 있어요?
  ¿Tienes tiempo el sábado?
- 우리~~의~~ 집**에서** 밥~~을~~ 먹어요.
  Comemos arroz en nuestra casa.

2 La partícula (으)로

La partícula (으)로 se utiliza para indicar el instrumento o la manera empleados para llevar a cabo una acción. Por ejemplo, en la conversación de arriba se añade (으)로 a "영어" (inglés) y "한국어" (coreano) para indicar cómo tuvo lugar la comunicación.

- 부산에 기차**로** 갔다 왔어요?
  ¿Fuiste a Busan (y volviste) en tren?
- 지도를 핸드폰**으로** 보낼게요.
  Te enviaré el plano por (teléfono) móvil.
- 종이에 이름을 연필**로** 쓰세요.
  Escriba su nombre en el papel con lápiz.

1 Tareas domésticas

- 장을 보다
  hacer la compra

- 음식을 만들다
  hacer la comida

- 상을 차리다
  poner la mesa

- 상을 치우다
  quitar (los platos de) la mesa

- 설거지하다
  lavar los platos

- (물건을) 정리하다
  colocar (cosas)

- 청소하다
  limpiar

- 쓰레기를 버리다
  tirar/botar la basura

- 빨래하다
  hacer la colada

- 다리미질하다
  planchar

- 아기를 돌보다
  cuidar al bebé

- 집을 고치다 (= 수리하다)
  reparar algo de la casa

- 아내가 **상을 치우고 설거지하는** 동안에 보통 남편은 대충 **청소를 하고 쓰레기를 버려요.**
  Mientras la esposa quita la mesa y lava los platos, el esposo limpia por encima y tira la basura.
- 주말에는 아내와 남편 둘 다 **집안일을 하지만** 주중에는 둘 다 집안일을 못 해요.
  Los fines de semana, tanto la esposa como el esposo se ocupan de la casa, entresemana ninguno de los dos puede hacer tareas domésticas.

2 La frecuencia

1. Cuando se informa sobre la frecuencia de algo dentro de un periodo de tiempo, a diferencia del español, en coreano se empieza por el periodo de tiempo y, después, se indica la frecuencia.

periodo de tiempo + 에 + frecuencia

- 일년에 1(한) 번
- 한달에 2(두) 번
- 일주일에 1~2(한두) 번
- 하루에 3~4(서너) 번

2. Para indicar que cierta frecuencia no es exacta sino aproximada, es habitual emplear palabras como 정도, 쯤, 한 o 약. Hay que tener cuidado al usar estas palabras porque su ubicación en la frase no es la misma.

[informal]		[formal]
한 2번**쯤** unas dos veces	=	**약** 2번 **정도** unas dos veces

- **한 달에 한 2번쯤** 친구를 만나러 나가요.
  Salgo a encontrarme con mis amigos unas dos veces al mes.
- **일 년에 약 3번 정도** 해외로 출장을 갑니다.
  Voy de viaje de negocios al extranjero unas tres veces al año.

Expresiones esenciales

- 남편하고 아내가 돌아가면서 집안일해요.
  El esposo y la esposa se turnan para hacer las tareas domésticas.
- 남편하고 아내가 반반씩 집안일해요.
  El esposo y la esposa se reparten las tareas domésticas a partes iguales.

Gramática 3

-(으)ㄴ 후에/다음에 "después de"

C.C P. 306

A 언제 취직했어요?
¿Cuándo encontraste trabajo?

B 졸업한 후에 바로 취직했어요.
Lo encontré justo después de graduarme.

La estructura -(으)ㄴ 후에 se emplea para indicar que una acción o estado ocurre después de que otro estado o acción hayan tenido lugar. Se puede sustituir -(으)ㄴ 후에 por -(으)ㄴ 다음에 o -(으)ㄴ 뒤에. La estructura -(으)ㄴ 후에 se añade a la raíz verbal pero su uso es incompatible con el infijo de pasado -았/었-. Por otra parte, se puede usar 후에 después de un sustantivo, pero esto no es posible en el caso de 다음에 ni en el de 뒤에.

- 자료를 본 후 다시 연락할게요. Me pondré en contacto contigo después de ver la información.
- 손을 씻은 다음에 식사하세요. Después de lavarse las manos, coman.
- 친구가 한국을 떠난 뒤 저도 회사를 그만뒀어요.
  Después de que mi amigo se fuera de Corea, yo también dejé la empresa.
- 수업 후에 뭐 할 거예요? ¿Qué vas a hacer después de clase?

-기 전에 "antes de"

C.C P. 300

A 언제 전화해요?
¿Cuándo le llamo?

B 출발하기 전에 전화해 주세요.
Llámeme antes de partir.

La estructura -기 전에 se emplea para indicar que una acción o un estado tiene lugar antes de que otra acción o estado ocurra. La estructura -기 전에 se añade a la raíz verbal pero su uso es incompatible con el infijo de pasado -았/었-. Es común el uso de los adverbios 바로 (justo) y 한참 (mucho tiempo) después de 전에. Después de un sustantivo se añade simplemente 전에.

- 밥 먹기 전에 드라마가 시작했어요. La teleserie comenzó antes de que comiéramos.
- 자기 바로 전에 전화가 왔어요. Me llamaron justo antes de que me acostase.
- 회의 시작하기 전에 잠깐 만나서 얘기합시다. Antes de que empiece la reunión, veámonos y hablemos.
- 발표 전에 다시 한번 확인하세요. Compruébelo una vez más antes de la exposición.

▸ Clave de respuestas P. 314

1 **그림을 보고 보기 와 같이 질문에 답하세요.**

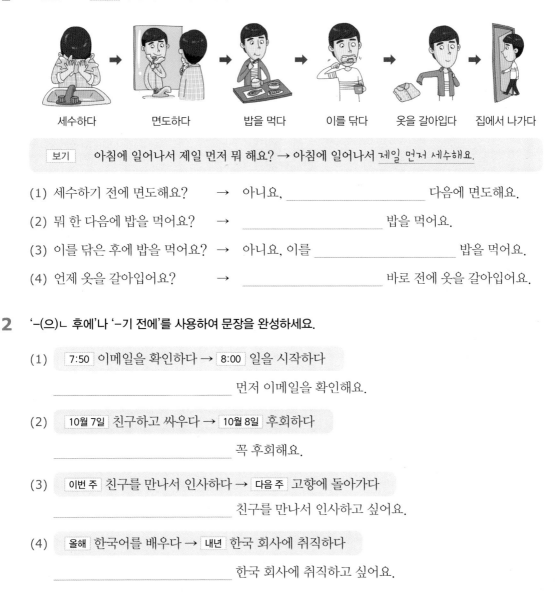

세수하다 → 면도하다 → 밥을 먹다 → 이를 닦다 → 옷을 갈아입다 → 집에서 나가다

보기 아침에 일어나서 제일 먼저 뭐 해요? → 아침에 일어나서 제일 먼저 세수해요.

(1) 세수하기 전에 면도해요? → 아니요, ____________ 다음에 면도해요.

(2) 뭐 한 다음에 밥을 먹어요? → ____________ 밥을 먹어요.

(3) 이를 닦은 후에 밥을 먹어요? → 아니요, 이를 ____________ 밥을 먹어요.

(4) 언제 옷을 갈아입어요? → ____________ 바로 전에 옷을 갈아입어요.

2 **'-(으)ㄴ 후에'나 '-기 전에'를 사용하여 문장을 완성하세요.**

(1) 7:50 이메일을 확인하다 → 8:00 일을 시작하다

____________ 먼저 이메일을 확인해요.

(2) 10월 7일 친구하고 싸우다 → 10월 8일 후회하다

____________ 꼭 후회해요.

(3) 이번 주 친구를 만나서 인사하다 → 다음 주 고향에 돌아가다

____________ 친구를 만나서 인사하고 싶어요.

(4) 올해 한국어를 배우다 → 내년 한국 회사에 취직하다

____________ 한국 회사에 취직하고 싶어요.

3 **다음에서 알맞은 것을 골라서 문장을 완성하세요.**

사다 식다 비가 오다 끝나다

(1) ____________ 후에 날씨가 추워졌어요.

(2) 음식이 ____________ 전에 드세요.

(3) 물건을 ____________ 전에 한 번 더 생각해 보세요.

(4) 경기가 ____________ 후에 선수들과 사진을 찍었어요.

Conversación ❸

pista 06

마크 보통 아침에 일찍 일어나요?

유키 네, 저는 일찍 자고 일찍 일어나는 편이에요.

마크 몇 시에 자요?

유키 보통 저녁 먹고 씻은 후에 바로 자요.
9시가 되기 전에 자고 새벽 4시쯤 일어나요.

마크 그렇게 일찍 자고 일찍 일어나요?

유키 학생 때부터 쭉 그랬어요. 마크 씨는요?

마크 저는 생활이 불규칙한 편이에요.
저녁 먹기 전에 자기도 하고, 해가 뜬 후에 자기도 해요.

유키 잠은 푹 자요?

마크 그때그때 달라요. 보통 평일에는 4-5시간씩 자고 주말에는 하루 종일 자요.

유키 피곤하지 않아요? 그러면 건강에도 안 좋아요.

마크 네, 알아요. 하지만 습관이 쉽게 고쳐지지 않아요.

유키 그렇긴 해요.

Mark ¿Sueles levantarte temprano por las mañanas?

Yuki Sí, acostumbro a acostarme temprano y a levantarme temprano.

Mark ¿A qué hora te acuestas?

Yuki En cuanto ceno y me lavo, me acuesto. Me acuesto antes de que den las nueve y me levanto sobre las cuatro de la madrugada.

Mark ¿Cómo es que te acuestas y te levantas tan temprano?

Yuki Lo he hecho así desde que era estudiante. Y tú, ¿Mark?

Mark Mi día a día es bastante irregular. Hay veces que me acuesto antes de cenar y hay veces que me acuesto después de amanecer.

Yuki ¿Duermes bien?

Mark Depende del día. Suelo dormir entre cuatro y cinco horas al día entresemana, pero los fines de semana me paso todo el día durmiendo.

Yuki ¿No te sientes fatigado? Eso no es saludable.

Mark Sí, ya lo sé. Pero no es fácil corregir los (malos) hábitos.

Yuki Eso es verdad.

Nuevo vocabulario ▸P. 326

씻다 | 바로 | 새벽 | 때 | 쭉 | 불규칙하다 | 해가 뜨다 | 푹 | 평일 | 하루 종일 | 건강 | 습관 | 고쳐지다

Nuevas expresiones ▸P. 326

- 학생 때부터 쭉 그랬어요.
- 그때그때 달라요.
- 그렇긴 해요.

Notas

1 La expresión –기도 하다: "hay veces que", "así como"

Cuando se añade –기도 하다 a las raíces verbales, se indica que esa acción tiene lugar a veces. Por el contrario, cuando se añade a las raíces de los adjetivos, se indican cualidades simultáneas.

- 주말에 집에서 쉬**기도 하고** 등산 가**기도 해요**.
  Los fines de semana suelo quedarme en casa descansando o subo alguna montaña.
- 영화가 무섭**기도 하고** 재미있**기도 했어요**.
  La película provoca tanto miedo como risa.

2 La terminación interrogativa negativa: –지 않아요?

La terminación –지 않아요? se añade a las raíces de verbos y adjetivos, así como también a 이다 para formar preguntas negativas con las que se busca confirmar algo que se da por cierto. La forma de pasado es –지 않았어요?.

- 날씨가 덥**지 않아요?** ¿No hace calor?
- 어제 힘들**지 않았어요?** ¿No fue ayer un día duro?

1 Partes del día

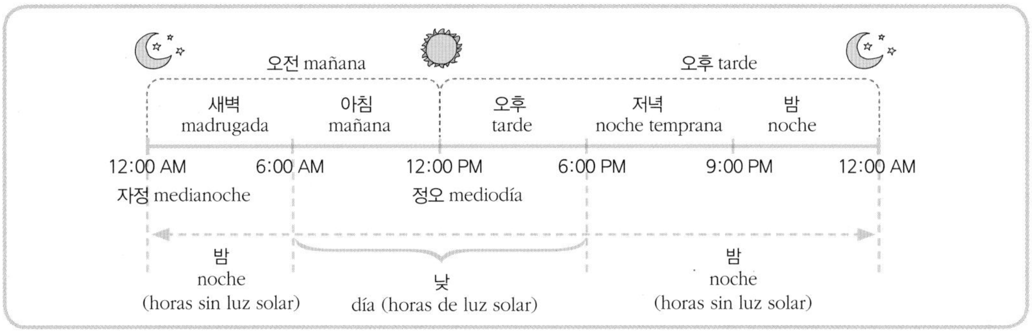

Ojo!
아침 일찍 temprano por la mañana
밤늦게 tarde por la noche

2 Indicar la hora

- 3시 5분 전 = 2시 55분
  Son las tres menos cinco
  = Son las dos y cincuenta y cinco

- 3시 30분 전 = 2시 30분
  treinta minutos antes de las tres.
  (3시 반 전 es incorrecto)

1. 5분 일찍 끝나요.
   Terminamos cinco minutos antes.

   30분 늦게 시작해요.
   Empezamos treinta minutos tarde.

2. 7시 이후에
   después de las siete

   9시 이전에
   antes de las nueve

3. 3시 직후에
   justo después de las tres

   5시 직전에
   justo antes de las cinco

3 Expresar la duración de algo a lo largo de todo un periodo

sustantivo que indica un periodo de tiempo + **내내 (a lo largo de)** : de manera continuada a lo largo de un periodo de tiempo

- 여름 **내내** 비가 왔어요.
  Estuvo lloviendo todo el verano.
- 일 년 **내내** 더워요.
  Hace calor a lo largo de todo el año.
- 한 달 **내내** 축제를 해요.
  Lo celebramos durante todo un mes.
- 회의 **내내** 졸았어요.
  Estuve dormitando durante toda la reunión.

Ojo!
Dos excepciones a esta regla son: 하루 종일 (todo el día) y 밤새 (toda la noche)
Ej. 하루 내내 (X) → 하루 종일 (O) todo el día
Ej. 밤 내내 (X) → 밤새 (O) toda la noche

Expresiones esenciales
- 시험을 보는 내내 많이 긴장했어요.
  Estuve nervioso todo el tiempo que pasé haciendo el examen.
- 시험 내내 많이 긴장했어요.
  Estuve nervioso a lo largo de todo el examen.

¡Hablemos!

Estrategias comunicativas — **Cómo compararse con los demás**

- 저는 다른 사람**보다** 통화를 많이 해요. Hablo por teléfono **mucho más que** los demás.
- 저는 다른 사람**만큼** 통화를 해요. Hablo por teléfono **tanto como** los demás.
- 저는 다른 사람**만큼** 통화를 하**지 않아요**. **No** hablo por teléfono **tanto como** los demás.

컴퓨터

저는 하루에 3시간 정도 컴퓨터를 하는데, 주로 유튜브에서 동영상을 보거나 친구하고 채팅해요.

1 ☐ 나는 하루에 1시간 이상 컴퓨터를 한다.
2 ☐ 나는 하루에 이메일을 10개 이상 받는다.
3 ☐ 나는 이메일을 받으면 바로 답장한다.
4 ☐ 나는 컴퓨터 없이 일이나 공부를 하기 어렵다.

❶ 보통 하루에 어느 정도 컴퓨터를 해요?
❷ 주로 컴퓨터로 뭐 해요?
❸ 보통 언제 이메일을 확인해요?
❹ 보통 인터넷으로 무엇을 검색해요?

핸드폰

1 ☐ 나는 매일 친구와 문자를 주고받는다.
2 ☐ 나는 하루에 5통 이상 전화를 받는다.
3 ☐ 나는 친구와 통화보다 문자를 더 많이 한다.
4 ☐ 나는 핸드폰으로 통화보다 다른 것을 더 많이 한다.

❶ 하루에 통화나 문자를 얼마나 많이 해요?
❷ 친구하고 문자로 무슨 얘기를 해요?
❸ 핸드폰으로 통화 이외에 주로 무엇을 해요?
❹ 핸드폰 사용료가 한 달에 얼마나 나와요?

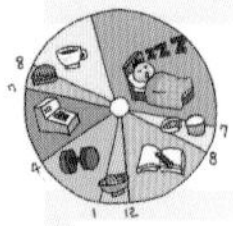

하루 일과

1 ☐ 나는 일찍 자고 일찍 일어나는 편이다.
2 ☐ 나는 식사를 거르지 않는다.
3 ☐ 나는 종종 늦게까지 일할 때가 많다.
4 ☐ 나는 평일에는 규칙적으로 생활한다.

❶ 항상 같은 시간에 자고 같은 시간에 일어나요?
❷ 규칙적으로 식사해요?
❸ 집에 돌아오자마자 제일 먼저 뭐 해요?
❹ 계획을 세우고 잘 지켜요?

주말

1 ☐ 나는 주말에 집에서 아무것도 안 하고 쉰다.
2 ☐ 나는 주말에 여기저기 많이 돌아다닌다.
3 ☐ 나는 가능하면 주말에 친구들과 어울려 지낸다.
4 ☐ 나는 주말에 가족과 함께 시간을 보낸다.

❶ 보통 주말을 어떻게 보내요?
❷ 무슨 요일을 제일 좋아해요? 제일 싫어해요?
❸ 주말에 집에 있을 때 뭐 해요?
❹ 주말에 친구들하고 뭐 하면서 놀아요?

Nuevo vocabulario

통화 conversación telefónica | 답장하다 responder (a un correo) | 문자 mensaje de texto | 이외에 además de, excepto | 사용료 tarifa de usuario | (식사를) 거르다 saltarse (una comida) | 종종 de vez en cuando | 규칙적으로 regularmente | 계획을 세우다 hacer planes | 계획을 지키다 cumplir un plan | 돌아다니다 deambular, recorrer | 어울리다 combinar (bien)

Red de palabras

Anexo P. 318

주말 — fin de semana
주 (semana) 말 (final)

todas las semanas: 매 (todo) 주 (semana)
- todos los meses: 매 (todo) 월 (mes)
- todos los días: 매 (todo) 일 (día)
- todos los años: 매 (todo) 년 (año)

finales de mes: 월 (mes) 말 (final)
- alquiler mensual: 월 (mes) 세 (alquiler)
- principios de mes: 월 (mes) 초 (comienzo, principio)
- publicación mensual: 월 (mes) 간 (publicación) 지 (sufijo para publicaciones)

una semana: 일 (uno) 주 (semana) 일 (día)
- cumpleaños: 생 (nacimiento) 일 (día)
- día no laboral: 휴 (descanso) 일 (día)
- Día Conmemorativo (a los Caídos): 기 (anales) 념 (pensamiento) 일 (día)

finales de año: *연 (año) 말 (final)
- el año pasado: 작 (pasado) 년 (año)
- el año que viene: 내 (venir) 년 (año)
- pensión (de jubilación): *연 (año) 금 (dinero)

* Cuando ㄴ va seguida de ㅣ, ㅑ, ㅕ, ㅛ, o ㅠ a principio de palabra, se convierte en ㅇ. Por ejemplo, 년 se convierte en 연 como se puede ver en los siguientes ejemplos.

salario semanal: 주 (semana) 급 (paga, aprovisionamiento)
- salario mensual: 월 (mes) 급 (paga, aprovisionamiento)
- cantidad que se gana por hora: 시 (hora, tiempo) 급 (paga, aprovisionamiento)
- suministro de comida: 급 (paga, aprovisionamiento) 식 (comer)

desenlace, final: 결 (terminar, relacionar) 말 (final)
- conclusión: 결 (terminar, relacionar) 론 (argumentación)
- al final, consecuencia: 결 (terminar, relacionar) 국 (situación)
- resultado, fruto final: 결 (terminar, relacionar) 과 (fruto)

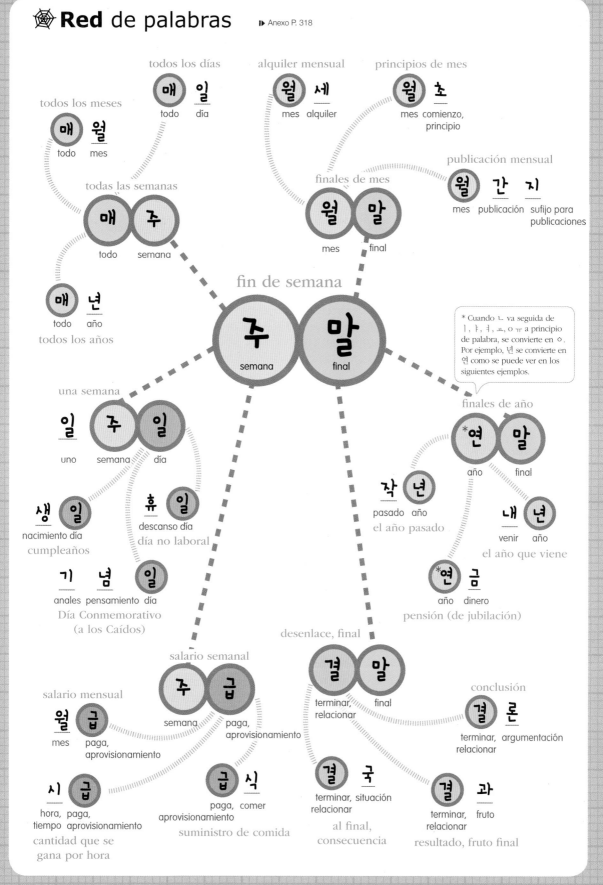

Algo de cultura

Anglicismos del coreano

Un nada desdeñable número de vocablos usados en coreano provienen del inglés, así como expresiones anglófonas que se han modificado para adecuarlas a las particularidades de la lengua coreana. Debido a que la pronunciación y la manera de usar esas palabras en coreano pueden diferir notablemente de las palabras originales, puede resultar difícil reconocerlas. De todas formas, los anglicismos deben pronunciarse siempre adaptándola siempre a la fonética coreana para que sean claramente inteligibles.

Palabra en inglés + 하다

- **Sustantivos ingleses + 하다**

  Hay muchos verbos que se forman añadiendo 하다 a sustantivos ingleses que se fueron incorporando al coreano para designar objetos y conceptos inexistentes todavía en coreano como 컴퓨터(*computer*), 인터넷(*Internet*), 이메일(*e-mail*), 게임(*game*) y 블로그(*blog*). Al colocarse 하다 detrás de estos sustantivos, se obtuvieron los verbos que indican el uso de esos objetos y servicios: 컴퓨터하다(usar una computadora), 인터넷하다(navegar por Internet), 이메일하다(comunicarse por correo electrónico), 게임하다(jugar a videojuegos) y 블로그하다(escribir un blog). No solo se añade 하다 a sustantivos relacionados con la tecnología sino también a acciones cotidianas como 데이트(*date*), 드라이브(*drive*) y 쇼핑(*shopping*) dando lugar a los verbos 데이트하다(tener una cita con alguien), 드라이브하다(dar una vuelta en automóvil) y 쇼핑하다(ir de compras).

- **Adjetivos ingleses + 하다**

  Existe un importante número de adjetivos que el coreano ha tomado prestados del inglés aunque muchos se consideran coloquiales y no se han incorporado al coreano estándar. Este es el caso de palabras como *tough*, *sexy y luxury*, a las que añadiéndoles 하다 se convierten 터프하다(duro), 섹시하다 (sensual, sexi) y 럭셔리하다(lujoso). En coreano, estos anglicismos se tratan como si fuesen sustantivos, como en el caso de arriba, se añade 하다 para incorporarlos plenamente a la lengua coreana.

- **Acortamiento de palabras**

  Las palabras inglesas suelen resultar bastante largas para la media coreana, por lo que es muy habitual acortarlas. Muchas de esas palabras designan aparatos que han llegado del extranjero y suelen ser bastante largas como *air conditioner* (aire acondicionado) o *remote control* (mando a distancia, control remoto). En estos dos casos, se eliminan las sílabas que sigues a "con-" dando lugar a 에어컨 y 리모컨. La palabra *apartment* (bloque de pisos) se acorta en 아파트 y *accelerator* (acelerador) se acorta en 액셀. Son muchos los anglicismos que usan en la actualidad los coreanos, pero aquellos que tengan cinco o más sílabas resultan demasiado largos y consecuentemente se acortan.

- **Pseudoanglicismos Konglish**

  El número de vocablos originados de palabras inglesas adaptadas a la fonética del coreano que no sufren acortamientos también es considerable. No obstante, resulta curioso que una importante cantidad de anglicismos no sufren importantes alteraciones en su forma pero sí en su significado. La mayoría de los coreanos no son conscientes del significado original de esas palabras en inglés o que varios de esos vocablos no existen en inglés y son neologismos creados por los propios coreanos. La siguiente lista de vocabulario incluye varios pseudoanglicismos de uso común en el día a día que todos aquellos que quieran entender conversaciones cotidianas en coreano, deberían conocer.

  - **핸드폰(handphone → teléfono móvil)**이 고장 나서 **에이에스(AS: after service → servicio de atención al cliente)** 맡겼어.
    Como mi teléfono móvil / móvil se estropeó, se lo he llevado al servicio de atención al cliente.
  - **아이쇼핑(eye shopping → ver escaparates)**하러 명동에 갔는데 유명한 배우를 만나서 **사인(sign → autógrafo)**받았어.
    Fui a Myeong-dong para ver escaparates / vidrieras y allí me encontré con un famoso actor y conseguí su autógrafo.
  - **원샷(one shot → De un trago)!** ¡De un trago! / ¡Hasta el fondo!
  - **파이팅(fighting → Ánimo)!** ¡Mucha suerte! / ¡Ánimo! / ¡Hazlo lo mejor que puedas!

Capítulo **03**

약속

Citas y compromisos

Objetivos
- hablar sobre preferencias
- proponer
- concertar una cita
- indicar la causa
- cambiar una cita
- cancelar una cita
- comenzar una conversación de forma cortés
- matizar las opiniones

Gramática

❶ –(으)ㄹ까요? estructura para hacer propuestas
–(으)ㄴ/는 것 estructura para usar los verbos como complementos o sujetos

❷ –아/어서 "porque"
–기로 하다 "decidir hacer algo"

❸ –(으)니까 "porque"
–는 게 forma contracta de –는 것: –는 게 어때요? "¿Qué tal si...?"
–는 게 좋겠어요 "Estaría bien..."

Gramática 1

-(으)ㄹ까요? estructura para hacer propuestas

C.C P. 304, 306

A 차를 마실까요?
¿Tomamos un té?

B 좋아요.
Claro.

La estructura -(으)ㄹ까요? se emplea para proponerle al interlocutor hacer algo juntos, así como para hacer sugerencias. Se utiliza -(으)ㄹ까요? añadiéndola a la raíz verbal. Cuando se pronuncia, va acompaña por una entonación ascendente.

- A 오늘 저녁에 만날까요? ¿Quedamos hoy para cenar?
  B 좋아요. 저녁에 만나요. Muy bien. Quedemos para cenar.
- A 내일 같이 점심 먹을까요? ¿Quedamos mañana para almorzar?
  B 미안해요. 내일은 시간이 없어요. Lo siento. Mañana no tengo tiempo.

-(으)ㄴ/는 것 estructura para usar los verbos como complementos o sujetos

Anexo P. 263 C.C P. 307

A 취미가 뭐예요?
¿Cuáles son tus aficiones?

B 제 취미는 여행 기념품을 모으는 것이에요.
Mi (principal) afición es coleccionar recuerdos de viajes.

La estructura -(으)ㄴ/는 것 tiene la función de convertir verbos, adjetivos y oraciones en sustantivos de manera que se puedan usar como sujeto complemento directo o cualquier otra función propia de los sustantivos. La forma -는 것 se añade a la raíz de los verbos cuando estos tienen un valor de presente, mientras que la forma -(으)ㄴ 것 se añade a la raíz de los verbos cuando estos tienen un valor de pasado, así como a la raíz de los adjetivos. En el lenguaje hablado es habitual que cuando va seguido por la partícula de sujeto 이, se use la forma contracta 게. Igualmente, cuando 것 va seguido por la partícula de tema 은, es frecuente el uso de la forma contracta 건. Por su parte, 것이에요 suele contraerse en 거예요 en los registros coloquiales.

- 한국 문화를 이해하는 것이 한국 생활에서 중요해요. Entender la cultura coreana es importante para vivir en Corea.
- 제가 만든 것보다 동생이 만든 게 (= 것이) 더 맛있어요.
  Los que ha hecho mi hermano menor están más ricos que los que he hecho yo.
- 이것하고 똑같은 건 (= 것은) 사지 마세요. No compres nada que sea igual que esto.

▸Clave de respuestas P. 314

1 그림을 보고 '-(으)ㄹ까요?'를 사용하여 대화를 완성하세요.

(1) 

A 오늘부터 휴가예요. 이번 주말에 같이 ______________?

B 그래요. 같이 여행 가요!

(2) 

A 좋은 식당을 알아요. 오늘 같이 ______________?

B 미안해요. 벌써 식사했어요.

(3) 

A 같이 영화 보고 싶어요. 제가 표를 ______________?

B 아니에요. 이번에는 제가 표를 예매할게요.

(4) 

A 좋은 음악이 있어요. 같이 음악을 ______________?

B 좋아요. 같이 음악을 들어요!

2 다음에서 알맞은 것을 골라서 문장을 완성하세요.

사용하다	필요하다	전화하다	쉬다

(1) 밖에 나가지 마세요. 집에서 ______________ 게 필요해요.

(2) 단어를 외우는 것보다 단어를 ______________ 것이 더 어려워요.

(3) 한국어 공부할 때 가장 ______________ 것은 자신감이에요.

(4) 이따가 저한테 ______________ 것을 잊어버리지 마세요.

3 알맞은 것을 고르세요.

(1) 김치 냉장고는 한국인들이 집집마다 많이 ⓐ 사용한 / ⓑ 사용하는 것이에요.

(2) 제가 졸업한 후 하고 ⓐ 싶은 / ⓑ 싶는 것은 세계 여행이에요.

(3) 어제 제가 ⓐ 본 / ⓑ 보는 것이 생각이 안 나요.

(4) 음식을 직접 만드는 ⓐ 게 / ⓑ 걸 사 먹는 것보다 훨씬 맛있어요.

(5) 주말에 집에서 혼자 음식을 만드는 ⓐ 게 / ⓑ 걸 좋아해요.

Conversación 1

pista 07

마크 리나 씨, 운동하는 것을 좋아해요?

리나 저는 직접 운동하는 것보다 운동 경기 보는 것을 더 좋아해요.

마크 그래요? 어떤 운동 경기를 자주 봐요?

리나 야구나 축구 같은 거 좋아해요.

마크 저도요. 그럼, 이번 주말에 같이 야구 경기 보러 갈까요?

리나 좋아요. 몇 시요?

마크 토요일 오후 2시 어때요?

리나 경기가 몇 시에 시작해요?

마크 6시 반에 시작해요.
그러니까 같이 점심 먹고 시간 맞춰서 경기장에 가요.

리나 그래요. 2시에 어디에서 볼까요?

마크 종합운동장역 5번 출구에서 봐요.

리나 알겠어요. 표는 어떻게 할까요?

마크 표는 제가 예매할게요.

리나 그래요. 그럼, 그때 봐요.

Mark Rina, ¿te gusta jugar a algún deporte?

Rina Me gusta más ver partidos que jugarlos yo misma.

Mark ¿En serio? ¿Qué deporte son los partidos que sueles ver?

Rina Me gustan los (partidos) de deportes como el béisbol y el fútbol.

Mark A mí también. Entonces, ¿por qué no vamos a ver un partido de béisbol este fin de semana?

Rina Claro. ¿A qué hora (nos vemos)?

Mark ¿Qué tal el sábado a las dos de la tarde?

Rina ¿A qué hora empieza el partido?

Mark Empieza a las seis y media, así que almorcemos juntos y vayamos al estadio con tiempo. (lit. Almorcemos juntos y vayamos al estadio sincronizando el tiempo; es decir, antes de que empiece el partido.)

Rina De acuerdo. ¿Dónde nos vemos a las dos?

Mark ¿En la salida 5 estación Polideportivo?

Rina Muy bien. ¿Cómo hacemos con los boletos?

Mark Los boletos los reservo yo.

Rina De acuerdo. ¡Nos vemos entonces!

Nuevo vocabulario ▸P. 326

직접 | 경기 | 시간 맞추다 | 출구 | 예매하다

Nuevas expresiones ▸P. 326

- 야구나 축구 같은 거 좋아해요.
- 오후 2시 어때요?
- 그때 봐요.

Notas

1 Cómo introducir ejemplos

Para poner ejemplos de lo que uno está hablando, en coreano se usa 같은 y se coloca entre los ejemplos, que han de ir primero, y aquellos de lo que se habla, que ha de ir después.

- 저는 과자 **같은 거** 안 좋아해요.
  No me gustan cosas como galletas.
- 불고기나 갈비 **같은 것**을 자주 먹어요.
  Como con frecuencia cosas como bulgogi o galbi.
- 경복궁, 인사동 **같은 곳**에 가고 싶어요.
  Quiero ir a lugares como el Palacio Gyeongbok o Insadong.

2 Los usos de 그래요

En la conversación de arriba, se hace uso de 그래요 en dos ocasiones. En su primera aparición, va en forma interrogativa. 그래요? se emplea para indicar sorpresa o admiración por algo que ha dicho el interlocutor. En su segunda aparición, va en forma enunciativa. 그래요 se emplea utiliza para aceptar una propuesta.

- **그래요?** 저는 그 사실을 몰랐어요.
  ¿En serio? No lo sabía.
- **그래요.** 같이 밥 먹어요!
  De acuerdo. Comamos juntos.

1 Cómo expresar el paso del tiempo

• 15분(이) 지났어요.
Han pasado quince minutos.

• 15분(이) 남았어요.
Quedan quince minutos.

• 7시가 넘었어요.
Son (ya) más de las siete.

• 7시가 안 됐어요.
No son las siete (todavía).

• 약속 시간까지 30분 **남았으니까** 시간은 충분해요. 서두르지 마세요.
Como quedan treinta minutos hasta la hora de su cita, tiene suficiente tiempo. No se apure.
• 약속 시간이 15분 **지났어요.** 서둘러도 이미 늦었어요. 시간이 부족해요.
Han pasado (ya) quince minutos desde la hora de la cita. Aunque te apures, ya es tarde. No te da tiempo. (lit. Te falta tiempo.)
• 벌써 7시가 **넘었으니까** 아마 회의가 끝났을 거예요. Como ya son más de las siete, quizá la reunión ya habrá acabado.
• 아직 7시도 **안 됐으니까** 한참 기다려야 할 거예요. Como todavía no son las siete, tendremos que esperar un rato.

2 Léxico relacionado con el tiempo

• 시간이 나다 tener tiempo (libre)
• 시간을 보내다 pasar el tiempo
• 시간을 절약하다 (=아껴쓰다) ahorrar el tiempo
• 시간을 내다 sacar tiempo
• 시간을 쓰다 emplear el tiempo de uno (en...)
• 시간을 낭비하다 perder el tiempo

• 오랜만에 휴가지요? 즐거운 시간을 보내세요.
Hace mucho tiempo que no se toma vacaciones, ¿verdad? Diviértase.
• 시간이 안 나겠지만 내일 잠깐이라도 시간을 내 보세요.
Aunque no disponga de tiempo, por favor, saque tiempo mañana aunque solo sea un momento.
• 시간은 되돌아오지 않아요. 이렇게 시간을 낭비하지 말고 아껴쓰세요.
El tiempo (pasado) no vuelve. No pierda el tiempo de esta manera y aprovéchelo al máximo.

3 Expresiones relacionadas con el tiempo

• 시간 맞춰 오다
(llegar) a tiempo
• 정각에 오다
(llegar) puntualmente/justo
• 〔다른 사람〕하고 시간을 맞추다
acordar la hora con 〔otra persona〕
• 〔다른 사람〕하고 시간이 맞다
coincidir con 〔otra persona〕 (en el tiempo)
• 시간을 늦추다
retrasar la hora (de algo)

• 시간을 앞당기다
adelantar la hora (de algo)

• 딱 **시간 맞춰** 왔어요. 영화가 곧 시작할 거예요.
Hemos llegado justo a tiempo. La película comenzará en breve.
• 사장님은 항상 회의 시작 **정각에** 오세요.
El presidente ejecutivo siempre viene justo al empezar la reunión.
• 친구하고 **시간이 안 맞아서** 퇴근 **시간을 앞당겼지만** 결국 못 만나게 됐어요.
Como no coincidía mi horario con el de mis amigos, adelanté la hora de salida del trabajo, pero al final terminé sin poder encontrarme con ellos.
• 친구하고 퇴근 **시간을 맞춰** 만나려고 했지만 일이 안 끝나서 약속을 2시간 후로 **늦췄어요.**
Iba a ver a un amigo con el que había acordado verme después del trabajo, pero tuve que retrasar la hora de nuestro encuentro dos horas porque no terminé mi trabajo (a tiempo).

Expresiones esenciales
• 밤 11시가 넘어서 도착했어요.
Llegué ya pasadas las once de la noche.
• 아침 8시도 안 돼서 도착했어요.
Llegué antes de que fueran las ocho de la mañana.
• 아침 9시에 맞춰서 도착했어요.
Llegué puntualmente a las nueve de la mañana.

Gramática 2

-아/어서 "porque"

C.C P. 303

A 왜 늦게 왔어요?
¿Por qué has llegado tarde?

B 길이 막혀서 늦게 왔어요.
He llegado tarde porque había mucho tráfico.

La estructura -아/어서 se emplea para identificar una acción o situación como causa de otra. La oración que indica la causa siempre se ubica en primer lugar y la oración que indica el resultado después de ella. La estructura -아/어서 se añade a la raíz de verbos y adjetivos. En caso de usarse con 이다, la estructura cambia a -(이)라서. La uso de -아/어서 no es compatible con los infijos -았/었- o -겠-.

- 요즘 바빠서 운동을 못 해요. (= 요즘 바빠요. 그래서 운동을 못 해요.)
  Como estos días estoy ocupado, no puedo hacer ejercicio.
- 어제 시간이 없어서 전화 못 했어요. Como ayer no tuve tiempo, no pude llamar.
- 반찬이 무료라서 처음에 깜짝 놀랐어요. Al principio me sorprendió que los platos de acompañamiento fueran gratis.

-기로 하다 "decidir hacer algo"

C.C P. 300

A 리나 씨하고 무슨 얘기를 했어요?
¿De qué has hablado con Rina?

B 아침마다 같이 운동하기로 했어요.
Hemos decidido hacer ejercicio todas las mañanas.

La estructura -기로 하다 se emplea cuando el sujeto toma una resolución o se compromete con alguien a hacer algo. Se añadiéndola a la raíz del verbo. Además de 하다, también es posible utilizar otros verbos como 약속하다, 결정하다 (o 정하다) o 결심하다. Se emplea -기로 하다 en caso de tomarse una decisión en el mismo momento en el que se habla. Por el contrario, si se ha tomado la resolución previamente, se ha de usar la correspondiente forma de pasado -기로 했다.

- 이번에 회사를 그만두기로 결정했어요. He decidido dejar de trabajar la empresa en esta ocasión.
- 건강을 위해서 담배를 끊기로 결심했어요. He decidido dejar de fumar por mi salud.
- 우리 이제부터 서로에게 거짓말하지 않기로 해요. A partir de ahora, no nos mintamos.

▸ Clave de respuestas P. 314

1 다음에서 알맞은 것을 골라서 '-아/어서'를 사용하여 문장을 완성하세요.

성격이 안 맞다
배터리가 다 되다
문법 질문이 있다
자판기가 고장 나다
갑자기 다른 일이 생기다

(1) ______________ 약속을 취소했어요.

(2) ______________ 음료수를 못 샀어요.

(3) ______________ 지금 충전하고 있어요.

(4) ______________ 여자 친구하고 헤어졌어요.

(5) ______________ 친구한테 전화해서 문법에 대해 물어보려고 해요.

2 알맞은 것을 고르세요.

(1) 점심을 ⓐ 먹어서 / ⓑ 못 먹어서 너무 배고파요.

(2) 색이 마음에 ⓐ 들어서 / ⓑ 안 들어서 물건을 바꾸고 싶어요.

(3) 스트레스를 많이 ⓐ 받아서 / ⓑ 받지 않아서 회사를 그만뒀어요.

(4) 한국 역사에 관심이 ⓐ 있어서 / ⓑ 없어서 역사 책을 샀어요.

(5) 지난주에 늦게까지 ⓐ 일해서 / ⓑ 일했어서 이번 주에 일찍 집에 가요.

(6) 요즘 많이 살이 ⓐ 쪄서 / ⓑ 쪘어서 운동을 시작할 거예요.

3 보기 와 같이 문장을 완성하세요.

마크 내일 7시에 만나요.
리나 좋아요.

보기 리나하고 내일 7시에 만나기로 했어요.

이제부터 매일 꼭 운동할 거예요.

(1) 이제부터 매일 꼭 ______________ 결심했어요.

앞으로 한국어를 열심히 공부할 거예요.

(2) 앞으로 한국어를 열심히 ______________ 마음 먹었어요.

진수 미안해요. 앞으로 늦지 않을게요.
리나 알겠어요.

(3) 진수가 리나한테 앞으로 ______________ 약속했어요.

유키 휴가 때 같이 여행 갈까요?
링링 그래요. 같이 가요!

(4) 휴가 때 친구하고 같이 ______________ 정했어요.

Conversación 2

pista **08**

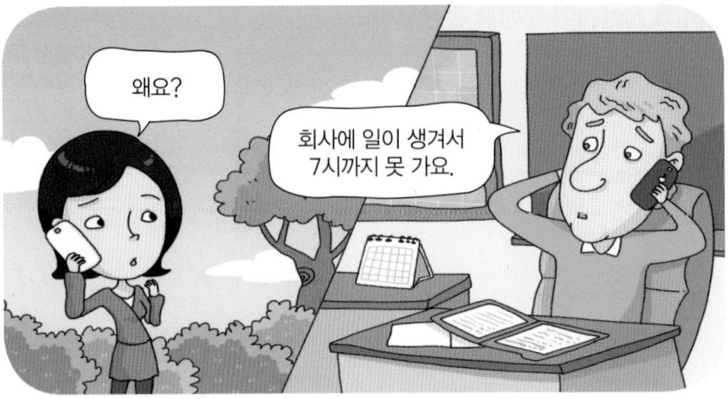

케빈 여보세요. 저 케빈인데요.

유키 안녕하세요. 케빈 씨, 그런데 웬일이에요?

케빈 우리 다음 주 금요일 7시에 만나기로 했죠?

유키 네, 그런데 왜요?

케빈 그날 회사에 일이 생겨서 7시까지 못 가요.

유키 그럼, 몇 시까지 올 수 있어요?

케빈 글쎄요, 잘 모르겠어요.
혹시 약속을 다른 날로 미룰 수 있어요?

유키 어떡하죠? 다른 사람들한테 벌써 다 연락해서 지금 약속을 바꿀 수 없어요.

케빈 그렇군요. 그럼, 미안하지만 저는 이번에 못 가요.

유키 알겠어요. 다음에 만나기로 해요.

케빈 그래요. 다른 사람들한테도 안부 전해 주세요.

유키 그럴게요. 다음에 봐요.

케빈 네, 끊을게요.

Kevin ¿Hola? Soy Kevin.

Yuki Hola, Kevin. ¿Cómo va todo?

Kevin Hemos quedado el próximo viernes a las siete, ¿verdad?

Yuki Sí, ¿por qué lo preguntas?

Kevin Ese día no podré llegar a las siete por un asunto que ha ocurrido en la empresa.

Yuki Entonces, ¿a qué hora podrás llegar?

Kevin Pues, no lo sé. ¿Sería posible que lo dejáramos para otro día?

Yuki ¿Qué podemos hacer? Como ya he quedado con los demás, no puedo cambiar la fecha.

Kevin ¡Claro! Entonces, lo lamento mucho pero esta vez no voy a poder ir.

Yuki De acuerdo. Ya nos veremos en otra ocasión.

Kevin Claro. Saluda a los demás (de mi parte).

Yuki Lo haré. ¡Hasta pronto!

Kevin Sí, chao. (lit. Voy a colgar.)

Nuevo vocabulario ▸ P. 326

그날 | 일이 생기다 | 혹시 | (약속을) 미루다 | 벌써 | 바꾸다 | 안부 | 전하다

Nuevas expresiones ▸ P. 326

- 웬일이에요?
- 안부 전해 주세요.
- 끊을게요.

Notas

1 La partícula 까지: "hasta", "antes de"

La partícula 까지 se emplea para indicar un límite tanto temporal como espacialmente, siendo equivalente en español a "hasta" y "antes de". Los periodos de tiempo se acotan con las partículas 부터 … 까지 (de… a… / desde… hasta…), mientras que los espacios se acotan con las desinencias 에서 … 까지 (de… a… / desde… hasta…).

- 월요일부터 금요일**까지** 문을 열어요.
  Abrimos de lunes a viernes.
- 다음 주 월요일**까지** 숙제를 내세요.
  La tarea es para el próximo lunes.
- 오늘 7시**까지** 회사에 있을 거예요.
  Estaré en la empresa hasta las siete.
- 여기에서 공원**까지** 너무 멀어요.
  De aquí al parque hay demasiada distancia.

2 Uso de la partícula 도

La partícula 도 no se puede usar con las partículas de sujeto 이/가 ni con las de complemento directo 을/를. Por ello, cuando se usa 도 con un sujeto o complemento directo las partículas 이/가 y 을/를 desaparecen. No obstante, 도 es compatible con otras partículas como (에, 에서, 한테, etc). etc. En estos casos, 도 se coloca después de la otra partícula.

- 영화**도** 좋아하고 음악**도** 좋아해요.
  Me gusta tanto el cine como la música.
- 다음 주말에**도** 다시 올게요.
  La próxima semana también volveré a venir.
- 동생한테**도** 말하지 마세요.
  No se lo diga ni a mi hermano menor, por favor.

❶ Citas: formas activas y pasivas

- 약속을 잡다/약속이 잡히다
  concertar una cita/concertarse una cita
- 약속을 바꾸다/약속이 바뀌다
  cambiar una cita (de hora/día)/modificarse una cita
- 약속을 취소하다/약속이 취소되다
  cancelar una cita/cancelarse una cita
- 약속을 미루다 (= 연기하다)/약속이 미뤄지다 (= 연기되다)
  aplazar (=posponer) una cita/aplazarse (=posponerse) una cita
- 약속 시간을 늦추다/약속 시간이 늦춰지다
  posponer la hora de una cita/posponerse la hora de una cita
- 약속 시간을 앞당기다/약속 시간이 앞당겨지다
  adelantar la hora de una cita/adelantarse la hora de una cita

- 수요일에 만나기로 **약속 잡았는데**, 갑자기 일이 생겨서 **약속을 바꿨어요**.
  Habíamos quedado en vernos el miércoles, pero tuvimos que cambiar (el día de) la cita porque surgió un imprevisto.
- 친구와 영화 보기로 했는데 시간이 안 맞아서 약속을 **취소했어요**.
  Había quedado en ver una película con un amigo, pero lo cancelamos porque no encontramos el momento.
- 금요일 **약속을** 일요일로 **미룰** 수 있어요? 아니면 수요일로 **앞당길** 수 있어요?
  ¿Es posible posponer la cita del viernes al domingo? ¿O es posible adelantarla al miércoles?

❷ Verbos relacionados con las citas y los compromisos

- 약속을 확인하다 confirmar una cita
- 약속을 지키다 mantener un compromiso o una promesa
- 약속이 겹치다 coincidir una cita (con otro compromiso)
- 약속을 어기다 romper un compromiso o una promesa

- **약속을 확인**하니까 금요일에 **약속 두 개가 겹쳤어요**. 그래서 약속 한 개를 취소했어요.
  Al revisar mis compromisos (me di cuenta de que) coincidían dos citas (=tenía dos citas a la misma hora), así que cancelé una de ellas.
- **약속을 안 지키는** 사람은 그다음에도 계속 **약속을 어길** 거예요. 기대하지 마세요.
  Las personas que faltan a su palabra una vez, continuarán igualmente faltando a su palabra. No esperen nada de esas personas.

❸ 잘못: equivocaciones

- 약속 시간을 잘못 알다 confundirse con la hora de la cita
- 약속 장소를 잘못 듣다 no enterarse del lugar de la cita (al escucharla)
- 약속 날짜를 잘못 보다 no enterarse bien la fecha de la cita (al leerla)

- 제가 3시 약속을 4시로 **잘못 알아서** 친구가 저를 오래 기다렸어요. Mi amigo me estuvo esperando durante mucho tiempo porque pensé que habíamos quedado a las cuatro en lugar de a las tres.
- 약속 장소를 **잘못 들어서** 다른 데로 갔어요. Como no me enteré bien de dónde habíamos quedado, me fui a otro lugar.

❹ Adverbios de duración de tiempo

de menor a mayor duración

- 잠깐 un momento
- 한참 un (buen) rato, por algún tiempo
- 오래 durante mucho tiempo

- 친구를 **한참** 기다렸는데 친구가 오지 않아요.
  Llevo esperando a un amigo un buen rato, pero no viene.

Expresiones esenciales

- 아직 시간 남았어요. 천천히 하세요.
  Todavía queda tiempo. Háganlo con calma.
- 벌써 시간이 다 됐네요. 서두르세요!
  Ya se ha acabado (todo) el tiempo. ¡Apúrense!

-(으)니까 "porque"

Anexo P. 264 C.C P. 305

A 약속 시간에 늦었어요. 어떡하죠?

Llegamos tarde a la cita. ¿Qué hacemos?

B 길이 막히니까 지하철로 갑시다!

Vayamos en metro porque hay mucho tráfico.

Se emplea -(으)니까 para señalar la razón o la causa de una situación o la realización de una acción que se expresa a continuación. Se añade -(으)니까 a la raíz de verbos y adjetivos, así como a 이다. Su uso es compatible con el infijo de pasado -았/었-, ubicándose siempre entre la raíz y -(으)니까. A pesar de que -아/어서, también se emplea para indicar causalidad, no se puede usar si a continuación viene una oración imperativa o una propuesta. En esos casos se debe usar -(으)니까.

- 오늘 수업이 없으니까 학교에 안 갔어요. Como no tenía clases hoy, no he ido a la escuela.
- 여기는 도서관이니까 음식을 가지고 들어가면 안 돼요. Como esto es una biblioteca, no se puede entrar con comida.
- 회의가 끝났으니까 같이 식사하는 게 어때요? Como ya hemos terminado la reunión, ¿qué tal si comemos juntos?

-는 게 forma contracta de -는 것: -는 게 어때요? "¿Qué tal si...?" -는 게 좋겠어요 "Estaría bien..."

Anexo P. 263 C.C P. 301

A 같이 선물하는 게 어때요?

¿Qué tal si le hacemos un regalo entre los dos (lit. juntos)?

B 제 생각에는 따로 선물하는 게 좋겠어요.

En mi opinión, sería mejor que cada uno le hiciera un regalo (lit. sería mejor comprar los regalos por separado)

En este breve diálogo, encontramos dos usos de la estructura. En primer lugar, tenemos -는 게 어때요?, que se usa para proponer algo de manera cordial. Por otra parte, tenemos -는 게 좋겠다 que se usa para expresar una opinión de manera suave. Esta estructura es muy común para dar opiniones personales o consejos. Ambas estructuras se utilizan añadiéndolas a la raíz verbal.

- 그 사람과 먼저 얘기를 하는 게 어때요? ¿Qué tal si habla con él primero?
- 건강을 위해서 담배를 피우지 않는 게 좋겠어요. Sería mejor que no fumase por su salud.
- 계속 비가 오니까 오늘 약속은 취소하는 게 좋겠어요.
  Sería preferible que cancelásemos el compromiso de hoy puesto que sigue lloviendo.

▸ Clave de respuestas P. 314

1 **알맞은 것을 고르세요.**

(1) 배가 ⓐ 고파서/ⓑ 고프니까 일단 식사부터 할까요?

(2) 어제 ⓐ 바빠서/ⓑ 바쁘니까 전화 못 했어요.

(3) 친구가 안 ⓐ 와서/ⓑ 오니까 연락해 보는 게 어때요?

(4) 작년에 여행 안 ⓐ 갔어서/ⓑ 갔으니까 올해에 여행 가고 싶어요.

(5) 친구가 벌써 일을 다 ⓐ 해서/ⓑ 하니까 저는 하나도 일을 안 했어요.

(6) 정시에 ⓐ 출발해서/ⓑ 출발하니까 늦게 오지 마세요.

2 **다음에서 알맞은 것을 골라서 '-(으)니까'를 사용하여 대화를 완성하세요.**

보다	맛있다	끝나다	불편하다	잠이 들다

(1) A 왜 비싼 식당에 가요?
B ______________________ 비싸지만 그 식당에 가끔 가요.

(2) A 왜 높은 구두를 안 신어요?
B 높은 구두는 ______________________ 보통 편한 신발을 신어요.

(3) A 이 영화를 볼까요?
B 이 영화는 벌써 ______________________ 다른 영화 봅시다.

(4) A 음악 소리를 키울까요?
B 아이가 조금 전에 ______________________ 음악 소리를 줄여 주세요.

(5) A 회의실에 들어갈까요?
B 아직 회의가 ______________________ 지금은 회의실에 들어가지 마세요.

3 **알맞은 것끼리 연결하세요.**

(1) 비가 올 수도 있으니까 •	• ⓐ 조금 일찍 출발하는 게 어때요?
(2) 요리 솜씨가 좋지 않으니까 •	• ⓑ 우산을 가져가는 게 좋겠어요.
(3) 길이 막힐 수도 있으니까 •	• ⓒ 저녁에 커피를 마시지 않는 게 좋겠어요.
(4) 잠이 안 올 수도 있으니까 •	• ⓓ 식사는 밖에서 사 먹는 게 좋겠어요.

Conversación ❸

pista 09

민호 오늘 저녁에 같이 뭐 좀 먹으러 가요!
새라 그래요. 그런데 뭐 먹을까요?
민호 우리 회사 근처에 한정식 집이 있어요. 값도 적당하고 음식도 맛있으니까 거기 가는 게 어때요?
새라 좋아요. 몇 시요?
민호 저녁 7시쯤 어때요?
새라 제가 7시 넘어서 일이 끝나요. 좀 더 늦게 저녁 먹는 건 어때요?
민호 저는 언제든지 괜찮아요. 새라 씨는 몇 시가 좋아요?
새라 보통 7시 30분쯤 일이 끝나니까 8시 이후에 보는 게 좋겠어요.
민호 그래요. 넉넉하게 8시 반으로 예약할게요.
새라 어디에서 봐요?
민호 제가 오늘 차를 가지고 왔으니까 새라 씨를 데리러 갈까요?
새라 그러면 좋죠. 일이 끝나고 바로 연락할게요.
민호 전 괜찮으니까 서두르지 마세요.
새라 네, 이따가 봐요.

Minho Vayamos a comer algo esta noche.
Sarah De acuerdo. Bueno, ¿y qué comemos?
Minho Por la zona de mi empresa hay un restaurante de hanjeongsik (menú tradicional coreano compuesto por varios platos). El precio es razonable y la comida está rica, así que ¿por qué no vamos ahí?
Sarah Muy bien. ¿A qué hora?
Minho ¿Qué tal sobre las siete de la tarde?
Sarah Yo termino de trabajar pasadas las siete. ¿Qué tal si cenamos un poco más tarde?
Minho A mí me va bien cualquier hora. ¿Qué hora te va bien a ti, Sarah?
Sarah Como suelo salir de trabajar sobre las siete y media, ¿qué tal si nos vemos a partir de las ocho?
Minho De acuerdo. Por si hay algún contratiempo, reservaré a las ocho y media.
Sarah ¿Dónde nos vemos?
Minho Como hoy he traído el auto, ¿qué tal si paso a buscarte?
Sarah Muy bien. Entonces, te llamaré en cuanto acabe de trabajar.
Minho Ningún problema, tómate tu tiempo. (lit. no te des prisa.)
Sarah De acuerdo. ¡Hasta luego!

Nuevo vocabulario ▸P. 326

뭐 | 한정식 | 값 | 적당하다 | 넘어서 | 언제든지 | 이후 | 넉넉하게 | 가지고 오다 | 데리러 가다 | 연락하다 | 서두르다

Nuevas expresiones ▸P. 327

- 저는 언제든지 괜찮아요.
- 그러면 좋지요.
- 서두르지 마세요.

Notas

1 Los dos valores de 뭐

En la conversación de arriba, podemos ver que se usa 뭐 con dos valores diferentes. En el primer caso, se emplea para referirse a algo inespecífico, lo que equivaldría en español a "algo". Después podemos ver que se emplea 뭐 como pronombre interrogativo, por lo que correspondería a "qué".

- **뭐** 좀 얘기할 게 있어요. Tengo algo que decirte.
- **뭐** 얘기했어요? ¿De qué han hablado?

2 Cómo coordinar adjetivos y adverbios

Para coordinar dos adjetivos o dos adverbios en coreano, se emplea -고, que equivale a "y" en español, añadiéndolo a la raíz del adjetivo o adverbio.

- 예쁜하고 멋있는 (X) → (예쁘**고** 멋있)**는** 여자 (O)
  Una mujer guapa y elegante
- 친절하게 하고 예의 있게 (X)
  → (친절하**고** 예의 있)**게** 말했어요. (O)
  Habló de manera amable y educada.

1 Los dos valores de 뭐/누가/어디/언제

	pronombre interrogativo	pronombre indefinido (se incrementa la incertidumbre por medio – ㄴ가)	
뭐/무엇	**뭐** 먹을래요? ¿**Qué** te apetece comer?	얼굴에 **뭐가** 났어요. Me ha salido **algo** en la cara.	**뭔가** 이상해요. **Algo** resulta extraño.
누가/누구	**누가** 찾아왔어요? ¿**Quién** (me) buscaba?	**누가** 찾아왔어요. **Alguien** estaba buscando (a otra persona)	**누군가** 밖에 있는 것 같아요. Parece que hay **alguien** fuera.
어디	**어디가** 좋겠어요? ¿**Qué** lugar estaría bien?	**어디** 가서 얘기 좀 해요. Vayamos un rato a **algún lugar** a charlar.	**어딘가**에서 소리가 나요. Hay un ruido que viene de **alguna parte**.
언제	**언제** 모여요? ¿**Cuándo** nos reunimos?	**언제** 한번 같이 가요. Vayamos **algún día** juntos.	**언젠가** 다시 만날 수 있을 거예요. Podremos vernos de nuevo **algún día**.

2 Variantes verbales según se usen con objetos o personas, y en un registro coloquial o respetuoso

1.
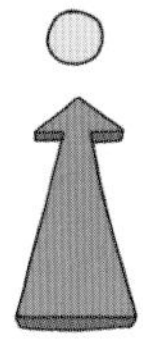

Algo
가지러 가다 ir por
A alguien (coloquial)
데리러 가다 ir a recoger
A alguien (respetuoso)
모시러 가다 ir a recoger

2.
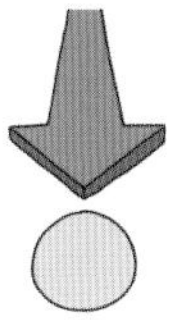

Algo
가지러 오다 venir por
A alguien (coloquial)
데리러 오다 venir a recoger
A alguien (respetuoso)
모시러 오다 venir a recoger

3.

Algo
가지고 가다
llevar
A alguien (coloquial)
데리고 가다
llevar, acompañar (a otro lugar)
A alguien (respetuoso)
모시고 가다
llevar, acompañar (a otro lugar)

4.

Algo
가지고 오다
traer
A alguien (coloquial)
데리고 오다
traer, acompañar (aquí)
A alguien (respetuoso)
모시고 오다
traer, acompañar (aquí)

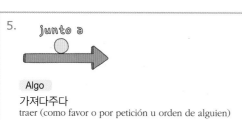

5.

Algo
가져다주다
traer (como favor o por petición u orden de alguien)
A alguien (coloquial)
데려다주다
traer (como favor o por petición u orden de alguien)
A alguien (respetuoso)
모셔다드리다
traer (como favor o por petición u orden de alguien)

6. 마중 나가다
salir a recibir o buscar a alguien

7. 마중 나오다
venir a recibir o buscar a alguien

8. 배웅하다
acompañar a alguien para despedirle

Expresiones esenciales

- 언제든지 상관없어요. Cuando sea, no importa.
- 아무 때나 괜찮아요. En cualquier momento está bien.
- 편한 대로 하세요. Como prefiera. / Hágalo como quiera.

¡Hablemos!

Estrategias comunicativas → **Expresiones de vaguedad**

- 그런 편이에요. **(Alguien) es de ese tipo (de persona).**
- 그때그때 달라요. **Depende de cada ocasión.**
- 상황에 따라 달라요. **Depende de la situación.**

다음 중 어떤 것이 더 좋아요? 왜 그렇게 생각하세요?

1 □ 내가 약속 시간과 약속 장소를 정한다.
□ 친구가 약속 시간과 약속 장소를 정하게 한다.

- 보통 언제 친구를 만나요? 얼마나 자주 만나요?
- 어디에서 친구를 만나요? 보통 친구를 만나서 뭐 해요?

2 □ 나는 친구를 만나기 전에 미리 계획을 세운다.
□ 나는 친구를 만나서 생각나는 대로 한다.

- 공연이나 식당을 예약/예매를 할 때 보통 누가 해요?
- 친구를 만나기 전에 좋은 장소를 미리 찾아요?

3 □ 나는 약속을 잘 바꾸지 않는다.
□ 나는 약속을 잘 바꾸는 편이다.

- 약속을 잘 바꾸는 것에 대해 어떻게 생각해요?
- 언제 약속을 취소하거나 연기해 봤어요?

4 □ 약속 시간에 딱 맞춰서 나간다.
□ 약속 시간보다 조금 일찍 나간다.

- 약속에 늦었을 때 어떻게 변명해요?
- 친구가 약속에 늦었을 때 어떻게 해요?

5 □ 친구 한 명씩 만나는 것을 좋아한다.
□ 친구 여러 명을 함께 만나는 것을 좋아한다.

- 왜 그렇게 해요?
- 한 명 만날 때 뭐 해요? 여러 명을 만날 때 뭐 해요?

6 □ 친구를 만날 때 옷에 신경을 쓴다.
□ 친구를 만날 때 옷에 신경을 쓰지 않는다.

- 친구를 만날 때 어떤 것에 신경을 써요?
- 친구를 만날 때 어떤 것에 신경을 안 써요?

7 □ 식사한 후 음식값을 반반씩 낸다.
□ 친구와 돌아가면서 음식값을 낸다.

- 친구와 만날 때 돈을 어떻게 내요?
- 보통 돈을 얼마나 써요?

A 친구 만날 때 옷에 신경 써요?
B 상황에 따라 달라요. 친구와 좋은 식당에서 밥을 먹을 때는 옷에 신경을 써요. 하지만 보통 때는 편하게 입는 편이에요.

Nuevo vocabulario

상황 situación | 정하다 decidir | 미리 con antelación | 변명하다 excusarse | 신경을 쓰다 prestar atención

Red de palabras

Anexo P. 318

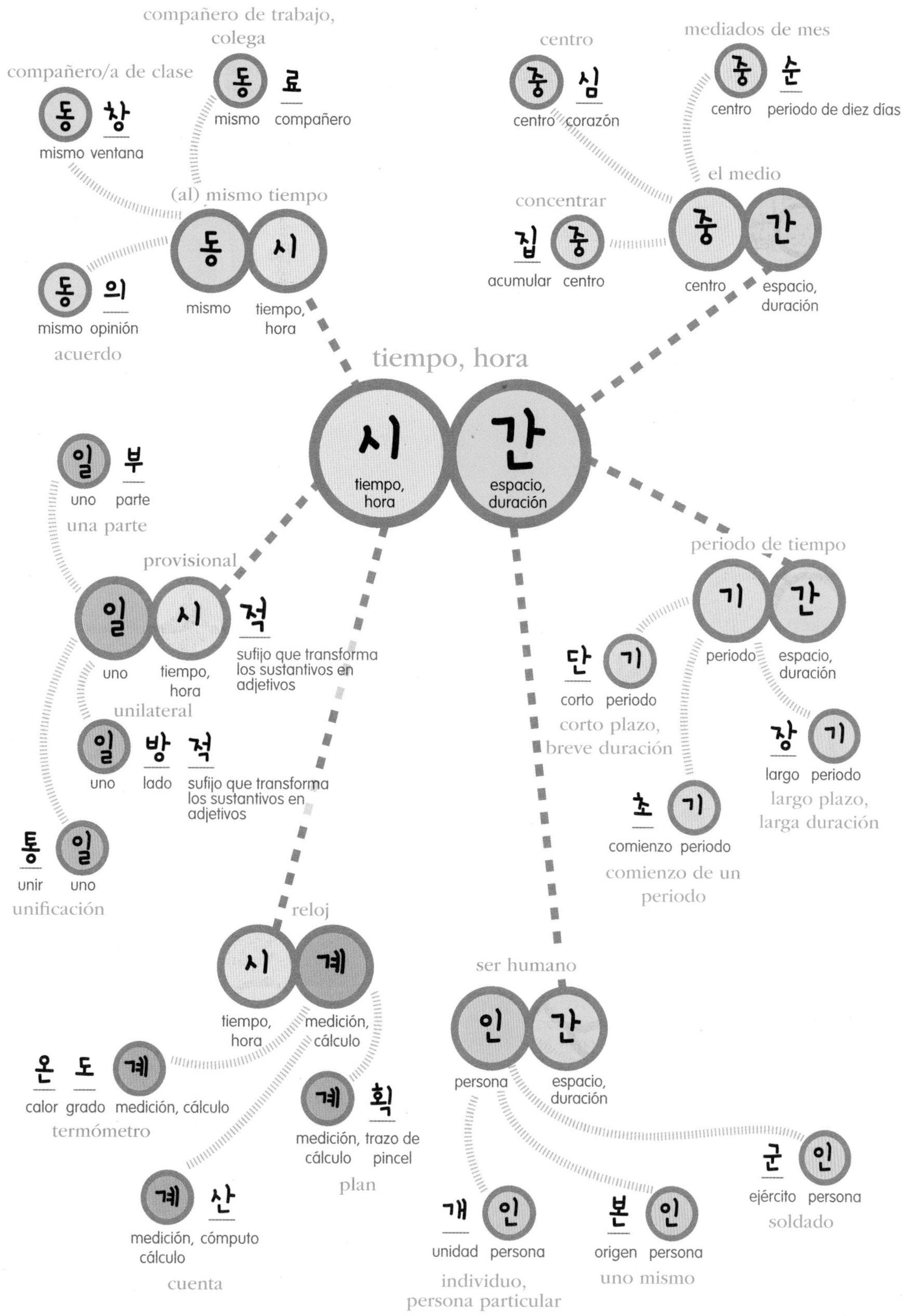

tiempo, hora
시 간
tiempo, hora
espacio, duración
(al) mismo tiempo
동 시
mismo
tiempo, hora
compañero/a de clase
동 창
mismo ventana
compañero de trabajo, colega
동 료
mismo compañero
동 의
mismo opinión
acuerdo
el medio
중 간
centro
espacio, duración
centro
중 심
centro corazón
mediados de mes
중 순
centro periodo de diez días
concentrar
집 중
acumular centro
provisional
일 시 적
uno
tiempo, hora
sufijo que transforma los sustantivos en adjetivos
una parte
일 부
uno parte
unilateral
일 방 적
uno lado sufijo que transforma los sustantivos en adjetivos
통 일
unir uno
unificación
reloj
시 계
tiempo, hora
medición, cálculo
온 도 계
calor grado medición, cálculo
termómetro
계 획
medición, cálculo trazo de pincel
plan
계 산
medición, cálculo cómputo
cuenta
ser humano
인 간
persona
espacio, duración
개 인
unidad persona
individuo, persona particular
본 인
origen persona
uno mismo
군 인
ejército persona
soldado
periodo de tiempo
기 간
periodo
espacio, duración
단 기
corto periodo
corto plazo, breve duración
장 기
largo periodo
largo plazo, larga duración
초 기
comienzo periodo
comienzo de un periodo

Algo de cultura

Expresiones relacionadas con la espera

• 눈이 빠지게 hasta salirse los ojos & 목이 빠지게 hasta desencajarse el cuello

¿Qué pueden significar las expresiones 눈이 빠지게 y 목이 빠지게 en relación a la espera? Ambas son formas de enfatizar de manera exagerada la ansiedad experimentada al esperar a alguien durante mucho tiempo. Ambas provienen de la postura que se solía adoptar al esperar a alguien a la entrada de un pueblo clavando los ojos hasta que pareciese que se fueran a salir de sus órbitas, y tensando el cuello hacia adelante hasta que pareciera que se fuese a desencajar, mientras se trataba de atisbar de esa persona en el horizonte. Por ello, estas dos expresiones vienen a significar "esperar a alguien ansiosamente". Ambas expresiones captan a la perfección el sentimiento de ansiedad que experimentaba la gente en el pasado mientras esperaba la llegada de alguien, en una época en la que no existían teléfonos y en la que se carecía de la certeza de que alguien llegaría. Estas expresiones se pueden usar, por ejemplo, cuando esperamos los resultados de las pruebas de acceso a la universidad o cuando quedamos a la espera de que nos digan si un familiar vive o ha fallecido.

• 바람맞다 dejarle a uno plantado

Cuando la persona con la que hemos quedado nunca llega a aparecer, podemos usar la expresión 바람맞다, aunque cabría preguntarse por qué esta expresión contiene la palabra "viento" 바람. Esto podría explicarse por medio de la imagen del rostro de la persona que espera azotada por el viento. O, si tomamos otra de las definiciones que ofrece el diccionario para 바람, "apoplejía", puede que haga una equivalencia entre la angustia de la esperar y una apoplejía. La etimología de esta expresión es incierta pero en la actualidad la mayoría de la gente tiende a asociar 바람맞다 con el viento más que con sufrir un ataque cerebral. Por otra parte, se puede emplear la expresión 바람맞혔다 para decir que se ha dado plantón a alguien.

• 약속을 칼같이 지키다 llegar justo a la hora

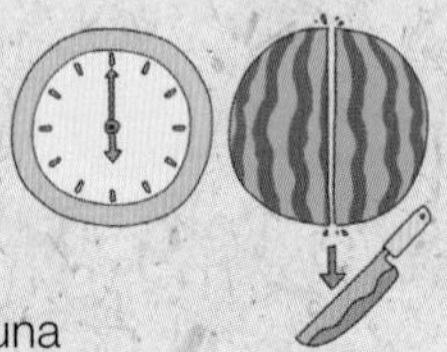

Antes de la introducción de los relojes mecánicos por parte de los occidentales, en Corea se usaban relojes de sol y de agua, aunque la mayoría de la gente se guiaba por la altura y el movimiento del sol. Esta expresión recoge la identificación de una persona puntual con un cuchillo basándose en el parecido de un corte transversal hecho con un cuchillo, con la puntualidad con la que una persona llega. De igual manera, salir del trabajo a la seis en punto sin hacer horas extras se denomina 칼퇴근.

Capítulo **04**

길찾기

Averiguando cómo llegar a un lugar

Objetivos
- preguntar educadamente a desconocidos
- preguntar y dar direcciones
- preguntar por la ubicación de unos productos en un establecimiento
- confirmar lo que creemos haber oído o creemos saber
- pedir ayuda cuando nos perdemos
- describir el entorno

Gramática

❶ –(으)면 "si"
–아/어 주시겠습니까? "¿Le importaría...?", "¿Sería posible...?"

❷ –(으)ㄴ/는데 estructura para contextualizar
–자마자 "en cuanto", "tan pronto como"

❸ –(으)ㄴ/는지 preguntas en estilo indirecto
–지요(=죠) coletilla con la que se busca la corroboración o confirmación del interlocutor

Gramática 1

-(으)면 "si"

Anexo P. 265 C.C P. 305

A 공원에 어떻게 가요?
¿Cómo se va al parque?

B 다리를 건너면 왼쪽에 공원이 보여요.
Si cruza el puente, verá el parque a la izquierda.

Se emplea –(으)면 para indicar una condición, añadiéndolo a la raíz de verbos o adjetivos, así como a –이다. En coreano, la oración condicional, siempre precede a la oración principal.

- 이번 주에 바쁘면 다음 주에 만날까요?' (=이번 주에 바빠요? 그러면 다음에 만날까요?)
  Si estás ocupado esta semana, ¿mejor nos vemos la próxima semana?
- 시간이 있으면 같이 영화 보러 가요. Si nos da tiempo, vayamos a ver una película.
- 외국인이면 비자가 필요해요. Si es extranjero, necesita visado.

-아/어 주시겠어요? "¿Le importaría…?/¿Sería posible…?"

C.C P. 303

A 이것 좀 사장님께 전해 주시겠어요?
¿Le importaría pasarle esto al señor presidente?

B 네, 전해 드릴게요.
Sin ningún problema. Yo le informo (de su parte).

La estructura –아/어 주시겠어요? se emplea para pedir algo de manera sumamente educada, por ejemplo, a alguien a quien vemos por primera vez o a alguien con quien no tenemos mucha confianza. Su uso es más educado que –아/어 주세요. La estructura –아/어 주시겠어요? se añade a la raíz de verbos. En el caso de los sustantivos, se usa la expresión 주시겠어요?. Para mostrar mayor cortesía, es habitual que se use 좀 (por favor). En el caso de los sustantivos, 좀 se coloca en lugar de 을/를, en el caso de las construcciones adverbiales, se coloca delante de ellas como puede verse en el tercer ejemplo En el registro oral, debe hacerse una breve pausa.

- (a un desconocido) 죄송하지만, 길 좀 가르쳐 주시겠어요?
  Disculpe, ¿le importaría indicarme el camino (a un lugar), por favor?
- (a una persona con mucha edad) 잠깐 제 얘기 좀 들어 주시겠어요?
  ¿Le importaría escuchar lo que tengo que decirle, por favor?
- (a un empleado) 실례합니다만, 좀 한번 더 확인해 주시겠어요?
  Discilpe, ¿le importaría revisármelo una vez más, por favor?
- (a un empleado) 물 좀 주시겠어요? ¿Podría darme un vaso de agua, por favor?

¡Cuidado!
도와주세요? (X)
도와주시겠어요? (O)
도와주세요. (O)

▸ Clave de respuestas P. 314

1 다음에서 알맞은 것을 골라서 '-(으)면'을 사용하여 문장을 완성하세요.

읽다	늦다	마시다	물어보다

(1) 직원에게 ______________ 물건 위치를 알려 줄 거예요.

(2) 내일도 그 사람이 약속에 ______________ 저는 화가 날 거예요.

(3) 매일 30분씩 책을 ______________ 한국어 실력이 좋아질 거예요.

(4) 따뜻한 차를 꾸준히 ______________ 감기가 금방 나을 거예요.

2 그림을 보고 알맞은 것을 고르세요.

(1)

ⓐ 불을 켜 주시겠어요? ☐
ⓑ 불을 꺼 주시겠어요? ☐

(2)

ⓐ 소리를 키워 주시겠어요? ☐
ⓑ 소리를 줄여 주시겠어요? ☐

(3)

ⓐ 접시 좀 갖다주시겠어요? ☐
ⓑ 접시 좀 치워 주시겠어요? ☐

(4)

ⓐ 물건을 넣어 주시겠어요? ☐
ⓑ 물건을 빼 주시겠어요? ☐

3 알맞은 것끼리 연결하세요.

(1) 다른 사람의 말을 이해할 수 없으면 •   • ⓐ 좀 크게 말씀해 주시겠어요?

(2) 너무 작게 말해서 목소리가 안 들리면 •   • ⓑ 계산서 좀 갖다 주시겠어요?

(3) 다른 옷을 더 보고 싶으면 •   • ⓒ 다시 한번 설명해 주시겠어요?

(4) 식사를 끝낸 후 식당에서 나가고 싶으면 •   • ⓓ 다른 것으로 보여 주시겠어요?

Conversación ❶

pista 10

이 길을 건너서 왼쪽으로 쭉 가면 오른쪽에 있어요.

마크 저, 실례합니다. 길 좀 가르쳐 주시겠어요?

행인 어디 가세요?

마크 동대문시장요. 여기에서 어떻게 가요?

행인 동대문시장은 이쪽이 아니라 저쪽이에요.

마크 네? 저쪽요?

행인 네, 이 길을 건너서 왼쪽으로 쭉 가면 오른쪽에 있어요.

마크 죄송하지만, 좀 자세히 설명해 주시겠어요?

행인 알겠어요. 처음부터 다시 말할게요. 여기 횡단보도를 건너서 왼쪽으로 쭉 가면 오른쪽에 약국이 보여요.

마크 약국요? 그다음에는요?

행인 그 약국을 끼고 오른쪽으로 돌아서 쭉 가면 시장 입구가 보여요.

마크 여기서 걸어서 갈 수 있어요?

행인 그럼요, 10분만 걸으면 돼요. 잘 모르겠으면 약국 근처에 가서 다른 사람에게 또 물어보세요.

마크 네, 감사합니다.

Mark Oiga, disculpe. ¿Le importaría indicarme cómo llegar (a un lugar)?

transeúnte ¿Adónde va?

Mark Al Mercado de Dongdaemun. ¿Cómo se va desde aquí?

transeúnte Al Mercado de Dongdaemun no se va por aquí sino por allí.

Mark ¿Ah, sí? ¿Por allí?

transeúnte Sí, si cruza esta calle y sigue todo recto a la izquierda, lo verá a su derecha. (lit. está a la derecha)

Mark Disculpe, ¿podría explicármelo más detalladamente, por favor?

transeúnte De acuerdo. Se lo explicaré otra vez desde el principio. Si cruza este paso de peatones y continúa todo recto por la izquierda, verá una farmacia a su derecha. (lit. hay una farmacia a la derecha).

Mark ¿Una farmacia? ¿Y después (qué hago)?

transeúnte Gire a la derecha al llegar farmacia y siga todo recto, verá la entrada al mercado.

Mark ¿Se puede ir caminando desde aquí?

transeúnte Por supuesto. Se tardan solo diez minutos a pie. Si no sabes (como seguir), pregúntele a otra persona por la zona de la farmacia.

Mark Sí, muchas gracias.

Nuevo vocabulario ▸P. 327

이쪽 | 저쪽 | 건너다 | 자세히 | 설명하다 | 처음 | 횡단보도 | 보이다 | 끼고 돌다 | 또 | 물어보다

Nuevas expresiones ▸P. 327

- 저, 실례합니다.
- 이쪽이 아니라 저쪽이에요.
- 좀 자세히 설명해 주시겠어요?

Notas

1 Las formas pasivas: 보이다 y 들리다

En la conversación de arriba encontramos que la transeúnte usa 보이다 en lugar de 보다 al dar direcciones. La forma 보이다 es una forma pasiva del verbo 보다 que equivaldría en español a "se ve" o "se puede ver". En el caso de tratarse de algo que se oye, se usar la forma 들리다 (oírse, poderse oír) en lugar de 듣다 (oír).

- 글자가 안 **보여요**. 좀 크게 써 주세요.
  No se ven las letras. Escríbalas un poco más grandes, por favor.
- 소리가 안 **들려요**. 좀 크게 말해 주세요.
  No se le oye. Hable un poco más alto, por favor.

2 La partícula de dirección (으)로

Con los verbos de desplazamiento es frecuente el uso de la partícula (으)로 añadiéndola al destino o dirección del desplazamiento. En el caso de los verbos que indican existencia de algo en un lugar como 있다/없다, se usa la partícula 에.

- 동쪽**으로** 100미터쯤 걸어가면 돼요.
  Camine unos cien metros hacia el este.
- 지하철역은 동쪽**에** 있어요.
  La estación de metro queda al este.

1 Dar direcciones

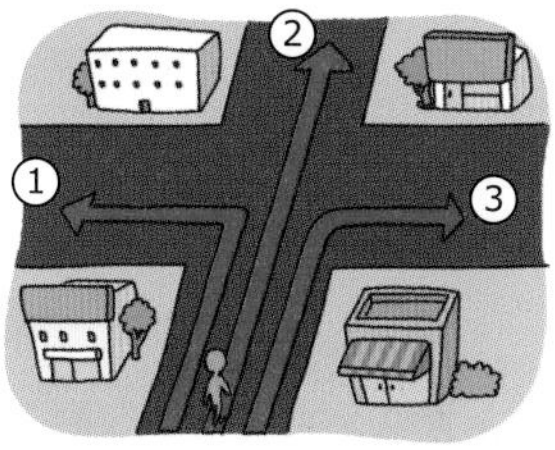

1. 왼쪽으로 가세요.
Gire(n) a la izquierda.
2. 쭉 가세요.
Vaya(n) recto.
3. 오른쪽으로 가세요.
Gire(n) a la derecha.

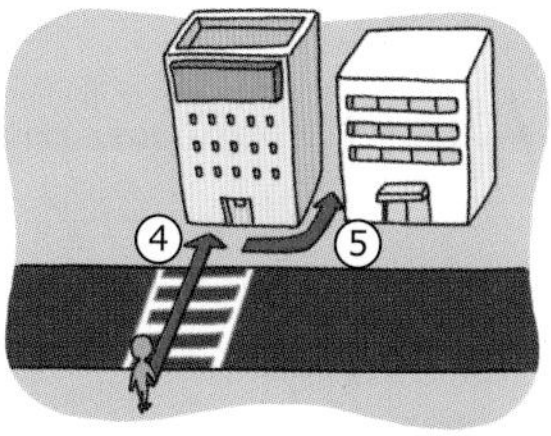

4. 길을 건너세요.
Cruce(n) la calle.
5. 골목으로 들어가세요.
Entre(n) al callejón.

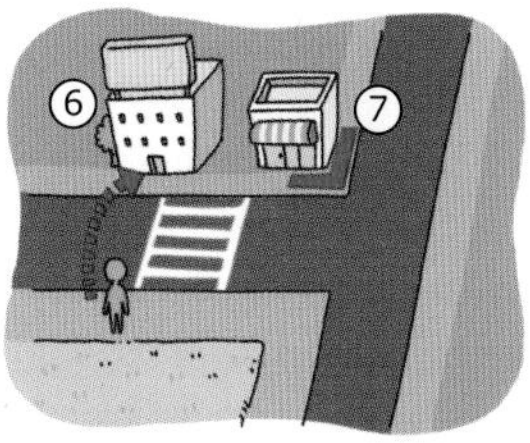

6. 맞은편에 있어요.
Está al otro lado.
7. 모퉁이에 있어요.
Está en la esquina.

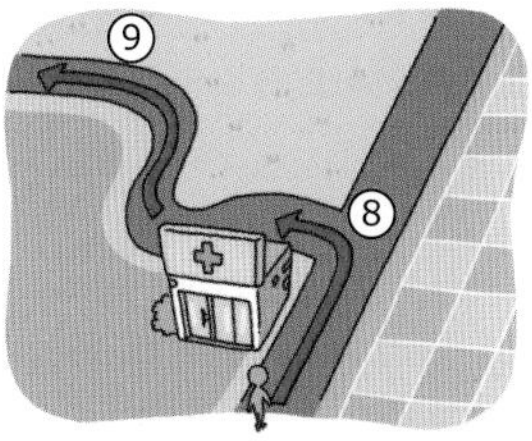

8. 약국을 끼고 도세요.
Tuerza(n) al llegar a la farmacia.
9. 길을 따라가세요.
Siga(n) la calle.

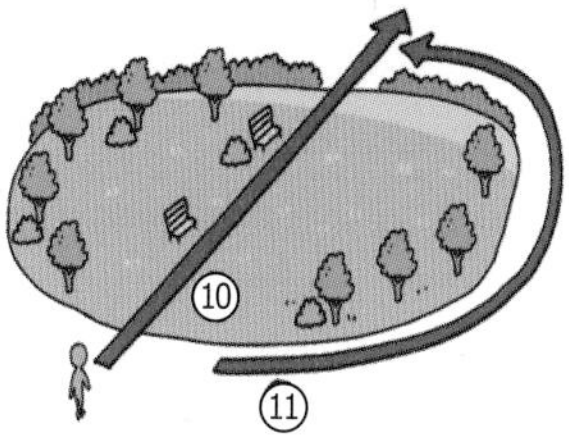

10. 공원을 가로질러 가세요.
Vaya(n) por el parque. (lit. Vaya atravesando el parque)
11. 공원을 돌아서 가세요.
Vaya(n) rodeando el parque.

12. 다리를 건너세요.
Cruce(n) el puente.
13. 다리 밑으로 지나가세요.
Pase(n) por debajo del puente.

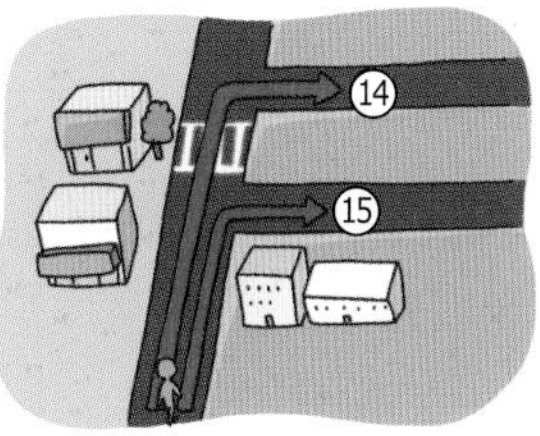

14. 횡단보도를 지나서 오른쪽으로 가세요.
Gire(n) a la derecha cuando pase el paso de peatones.
15. 횡단보도를 지나기 전에 오른쪽으로 가세요.
Gire(n) a la derecha antes de llegar al paso de peatones.

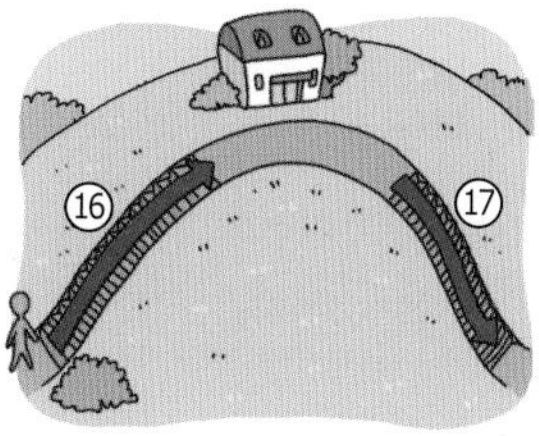

16. 오르막길을 올라 가세요.
Suba(n) la cuesta.
17. 내리막길을 내려 가세요.
Baje(n) la cuesta.

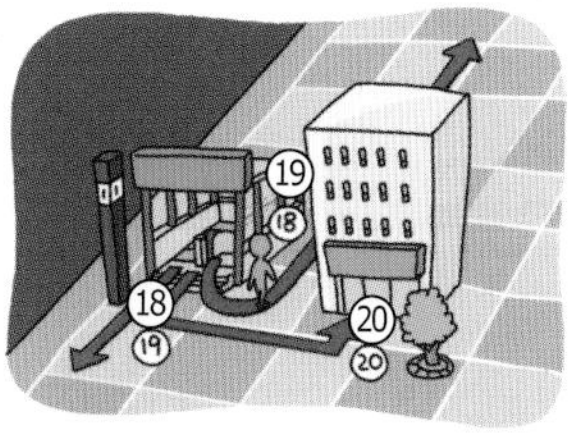

18. 출구에서 나온 방향으로 쭉 가세요.
Cuando salga (por la salida), siga todo recto.
19. 출구에서 나온 방향의 반대쪽으로 쭉 가세요.
Cuando salga (por la salida), vaya todo recto en dirección contraria.
20. 출구에서 나오자마자 바로 앞에 있어요.
Tan pronto como salga (por la salida), lo verá justo ahí delante.

2 Darle instrucciones a un taxista

- 직진하세요. Siga recto, por favor.
- 좌회전하세요. Gire a la izquierda, por favor.
- 우회전하세요. Gire a la derecha, por favor.
- 여기에서 유턴하세요. Haga un cambio de sentido, por favor.
  Dé una vuelta en U., por favor.
- 여기에서 세워 주세요. Pare aquí, por favor.

Expresiones esenciales

- 다시 한번 말씀해 주시겠어요?
  ¿Le importaría repetírmelo?
- 잘 못 들었는데요.
  No le he entendido.
- 방금 전에 뭐라고 하셨어요?
  ¿Qué ha dicho? / ¿Qué dijo hace un momento?

Gramática 2

-(으)ㄴ/는데 estructura para contextualizar

Anexo P. 265 C.C P. 308

A 좀 더운데 에어컨 좀 켜 주시겠어요?
Hace un poco de calor. ¿Podría encender el aire acondicionado?

B 네, 알겠습니다.
Sí, claro.

La estructura -(으)ㄴ/는데 se emplea para proporcionar algo de contexto o información adicional, para facilitar a los interlocutores la comprensión de lo que se va a decir. Esta estructura se añade a la raíz verbal o adjetival de la oración que proporciona el contexto. La oración a la que sigue -(으)ㄴ/는데 puede contener información que proporcione una mayor claridad sobre las instrucciones, órdenes, peticiones, propuestas o preguntas que se realicen, aunque puede expresar la opinión del interlocutor con respecto al contenido de la oración que sigue. La estructura -(으)ㄴ/는데 es compatible con varios infijos dependiendo del tiempo verbal o si se añade a la raíz de un verbo o un adjetivo.

- 〔contextualización para una recomendación〕
  이 식당은 갈비가 유명한데 한번 드셔 보세요.
  Este restaurante es conocido por sus costillas, así que intente probarlas.
- 〔contextualización para una pregunta〕
  얼굴이 안 좋아 보이는데 무슨 일 있어요? No tienes buena cara; ¿te sucede algo?
- 〔contextualización con información concreta〕
  시장에서 가방을 샀는데 그 가방이 값도 싸고 품질도 좋아요.
  Me compré este bolso en el mercado; me salió barato pero es de buena calidad.

-자마자 "en cuanto", "tan pronto como"

C.C P. 300

A 언제 버스에서 잠이 들었어요?
¿Cuándo me quedé dormido en el autobús?

B 버스를 타자마자 잠이 들었어요.
Te quedaste dormido en cuanto te montaste.

La estructura -자마자 se emplea para indicar que una acción ocurre inmediatamente después de otra. Se añade a raíces verbales.

- 영화가 끝나자마자 사람들이 극장에서 나왔어요. La gente salió del cine tan pronto como acabó la película.
- 이 책은 출판되자마자 많이 팔리기 시작했어요. Este libro empezó a venderse mucho nada más publicarse.
- 전화를 끊자마자 다른 전화가 왔어요. Me llamaron tan pronto como colgué el teléfono.

▸ Clave de respuestas P. 314

1 알맞은 것끼리 연결하세요.

(1) 수업에서 설명을 들었는데 •	• ⓐ 혹시 저 기억하세요?
(2) 친구에게 여러 번 전화했는데 •	• ⓑ 요즘은 바빠서 만날 수 없어요.
(3) 우리 전에 한 번 만났는데 •	• ⓒ 음식을 배달시키면 어때요?
(4) 이번에 불고기를 먹었는데 •	• ⓓ 친구가 전화를 안 받았어요.
(5) 한국 친구가 한 명 있는데 •	• ⓔ 아직도 잘 모르겠어요.
(6) 냉장고에 아무것도 없는데 •	• ⓕ 전보다 훨씬 맛있었어요.

2 알맞은 것을 고르세요.

(1) 배가 고파서 집에 갔는데 ⓐ 음식을 만들었어요. / ⓑ 음식이 없었어요.

(2) 책을 사고 싶지만 돈이 없는데 ⓐ 책을 살 수 없어요. / ⓑ 친구가 책을 빌려줬어요.

(3) 머리가 아픈데 ⓐ 약이 없어요. / ⓑ 약을 먹었어요.

(4) 제주도에 여행 갔는데 ⓐ 바다에서 수영했어요. / ⓑ 바다에서 수영할 수 없었어요.

3 보기 와 같이 '-자마자'를 사용하여 대화를 완성하세요.

보기 A 언제 집에 가요?
B 수업이 끝나자마자 집에 가요. (수업이 끝난 다음에 바로)

(1) A 언제 한국에 왔어요?
B ________________ 한국에 왔어요. (대학교를 졸업하고 바로)

(2) A 언제 진수 집에 갔다 왔어요?
B ________________ 진수 집에 갔다 왔어요. (소식을 듣고 바로)

(3) A 언제 핸드폰이 고장 났어요?
B ________________ 고장이 났어요. (핸드폰을 산 다음에 바로)

(4) A 언제 여행 떠날 거예요?
B ________________ 떠날 거예요. (숙소를 찾은 다음에 바로)

(5) A 언제 저한테 전화할 거예요?
B ________________ 전화할게요. (집에 들어간 다음에 바로)

Conversación 2

pista **11**

새라 저기요, 휴지를 못 찾겠는데, 휴지가 어디에 있어요?

직원 휴지요? 휴지는 지하 1층에 있어요.

새라 지하 1층 어디요? 여기 좀 복잡해서 잘 모르겠는데, 더 자세히 말해 주시겠어요?

직원 알겠습니다. 저기 에스컬레이터 보이죠?

새라 네, 보여요.

직원 저 에스컬레이터로 내려가자마자 바로 오른쪽에 있어요.

새라 내려가자마자 오른쪽요?

직원 네.

새라 그럼, 거기에 와인도 있어요?

직원 아니요, 와인은 2층에 있어요. 이쪽 계단으로 올라가면 음료수 코너가 보여요. 와인은 그 맞은편에 있어요.

새라 감사합니다.

직원 또 필요한 거 없으세요?

새라 아니요, 이제 없어요.

Sarah Disculpe, no he podido encontrar el papel higiénico. ¿Dónde está el papel higiénico?

empleado ¿El papel higiénico? El papel higiénico está en la planta S1 (lit. primera planta subterránea).

Sarah ¿Y por dónde queda la planta S1? Es que como estoy algo desorientada aquí, no sé bien (cómo llegar). ¿Podría explicármelo más detalladamente, por favor?

empleado Por supuesto. Ve las escaleras mecánicas allí, ¿verdad?

Sarah Sí, las veo.

empleado Nada más bajar por aquellas escaleras mecánicas, está justo a la derecha.

Sarah ¿A la derecha nada más bajar?

empleado Eso es.

Sarah Por cierto, ¿ahí también está el vino?

empleado No, el vino está en la segunda planta. Si sube por estas escaleras, verá la sección de bebidas. El vino está en el lado opuesto.

Sarah ¡Muchas gracias!

empleado ¿No necesita nada más?

Sarah No, ya nada más.

Nuevo vocabulario ▸ P. 327

휴지 | 지하 | 복잡하다 | 내려가다 | 계단 | 음료수 | 코너 | 맞은편 | 이제

Nuevas expresiones ▸ P. 327

- 더 자세히 말해 주시겠어요?
- 저기 (sustantivo) 보이죠?
- 또 필요한 거 없으세요?

Notas

1 Los dos sentidos de 저기

En la conversación de arriba, podemos ver cómo se usa 저기 con dos significados muy diferentes. En el primer caso, se emplea para llamar la atención de una persona de la misma manera en español se usa "disculpe". En el segundo caso, 저기 se utiliza para indicar un lugar o un objeto alejado tanto del hablante como del oyente, correspondiendo al adverbio español "allí" y "aquel/aquella".

- **저기**요, **저기** 갈색 가방이 얼마예요?
  Disculpe, ¿cuánto cuesta aquel bolso marrón?

2 La polisemia de 바로

La palabra 바로 tiene varios significados en coreano. En relación al tiempo, significa "enseguida" o "inmediatamente", mientras que en relación al espacio tiene la función de enfatizar la proximidad a un determinado lugar, lo que en español vendría a ser "justo".

- 문제가 생기면 **바로** 연락하세요.
  Si ocurre algún problema, avise inmediatamente.
- 출구에서 나오면 버스 정류장이 **바로** 앞에 있어요.
  Al salir por la boca del metro, tienes la parada de autobuses justo enfrente.

1 Las plantas de los edificios

1. 옥상 azotea
2. 5층 5.ª planta/4.ª planta
3. 4층 4.ª planta/3.ª planta
4. 3층 3.ª planta/2.ª planta
5. 2층 2.ª planta/1.ª planta
6. 1층 1.ª planta/planta baja
7. 지하 1층 sótano 1.º
8. 지하 2층 sótano 2.º

- 이 엘리베이터는 **1층**부터 **5층**까지만 운행합니다.
  Este ascensor solo va desde la primera planta a la quinta.
- 여기는 **3층**인데요. 전자 제품은 **한 층** 더 올라가야 됩니다.
  Esta es la tercera planta. Tienes que subir una planta más para (llegar a la sección de) electrónica.
- 주차장은 이 건물의 **옥상**에 있습니다.
  El aparcamiento está en la azotea del edificio.

2 Ubicar objetos en un expositor

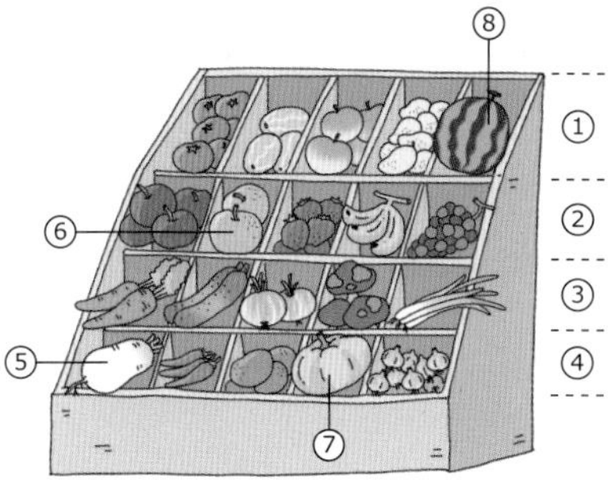

1. 맨 윗줄 el estante de arriba
2. 위에서 두 번째 줄 el segundo estante empezando por arriba
3. 밑에서 두 번째 줄 el segundo estante empezando por abajo
4. 맨 밑의 줄 el estante de abajo
5. 맨 밑의 줄에서 맨 왼쪽 칸 en la gaveta de la izquierda del estante de abajo
6. 두 번째 줄의 왼쪽에서 두 번째 칸 en la segunda gaveta de la izquierda del segundo estante empezando por arriba
7. 맨 밑의 줄의 오른쪽에서 두 번째 칸 en la segunda gaveta de la derecha del estante de abajo
8. 맨 윗줄의 맨 오른쪽 칸 en la gaveta de la derecha del estante de arriba

- 과일은 **맨 윗줄**에 있고 채소는 **아래 두 줄**에 있습니다.
  Las frutas están en el estante de arriba y las verduras están en los dos estantes de abajo.
- 수박은 **맨 윗줄**의 **맨 오른쪽 칸**에 있습니다. La sandía está en la gaveta de la derecha del estante de arriba.
- 당근은 **세 번째 줄**의 **맨 왼쪽 칸**에 있습니다. Las zanahorias están en la gaveta de la izquierda del tercer estante .
- 감자는 **맨 밑의 줄**의 **가운데 칸**에 있습니다. Las papas están en la gaveta del medio del estante de abajo.

3 Describir una ubicación

1. 카트 carrito de compra
2. 주차장 área de estacionamiento
3. 보관함 taquilla
4. 입구 puerta de entrada
5. ATM cajero automático
6. 계산대 mostrador, caja (de un comercio)
7. 고객 센터 oficina atención al cliente
8. 화장실 aseos/sanitarios
9. 입구 쪽 en dirección por la puerta de entrada
10. 입구의 반대쪽 en dirección contraria a la puerta de entrada

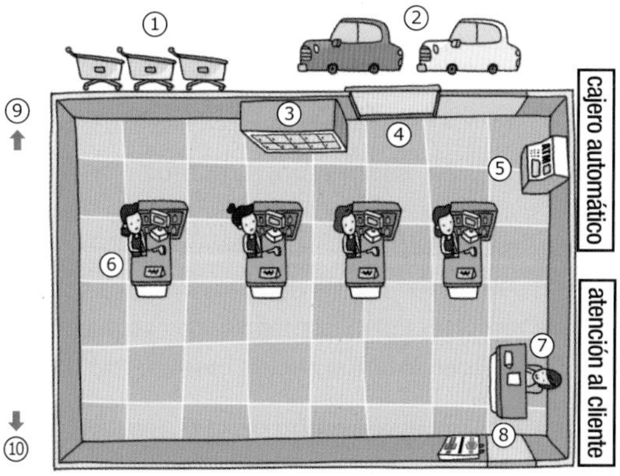

- 보관함이 **입구 쪽**에 있어요.
  Las taquillas están por la puerta de entrada.
- 화장실이 **입구 반대쪽**에 있어요.
  Los aseos están en dirección contraria a la puerta de entrada.
- 건전지가 **계산대 근처**에 있어요.
  Las pilas están por las cajas.
- ATM은 계산대 **오른쪽**에 있어요.
  El cajero automático está a la derecha de la caja.
- 카트는 주차장으로 나가는 문 **밖**에 있어요.
  Los carritos de la compra están fuera, saliendo por la puerta que da al área de estacionamiento.

Expresiones esenciales

- 다음 칸에 있어요. Está(n) en la siguiente gaveta.
- 다음다음 칸에 있어요. Está(n) dos gavetas más allá.
- 한 층 내려가면 오른쪽에 있어요.
  Si bajas una planta, lo encontrarás a la derecha.

Gramática 3

-(으)ㄴ/는지 preguntas en estilo indirecto

▶ Anexo P. 266 C.C P. 308

A 왜 여자 친구가 화가 났어요?
¿Por qué se ha enojado tu novia?

B 왜 화가 났는지 잘 모르겠어요.
No sé por qué se ha enojado.

La estructura -(으)ㄴ/는지 se emplea para usar en estilo indirecto preguntas con interrogativos (왜, 뭐, 누구, 어디, etc.). Esta estructura es compatible con varios infijos dependiendo del tiempo verbal y de si se añade a la raíz de un verbo o un adjetivo.

- 이 책에서 뭐가 중요한지 알고 싶어요. Quiero saber qué es importante en este libro.
- 이 음식을 어떻게 먹는지 몰라서 당황했어요. Estaba desconcertado porque no sabía cómo comer este plato.
- 어제 왜 약속에 늦게 왔는지 아직 말 안 했어요. Todavía no has explicado por qué llegaste tarde a la cita de ayer.

-지요 (= 죠) coletilla con la que se busca la corroboración o confirmación del interlocutor

C.C P. 299

A 오늘 좀 춥죠?
Hoy hace un poco de frío, ¿verdad?

B 네, 좀 추워요.
Sí, hace un poco de frío.

Se emplea -지요 cuando el hablante hace una afirmación con la que cree que el interlocutor estará de acuerdo. Se emplea con un signo de interrogación cuando se busca la confirmación del interlocutor sobre lo que se está hablando. Esta terminación se puede añadir a raíces verbales y adjetivales, así como a -이다. Su uso es compatible con el infijo de pasado -았/었-. En el lenguaje oral, es muy habitual que -지요 se contraiga en -죠.

- 누구에게나 건강이 중요하지요. La salud es importante para cualquiera, ¿no?
- 어렸을 때는 과자를 많이 먹었죠. De pequeño comías muchas galletas, ¿verdad?
- A 이 김치가 생각보다 안 맵지요? Este kimchi es menos picante de lo que pensábamos, ¿no?
  B 네, 별로 맵지 않아요. Sí, apenas es picante.

▸ Clave de respuestas P. 314

1 '-(으)ㄴ/는지'를 사용하여 한 문장으로 완성하세요.

__________________ 못 들었어요.
(언제 일을 시작해요?)

__________________ 궁금해요.
(어떻게 그 사실을 알았어요?)

__________________ 물어볼 거예요.
(어디로 여행 가고 싶어요?)

__________________ 얘기해 주세요.
(고향이 어디예요?)

__________________ 배우고 싶어요.
(어른에게 어떻게 말해야 해요?)

__________________ 이해 안 돼요.
(왜 친구의 얘기를 듣지 않아요?)

2 알맞은 것을 고르세요.

(1) 그 친구와 언제 처음 ⓐ 만나는지 / ⓑ 만났는지 생각이 안 나요.

(2) 왜 생선을 ⓐ 먹지 않은지 / ⓑ 먹지 않는지 설명할게요.

(3) 어디에서 만나기로 ⓐ 하는지 / ⓑ 했는지 생각났어요.

(4) 어떤 서류가 ⓐ 필요한지 / ⓑ 필요하는지 미리 얘기해 주세요.

3 '-지요'를 사용하여 대화를 완성하세요.

(1) A 이 가게가 값이 __________?
B 네, 싸요.

(2) A 날씨가 __________?
B 네, 더워요.

(3) A 한국어 공부가 __________?
B 네, 쉽지 않아요.

(4) A 밥 __________?
B 그럼요, 벌써 먹었죠.

(5) A 아이들이 책을 많이 __________?
B 네, 많이 읽어요.

(6) A 고향이 __________?
B 맞아요, 부산이에요.

Conversación ❸

pista **12**

리나 여보세요.

케빈 리나 씨! 저 케빈이에요.

리나 케빈 씨, 거의 다 왔어요?

케빈 아니요, 사실은 여기서 어떻게 가는지 잘 모르겠어요.

리나 네? 지하철에서 내렸어요?

케빈 지하철역 출구에서 나왔는데, 그다음부터 잘 모르겠어요.

리나 지금 주변에 뭐가 보여요?

케빈 앞에 '서울'이라는 식당이 있어요.

리나 '서울식당'요? 잘 모르겠어요. 식당 말고 더 큰 건물 없어요?

케빈 음……, 길 건너편에 큰 서점이 있고 그 옆에 동상 같은 것도 있어요.

리나 아! 어딘지 알겠어요. 서점 입구에 계단이 보이죠?

케빈 네, 맞아요. 계단이 있어요.

리나 제가 지금 마중 나갈게요. 길 건너서 서점 입구에서 기다리세요.

Rina ¿Sí?

Kevin Rina, soy Kevin.

Rina Kevin, ¿ya estás llegando? (lit. ¿ya casi has venido?)

Kevin No, la verdad es que no sé muy bien cómo llegar desde aquí.

Rina ¿Cómo? ¿Ya te has bajado del metro?

Kevin Ya he salido de la estación por la boca de metro, pero ya no sé muy bien qué debo hacer a continuación.

Rina ¿Qué ves ahora a tu alrededor?

Kevin Enfrente hay un restaurante llamado Seúl.

Rina ¿Restaurante Seúl? No lo conozco. Aparte del restaurante, ¿no hay algún otro edificio, uno que sea más grande?

Kevin Pues… Al otro lado de la calle hay una librería grande y al lado hay algo que parece una estatua.

Rina Ah, ya sé dónde estás. Puedes ver unas escaleras delante de la entrada de la librería, ¿verdad?

Kevin Sí, cierto. Hay unas escaleras.

Rina Ahora salgo a buscarte. Cruza la calle y espérame en la entrada de la librería.

Nuevo vocabulario ▸P. 327

사실은 | 내리다 | 나오다 | 주변 | 말고 | 건너편 | 동상 | 마중 나가다 | 입구

Nuevas expresiones ▸P. 327

- 거의 다 왔어요?
- 어떻게 가는지 잘 모르겠어요.
- (A) 말고 (B) 없어요?

Notas

1 El uso de 말고

Cuando se usa 말고 tras un sustantivo, viene a indicar "no (el sustantivo anterior) sino (el sustantivo que sigue)". Es perfectamente posible añadir las desinencias 도 y 는 a 말고.

- 사과 **말고** 딸기 없어요?
  Además de manzanas, ¿no tienen fresas?
- 빨간색 **말고** 다른 것으로 주세요.
  Deme otro que no sea rojo, por favor.
- 우유 **말고도** 커피도 샀어요.
  Además de leche, también he comprado café.
- 동생 **말고는** 아무도 그 사실을 몰라요.
  Con la excepción de mi hermano menor, nadie lo sabe.

2 Diferencias entre 모르겠어요 y 몰라요

Mientras que con 몰라요 simplemente se informa de que se desconoce cierta información, con 모르겠어요 más bien se indica que no se está seguro sobre algo o no se entiende bien algo.

- 마크는 선생님 전화번호를 **몰라요.** (O)
  Mark no sabe el número de teléfono del profesor.
  마크는 선생님 전화번호를 모르겠어요. (X)
- 이게 맞는지 몰라요. (X)
  이게 맞는지 **모르겠어요.** (O)
  No sé si esto es correcto.

Acciones que podemos ver en la calle cotidianamente

ⓐ 길을 건너다 cruzar la calle
ⓑ 길을 걷다 caminar por la acera

ⓐ 버스를 타다 subirse al autobús
ⓑ 버스를 내리다 bajarse del autobús

ⓐ 줄을 서다 hacer cola/fila
ⓑ 신호를 기다리다 esperar en el semáforo

ⓐ 물건을 팔다 vender productos
ⓑ 물건을 사다 comprar productos

ⓐ 쓰레기를 버리다 tirar la basura
ⓑ 쓰레기를 줍다 recoger la basura

ⓐ 동전을 넣다 introducir monedas
ⓑ 물건을 꺼내다 retirar un producto (de la máquina expendedora)

ⓐ 계단을 내려가다 bajar por las escaleras
ⓑ 계단을 올라오다 subir por las escaleras

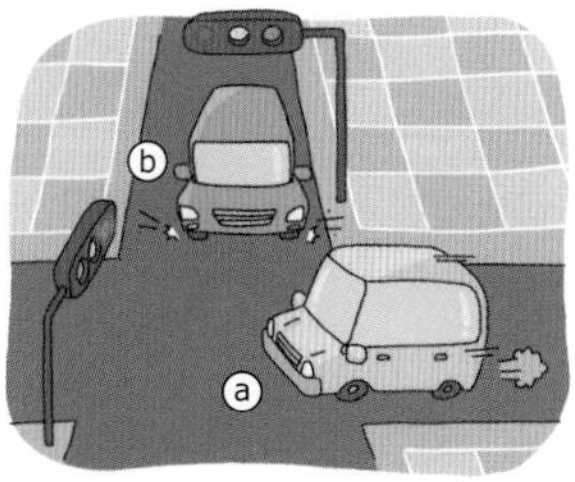

ⓐ 차가 출발하다 arrancar, ponerse en marcha (refiriéndose a medios de transporte)
ⓑ 차가 멈추다 detenerse (refiriéndose a medios de transporte)

Expresiones esenciales

- 아직 멀었어요. Todavía queda bastante para llegar.
- 반쯤 왔어요. Estoy a medio camino.
- 거의 다 왔어요. Ya estoy llegando./Ya casi estoy ahí.
- 다 왔어요. Ya he llegado./Ya estoy aquí.

¡Hablemos!

Estrategias comunicativas — Cómo confirmar información

- 몇 번 버스요? **¿Qué número de autobús?**
- 몇 호선요? **¿Qué línea de metro?**
- 몇 번 출구요? **¿Cuál es el número de la salida?**
- 몇 번째 정거장요? **¿Qué parada? (preguntando por el número ordinal)**
- 언제요? **¿Cuándo?**
- 어디요? **¿Dónde?**

❶

이곳에 가는 방법

- 친구들과 주말에 만나기 좋은 곳
- 혼자 산책하기 좋은 곳
- 쇼핑할 때 가는 단골 가게
- 데이트하기 좋은 곳
- 부모님께서 한국에 오셨을 때 같이 가고 싶은 곳
- 여행 가기 좋은 곳

❷ 교통수단

버스

- 버스를 타면 한 번에 가요?
- 몇 번 버스를 타요?
- 버스가 자주 와요?
- 몇 정거장 가요?
- 어느 정류장에서 내려요?
- 버스비가 얼마예요?
- 시간이 얼마나 걸려요?

지하철

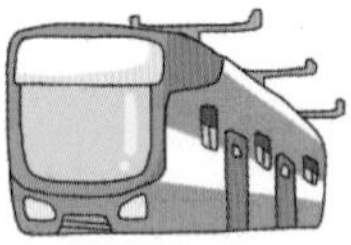

- 지하철을 타면 몇 번 갈아타요?
- 지하철 몇 호선을 타요?
- 지하철이 얼마나 자주 와요?
- 몇 정거장 가요?
- 무슨 역에서 내려요?
- 몇 번 출구로 나가요?
- 지하철비가 얼마예요?
- 시간이 얼마나 걸려요?

Curiosidades

첫 번째 정거장, 두 번째 정거장, 세 번째 정거장, 네 번째 정거장, 다섯 번째 정거장

❸ 주변 물건

그 근처에 가면 뭐가 있어요?

광장

궁

동상

분수

공원

놀이터

성당

교회

절

우리 집은 공원에서
5분쯤 걸으면 나와요.

놀이터가 있죠?
놀이터에서 바로 보여요.

동상이 있어요. 그 가게는 동상에서
100m(미터)쯤 가면 있어요.

Nuevo vocabulario

정거장 paradas de autobús | 호선 número de línea (de metro) | 단골 cliente habitual | 교통수단 medio de transporte | 한번에 de una (sola) vez | 정류장 parada de autobús | 갈아타다 cambiar de medio de transporte, transbordar

Red de palabras

Anexo P. 319

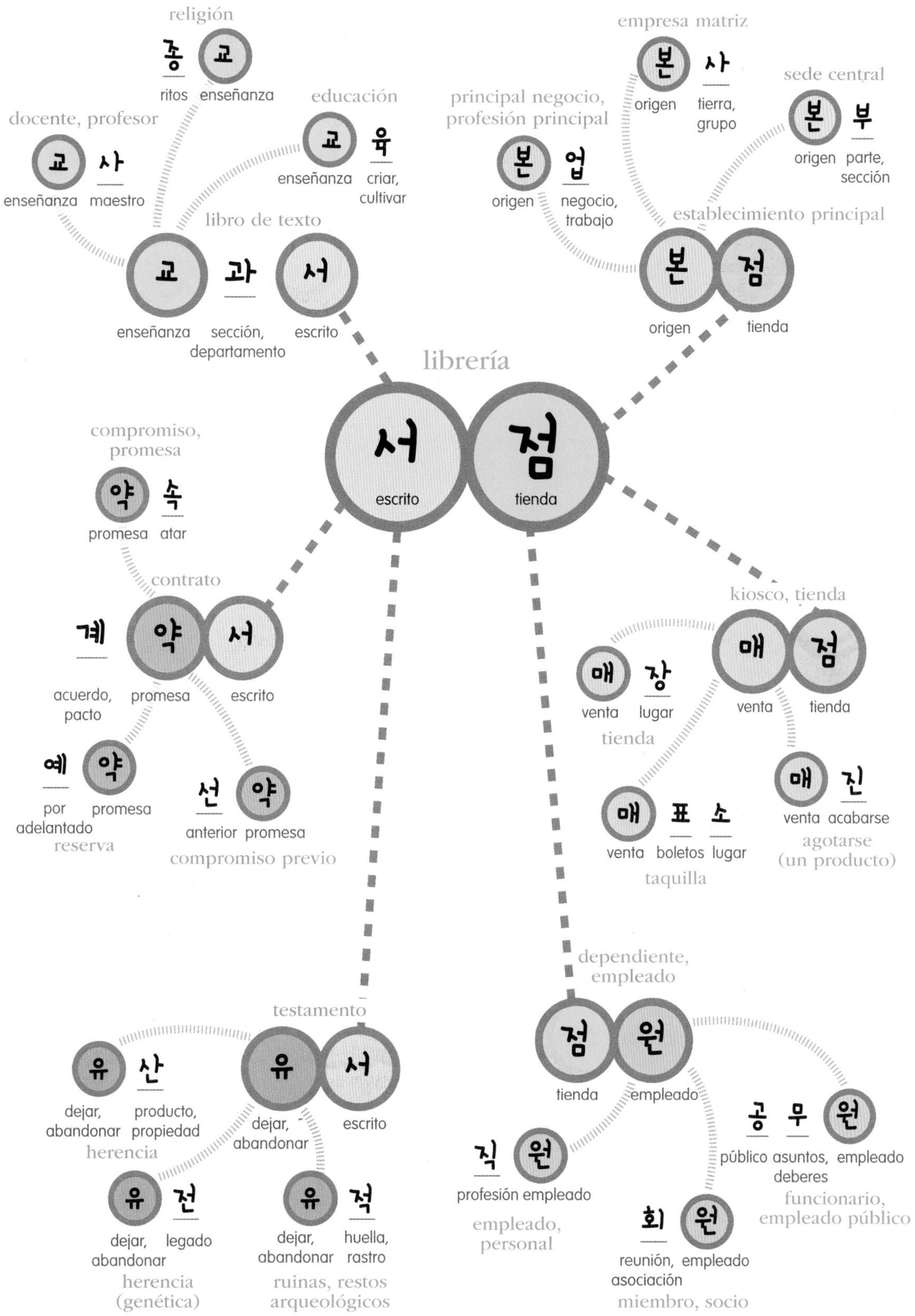
librería
서 점
escrito tienda
libro de texto
교 과 서
enseñanza sección, departamento escrito
religión
종 교
ritos enseñanza
docente, profesor
교 사
enseñanza maestro
educación
교 육
enseñanza criar, cultivar
establecimiento principal
본 점
origen tienda
principal negocio, profesión principal
본 업
origen negocio, trabajo
empresa matriz
본 사
origen tierra, grupo
sede central
본 부
origen parte, sección
contrato
계 약 서
acuerdo, pacto promesa escrito
compromiso, promesa
약 속
promesa atar
reserva
예 약
por adelantado promesa
compromiso previo
선 약
anterior promesa
kiosco, tienda
매 점
venta tienda
tienda
매 장
venta lugar
taquilla
매 표 소
venta boletos lugar
agotarse (un producto)
매 진
venta acabarse
testamento
유 서
dejar, abandonar escrito
herencia
유 산
dejar, abandonar producto, propiedad
herencia (genética)
유 전
dejar, abandonar legado
ruinas, restos arqueológicos
유 적
dejar, abandonar huella, rastro
dependiente, empleado
점 원
tienda empleado
empleado, personal
직 원
profesión empleado
miembro, socio
회 원
reunión, asociación empleado
funcionario, empleado público
공 무 원
público asuntos, deberes empleado

Algo de cultura

¡Chismorreemos sobre los demás!

• 길치, 음치, 박치, 몸치 ¿Se te da algo mal?

Siempre hay alguien que se pierde incluso en lugares en los que ya ha estado. En coreano, se denomina 길치 a este tipo de personas. En origen, 치 significaba "inmaduro" o "tonto" pero en la actualidad de coloca detrás de otras palabras para llamar a alguien "inútil" en broma, sin que haya ningún ánimo de ofender. De esta manera, la gente que no tiene sentido de la orientación se disculpa por ser 길치 (lit. inútil para encontrar el camino) y deja que sean los otros los que guíen. ¿Qué más palabras compuestas con 치 usan los coreanos? A las personas que no tienen sentido del ritmo y que desafinan al cantar se las llama 음치, a aquellos que carecen de sentido del ritmo se les denomina 박치, y a las personas que son patosas y que les puede llevar tres horas aprender a bailar algo que no debería tomar más de una hora se las conoce como 몸치. Los coreanos suelen hacer uso de este tipo de palabras en situaciones relajadas como comidas informales en las que las emplearán para bromear y tomarse el pelo.

• 백수, 고수 ¡Menudo holgazán!

El significado literal de 백수 es "manos blancas" y hace referencia a la palidez de las manos que nunca han realizado ninguna labor dura ni han estado expuestas al sol, por lo que hace referencia a alguien que no cuenta con un empleo y se pasa todo el día sin hacer nada de provecho. El término 실업자 (desempleado) es el que usa en contextos formales y en los medios de comunicación, pero 백수 se emplea con mucha frecuencia en las conversaciones cotidianas de manera peyorativa. Un término relacionado aunque antónimo es el de 고수. En este caso 수 no se refiere a las manos sino a la capacidad o técnica de alguien. Se usa 고수 para señalar que alguien es muy hábil en algo.

• 술고래 ¡Es un pozo sin fondo!

Se utiliza el término 술고래 para referirse a una persona que toma alcohol en grandes cantidades. De igual manera que a las 고래 (ballenas) no parece afectarles ingerir cantidades ingentes de agua salada, 술고래 indica que alguien puede beber grandes cantidades de alcohol sin que esto le suponga ningún problema.

Capítulo 05

음식

La comida

Objetivos
- indicar si un determinado plato gusta o no
- hablar sobre lo que a uno le gustaría hacer
- pedir comida en un restaurante
- describir platos
- recomendar restaurantes

Gramática

❶ –(으)려고 하다 “para”, “con la intención de”, “ir a”
–(으)ㄴ/는데요 “es que”, “pero es que”

❷ –아/어 줄까요? “¿Quiere(s) que… ?”
–(으)ㄴ/는 대신에 “en lugar de”

❸ –(으)ㄴ 적이 있다 “haber + participio”, “tener la experiencia de”
–고 있다 “estar + gerundio”

Gramática 1

-(으)려고 하다 "para", "con la intención de", "ir a"

Anexo P. 267 C.C P. 306

A 주말에 뭐 할 거예요?
¿Qué harás el fin de semana?

B 집에서 쉬려고 해요.
Este fin de semana voy a descansar en casa.

Se emplea -(으)려고 하다 para expresar la intención del hablante de hacer algo o para indicar una situación que va a tener lugar en breve, como se puede ver en la tercera frase de abajo. Esta estructura se añade a las raíces verbales.

- 이번 휴가 때 친구들하고 해외로 여행 가려고 해요. Estas vacaciones voy a viajar al extranjero con unos amigos.
- 이따가 갈비를 먹으려고 하는데 같이 갈 수 있어요? Pensaba ir a comer unas costillas más tarde. ¿Puedes venir conmigo?
- 기차가 출발하려고 해요. 빨리 기차 탑시다. El tren ya va a salir. Montémonos en el tren rápido.

-(으)ㄴ/는데요 "es que", "pero es que"

Anexo P. 267 C.C P. 308

A 오늘 저녁에 영화 볼까요?
¿Vemos una película esta noche?

B 오늘은 일이 많은데요.
Es que hoy tengo mucho trabajo.

Esta estructura se utiliza para explicar una situación mitigando cualquier impresión o efecto negativo en el interlocutor. En el ejemplo de arriba, Rina declina aceptar la propuesta de Minho señalando que tiene mucho trabajo por medio de -(으)ㄴ/는데요 en lugar de decir directamente que no puede ir a ver una película con él, por lo que sería equivalente a la estructura española "es que...". Con las raíces de los verbos que tienen valor de presente se emplea la forma 데요, mientras que la forma -(으)ㄴ데요 se emplea con las raíces de los adjetivos y con las de los verbos y adjetivos que van en pasado, dando lugar a la termianción -았/었는데요.

- A 월요일까지 이 서류를 끝내세요. Estos documentos deben estar terminados para el lunes.
  B 저는 다른 서류를 만들고 있는데요. (Se omite "다른 사람에게 시키세요.")
  Es que yo me estoy encargando de otros documentos. (Se omite "Encárgueselo a otro".)
- A 아까 왜 전화 안 했어요? ¿Por qué no me has llamado antes?
  B 배터리가 떨어졌는데요. (Se omite "그래서 전화 못 했어요.")
  Es que me quedé sin batería. (Se omite "Por eso no te pude llamar".)

▸ Clave de respuestas P. 315

1 그림을 보고 [보기] 와 같이 '-(으)려고 하다'를 사용하여 대화를 완성하세요.

보기 A 다음 주 월요일에 뭐 할 거예요?

B 쇼핑하려고 해요.

(1) A 다음 주 화요일에 밖에서 친구를 만날 거예요?

B 아니요, 집에서 ________________.

(2) A 언제 영화를 볼 거예요?

B ________________ 는데 같이 갈까요?

(3) A 주말에 등산 갈 거예요?

B 아니요, 다음 주말에는 ________________.

2 알맞은 것을 고르세요.

(1) A 어제 일을 다 끝냈어요?

B 아니요, ⓐ 일을 끝내려고 하는데 / ⓑ 일을 끝내려고 했는데 갑자기 일이 생겨서 못 했어요.

(2) 시험 준비가 부족해서 이번에는 ⓐ 시험을 보려고 해요. / ⓑ 시험을 보지 않으려고 해요.

(3) 다이어트 때문에 초콜릿을 ⓐ 먹으려고 했지만 / ⓑ 먹지 않으려고 했지만 너무 맛있어 보여서 먹어 버렸어요.

(4) A ⓐ 회의가 시작하려고 하는데 / ⓑ 회의가 시작했는데 왜 안 와요? 곧 시작할 거예요.

B 입구에 도착했어요. 조금만 더 기다려 주세요.

3 다음에 알맞은 말을 연결하세요.

(1) 이따가 6시에 만날까요? •

(2) 직원한테 문제를 말해 보세요. •

(3) 전화 한 통만 할 수 있어요? •

(4) 한국어 공부 좀 도와주세요. •

• ⓐ 저도 핸드폰을 집에 놓고 왔는데요.

• ⓑ 저도 한국어 잘 못하는데요.

• ⓒ 벌써 말했는데요.

• ⓓ 저는 7시에 일이 끝나는데요.

Conversación 1

pista 13

링링 지금 어디에 가요?
마크 식당에요. 좀 일찍 밥을 먹으려고 해요.
링링 저도 지금 밥 먹으려고 하는데, 같이 갈까요?
마크 좋아요. 같이 가요.
링링 마크 씨는 무슨 음식 좋아해요?
마크 저는 한식 좋아해요.
링링 그럼, 김치찌개 먹으면 어때요?
마크 제가 매운 거 잘 못 먹는데요.
링링 그래요? 매운 거 빼고 다른 건 괜찮아요?
마크 네, 맵지 않으면 다 괜찮아요.
링링 그럼, 된장찌개는 어때요?
마크 그건 안 매워요?
링링 네, 안 매워요.
마크 그럼, 전 된장찌개 한번 먹어 볼게요.

Ling Ling ¿Adónde vas?
Mark A comer. (lit. A un restaurante.) Voy a comer un poco (más) temprano.
Ling Ling Yo también iba a comer ahora. ¿Vamos juntos?
Mark Claro. Vayamos juntos.
Ling Ling ¿Qué tipo de comida te gusta, Mark?
Mark Me gusta la comida coreana.
Ling Ling En esa caso, ¿qué tal si comemos Kimchi jjigae?
Mark Pero es que yo no aguanto la comida picante.
Ling Ling ¿En serio? Además de con el picante, ¿tienes problemas con otras cosas?
Mark No, mientras no pique, no tengo problema con nada.
Ling Ling Entonces, ¿qué tal Doenjang jjigae?
Mark ¿Eso no pica?
Ling Ling No, no pica.
Mark Entonces, voy a probar el Doenjang jjigae.

Nuevo vocabulario ▸P. 327

일찍 | 한식 | 맵다 | 잘 | 다

Nuevas expresiones ▸P. 327

- (sustantivo) 먹으면 어때요?
- (sustantivo) 빼고 다른 건 괜찮아요?
- -(으)면 다 괜찮아요.

Notas

1 Diferencias entre 잘 못 vs 잘못

La primera diferencia es que al pronunciarse 잘 못 debe hacerse una breve pausa entre las dos sílabas, la cual se indicar por medio del espacio, mientras que no se hace ninguna pausa en 잘못. Por otra parte, mientras que 잘 못 se emplea para indicar que alguien no es bueno haciendo algo, se utiliza 잘못 para señalar un error. En la conversación de arriba, se hace uso de 잘 y 못 porque uno de los personajes afirma que no se le da bien algo.

- 운동을 **잘 못하지만** 노래는 잘해요.
  No se me dan bien los deportes, pero se me da bien cantar.
- 계산을 **잘못해서** 돈을 더 냈어요.
  Me equivoque al hacer la cuenta y pagué de más.

2 Contracciones habituales en el lenguaje oral

Las contracciones son mucho más habituales en el registro oral que en el escrito. Su uso hace que el discurso oral resulte más natural y fluido. Los siguientes son algunos ejemplos de contracciones muy frecuentes.

게 (= 것이), 걸 (= 것을), 건 (= 것은), 그건 (= 그것은)
전 (= 저는), 널 (= 너를), 좀 (= 조금), 그럼 (= 그러면)

- **이건** 얼마예요? ¿Cuánto vale esto?
- **전** 그 얘기를 처음 들었어요.
  Es la primera vez que lo oigo.

❶ Sabores y texturas

❶  ❷  ❸  ❹  ❺  ❻ 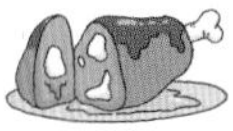

1. 달다 dulce
2. 맵다 picante
3. 짜다 salado
4. 시다 ácido
5. 쓰다 amargo
6. 느끼하다 grasiento
7. 달콤하다 ligeramente dulce
8. 매콤하다 ligeramente picante
9. 짭짤하다 ligeramente salado
10. 새콤하다 agridulce, ligeramente ácido
11. 고소하다 sabroso
12. 얼큰하다 bastante picante
13. 싱겁다 soso, insípido
14. 담백하다 con un sabor suave
15. 부드럽다 suave
16. 쫄깃하다 correoso
17. 상큼하다 refrescante
18. 시원하다 caliente y reconfortante

- **달고 짠** 음식은 건강에 안 좋으니까 조심하세요.
  Como el dulce y el picante (lit. la comida dulce y la comida picante) no son buenos para la salud, tenga cuidado.
- 음식이 **싱거워도** 소금이나 후추를 너무 많이 넣지 마세요.
  No eche demasiada sal ni pimienta aunque la comida esté sosa.

❷ El estado de la comida

1. Frescura

- 과일이 **신선해요.**
  La fruta está fresca.
- 생선이 **싱싱해요.**
  El pescado está fresco.

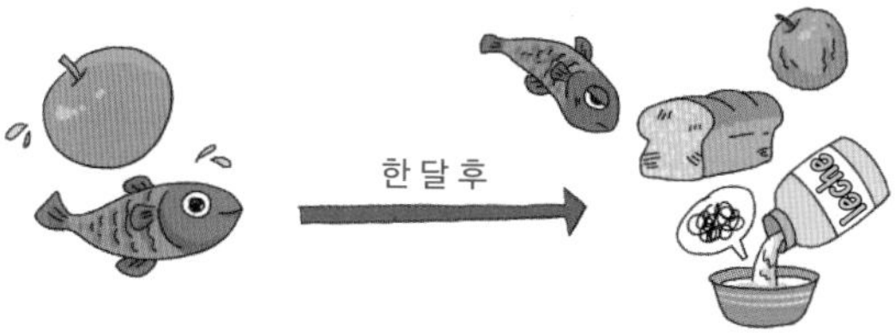

- 사과가 **썩었어요.**
  La manzana está podrida.
- 빵이 **오래됐어요.**
  El pan está manido.
- 우유가 **상했어요.**
  La leche está pasada.

2. Puntos de cocción

- 새우가 **덜 익었어요.** Los camarones están poco hechos.
- 새우가 **잘 익었어요.** Los camarones están bien hechos.

3. Ternura de los alimentos

- 케이크가 **부드러워요.** El pastel está blando.
- 빵이 **딱딱해요.** El pan está duro.

4. Ternura de los alimentos

FRÍO

찬물	시원한 주스	미지근한 물	따뜻한 우유	뜨거운 물
agua fría	un jugo fresco	agua tibia	leche caliente (pero no tanto como para no poder beberla)	agua muy caliente (demasiado para poder beberla)

CALIENTE

- 음식이 **따뜻해요.** 식기 전에 드세요.
  La comida está caliente. Por favor, coman antes de que se enfríe.
- **찬** 머핀을 전자레인지에 데워 주세요.
  Por favor, caliénteme esta magdalena en el microondas.

Expresiones esenciales

- 저는 가리지 않고 다 좋아해요.
  No soy quisquilloso. Me gusta todo.
- 저는 닭고기 빼고 다 괜찮아요.
  Salvo (carne de) pollo, cualquier cosa está bien.

Gramática 2

-아/어 줄까요? "¿Quiere(s) que... ?"

C.C P. 303

A 무겁죠? 짐 들어 줄까요?
Pesa (bastante), ¿verdad? ¿Te ayudo a llevar el equipaje?

B 감사합니다. 문 앞까지만 들어 주세요.
Gracias. Llévamelo hasta la puerta principal, por favor.

La estructura –아/어 줄까요? se emplea para preguntarle al interlocutor si quiere que el hablante le ayude o le haga un favor. Se añade a las raíces verbales. En el caso de que el interlocutor tenga mayor edad o una posición social más alta, se usa –아/어 드릴까요?. Cuando lo que se ofrece no es una acción sino un objeto, las formas –아/어 줄까요? o 드릴까요? se colocan después del complemento directo.

- A 마크 씨 전화번호 몰라요? 제가 아는데 알려 줄까요?
  ¿No sabes el número de teléfono de Mark? Yo sí lo sé. ¿Te lo digo?
  B 그래요? 그럼, 좀 알려 주세요. ¿De verdad? Sí, por favor, dímelo.
- A 박 선생님은 지금 안 계신데요. 메모 전해 드릴까요?
  El Prof. Park no está en estos momentos. ¿Querría que le diera algún mensaje?
  B 네, 이 메모 좀 전해 주세요. Sí, por favor, dele este mensaje.
- 따뜻한 물 드릴까요? 아니면 찬물 드릴까요? ¿Le doy agua tibia? ¿O prefiere que le dé agua fría?

-(으)ㄴ/는 대신에 "en lugar de"

Anexo P. 268 C.C P. 307

A 배고픈데 간식 없어요?
Tengo hambre. ¿No tienes algún refrigerio?

B 밤에는 간식을 먹는 대신에 물을 드세요.
Cuando sea de noche, en lugar de refrigerios, toma agua.

La estructura –(으)ㄴ/는 대신에 significa "en lugar de". La forma –는 대신에 se emplea con las raíces de los verbos con valor de presente, mientras que la forma –(으)ㄴ/는 대신에 se añade a las raíces de los verbos que tienen valor de pasado y con las raíces de los adjetivos. Se coloca 대신에 justo después de los sustantivos.

- 주말에 여행 가는 대신에 집에서 책을 읽기로 했어요.
  He decidido quedarme este fin de semana en casa leyendo un libro en lugar de irme de viaje.
- 이번 주에 많이 일하는 대신에 다음 주는 쉴 거예요.
  Como esta semana he trabajado mucho, la próxima semana me la tomaré libre.
- 어제 회사에 안 간 대신에 내일은 야근할 거예요.
  Como ayer no fui a la empresa, mañana haré horas extras por la noche.

Autoevaluación

▸ Clave de respuestas P. 315

1 그림을 보고 알맞은 것을 고르세요.

(1)

A 음식이 다 식었죠?
따뜻하게 ⓐ 데워 줄까요?/ⓑ 데워 주세요.

B 네, 감사합니다.

(2)

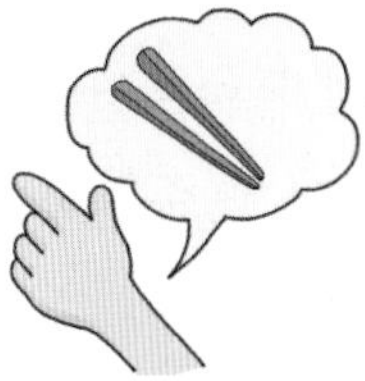

A 여기 젓가락 좀 ⓐ 갖다줄까요?/ⓑ 갖다주세요.

B 네, 알겠습니다.

(3)

A 저는 지하철역까지 걸어 가요.

B 제가 자동차가 있어요.
지하철역까지 ⓐ 태울까요?/ⓑ 태워 줄까요?

(4)

A 글자가 작아서 안 보이네.

B 할머니, 제가 읽어 ⓐ 줄까요?/ⓑ 드릴까요?

2 다음 말에 알맞은 말을 연결하세요.

(1) 잘 먹었습니다. •	• ⓐ 음악을 틀어 줄까요?
(2) 컴퓨터 선이 빠졌어요. •	• ⓑ 이따가 선생님께 전해 드릴까요?
(3) 선물을 살 시간이 없어요. •	• ⓒ 그럼, 그릇을 치워 드릴까요?
(4) 선생님께 메모를 남기고 싶은데요. •	• ⓓ 제가 선을 다시 연결해 드릴까요?
(5) 좋은 음악을 듣고 싶어요. •	• ⓔ 그럼, 제가 선물을 사다 줄까요?

3 다음에서 알맞은 것을 골라서 문장을 완성하세요.

분위기가 좋다 　 얼굴이 예쁘다 　 운전하다 　 사다

(1) 그 여자는 ______________ 대신에 성격이 안 좋아요.

(2) 그 식당은 ______________ 대신에 너무 비싸요.

(3) 돈이 없어서 책을 ______________ 대신에 빌려서 읽어요.

(4) 운동할 시간이 없어서 ______________ 대신에 지하철을 자주 이용해요.

Conversación ❷

pista **14**

직원 뭐 드시겠어요?

마크 된장찌개 하나 주세요.

직원 죄송합니다. 손님. 지금 된장이 떨어져서 된장찌개가 안 되는데요.

마크 그래요? 다른 건 돼요?

직원 네, 된장찌개만 빼고 다른 건 다 돼요.

마크 그럼, 이 중에서 안 매운 게 어떤 거예요?

직원 불고기하고 갈비탕이 안 매워요.

마크 갈비탕은 안 먹어 봤는데요. 뭘로 만들어요?

직원 소고기를 물에 넣고 끓인 거예요.

마크 고기 대신에 채소로 만든 건 없어요?

직원 그럼, 비빔밥은 어떠세요? 여기에는 고기가 안 들어가요. 매운 거 안 좋아하시면 고추장을 넣지 말고 따로 드릴까요?

마크 네, 가능하면 맵지 않게 해 주세요.

직원 알겠습니다.

camarera ¿Qué va a tomar?

Mark Un plato Doenjang jjigae.

camarera Lo lamento, señor, pero nos hemos quedado sin soja fermentada, así que no le podemos preparar Doenjang jjigae.

Mark ¿Ah, sí? ¿Pero pueden (preparar) otros platos?

camarera Sí, con la excepción del Doenjang jjigae, le podemos (preparar) cualquier otro plato.

Mark Entonces, ¿qué tienen que no sea picante en el menú?

camarera Ni el bulgogi ni la Galbi tang son picantes.

Mark No he comido nunca la Galbi tang. ¿De qué está hecha?

camarera Es carne de ternera que se hierve en agua.

Mark ¿No hay algún plato hecho con verduras en lugar de con carne?

camarera En ese caso, ¿qué tal un bibimbap? No lleva carne. Si no le gusta el picante, en lugar de echarle la salsa de chile, ¿se la pongo aparte?

Mark Sí, si es posible, que no pique, por favor.

camarera De acuerdo.

Nuevo vocabulario ▸P. 328

된장 | 손님 | 떨어지다 | (음식이) 안 되다 | 이 중에서 | 뭘로 (=무엇으로) | 넣다 | 끓이다 | 고기 | 채소 | 들어가다 | 따로 | 가능하면

Nuevas expresiones ▸P. 328

- 뭐 드시겠어요?
- 다른 건 돼요?
- 가능하면 맵지 않게 해 주세요.

Notas

1 La partícula 만

La partícula 만 equivale en español a "solo" o "solamente" y se emplea para acotar lo que se está diciendo al sustantivo que la precede. La partícula 만 se añade a sustantivos, mientras que con verbos y adjetivos se emplea –기만 하다.

- 저는 검정색 옷**만** 입어요.
  Yo solo me pongo ropa negra.
- 좀 피곤하**기만 해요**. 아프지는 않아요.
  Estoy un poco cansado. No me duele.
- 친구가 아무 말도 안 하고 울**기만 했어요**.
  Una amiga se puso a llorar sin decir nada.

2 –(으)ㄴ / 는 거예요: "Es lo que"

En las conversaciones es muy frecuente usar –(으)ㄴ / 는 거예요 para enfatizar algo. En el caso de la conversación de arriba, se emplea para enfatizar de qué está hecha la sopa de costillas. La forma –는 거예요 se emplea para el tiempo presente, mientras que la forma –(으)ㄴ / 는 거예요 se emplea para el tiempo pasado.

- 떡국은 한국 사람들이 설날 때 먹**는 거예요**.
  La sopa de pasta de arroz la comen los coreanos en el Año Nuevo Oriental.
- 이 목걸이는 할머니한테 받**은 거예요**.
  Este collar me lo dio mi abuela.

1 채소 Verduras

- 오이 pepino
- 당근 zanahoria
- 파 cebollino
- 양파 cebolla

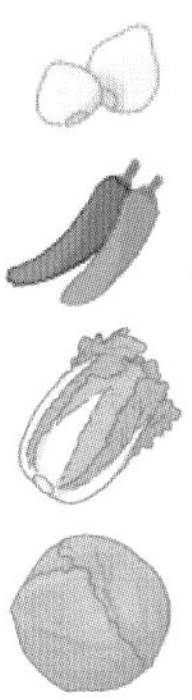

- 마늘 ajo
- 고추 chile, ají
- 배추 col china
- 양배추 repollo

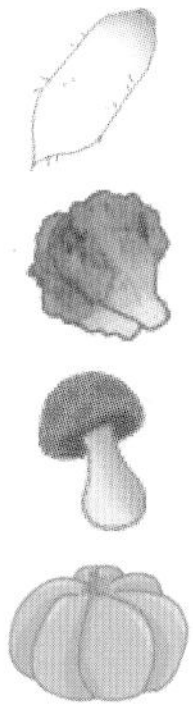

- 무 nabo
- 상추 lechuga
- 버섯 seta, champiñón
- 호박 calabaza

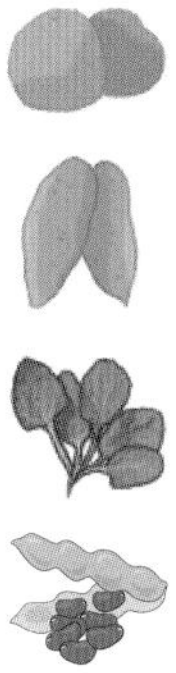

- 감자 papa, patata
- 고구마 boniato, camote, batata
- 시금치 espinacas
- 콩 soja, soya

2 과일 Frutas

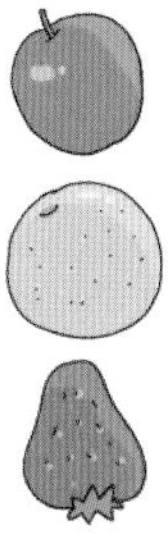

- 사과 manzana
- 배 pera
- 딸기 fresa, frutilla

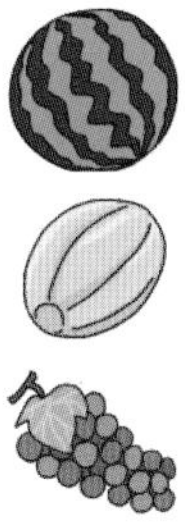

- 수박 sandía
- 참외 melón oriental
- 포도 uva

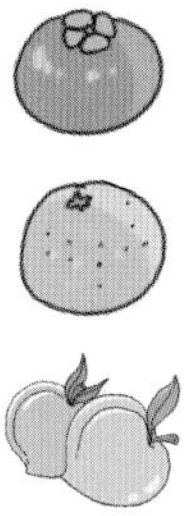

- 감 caqui
- 귤 mandarina
- 복숭아 melocotón

3 고기 Tipos de carne

- 소고기 carne de ternera
- 돼지고기 carne de cerdo
- 닭고기 carne de pollo
- 오리고기 carne de pato
- 양고기 carne de cordero

4 해물(=해산물) Marisco

- 조개 almeja
- 홍합 mejillón
- 굴 ostra

- 게 cangrejo
- 가재 cigala
- 새우 camarón, gamba

- 오징어 calamar
- 문어 pulpo
- 낙지 pulpito asiático

5 생선 Tipos de pescado

- 고등어 caballa
- 연어 salmón
- 장어 anguila
- 참치 atún
- 갈치 pez sable
- 멸치 anchoa

6 기타 Otros alimentos

- 쌀 arroz (no cocinado)
- 밀가루 harina de trigo
- 면 tallarines

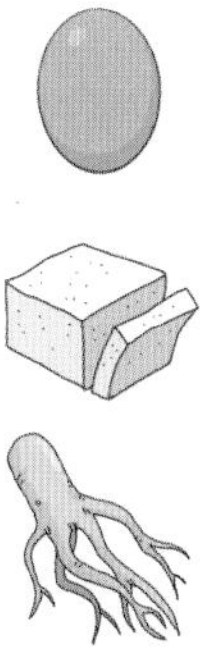

- 달걀/계란 huevo
- 두부 tofu
- 인삼 ginseng

7 식재료 Estados de los alimentos

- 날것 crudo
- 말린 것 seco
- 익힌 것 cocido
- 얼린 것 congelado

Expresiones esenciales

- (후추)만 빼 주세요. Sin (pimienta), por favor.
- (A) 빼고 (B)만 넣어 주세요. Con (B) en lugar de (A), por favor.

Gramática ❸

-(으)ㄴ 적이 있다 "haber + participio", "tener la experiencia de"

Anexo P. 268 C.C P. 306

A 전에 지갑을 잃어버린 적이 있어요?
¿Has perdido (alguna vez) la billetera?

B 아니요, 그런 적 없어요.
No, no me ha pasado (nunca).

La estructura -(으)ㄴ 적이 있다 se emplea para indicar que se tiene una experiencia añadiéndose a las raíces de verbos y adjetivos, así como a 이다. Para indicar la falta de experiencia se utiliza -(으)ㄴ 적이 없다. Es bastante habitual hacer uso del verbo auxiliar 보다, que significa "probar" o "intentar", con esta estructura para señalar que se ha intentado o no tener esa experiencia: -아/어 본 적이 있다/없다.

- 전에 아프리카에 여행 간 적이 있어요. He viajado a África en el pasado.
- 한 번도 해 본 적이 없어서 자신이 없어요. Como no lo he hecho nunca, no tengo confianza.
- 저 사람은 어디선가 본 적이 있는데, 이름이 기억이 안나요.
  He visto a esa persona en alguna parte, pero no me acuerdo de su nombre.

-고 있다 "estar + gerundio"

Anexo P. 269 C.C P. 300

A 지금 잠깐 얘기할 수 있어요?
¿Puedo hablar ahora (contigo) un momento?

B 미안해요. 지금 회의하고 있어요.
Lo lamento. Ahora estoy reunido.

La estructura -고 있다 se emplea añadiéndose a las raíces de los verbos para señalar que una acción está ocurriendo en ese mismo momento, aunque también se puede emplear para indicar que una acción se repite con una determinada frecuencia durante un periodo de tiempo. La forma de presente es -고 있다, la de pasado es -고 있었다 y la de futuro es -고 있을 것이다. La forma negativa de esta estructura es -고 있지 않다.

- 지금 밥을 먹고 있으니까 제가 나중에 다시 전화할게요. Te llamo luego, que ahora estoy comiendo.
- 지난달부터 운동하고 있는데 살이 빠지지 않아요.
  Estoy haciendo ejercicio desde el mes pasado, pero no adelgazo.
- 요즘은 아르바이트를 하고 있지 않아요. Estos días no estoy trabajando a tiempo parcial.

▸ Clave de respuestas P. 315

1 그림을 보고 알맞은 것을 고르세요.

(1)

ⓐ 여자가 전화하고 있어요.
ⓑ 여자가 전화하려고 해요.

(2)

ⓐ 여자가 운전하고 있어요.
ⓑ 여자가 운전하려고 해요.

(3)

ⓐ 남자가 샤워하고 있어요.
ⓑ 남자가 샤워하고 있지 않아요.

(4)

ⓐ 남자가 옷을 갈아입고 있어요.
ⓑ 남자가 옷을 갈아입고 있지 않아요.

2 알맞은 것을 고르세요.

(1) A 한국 음식을 지금 ⓐ 만들고 있는데/ⓑ 만든 적이 없지만 우리 집에 와서 좀 도와주세요.
B 저는 한국 음식을 만들어 본 적이 없는데요.

(2) A 케빈 씨가 전에 부산에 살았어요?
B 잘 모르겠어요. 전에 어디에 ⓐ 살고 있는지/ⓑ 산 적이 있는지 케빈 씨한테 물어볼까요?

(3) A 태권도를 배우고 싶어서 지금 학원을 ⓐ 알아보고 있어요./ⓑ 알아본 적이 있어요.
B 저도 같이 하면 좋겠어요.

(4) A 대사관 전화번호 좀 가르쳐 주세요.
B 예전 전화번호만 알고 지금 전화번호는 ⓐ 갖고 있어요./ⓑ 갖고 있지 않아요.

3 '-(으)ㄴ 적이 있다'나 '-(으)ㄴ 적이 없다'를 사용하여 문장을 완성하세요.

(1) 얼마 전에 경주에 ____________ 는데 정말 재미있었어요. (가다)
(2) 어렸을 때 피아노를 ____________ 지만 잘 못 쳐요. (배우다)
(3) 아직 ____________ 지만 기회가 있으면 해 보고 싶어요. (해 보다)
(4) 전에 삼계탕을 ____________ 는데 되게 맛있었어요. (먹다)
(5) 그런 얘기는 이제까지 ____________ 는데요. (듣다)
(6) 바다 근처에 ____________ 어서 해산물에 익숙하지 않아요. (살다)

Conversación ❸

pista **15**

유키 뭐 하고 있어요?

케빈 맛집을 찾고 있어요.

유키 맛집은 왜요?

케빈 다음 주에 부모님이 한국에 오셔서 식당을 알아보고 있어요.

유키 그래요? 맛집은 찾았어요?

케빈 아니요, 어제부터 찾고 있는데, 아직 못 찾았어요.

유키 부모님이 한국에 오시니까 한정식 집을 찾고 있죠?

케빈 네, 맛도 좋고 분위기도 좋은 식당을 알면 추천해 주세요.

유키 혹시 '최고의 맛'이라는 식당에 가 본 적이 있어요?

케빈 아니요, 가 본 적이 없는데요.

유키 그럼, 거기에 한번 가 보세요.
며칠 전에 갔는데 맛있었어요.

케빈 그래요? 맛이 어때요?

유키 맵지도 않고 짜지도 않아서 외국인 입맛에 잘 맞을 거예요.

케빈 거기가 좋겠네요. 알려 줘서 고마워요.

Yuki ¿Qué estás haciendo?

Kevin Estoy buscando un buen restaurante.

Yuki ¿Un buen restaurante? ¿Por qué?

Kevin Como la próxima semana mis padres van a venir a Corea, estoy explorando restaurantes.

Yuki ¿Ah, sí? ¿Y has encontrado algún buen restaurante?

Kevin No, he estado buscando desde ayer pero todavía no he encontrado ninguno.

Yuki Como vienen a Corea tus padres, estás buscando un restaurante de hanjeongsik (menú tradicional coreano compuesto por varios platos), ¿verdad?

Kevin Sí. ¿Me podrías recomendar un restaurante con comida rica y buen ambiente si conoces alguno?

Yuki ¿Has ido por algún casual al restaurante 최고의 맛 (=Magnífico sabor)?

Kevin No, pues no he ido.

Yuki Entonces, prueba a ir ahí una vez. Fui hace unos días y (la comida) estaba muy buena.

Kevin ¿En serio? ¿Qué tal de sabor?

Yuki Como no pica ni está (muy) salada, es apta para paladares extranjeros.

Kevin Tiene buena pinta. Gracias por decírmelo.

Nuevo vocabulario ▸P. 328

맛집 | 알아보다 | 한정식집 | 맛이 좋다 | 분위기 | 추천하다 | 며칠 | 입맛에 맞다

Nuevas expresiones ▸P. 328

- 아직 못 찾았어요.
- (sustantivo)에 가 본 적이 있어요?
- 알려 줘서 고마워요.

Notas

1 El infijo honorífico –(으)시–

El infijo –(으)시– se añade a raíces de verbos y adjetivos para mostrar respeto hacia el sujeto de la frase. Su uso es compatible con la desinencia coordinante –고 como se puede ver en los siguientes ejemplos:

- 오고 (tratamiento informal): 오**시고** (tratamiento honorífico) (← 오+시+고)
- 읽고 (tratamiento informal): 읽**으시고** (tratamiento honorífico) (← 읽+으시+고)
- 와서 (tratamiento informal): 오**셔서** (tratamiento honorífico) (← 오+시+어서)
- 읽어서 (tratamiento informal): 읽**으셔서** (tratamiento honorífico) (←읽+으시+어서)

2 Nombre propio + –(이)라는

Se añade –(이)라는 se coloca entre e
nombre o título de algo o alguien
sustantivo para indicar cómo se lla

- '김진수'**라는** 학생을 알아요?
¿Conoces a un estudiante llamado Jin Kim?
- '아리랑'**이라는** 식당에 가 본 적이 있어요?
¿Has ido alguna vez al restanturante que se llama Arirang?

❶ 요리 방법 Modos de cocinar

1.

끓인 것 hervido

2.

찐 것 cocido al vapor

3.

볶은 것 salteado

4.

튀긴 것 frito

5.

부친 것 ligeramente frito

6.

구운 것 a la brasa

7. 삶은 것 hervido, guisado

8. 데친 것 escaldado

❷ 먹는 방법 Manipular alimentos

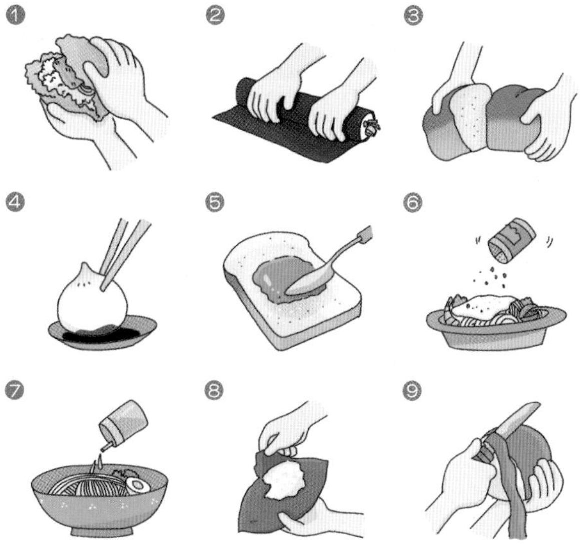

1. 채소를 싸다.
   envolver con verdura.
2. 김을 말다. enrollar en papel de alga.
3. 빵을 반으로 자르다.
   partir el pan a la mitad.
4. 간장을 찍다. mojar en salsa de soja.
5. 소스를 바르다. untar en salsa.
6. 후추를 뿌리다. echar pimienta.
7. 식초를 넣다. poner vinagre.
8. 껍질을 벗기다. quitarle la piel, pelar.
9. 사과(껍질)을 깎다.
   pelar (la piel de) una manzana.

¡Cuidado!

벗기다 pelar con las manos
깎다 pelar con cuchillo

❸ 식당 묘사 Describir restaurantes

- 값이 싸다 ser el precio bajo, ser barato
- 맛있다 estar rico
- 양이 많다 ser la cantidad abundante
- 깨끗하다 estar limpio
- 서비스가 좋다 tener buen servicio
- 손님이 많다 haber muchos clientes
- 분위기가 좋다 tener un ambiente agradable
- 조용하다 ser tranquilo
- 유명하다 ser conocido, ser famoso
- 메뉴가 다양하다 tener un menu variado
- 젊은 사람들한테 인기가 많다
  ser popular entre los jóvenes
- OO 전문점이다 (예: 두부 전문점)
  ser un restaurante especializado en OO
  (Ej. especializado en tofu)
- 입맛에 맞다
  saber algo como a uno le gusta
- 건강식이다
  ser comida sana
- 유기농 재료를 쓰다
  utilizar ingredientes orgánicos

Expresiones esenciales

- 메뉴판 좀 갖다주세요.
  Por favor, tráiganos el menú.
- 반찬 좀 더 주세요.
  Tráiganos un poco más de guarnición, por favor.

¡Hablemos!

Estrategias comunicativas — Mostrar acuerdo

- **맞아요**. 한국 음식은 매운 **편이죠**. **Tienes razón.** La comida coreana **es** bastante picante.
- **그렇죠**? 맵죠? **¿A que sí? ¿A que** pica?
- 이거 좀 맵**지 않아요**? **¿No** pica un poco esto?

Hábitos alimenticios

❶ 평소 어떤 음식을 잘 먹어요?

- 아침 (식사)
- 점심 (식사)
- 저녁 (식사)
- 간식
- 야식
- 다이어트 음식
- 도시락

빵

찌개

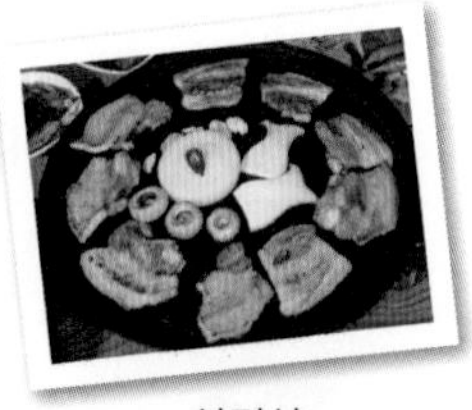
삼겹살

피자

라면

김밥

❷ 보통 음식을 사 먹어요? 해 먹어요? 어떤 음식을 사 먹고 어떤 음식을 해 먹어요?
요리하는 것을 좋아해요?

❸ 어떤 음식을 제일 좋아해요? 한국 음식 중에서 어떤 음식이 입에 잘 맞아요?
그 음식 맛이 어때요? 그 음식을 어디에서 먹었어요?

❹ 어떤 음식을 싫어해요? 한국 음식 중에서 못 먹는 음식이 있어요?
왜 그 음식을 못 먹어요? 혹시 음식 알레르기가 있어요?

❺ 자주 가는 식당이 있어요? 왜 거기에 자주 가요?

- ☐ 값에 비해 음식 맛이 좋은 편이에요.
- ☐ 싸고 양이 많아요.
- ☐ 가까워서 가기 편해요.
- ☐ 재료가 신선해요.
- ☐ 유기농 음식이에요.
- ☐ 집에서 만들 수 없는 맛이에요.
- ☐ 맛이 자극적이지 않아요.
- ☐ 기타

Nuevo vocabulario

평소 normalmente, habitualmente | 사 먹다 comprar comida para comerla | 해 먹다 preparar comida para comerla | 알레르기 alergia | 양 cantidad | 에 비해 en comparación con | 유기농 음식 comida orgánica | 자극적이다 estar fuerte de sabor

Red de palabras

Anexo P. 319

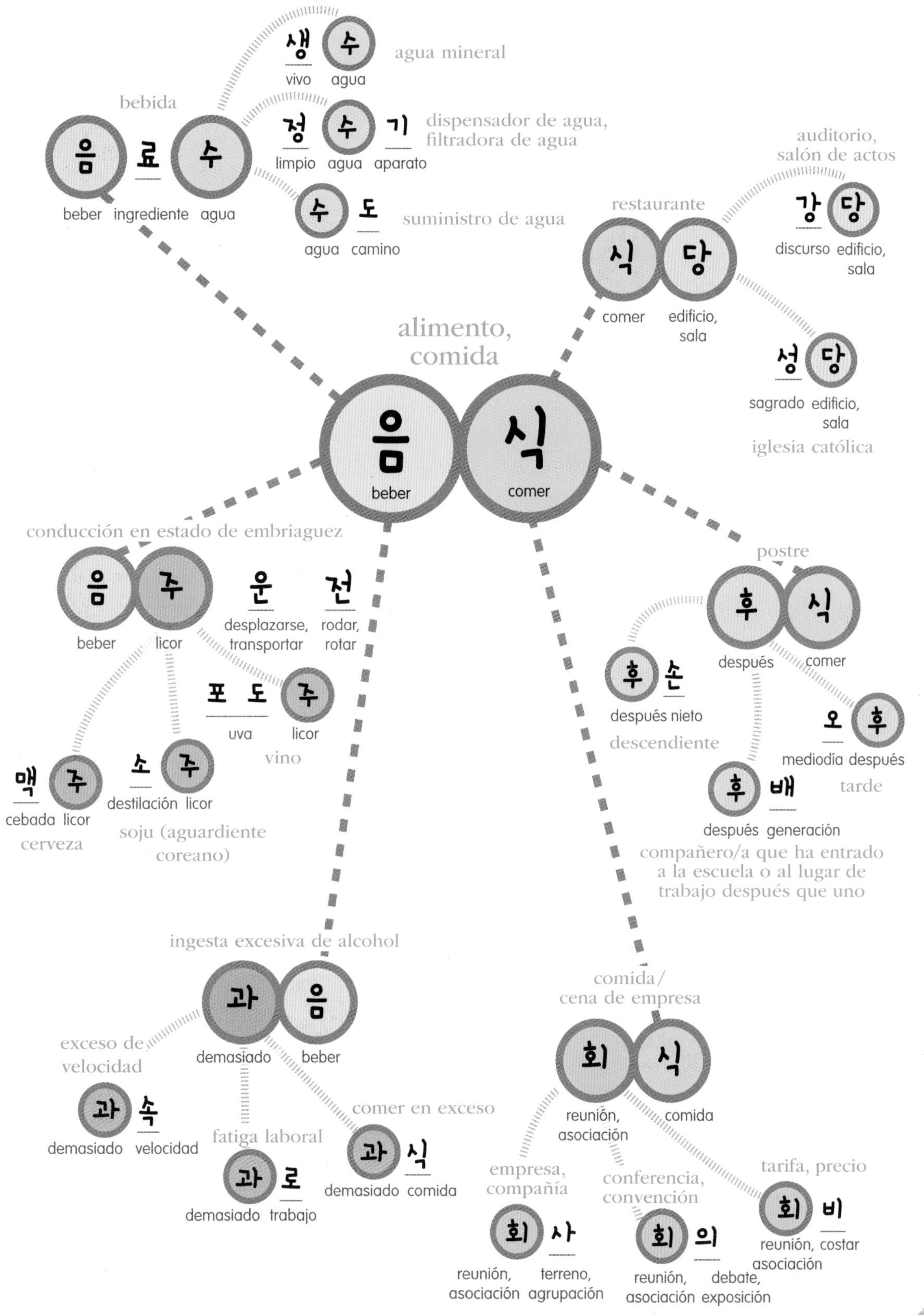

음 식
beber comer
alimento, comida
음 료 수
beber ingrediente agua
bebida
생 수
vivo agua
agua mineral
정 수 기
limpio agua aparato
dispensador de agua, filtradora de agua
수 도
agua camino
suministro de agua
식 당
comer edificio, sala
restaurante
강 당
discurso edificio, sala
auditorio, salón de actos
성 당
sagrado edificio, sala
iglesia católica
음 주
beber licor
conducción en estado de embriaguez
운 전
desplazarse, transportar rodar, rotar
포 도 주
uva licor
vino
맥 주
cebada licor
cerveza
소 주
destilación licor
soju (aguardiente coreano)
후 식
después comer
postre
후 손
después nieto
descendiente
오 후
mediodía después
tarde
후 배
después generación
compañero/a que ha entrado a la escuela o al lugar de trabajo después que uno
과 음
demasiado beber
ingesta excesiva de alcohol
과 속
demasiado velocidad
exceso de velocidad
과 로
demasiado trabajo
fatiga laboral
과 식
demasiado comida
comer en exceso
회 식
reunión, asociación comida
comida/cena de empresa
회 사
reunión, asociación terreno, agrupación
empresa, compañía
회 의
reunión, asociación debate, exposición
conferencia, convención
회 비
reunión, asociación costar
tarifa, precio

Algo de cultura

Palabras que van más allá de meramente describir sabores

• 시원하다 refrescarse (quedar uno a gusto)

Literalmente, 시원하다 significa "fresco" o "refrecante" y sirve para describir, por ejemplo, un vaso de jugo que nos proporciona frescor. Sin embargo, tanto el significado como el uso de 시원하다 puede variar considerablemente. De hecho, 시원하다 no se usa solo para describir bebidas refrescantes o sopas frías sino también, irónicamente, para describir sopas y estofados calientes que provocan una sensación de alivio semejante. Igualmente, se puede hacer uso de 시원하다 para indicar la sensación de relajamiento que uno experimenta después de un masaje, de una sesión de sauna o de hacer ejercicio. Por otra parte, también se puede emplear 시원하다 para describir la sensación de alivio que se experimenta cuando uno logra resolver un problema que lo estaba estresando y se libera de ese peso. Por último, se puede utilizar 시원하다 también para describir a una persona que lejos de ser estirada y arrogante, resulta ser franca y de trato fácil.

• 느끼하다 grasiento

La gente a la que no le gusta la comida grasa suele expresar su desagrado usando 느끼하다 para describir un plato. No obstante, también podemos emplear 느끼하다 para en lugar de 싫다 para expresar nuestra desaprobación ante alguien que muestra un comportamiento inadecuado o dice algo inapropiado. Con este sentido de desagrado también es frecuente la utilización de 느끼하다 para expresar desagrado cuando algún hombre se dirige a una mujer con algún comentario inapropiado.

• 고소하다 sabroso

En principio, 고소하다 hace referencia a la agradable sensación que se experimenta al saborear algo con un sabor intenso como el del aceite de sésamo y la manteca de maní, pero también se puede emplear para indicar el deleite que uno puede experimentar cuando le sucede algo malo a alguien que no nos agrada mucho. Por ejemplo, podemos utilizar de 고소하다 en lugar de 기분 좋다 para expresar la perversa satisfacción que podríamos experimentar al presenciar como un superior amonesta por eludir sus obligaciones laborales a un compañero de trabajo que nos cae mal por su arrogancia.

Capítulo **06**

공공 규칙

Normas cívicas

Objetivos
- pedir permiso
- hablar sobre normas
- describir objetos detalladamente
- preguntar y responder sobre el alojamiento
- preguntar y responder sobre las normas de la empresa
- hablar sobre el comportamiento apropiado en una empresa
- reaccionar a lo que otro diga

Gramática

❶ -아/어도 되다 "se puede", "está permitido"
-아/어야 되다 "deber", "hay que"

❷ -아/어 있다 "estar + participio"
-든지 "o"

❸ -(으)면 안 되다 "no poder", "no haber de"
-네요 expresión para expresar y confirmar opiniones

Gramática 1

-아/어도 되다 "se puede", "está permitido"

Anexo P. 269 C.C P. 302

A 잠깐 들어가도 돼요?
¿Puedo pasar un momento?

B 네, 들어오세요.
Sí, pase.

La estructura -아/어도 되다 se emplea cuando se pide o concede deseo para llevar a cabo una acción, así como para preguntar o indicar si algo está permitido. Esta estructura se añade a la raíz de los verbos. Cuando se da permiso, también se puede usar la forma imperativa -(으)세요. Es frecuente también el empleo de -아/어도 되다 para expresar normas de urbanidad o normas socioculturales. En estos casos, la estructura -아/어도 되다 se añade a las raíces de los verbos y los adjetivos, así como a 이다.

- A 화장실 좀 써도 돼요? ¿Puedo hacer uso del cuarto de baño?
  B 네, 그러세요. Sí, adelante.
- 회의는 끝났으니까 일찍 퇴근해도 돼요. Como la reunión ya ha terminado, podemos salir antes de la oficina.
- 녹차 물은 그렇게 뜨겁지 않아도 돼요. El agua para el té verde no tiene que estar tan caliente.

-아/어야 되다 "deber", "hay que"

Anexo P. 270 C.C P. 302

A 카드로 계산해도 돼요?
¿Puedo pagar con tarjeta?

B 아니요, 현금으로 계산해야 돼요.
No, hay que pagar en efectivo.

La estructura -아/어야 되다 se emplea para indicar una obligación o la necesidad de llevar a cabo algo. Esta estructura se añade a las raíces de los verbos y los adjetivos, así como a 이다. Es posible sustituir el verbo 되다 de -아/어야 되다 por 하다. Para formar el pasado, se debe insertar el infijo -았/었- en los verbos 되다 y 하다, dando como resultado -아/어야 됐다 o -아/어야 했다 respectivamente.

- 한국에서는 신발을 벗고 집에 들어가야 돼요. En Corea, debemos entrar en las casas descalzos.
- 산에 가고 싶으면 지도가 꼭 있어야 해요. Si quieres ir a la montaña, debes conseguir sin falta un plano.
- 어제는 늦게까지 회사에서 일해야 했어요. Ayer tuve que trabajar en la empresa hasta tarde.

▸ Clave de respuestas P. 315

1 그림을 보고 '-아/어도 되다'를 사용하여 대화를 완성하세요.

(1)

A 화장실 좀 ____________ 돼요?

B 저쪽이에요, 쓰세요.

(2)

A 자리에 ____________ 돼요?

B 물론이죠, 앉으세요.

(3)

A 사진 좀 ____________ 돼요?

B 그러세요, 보세요.

(4)

A 이 옷을 ____________ 돼요?

B 그럼요, 입어 보세요.

2 다음에서 알맞은 것을 골라서 '-아/어야 되다'를 사용하여 문장을 완성하세요.

줄이다	맡기다	모으다	지키다

(1) 여행 가고 싶으면 돈을 ____________ 돼요.

(2) 친구하고 비밀을 말하지 않기로 약속했으니까 비밀을 ____________ 해요.

(3) 살을 빼고 싶으면 매일 30분씩 운동하고 음식을 ____________ 돼요.

(4) 컴퓨터가 고장 났는데 혼자 고칠 수 없어요. 서비스 센터에 컴퓨터를 ____________ 돼요.

3 알맞은 것을 고르세요.

(1) 식당에서 밥 먹은 후 아직 돈을 안 냈어요. 집에 가기 전에 꼭

ⓐ 돈을 내도 돼요.
ⓑ 돈을 내야 돼요.

(2) 많이 바쁘면 저는 다른 사람하고 갈게요.

ⓐ 같이 안 가도 돼요.
ⓑ 같이 안 가야 돼요.

(3) 이건 중요한 얘기예요. 그러니까 엄마한테 반드시

ⓐ 얘기해도 돼요.
ⓑ 얘기해야 돼요.

(4) 아까 사무실 전화번호를 몰랐기 때문에 전화했는데 지금 알아요.

ⓐ 저한테 전화 안 해도 돼요.
ⓑ 저한테 전화 안 해야 돼요.

Conversación ❶

pista **16**

유키 저기요, 뭐 좀 물어봐도 돼요?
직원 네, 말씀하세요.
유키 저 컴퓨터 좀 써도 돼요?
직원 쓰세요.
유키 이용료를 내야 돼요?
직원 아니요, 학생증이 있으면 무료예요.
유키 네. 아, 잠깐만요. 하나만 더 물어볼게요. 컴퓨터실이 몇 시에 문을 닫아요?
직원 평일에는 저녁 7시에 문을 닫아요.
유키 그럼, 주말에는요?
직원 토요일에는 오후 3시에 문을 닫고 일요일에는 문을 안 열어요.
유키 네, 여기 와이파이도 되죠?
직원 그럼요, 되죠.
유키 비밀번호가 뭐예요?
직원 이 비밀번호를 입력하면 돼요.
유키 감사합니다.

Yuki Disculpe. ¿Le puedo hacer una pregunta?
empleado Claro, dígame.
Yuki ¿Puedo usar aquella computadora?
empleado (Sí), úsela.
Yuki ¿Hay que pagar por usarla? (lit. ¿Hay que pagar alguna tarifa de utilización?)
empleado No, si tiene su carné de estudiante, es gratis.
Yuki De acuerdo. Ah, un momento, permítame que le haga una pregunta más. ¿A qué hora cierra la sala de computadoras?
empleado Entresemana cerramos a las siete de la tarde.
Yuki ¿Y los fines de semana?
empleado Los sábados cerramos a las tres de la tarde y los domingos no abrimos.
Yuki Es posible conectarse al wifi aquí, ¿verdad?
empleado Por supuesto que es posible.
Yuki ¿Cuál es la contraseña?
empleado Puede usar esta contraseña.
Yuki Muchas gracias.

Nuevo vocabulario ▸P. 328

말씀하다 | 이용료 | 내다 | 학생증 | 무료 | 평일 | 비밀번호 | 입력하다

Nuevas expresiones ▸P. 328

- 뭐 좀 물어봐도 돼요?
- 말씀하세요.
- 하나만 더 물어볼게요.

Notas

1 Las formas honoríficas 말씀하시다 y 말씀드리다

El verbo 말씀하시다 significa "hablar" y se emplea en lugar de 말하다 para mostrar respeto hacia la persona que es el sujeto de la frase. En esta conversación, el empleado emplea el verbo 말씀하시다 para mostrarle respeto a Yuki. Por el contrario, si se quiere mostrar respeto hacia la persona que es el complemento indirecto de la frase (la persona con la que se habla), se hace uso de 말씀드리다.

- 곧 사장님께서 **말씀하시겠습니다.**
  El presidente (de la empresa) va a hablar en breve.
- 제가 사장님께 **말씀드리겠습니다.**
  Yo hablaré con el presidente (de la empresa).

2 Los dos usos de 그럼

En esta conversación, vemos usar 그럼 con dos valores muy diferentes. El primero es el uso coloquial de 그럼요 con el que se expresa que algo que se ha dicho, está permitido o es correcto. El segundo eso es una contracción de 그러면 y se emplea para presentar más información relacionada con el tema, equivaliendo en español a "entonces" o "en ese caso".

- **그럼요**, 제가 정말 좋아하죠. Claro que me gusta.
- 피곤해요? **그럼**, 집에서 쉬세요.
  ¿Estás cansado? En ese caso, descansa en casa.

1 Periodos aproximados de tiempo

1. 한 달 un mes

한 달
1일 — 15일 — 30일
9월 초 comienzos de septiembre
9월 중순 mediados de septiembre
9월 말 finales de septiembre

2. 1년 un año

1년
1월 — 12월
상반기 primera mitad (del año)
하반기 segunda mitad (del año)
내년 초 principios del próximo año
내년 말 finales del próximo año

3. 10년 diez años [una década]

10년
1970년 — 1980년
1970년 초반 principios de la década de los 70
1970년 중반 mediados de la década de los 70
1970년 후반 finales de la década de los 70

4. 100년 cien años [un siglo]

100년
1701년 — 1800년
18세기 초반 principios del siglo XVIII
18세기 중반 mediados del siglo XVIII
18세기 후반 finales del siglo XVIII

- 세금은 보통 **월말**에 내요. Los impuestos se pagan normalmente a final de mes.
- **내년 초**에는 새 차를 사려고 해요. Voy a comprar un nuevo auto a comienzos del próximo año.
- **1970년대 중반**에 이 노래가 유행했어요. Esta canción estuvo de moda a mediados de la década de los 70.
- 이 건물은 **18세기 후반**에 만들어졌어요. Este edificio se construyó en la segunda mitad del siglo XVIII.

2 Fechas

1. 일 día (del mes)

3박 4일 tres noches, cuatro días
- 첫날 el primer día
- 둘째 날 (= 그다음 날) el segundo día (=el siguiente día)
- 셋째 날 el tercer día
- 넷째 날 (= 마지막 날) el cuarto día (=el último día)

2. 주 semana

한 달 un mes
- 첫째 주 la primera semana
- 둘째 주 la segunda semana
- 셋째 주 la tercera semana
- 넷째 주 (= 마지막 주) la cuarta semana (=la última semana)

- 입학 **첫날**에 긴장되기도 하고 설레기도 했어요. El primer día de escuela estaba tanto nervioso como entusiasmado.
- 매월 **첫째 주**와 **셋째 주** 일요일에 쉽니다. Descansamos los domingos de la primera y la tercera semana de cada mes.

3 Cómo leer periodos de tiempo

- 2~3일: 이삼 일
  de dos a tres días
- 2~5일: 이 일에서 오 일까지
  del (día) 2 al (día) 5
- 2일~15일: 이 일부터 십오 일까지
  del (día) 2 al (día) 15

- 이번 조사는 **3~4일(삼사 일)** 걸릴 거예요.
  Esta investigación llevará de tres a cuatro días.
- 시간이 **3~5일(삼 일에서 오 일)** 정도 더 필요해요.
  Necesito de tres a cinco días más de tiempo.
- 신청 기간은**15일~30일(십오 일부터 삼십 일까지)**예요.
  El periodo de solicitud es del (día) 15 al (día) 30.

4 Acortamientos de los días de la semana

- 매주 **화**, **목**은 3시에 수업이 끝나요.
  Los martes y los jueves termino las clases a las tres.
- **월**, **화** 드라마는 10시에 시작해요.
  La teleserie de los lunes y martes empieza a las diez.

Expresiones esenciales
- 언제까지 해야 돼요?
  ¿Para cuándo hay que hacerlo?
- 시간이 얼마나 더 필요해요?
  ¿Cuánto tiempo más necesitas?

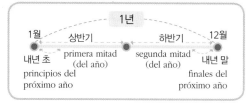

Gramática 2

-아/어 있다 "estar + participio"

Anexo P. 269 C.C P. 303

A 집에 불이 켜져 있어요.
Hay una luz encendida en la casa.

B 이상해요. 아까 불을 껐지요?
Es extraño. La apagaste hace un rato, ¿verdad?

Con –아/어 있다 se expresa la situación resultante de la realización de una determinada acción. Se añade a las raíces verbales. Para indicar que no se da una situación, se ha de usar la forma negativa que se construye añadiendo –지 않다 al verbo 있다: –아/어 있지 않다. En el caso de hablar de un estado pasado, se usa el verbo 있다 con el infijo al verbo –았/었–, dando como resultado la terminación –아/어 있었다.

- 가방 안에 지갑하고 책이 들어 있어요. Dentro del bolso hay una billetera y un libro.
- 책에 이름이 쓰여 있지 않아요. El libro no tiene ningún nombre escrito.
- 조금 전에는 바닥에 아무것도 떨어져 있지 않았어요. Hace un momento no había nada tirado en el suelo.

-든지 "o"

C.C P. 298

A 서류는 어떻게 내야 돼요?
¿Cómo hay que entregar los documentos?

B 서류는 회사에 직접 내든지 우편으로 보내든지 하세요.
Los documentos los puede entregar directamente en la empresa o los puedes enviar por correo postal.

Se emplea –든지 para presentar dos opciones colocándolo entre ellas. Se añade a las raíces de los verbos y los adjetivos, así como a 이다. Es compatible con el infijo de pasado –았/었–. También es posible usar solo –든 omitiendo –지. Se puede sustituir –든지 por –거나, pues son intercambiables en la mayoría de los casos. Cuando se expresa la opción de hacer algo o no hacerlo, se usa –든지 말든지. Cuando se usa –든지 con interrogativos tales como 무엇, 누구, 언제 y 어디, se indica que no importa cuál sea la opción, por lo que equivaldría al español "cualquiera".

- 남자든지 여자든지 상관없으니까 누구든지 오세요. Que venga quien sea, no importa que sea hombre o mujer.
- 미리 얘기했든 안 했든 지금 상황은 바뀌지 않아요. Que te lo haya dicho o no, no cambia la situación.
- 표를 이미 예약했으니까 가든지 말든지 마음대로 하세요.
  Yo ya he reservado las entradas, pero usted vaya o no vaya; haga lo que quiera.
- 무엇을 먹든지 아무거나 잘 먹어요. Yo como de todo, sea lo que sea.

1 그림을 보고 알맞은 것을 고르세요.

(1)

ⓐ 의자에 남자가 앉고 있어요.
ⓑ 의자에 남자가 앉아 있어요.

(2)

ⓐ 공책에 글을 쓰고 있어요.
ⓑ 공책에 글이 쓰여 있어요.

(3)

ⓐ 조금 전에 책상 위에 노트북이 놓여 있어요.
ⓑ 조금 전에 책상 위에 노트북이 놓여 있었어요.

(4)

ⓐ 바지 주머니에 아무것도 들어 없어요.
ⓑ 바지 주머니에 아무것도 들어 있지 않아요.

2 보기 와 같이 '–든지'를 사용하여 알맞게 바꿔 쓰세요.

보기
| ✓ 매일 mp3로 듣기 연습해요. |
| □ 한국 텔레비전을 많이 봐요. |
| ✓ 한국 친구를 사귀어요. |

➡

A 한국어 듣기는 어떻게 하면 잘해요?
B <u>매일 mp3로 듣기 연습하</u> 든지
 <u>한국 친구를 사귀</u> 든지 하면 돼요.

(1)
| ✓ 인터넷으로 사요. |
| ✓ 여행사에 전화해요. |
| □ 가족에게 부탁해요. |

➡

A 이번 여행 비행기 표는 어떻게 살 거예요?
B ＿＿＿＿＿＿＿＿＿ 든지
 ＿＿＿＿＿＿＿＿＿ 든지 할 거예요.

(2)
| □ 영화관에서 영화를 봐요. |
| ✓ 공원에서 산책해요. |
| ✓ 맛있는 음식을 먹어요. |

➡

A 주말에 뭐 하고 싶어요?
B ＿＿＿＿＿＿＿＿＿ 든지
 ＿＿＿＿＿＿＿＿＿ 든지 하고 싶어요.

(3)
| ✓ 택시를 타요. |
| ✓ 한국 사람에게 길을 물어봐요. |
| □ 한국 친구에게 전화해요. |

➡

A 길을 잃어버리면 어떻게 해요?
B ＿＿＿＿＿＿＿＿＿ 든지
 ＿＿＿＿＿＿＿＿＿ 든지 해요.

Conversación 2

pista 17

맥스 저, 이거 가져가도 돼요?

직원 물론이죠, 가져가세요.

맥스 지도도 있어요?

직원 여기 있어요.

맥스 여기에 숙박 시설도 나와 있어요?

직원 네, 어떤 숙박 시설을 찾으세요?

맥스 비싸지 않고 조용한 곳을 찾고 있어요.

직원 저기 탁자 위에 여러 가지 안내 책자가 놓여 있지요? 거기에 다양한 숙박 시설과 연락처가 나와 있어요.

맥스 여기에서 숙박 시설을 예약할 수 있어요?

직원 아니요, 여기에서는 예약이 안 돼요. 인터넷으로 예약하든지 직접 전화해서 물어보세요.

맥스 그럼, 여기에서 인터넷을 써도 돼요?

직원 그럼요, 이 컴퓨터를 쓰세요. 숙박 시설의 홈페이지에 들어가면 더 자세한 정보가 다양한 언어로 나와 있어요.

Max Disculpe, ¿puedo llevarme esto?

empleada Por supuesto. Lléveselo.

Max ¿Tienen también algún plano?

empleada Aquí está.

Max ¿Hay también (información sobre) alojamiento?

empleada Sí, ¿qué clase de alojamiento busca?

Max Estoy buscando un lugar que no sea caro pero que sea tranquilo.

empleada Encima de aquella mesa hay varios folletos informativos. Ahí sale (publicada información sobre) todo tipo de alojamientos, así como los datos de contacto.

Max ¿Se pueden hacer las reservas aquí?

empleada No, no se pueden hacer las reservas aquí. Puede hacer su reserva por Internet, o bien puede hacerlo directamente por teléfono.

Max En ese caso, ¿podría conectarme a Internet aquí?

empleada Por supuesto, utilice esta computadora. Si entra a la página web de los alojamientos, encontrará (lit. está puesta) información más detallada en diferentes idiomas.

Nuevo vocabulario ▸P. 328

가져가다 | 물론 | 지도 | 숙박 시설 | 조용하다 | 곳 | 탁자 | 안내 책자 | 놓이다 | 예약하다 | 자세하다 | 정보

Nuevas expresiones ▸P. 328

- 이거 가져가도 돼요?
- 물론이죠.
- 더 자세한 정보가 나와 있어요.

Notas

1 Los múltiples usos de 되다

El verbo 되다 tiene varios usos. En primer lugar, se emplea para la forma intransitiva o pasiva de ciertos verbos colocándose después de un sustantivo como, por ejemplo, en 시작되다 "empezar", "ser empezado" o 취소되다 "cancelar(se)", "ser cancelado". También se usa el verbo 되다 con aparatos o servicios con el significado de "funcionar". La forma negativa 안 되다 significa tanto "no funcionar", al hablar de aparatos o servicios, como "no ser posible" o "no estar permitido" al hablar de prohibiciones o restricciones.

- 오늘 배달 **돼요**? ¿Se puede pedir comida a domicilio hoy?
- 어제부터 컴퓨터가 **안 돼요**.
  La computadora no funciona desde ayer.

2 Diferencia entre 저기(allí) y 거기(ahí)

La principal diferencia entre 저기 y 거기 radica en que mientras que el primero se suele emplear para señalar algo que se puede ver, el segundo normalmente se utiliza para señalar algo que está fuera del campo de visión.

- 내일 수업 후에 **저기**에서 만나요.
  Mañana nos vemos allí después de clase.
- 내일 콘서트가 있는데 **거기**에 가고 싶어요.
  Mañana hay un concierto, así que quiero ir ahí.

❶ Cómo expresar acciones y estados

1. ⓐ ⓑ

ⓐ 남자가 가고 있어요.
El hombre está yendo [allí].

ⓑ 남자가 가 있어요.
El hombre está [allí].

2. ⓐ ⓑ

ⓐ 여자가 창문을 닫고 있어요.
La mujer está cerrando la ventana.

ⓑ 창문이 닫혀 있어요.
La ventana está cerrada.

3. ⓐ ⓑ

ⓐ 그 사람이 이름을 쓰고 있어요.
Esa persona está escribiendo el nombre.

ⓑ 이름이 쓰여 있어요.
El nombre está escrito.

4.

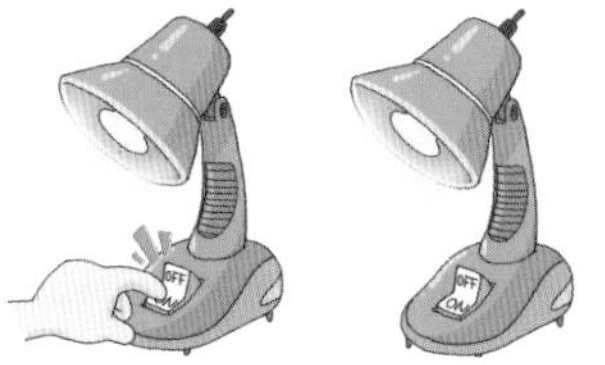

ⓐ 그 사람이 불을 켜고 있어요.
Esa persona está encendiendo la luz.

ⓑ 불이 켜져 있어요.
La luz está encendida.

5.

ⓐ 그 사람이 불을 끄고 있어요.
Esa persona está apagando la luz.

ⓑ 불이 꺼져 있어요.
La luz está apagada.

6.

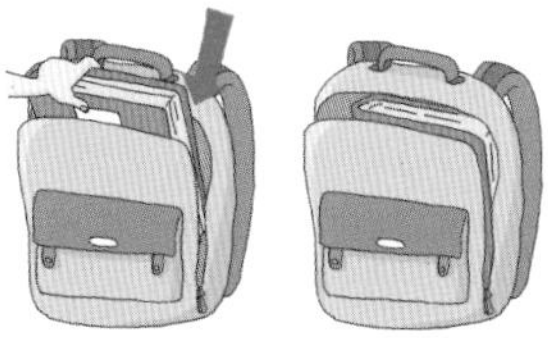

ⓐ 그 사람이 책을 넣고 있어요.
Esa persona está metiendo el libro [en la mochila].

ⓑ 책이 들어 있어요.
El libro está [en la mochila].

7.

ⓐ 그 사람이 컵을 놓고 있어요.
Esa persona está poniendo la taza [en la mesa].

ⓑ 컵이 놓여 있어요.
La taza está [en la mesa].

8.

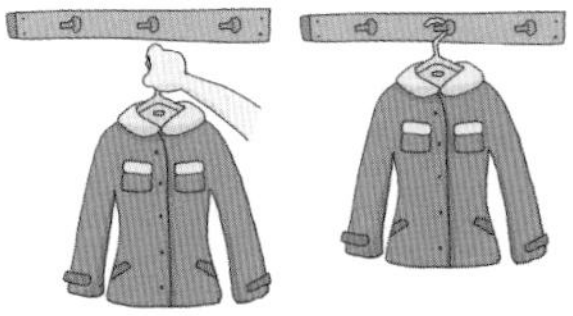

ⓐ 그 사람이 옷을 걸고 있어요.
Esa persona está colgando la ropa.

ⓑ 옷이 걸려 있어요.
La ropa está colgada.

9.

ⓐ 그 사람이 전화번호를 저장하고 있어요.
Ese hombre está guardando el número de teléfono.

ⓑ 전화번호가 저장되어 있어요.
El número de teléfono está guardado.

❷ Describir estados

- 남자가 와 있어요. El hombre está aquí./El hombre ha venido.
- 얼굴이 그려져 있어요. Hay una cara dibujada.
- 이름표가 달려 있어요. La placa identificativa está puesta. (lit. colgada)
- 종이가 벽에 붙어 있어요. El papel está pegado a la pared.
- 종이가 떼어져 있어요. El papel está despegado.
- 지갑이 떨어져 있어요. Hay una billetera tirada [en el suelo].
- 스마트폰이 물에 빠져 있어요. Hay un teléfono inteligente (sumergido) en el agua./El teléfono se ha caído al agua.
- 연필이 부러져 있어요. El lápiz está roto.
- 창문이 깨져 있어요. La ventana está rota.
- 표가 찢어져 있어요. El boleto está roto.
- 종이가 구겨져 있어요. El papel está arrugado.

Expresiones esenciales

- 어떤 상태예요?
  ¿En qué estado se encuentra?
- 어떻게 되어 있어요?
  ¿Cómo está?

Gramática 3

-(으)면 안 되다 "no poder", "no haber de"

C.C P. 305

A 여기에서는 사진을 찍으면 안 됩니다.
Aquí no se pueden sacar fotos.

B 죄송합니다. 몰랐어요.
Lo siento. No lo sabía.

La estructura –(으)면 안 되다 se emplea para expresar que la realización de una determinada acción está prohibida o restringida. Se añade a las raíces de los verbos y los adjetivos, así como a 이다. El infijo de pasado –았/었– se coloca en el verbo 되다, dando como resultado la terminación –(으)면 안 되었다. El uso de la estructura –(으)면 안 되다 con una forma negativa da lugar a –지 않으면 안 되다, la cual es una manera de indicar de manera enfática una determinada obligación.

- 위험하니까 운전하면서 전화하면 안 돼요. No debes hablar por teléfono mientras conduces porque es peligroso.
- 환자니까 음식이 짜면 안 돼요. Al estar convaleciente, no debes comer comida salada.
- 남자면 안 돼요. 여자 직원이 필요해요. No debe ser un varón. Necesitamos una empleada que sea mujer.
- 시험 때 신분증이 없으면 안 돼요. (= 신분증이 꼭 있어야 돼요.)
  En el examen, es inadmisible que no se tenga ningún documento de identidad. (=Hay que llevar un documento de identidad sin falta.)

-네요 expresión para expresar y confirmar opiniones

C.C P. 301

A 와이파이가 잘 돼요?
¿Funciona bien el wifi?

B 네, 진짜 빠르네요.
Sí, va muy rápido.

Se emplea –네요 para indicar la sorpresa que experimenta al hablante al darse cuenta de un hecho que él mismo ha podido comprobar. Se usa especialmente cuando se dirige una a su interlocutor buscando su confirmación sobre dicho hecho. Se añade a las raíces de los verbos y los adjetivos, así como a 이다 cuando se habla de hechos presentes. Para hablar de hechos pasados se le añade al infijo de pasado –았/었–, dando lugar a –았/었네요.

- 외국인인데 한국어를 잘하시네요. Es extranjero pero habla coreano muy bien.
- 벌써 7시네요. 퇴근할까요? Ya son las siete. ¿Nos vamos a casa? (lit. ¿Salimos del trabajo?)
- 오늘 멋지게 옷을 입었네요. 어디 가세요? Hoy se ha puesto ropa muy elegante. ¿Adónde va?

▸ Clave de respuestas P. 315

1 다음에서 알맞은 것을 골라서 '-(으)면 안 되다'를 사용하여 문장을 완성하세요.

늦게 오다 예약을 미루다 담배를 피우다 음악을 틀다

(1) 여기는 금연 구역이니까 여기에서 ______________________.

(2) 7시 정각에 출발하니까 이번에도 ______________________.

(3) 옆집에 방해가 되니까 밤늦게 큰 소리로 ______________________.

(4) 표가 몇 장 안 남았으니까 ______________________.

2 다음 말에 알맞은 말을 연결하세요.

(1) 예의가 아니니까 •	• ⓐ 실수하면 안 돼요.
(2) 그날 전부 만나기로 했으니까 •	• ⓑ 너무 빨리 말하면 안 돼요.
(3) 건강을 생각해야 하니까 •	• ⓒ 이제부터 술을 마시면 안 돼요.
(4) 한국어를 잘 못하니까 •	• ⓓ 고춧가루를 넣으면 안 돼요.
(5) 매운 것을 잘 못 먹으니까 •	• ⓔ 어른 앞에서 담배를 피우면 안 돼요.
(6) 이번 발표는 아주 중요하니까 •	• ⓕ 다른 약속을 잡으면 안 돼요.

3 알맞은 것을 고르세요.

(1) A 제 친구는 혼자 삼겹살 10인분을 먹어요.
B ⓐ 진짜 많이 먹네요.
ⓑ 삼겹살이 맛있네요.

(2) A 집에서 회사까지 5분밖에 안 걸려요.
B ⓐ 정말 가깝네요.
ⓑ 늦게 출발하네요.

(3) A 도서관이 3시에 문을 닫아요.
B ⓐ 일찍 닫네요.
ⓑ 책을 못 찾네요.

(4) A 지난주에 밤 12시까지 일했어요.
B ⓐ 힘드네요.
ⓑ 늦게까지 일했네요.

(5) A 어제 지갑을 잃어버렸어요.
B ⓐ 속상하시겠네요.
ⓑ 지갑을 찾았네요.

(6) A 드디어 운전 면허증을 땄어요.
B ⓐ 축하하네요.
ⓑ 차를 사야겠네요.

Conversación 3

pista 18

리나 회사에 잘 다니고 있어요?
웨이 네, 회사 생활에 잘 적응하고 있어요.
리나 그런데 오늘은 정장을 안 입었네요. 회사에 안 갔어요?
웨이 갔다 왔어요. 그런데 우리 회사에서는 정장을 안 입어도 돼요.
리나 그래요? 회사 분위기가 자유롭네요.
웨이 네, 그런 편이에요. 특히 복장은 엄격하지 않아요.
리나 주중에도 청바지 같은 편한 옷을 입고 출근해도 돼요?
웨이 네, 마음대로 입어도 돼요.
하지만 회의 때에는 꼭 정장을 입어야 돼요.
리나 출퇴근 시간은 어때요?
웨이 정해진 시간은 없고 하루에 8시간 일하면 돼요.
리나 한국 회사는 회식도 자주 하는데, 회식에 빠져도 돼요?
웨이 회식에 빠지면 안 돼요. 하지만 술을 싫어하면 안 마셔도 돼요.
리나 좋네요. 자주 회식해요?
웨이 가끔 회식하는데, 회식 때 동료들과 얘기할 수 있어서 좋아요.

Rina ¿Va todo bien por la empresa?
Wei Sí, me estoy adaptando bien a la vida laboral de allí.
Rina Pero hoy no llevas traje. ¿No has ido a la empresa?
Wei He ido pero ya he vuelto. Pero en nuestra empresa no es obligatorio llevar traje.
Rina ¿En serio? ¡Menudo ambiente tan relajado!
Wei Sí, así es. Especialmente en cuanto a la indumentaria, no son quisquillosos.
Rina ¿Está permitido ir a trabajar durante la semana con ropa tan cómoda como unos pantalones vaqueros?
Wei Sí, uno puede vestirse como quiera. No obstante, en las reuniones, tenemos que llevar traje sin falta.
Rina ¿Y qué tal el horario?
Wei No tenemos un horario fijo y basta con que trabajemos ocho horas al día.
Rina En las empresas coreanas hay con bastante frecuencia comidas de empresa. ¿Puedes faltar a ellas?
Wei No, no podemos faltar a las comidas de empresa, pero si a uno no le gusta tomar alcohol, no necesita beber.
Rina ¡Qué bien! ¿Tienes comidas de empresa a menudo?
Wei Tenemos comidas de empresa de vez en cuando, pero es algo bueno porque podemos hablar con los colegas.

Nuevo vocabulario ▸P. 329

다니다 | 적응하다 | 정장 | 갔다 오다 | 자유롭다 | 특히 | 엄격하다 | 출근하다 | 마음대로 | 꼭 | 정해진 시간 | 회식 | 빠지다 | 싫어하다 | 동료

Nuevas expresiones ▸P. 329

- (sustantivo)에 잘 적응하고 있어요.
- 그런 편이에요.
- 마음대로 입어도 돼요.

Notas

1 El uso del infijo de pasado –았/었– para indicar la ropa que se lleva en el presente

Para indicar la ropa que lleva alguien, se puede usar el verbo 입다 usando la forma de pasado –았/었– como la forma continua –고 있다. La forma 입고 있다 se podría traducir por "llevar (puesto)", mientras que 입었다 sería equivalente a "haberse puesto".

- 민수는 지금 운동화를 **신고 있어요 (= 신었어요).**
  Minsu ahora lleva puestas (=se ha puesto) unas deportivas.
  ≠민수는 지금 운동화를 **신어요.**
  Minsu lleva ahora unas deportivas.

2 La partícula 대로

Se añade 대로 a sustantivos como 사실(verdad, hechos), 약속 (promesa), 마음 (corazón, voluntad), 규칙 (norma) o 법 (ley) para señalar que ese sustantivo constituye la justificación o explicación de una determinada acción. Cuando sigue a sustantivos como 예상 (expectativa), 생각 (pensamiento) o 계획 (plan), indica que una acción se desarrolla tal y como se espera.

- 약속**대로** 제가 도와줄게요.
  Tal y como te prometí, te ayudaré.
- 예상**대로** 제주도는 정말 아름다웠어요.
  Tal y como imaginamos, la isla de Jeju era muy hermosa.

1 Búsqueda de trabajo

- 일자리를 찾다 buscar un puesto de trabajo
- 원서를 내다 entregar una solicitud
- 면접을 보다 hacer una entrevista de trabajo
- 취직하다 conseguir (un puesto de) trabajo

- 요즘 **일자리를 찾고** 있지만 **취직하기** 너무 어려워요.
  Estos días estoy buscando trabajo pero encontrarlo es tan difícil.
- 제 친구는 **원서**를 60번이나 냈지만 3번만 **면접**을 봤어요.
  Un amigo mío ha solicitado trabajo en sesenta ocasiones pero solo ha hecho tres entrevistas de trabajo.

2 Vocablos provenientes de caracteres chinos relacionados con el trabajo

근 (trabajar)

- 출근하다 ir a trabajar
- 퇴근하다 terminar de trabajar
- 야근하다 hacer horas extras en el trabajo
- 결근하다 ausentarse del trabajo
- 근무하다 estar en el trabajo, estar trabajando
- 교대 근무하다 trabajar en turnos
- 재택근무하다 trabajar desde casa

직 (empleo, puesto de trabajo)

- 취직하다 encontrar (un puesto de) trabajo
- 휴직하다 estar de permiso, estar de baja
- 퇴직하다 dejar de trabajar (por jubilación, por despido, por dimisión, etc.)
- 이직하다 cambiar de trabajo

3 Vocabulario de uso frecuente en entornos laborales

Reuniones

- 회의하다 tener una reunión
- 회식하다 tener una comida de empresa

Papeleo

- 작성하다 redactar
- 발표하다 hacer una presentación
- 보고하다 hacer un informe
- 결재를 받다 conseguir el visto bueno

Obligaciones

- 일을 맡기다 asignar/encargar un trabajo
- 일을 맡다 encargarse de un trabajo
- (인사/재무/영업/홍보)을/를 담당하다
  ser responsable de (recursos humanos, finanzas, ventas, publicidad)

Desarrollo del trabajo

- 일이 잘되다 el trabajo va bien
- 일이 안되다 el trabajo no va/sale bien

Expresiones con el verbo 가다

- 휴가 가다 ir de vacaciones
- 출장 가다 ir de viaje de negocios
- 연수 가다 ir a entrenar/practicar

Acontecimientos positivos

- 월급을 받다 recibir el sueldo
- 월급이 오르다 conseguir un aumento de sueldo
- 승진하다 conseguir un ascenso

Acontecimientos negativos

- 일을 그만두다 dimitir, dejar el trabajo
- 해고되다 ser despedido
- 파업하다 hacer huelga

- 이번에는 꼭 **승진해서 월급이 올랐으면** 좋겠어요. ¡Ojalá esta vez por fin consiga un ascenso y me suban el sueldo!
- 사업하고 싶어서 **일을 그만두고** 가게를 차렸어요.
  Como quería montar un negocio, dejé mi trabajo y abrí una tienda.
- 부장님이 이번 프로젝트를 저에게 **일을 맡겨서** 어제부터 제가 **맡게** 됐어요.
  Me encargo de este proyecto desde ayer porque el director me lo asignó a mí.
- 일을 잘하면 회사에서 인정받을 수 있을 거예요. **일이 잘되었으면** 좋겠어요.
  Si haces bien tu trabajo, podrás conseguir buena reputación.
  Espero que te vaya bien en el trabajo.

Expresiones esenciales

- 큰 차이가 있네요.
  Hay una gran diferencia, ¿verdad?
- 별 차이가 없네요.
  Apenas hay diferencia, ¿verdad?

¡Hablemos!

Estrategias comunicativas — **Comparar Corea con el país propio**

- 우리 나라는 한국**처럼** **Al igual que** Corea, (en) mi país...
- 우리 나라는 한국**과 비슷하게** **De manera parecida a** Corea, (en) mi país...
- 우리 나라는 한국**과 달리** **A diferencia de** Corea, (en) mi país...

1 한국 생활에서 필요한 정보는 어떻게 찾아요?
거기에 어떤 정보가 나와 있어요?

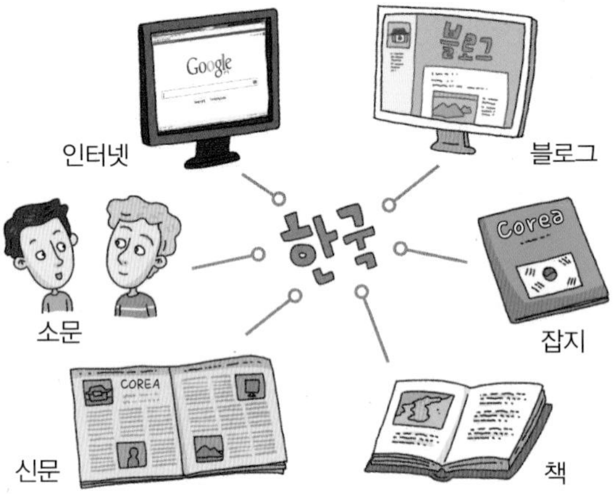

2 어떤 정보가 도움이 돼요?
어떤 정보가 도움이 안 돼요?

□ 날씨	□ 여행	□ 맛집	□ 뉴스
□ 대중문화	□ 문화	□ 쇼핑	□ 요리
□ 영화 리뷰	□ 길찾기	□ 패션	□ 역사

3 한국을 소개하는 웹사이트나 블로그를 만들 거예요. 한국에 대한 어떤 정보를 더 자세히 넣고 싶어요?
한국 생활에서 유용한 정보를 생각해 보세요.

좋은 점	안 좋은 점	신기한 점
1. ______	1. ______	1. ______
2. ______	2. ______	2. ______
3. ______	3. ______	3. ______

한국 지하철이 정말 싼데 깨끗하기도 해서 정말 좋아요. 게다가 지하철에서 무선 인터넷이 되니까 정말 편리해요.
한국은 우리 나라와 달리 서비스 센터의 서비스가 정말 빨라요. 서비스를 신청하면 그날이나 그다음 날에 결과가 나와요. 많이 기다리지 않아도 돼서 정말 편해요.
한국에서는 중국처럼 인터넷으로 할 수 있는 것이 많아서 좋아요. 또 인터넷이 빨라서 저는 인터넷으로 쇼핑도 하고 여러 가지 정보도 쉽게 찾아요. 인터넷을 못 하면 한국 생활이 불편할 거예요.
한국 택시는 일본 택시보다 요금이 훨씬 싸서 한국에서 자주 타요. 하지만 몇몇 아저씨가 택시 요금을 너무 비싸게 받아서 바가지를 썼어요.
AS 서비스

Nuevo vocabulario

도움이 되다 ser de ayuda | 유용하다 útil | 바가지를 쓰다 ser timado, que le cobren a uno de más | 훨씬 mucho más | 신청하다 solicitar

Red de palabras

Anexo P. 320

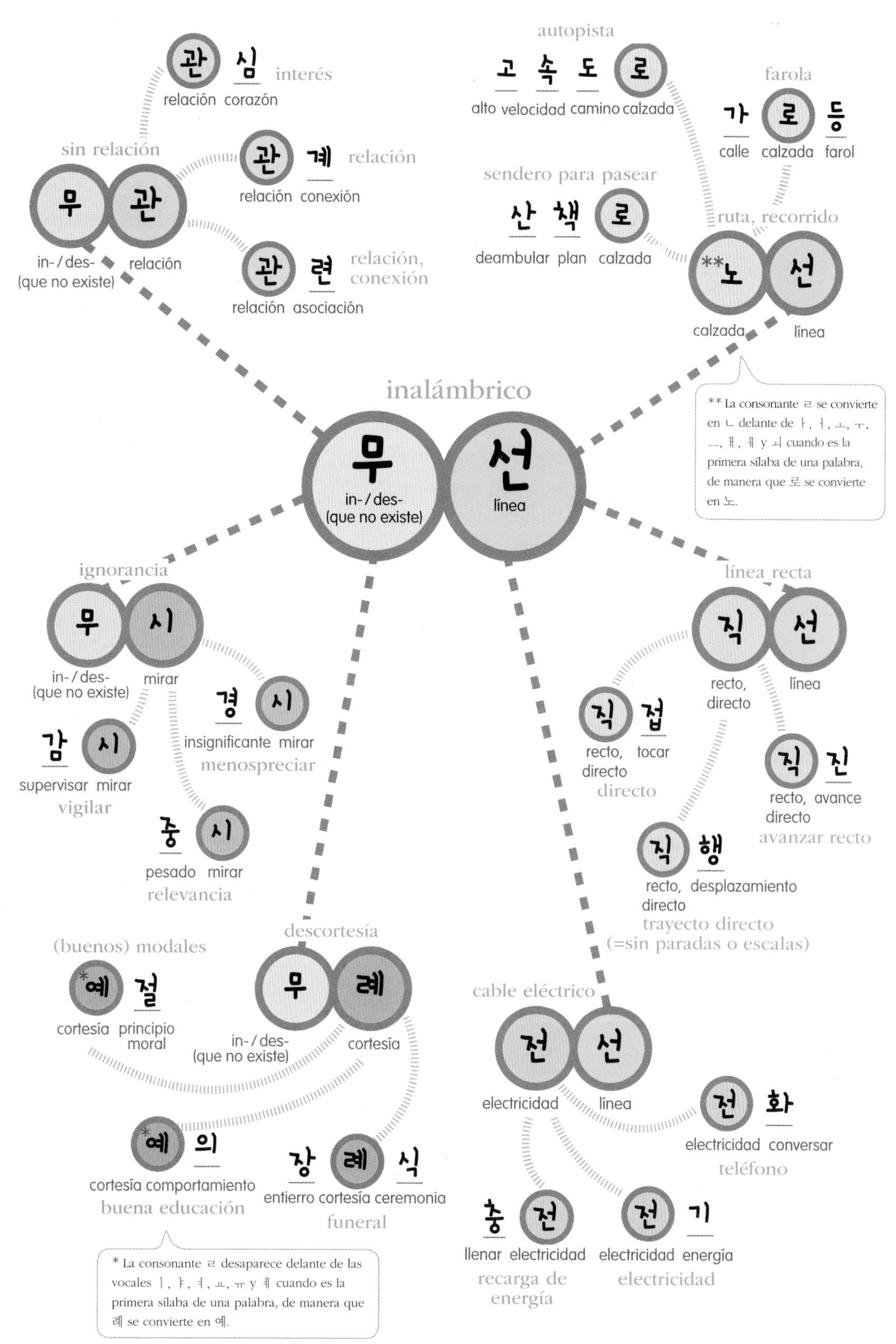
inalámbrico
무 선
in-/des- (que no existe)
línea
sin relación
무 관
in-/des- (que no existe)
relación
관 심 interés
relación corazón
관 계 relación
relación conexión
관 련 relación, conexión
relación asociación
autopista
고 속 도 로
alto velocidad camino calzada
farola
가 로 등
calle calzada farol
sendero para pasear
산 책 로
deambular plan calzada
ruta, recorrido
**노 선
calzada línea
** La consonante ㄹ se convierte en ㄴ delante de ㅏ, ㅓ, ㅗ, ㅜ, ㅡ, ㅐ, ㅔ y ㅚ cuando es la primera sílaba de una palabra, de manera que 로 se convierte en 노.
ignorancia
무 시
in-/des- (que no existe)
mirar
경 시
insignificante mirar
menospreciar
감 시
supervisar mirar
vigilar
중 시
pesado mirar
relevancia
línea recta
직 선
recto, directo
línea
직 접
recto, directo tocar
directo
직 진
recto, directo avance
avanzar recto
직 행
recto, directo desplazamiento
trayecto directo (=sin paradas o escalas)
descortesía
무 례
in-/des- (que no existe)
cortesía
(buenos) modales
*예 절
cortesía principio moral
*예 의
cortesía comportamiento
buena educación
장 례 식
entierro cortesía ceremonia
funeral
* La consonante ㄹ desaparece delante de las vocales ㅣ, ㅑ, ㅕ, ㅛ, ㅠ y ㅖ cuando es la primera sílaba de una palabra, de manera que 례 se convierte en 예.
cable eléctrico
전 선
electricidad línea
전 화
electricidad conversar
teléfono
충 전
llenar electricidad
recarga de energía
전 기
electricidad energía
electricidad

Algo de cultura

Particularidades de la cultura coreana

• 눈치가 없다
no poder leer la mente, no ser capaz de notar algo por el ambiente

El término 눈치 hace referencia a una habilidad social muy valorada en la sociedad coreana. 눈치 se refiere a la capacidad de una persona de dar cuenta de algo sin que se lo tengan que decir. A causa de que en Asia Oriental se ha considerado desde tiempos antiguos una virtud que las personas no hablen de sus sentimientos, se valora mucho tener 눈치 por ser una habilidad social muy útil. Si no se tiene 눈치, se corre el riesgo de la situacion que se vuelva incómoda. Como una persona sin 눈치 no puede leer la mente de sus superiores, probablemente serán muchos los problemas que esto ocasionen. La expresión 눈치가 빠른 (lit. ser de rápida perspicacia) se emplea para indicar que alguien se da cuenta rápidamente de lo que sucede sin necesidad de que le digan nada, por lo que experimentará menos dificultades en su vida.

• 눈치를 채다 presentir, notar

La expresión 눈치를 채다 hace referencia a la capacidad de una persona de presentir o darse cuenta de un hecho o una situación sin necesidad de que nadie le diga nada al respecto. El uso de 눈치가 빠르다 al describir a una persona, implica que se trata de alguien inmediatamente se da cuenta de las cosas y que, por lo tanto, es capaz de percibir sin dificultad qué sienten los demás a pesar de que intenten ocultarlo. Por el contrario, si se dice de alguien 눈치가 느리다, se está indicando que a esa persona no le resulta fácil darse cuenta de lo que está pasando, incluso cuando se le den pistas.

• 눈치를 보다 ver algo en el rostro de alguien

La expresión 눈치를 보다 hace referencia a la acción de intentar deducir cómo se siente alguien. Se trata de una forma pasiva que hace referencia a situaciones y temas sensibles. Por ejemplo, un hombre decidirá no salir a beber con unos amigos como tenía planeado al notar que su esposa está enojada. Es importante tener 눈치 pero las personas que tienen demasiado pueden excederse al intentar complacer a los demás olvidándose sí mismas, lo que puede percibirse como una actitud demasiado servil. La expresión 눈치를 준다 hace referencia a los mensajes que se pueden transmitir con la mirada sin necesidad de verbalizarlos.

Capítulo **07**

집

La casa

Objetivos
- hablar sobre las ventajas de una casa
- hablar sobre las desventajas de una casa
- hablar sobre buscar casa
- mostrar desacuerdo con una opinión
- explicar problemas domésticos
- justificar
- proponer soluciones

Gramática

❶ -기 쉽다/어렵다 "ser fácil/difícil (que/de)"
-게 되다 "resultar que", "al final"

❷ -기 때문에 "porque", "a causa de que"
-기는요 expresión para refutar una afirmación

❸ -거든요 expresión para justificar algo de manera enfática
-지 그래요? expresión para hacer sugerencias de manera cordial

Gramática ❶

-기 쉽다/어렵다 (좋다/나쁘다/힘들다/편하다/불편하다)

"ser fácil/difícil (que/de)" (ser bueno/malo/duro/conveniente/engorroso)

C.C P. 300

A 깨지기 쉬운 물건이니까 조심하세요.
Tenga cuidado porque son objetos que se pueden romper fácilmente. (lit. son fáciles de romper)

B 알겠습니다.
Entendido.

Esta estructura se construye añadiendo -기 a las raíces verbales, de manera que esta construcción se convierte en el sujeto de adjetivos como 쉽다 (fácil), 어렵다 (difícil), 좋다 (bueno), 나쁘다 (malo), 힘들다 (duro), 편하다 (conveniente) o 불편하다 (engorroso). De esta manera, se puede calificar una acción o un estado como fácil, difícil, buena, mala, etc. Esta estructura no es compatible con el infijo de pasado -았/었-. Por el contrario, sí es posible añadir desinencias como -가 o -도 a -기.

- 공원이 가깝고 교통도 편해서 살기 좋아요.
  Es un buen lugar para vivir porque está bien comunicado y hay un parque cerca.
- 초급 때 한국어 단어를 발음하기 어려웠어요.
  Cuando estaba en el nivel elemental, me resultaba difícil pronunciar las palabras coreanas.
- 5층까지 계단으로 올라가기가 힘들 거예요. Me va a costar subir hasta la quinta planta por las escaleras.

-게 되다 "resultar que", "al final"

C.C P. 299

A 왜 축구 경기를 보러 안 갔어요?
¿Por qué no has ido a ver el partido de fútbol?

B 비 때문에 못 가게 됐어요.
Al final resultó que no pude ir por la lluvia.

La estructura -게 되다 se usa para indicar que algo sucede más debido a factores externos que a la intención del hablante. Esta estructura se añade a las raíces de verbos y adjetivos. Si la acción ya ha tenido lugar, se emplea la forma -게 됐다.

- 일찍 출발했는데 길이 막혀서 회의 시간에 늦게 됐어요.
  Salí temprano, pero acabé llegando tarde a la reunión porque había mucho tráfico.
- 처음에는 매운 음식을 못 먹었는데 지금은 잘 먹을 수 있게 됐어요.
  Al principio no podía comer comida picante, pero ahora ya la como sin problemas.
- 텔레비전을 너무 많이 보면 눈이 나빠게 돼요. Si ves demasiado la televisión, perderás vista.

▸ Clave de respuestas P. 315

1 알맞은 것을 고르세요.

(1) 동료하고 사이가 좋아서 — ⓐ 일하기 좋아요. / ⓑ 일하기 싫어요.

(2) 옷이 몸에 너무 딱 끼니까 — ⓐ 입기 편해요. / ⓑ 입기 불편해요.

(3) 오늘은 날씨가 따뜻하니까 — ⓐ 산책하기 좋아요. / ⓑ 산책하기 나빠요.

(4) 발음이 헷갈려서 — ⓐ 외우기 쉬워요. / ⓑ 외우기 어려워요.

(5) 윗집의 소음 때문에 — ⓐ 살기 좋아요. / ⓑ 살기 힘들어요.

(6) 매일 똑같은 잔소리는 — ⓐ 듣기 좋아요. / ⓑ 듣기 싫어요.

2 다음에서 알맞은 것을 골라서 '-게 되다'를 사용하여 문장을 완성하세요.

짜다	잘하다	적응하다	그만두다

(1) 취직한 지 얼마 안 돼서 건강 때문에 회사를 ______________.

(2) 보통 음식을 싱겁게 하는데 이번에는 음식이 ______________.

(3) 처음에는 회사 생활이 너무 힘들었는데 동료들 덕분에 잘 ______________.

(4) 처음에는 누구나 듣기를 어려워하지만 많이 들으면 ______________.

3 다음 말에 알맞은 말을 연결하세요.

(1) 이 일을 혼자 하기 힘들면 •
(2) 일단 그 사람의 얘기를 들으면 •
(3) 요리책이 잘 설명되어 있어서 •
(4) 대학교 때 동아리에서 만나서 •
(5) 전에는 사람들과 쉽게 어울리지 못했는데 •

• ⓐ 한국 음식을 만들기 어렵지 않았어요.
• ⓑ 다른 사람에게 도움을 요청하세요.
• ⓒ 그때부터 사귀게 됐어요.
• ⓓ 지금은 잘 어울리게 됐어요.
• ⓔ 그 사람이 마음에 들게 될 거예요.

Conversación 1

pista 19

유키 지금 어디에서 살아요?

케빈 이태원에 살아요.

유키 동네가 어때요?

케빈 조용하고 깨끗해서 살기 편해요.

유키 교통은 편리해요?

케빈 네, 지하철역도 가깝고 버스 정류장까지도 얼마 안 걸려요.

유키 집은 어때요?

케빈 방과 화장실이 두 개씩 있고 거실과 주방이 따로 있어요.

유키 집세는 싸요?

케빈 아니요, 집세는 좀 비싸요.
하지만 그거 빼고 나머지는 다 괜찮아요. 집 근처에 공원이 있어서 산책하기도 좋아요.

유키 집은 어떻게 찾았어요?

케빈 제 친구가 전에 이 집에 살았어요. 그 친구가 한국을 떠나면서 이 집을 소개해서 살게 됐어요.

유키 그랬군요.

Yuki ¿Dónde vives ahora?

Kevin Vivo en Itaewon.

Yuki ¿Qué tal el barrio?

Kevin Es un lugar agradable para vivir porque es una zona tranquila y limpia.

Yuki ¿Está bien comunicado?

Kevin Sí, hay una boca de metro cerca y hasta la parada de autobuses tampoco se tarda mucho.

Yuki ¿Qué tal la casa?

Kevin Cuenta con dos habitaciones y dos cuartos de baño, y además tiene una sala y una cocina.

Yuki ¿Es barato el alquiler?

Kevin No, es un poco caro. Pero, salvo eso, todas las demás cosas están bien. Además, (la ubicación) es buena para salir a dar un paseo porque cerca hay un parque.

Yuki ¿Cómo encontraste la casa?

Kevin Un amigo mío vivía ahí antes. Como se iba a ir de Corea, me la enseñó y acabé viviendo en ella.

Yuki Ya veo.

Nuevo vocabulario ▸ P. 329

동네 | 깨끗하다 | 편하다 | 교통 | 거실 | 주방 | 집세 | 나머지 | 떠나다

Nuevas expresiones ▸ P. 329

- (sustantivo)이/가 어때요?
- 얼마 안 걸려요.
- 그거 빼고 나머지는 다 괜찮아요.

Notas

1 Partículas que suelen emplearse con el verbo 살다

El verbo 살다 puede usarse tanto con 에 como con 에서.

- 지금은 기숙사**에** 살아요.
  Ahora vivo en la residencia.
- 한국을 떠날 때까지 우리 집**에서** 같이 살아요.
  Quédate a vivir conmigo en mi casa hasta que te vayas de Corea.

2 El sufijo 씩

Se hace uso del sufijo 씩 añadiéndolo a cantidades para indicar que dicha cantidad no corresponde al total sino a la porción equitativa que corresponde en cada caso, aunque también se puede usar para indicar una repetición de periodos de una misma duración. En español, equivaldría a "cada".

- 매일 2시간**씩** 운동해요.
  Todos los días hago ejercicio durante dos horas.
- 빵과 우유를 하나**씩** 가져가세요.
  Tomen cada uno un trozo de pan y un vaso de leche.

❶ Artículos de uso doméstico

1. 방 habitación

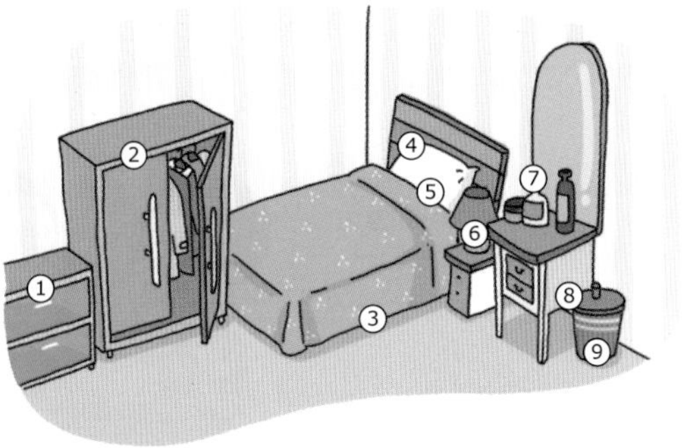

① 서랍장 cómoda ② 옷장 armario ③ 이불 colcha
④ 침대 cama ⑤ 베개 almohada ⑥ 스탠드 lámpara de mesa
⑦ 화장품 cosméticos ⑧ 화장대 tocador
⑨ 휴지통 papelera

2. 거실 salón

① 선반 estante ② 벽 pared ③ 화분 maceta ④ 그림 pintura
⑤ 소파 sofá ⑥ 탁자 mesa ⑦ 천장 techo ⑧ 커튼 cortina
⑨ 텔레비전 televisor ⑩ TV장 gabinete para televisor

3. 서재 estudio/despacho

① 책장 estantería ② 의자 silla ③ 블라인드 persiana
④ 책꽂이 apoyalibros ⑤ 시계 reloj ⑥ 달력 calendario
⑦ 책상 escritorio

4. 화장실 cuarto de baño

① 욕조 bañera, tina ② 수도꼭지 grifo ③ 세면대 lavabo
④ 칫솔 cepillo de dientes ⑤ 치약 dentífrico, pasta de dientes
⑥ 빗 peine ⑦ 비누 jabón ⑧ 거울 espejo
⑨ 수건 toalla ⑩ 변기 retrete ⑪ 휴지 papel higiénico

5. 주방 cocina

① 정수기 dispensador de agua ② 냉장고 frigorífico
③ 전자레인지 microondas ④ 냄비 olla ⑤ 주전자 tetera, pava
⑥ 가스레인지 cocina de gas ⑦ 주방 후드 extractor de cocina
⑧ 전기밥솥 arrocera eléctrica ⑨ 싱크대 fregadero
⑩ 찬장 armario de cocina ⑪ 식기세척기 lavaplatos, lavavajillas

❷ Otras partes de la casa

- 현관 vestíbulo
- 계단 escaleras
- 옥상 azotea
- 창고 almacén, cobertizo
- 주차장 garaje
- 베란다 balcón, terraza
- 정원 jardín

Expresiones esenciales

- 화장실을 각자/따로 써요.
  Cada uno usa su propio cuarto de baño. (lit. Usamos el cuarto de baño por separado.)
- 화장실을 공동으로 써요.
  Compartimos el cuarto de baño. (lit. Usamos el cuarto de baño de manera comunal.)

Gramática 2

-기 때문에 "porque", "a causa de que"

Anexo P. 271 C.C P. 298

A 왜 음식을 안 먹어요?
¿Por qué no comes?

B 목이 아프기 때문에 음식을 먹을 수 없어요.
No puedo comer porque me duele la garganta.

Se utiliza -기 때문에 para indicar la causa o razón de un suceso o una situación. La causa o razón se coloca delante de -기 때문에 y la acción o estado resultantes después. -기 때문에 se puede añadir a la raíz de verbos y adjetivos, así como a 이다. Su uso es compatible con el infijo de pasado -았/었- dando como resultado -았/었기 때문에. No se puede hacer uso de -기 때문에 si la siguiente frase va en forma imperativa -(으)세요 o de propuesta -(으)ㅂ시다.

- 이 일은 중요하기 때문에 먼저 끝내야 해요. Como este asunto es importante, hay que terminarlo primero.
- 음식을 만들지 않기 때문에 밖에서 음식을 사 먹어요. Como no he preparado nada de comer, saldré a comer algo.
- 돈이 필요했기 때문에 학생 때부터 일하기 시작했어요.
  Empecé a trabajar cuando era estudiante porque necesitaba dinero.

-기는요 expresión para refutar una afirmación

C.C P. 300

A 진수 씨, 노래 잘하죠?
Jinsu, tú cantas bien, ¿verdad?

B 노래를 잘하기는요. 정말 못해요.
¡Cómo que canto bien! De verdad que no sé cantar.

Se utiliza -기는요 para expresar desacuerdo o disconformidad de manera cordial ante un comentario del interlocutor. Es una estructura propia del lenguaje hablado y con frecuencia se contrae en -긴요. Se añade -기는요 a la raíz de verbos y adjetivos, mientras que en el caso de los sustantivos se emplea -은/는요. El uso de -기는요 es incompatible con el infijo de pasado -았/었-. Es habitual que cuando se exprese disconformidad con algo el interlocutor ha afirmado, la frase que termina en -기는요 vaya seguida por otra que termine en -(으)ㄴ/는데요.

- A 한국어 발음이 쉽지요? El coreano es fácil de pronunciar, ¿verdad?
  B 발음이 쉽긴요. 발음 때문에 자신이 없는데요.
  ¡Qué va a ser fácil! Pero si por culpa de la pronunciación no tengo confianza (cuando hablo en coreano).
- A 어제 일 다 했어요? ¿Hiciste ayer todo el trabajo (que tenías que hacer)?
  B 다 하기는요. 아직 반도 못 했는데요. ¡Cómo lo iba a hacer todo! Pero si todavía no he hecho ni la mitad.

▸ Clave de respuestas P. 315

1 알맞은 것을 고르세요.

(1) ⓐ 배고프기 때문에/ⓑ 배고프니까 먼저 밥부터 먹읍시다.

(2) 비가 와서 ⓐ 위험하니까/ⓑ 위험하기 때문에 빠르게 운전하지 마세요.

(3) 한 달 전부터 여행 가고 ⓐ 싶기 때문에/ⓑ 싶었기 때문에 미리 호텔을 알아봤어요.

(4) 그 사람은 ⓐ 학생 때문에/ⓑ 학생이기 때문에 돈을 안 내도 돼요.

(5) 이상한 ⓐ 직장 상사 때문에/ⓑ 직장 상사이기 때문에 어쩔 수 없이 회사를 그만뒀어요.

(6) 그냥 집에 돌아갔어요. 왜냐하면 친구가 갑자기 약속을 ⓐ 취소하기/ⓑ 취소했기 때문이에요.

2 '-기는요'를 사용하여 대화를 완성하세요.

(1) A 저 남자가 멋있죠?

B ______________________. 옷도 이상하게 입었는데요.

(2) A 제가 요리를 못해요.

B ______________________. 아주 잘하시는데요.

(3) A 준비가 힘들죠?

B ______________________. 저는 별로 하는 것도 없는데요.

(4) A 숙제 안 했죠?

B ______________________. 일주일 전에 벌써 끝냈는데요.

(5) A 항상 저를 도와주셔서 고마워요.

B ______________________. 제가 오히려 도움을 많이 받았는데요.

(6) A 정말 미인이시네요.

B ______________________. 아니에요.

3 밑줄 친 것을 고치세요.

(1) 바람이 많이 <u>불기 때문에</u> 옷을 따뜻하게 입으세요. ➡

(2) 지난주에 전화를 <u>받기 때문에</u> 그 얘기를 알고 있어요. ➡

(3) 저 <u>친구들이기 때문에</u> 기분이 상했어요. ➡

(4) <u>피곤하기 때문에</u> 푹 쉬세요. ➡

Conversación ❷

pista **20**

새라 웨이 씨 동네는 어때요? 살기 좋아요?

웨이 살기 좋기는요. 여러 가지 불편해요.

새라 그래요? 뭐가 문제예요?

웨이 우선 집에서 직장까지 너무 멀기 때문에 출퇴근이 너무 불편해요.

새라 시간이 얼마나 걸려요?

웨이 두 시간이나 걸려요.

새라 시간이 너무 많이 걸리네요.

웨이 그리고 주변이 시끄럽기 때문에 집에서 일하기도 어려워요.

새라 문제네요. 집은 마음에 들어요?

웨이 아니요, 집도 너무 좁고 오래됐어요. 가끔 벌레가 나오기도 해요.

새라 그럼, 이사하면 어때요?

웨이 저도 지금 생각 중이에요.

새라 사실은 저도 집이 불편해서 이사를 생각하고 있어요.

웨이 그래요? 그럼, 우리 같이 좋은 집을 찾아봐요.

Sarah Wei, ¿qué tal tu barrio? ¿Es un buen lugar para vivir?

Wei No es en absoluto un buen lugar para vivir. Tiene varios inconvenientes.

Sarah ¿En serio? ¿Qué problemas hay?

Wei En primer lugar, resulta muy pesado ir a trabajar porque mi casa está muy lejos del trabajo.

Sarah ¿Cuánto tiempo tardas?

Wei Tardo dos horas.

Sarah Pues sí que tardas mucho tiempo.

Wei Además, es pequeña trabajar en casa porque siempre hay mucho ruido por los alrededores.

Sarah Pues sí que es un problema. ¿Te gusta la casa?

Wei No, la casa es fría y demasiado vieja. Incluso a veces hay bichos.

Sarah En ese caso, ¿por qué no te mudas?

Wei La verdad es que yo también estoy pensando en mudarme porque la casa no es nada confortable.

Sarah ¿De verdad? Pues vamos a buscarte una buena casa.

Nuevo vocabulario ▸ P. 329

여러 가지 | 불편하다 | 우선 | 직장 | 주변 | 마음에 들다 | 오래되다 | 벌레 | 이사하다 | 생각 중 | 사실은

Nuevas expresiones ▸ P. 329

- 뭐가 문제예요?
- 집은 마음에 들어요?
- 저도 지금 생각 중이에요.

Notas

1 La partícula (이)나

La partícula (이)나 se añade a sustantivos y sirve para indicar que un número o una cantidad sorprenden por ser mayores de lo esperado.

- 혼자 고기 10인분**이나** 먹었어요.
  Me comí una ración de carne para diez personas yo solo.
- 벌써 반**이나** 끝냈어요.
  Ya está terminada la mitad.

2 El uso de 중

Se añade 중 a sustantivos como 생각 (pensamiento), 고민 (angustia), 통화 (conversación telefónica), 회의 (reunión), 식사 (comida), 외출 (salir), 공사 (obras, construcción), 수리 (reparación) o 사용 (uso) para indicar que esta acción o situación se está desarrollando en ese mismo momento, de manera (similar a –고 있다).

- 친구한테 전화했는데 **통화 중**이에요.
  Llamé a un amigo pero la línea estaba ocupada.
- 1층 화장실이 **수리 중**이니까 2층으로 가세요.
  Como el cuarto de baño de la primera planta está en obras, vayan a usar el de la segunda planta.

Vocabulario para describir el estado de una casa

1.

밝다 luminoso

어둡다 oscuro

2.

조용하다
que está en una zona tranquila

시끄럽다
que está en una zona con mucho ruido

3.

넓다 amplio

좁다 estrecho

4.

따뜻하다 cálido

춥다 frío

5.

깨끗하다
limpio

더럽다 (지저분하다)
sucio (desordenado)

6.

새 집이다
ser una nueva casa
지은 지 얼마 안 됐다
ser de reciente construcción

오래되다
viejo

1. (월세가) 싸다 (el alquiler) es barato
   (월세가) 비싸다 (el alquiler) es caro
2. (동네가) 안전하다 (el barrio) es seguro
   (동네가) 위험하다 (el barrio) es peligroso
3. 교통이 편리하다
   estar bien comunicado
   교통이 불편하다
   estar mal comunicado
4. 주변 환경이 좋다
   estar ubicado en un buen entorno
   주변 환경이 나쁘다
   estar ubicado en un mal entorno
5. 최신식이다 ser muy moderno
   구식이다 estar anticuado
6. 집 주변에 공기가 좋다
   se puede respirar aire fresco por los alrededores de la casa
   집 주변에 공기가 나쁘다
   no se respira aire fresco por los alrededores de la casa
7. 전망이 좋다 tener buenas vistas
   전망이 안 좋다 no tener buenas vistas
8. 집주인이 친절하다 el casero es amable
   집주인이 불친절하다 el casero es antipático
9. 바람이 잘 통하다 estar bien ventilado
   바람이 안 통하다 no estar bien ventilado
10. 햇빛이 잘 들어오다 entra mucha luz natural
    햇빛이 안 들어오다 no entra luz natural
11. 수납공간이 많다 contar con mucho espacio de almacenamiento
    수납공간이 없다
    no contar con mucho espacio de almacenamiento

Expresiones esenciales

- 월세가 한 달에 〔50만 원〕쯤 해요.
  El alquiler son aproximadamente 〔500.000 ₩〕 al mes.
- 월세가 한 달에 〔50만 원〕 좀 넘어요.
  El alquiler sale a un poco más de 〔500.000 ₩〕 al mes.
- 월세가 한 달에 〔50만 원〕 좀 안 돼요.
  El alquiler no llega a los 〔500.000 ₩〕 al mes./
  El alquiler son casi 〔500.000 ₩〕 al mes.

Gramática 3

-거든요 expresión para justificar algo de manera enfática

C.C P. 299

A 왜 같이 안 가요?
¿Por qué no vamos juntos?

B 오늘 아르바이트가 있거든요.
Pues es que hoy trabajo a tiempo parcial.

Se utiliza –거든요 para expresar un comentario o una justificación en relación a una afirmación o pregunta de alguien. Se puede usar esta estructura con acciones, situaciones y preguntas. Se trata de una estructura propia del lenguaje oral y ajena al lenguaje escrito. Como –거든요 tiene la función de señalar algo que el interlocutor desconocía, su uso no es adecuado cuando uno se dirige a gente mayor, pero su uso es perfectamente viable cuando se habla con amigo o gente más joven. Se puede añadir –거든요 a la raíz de verbos y adjetivos, así como a 이다. Si aquello que se comenta o justifica ya ha sido realizado, se debe añadir el infijo de pasado –았/었– a –거든요, lo que da lugar a –았/었거든요.

- 비빔밥을 드세요. 이 식당은 비빔밥이 제일 맛있거든요.
  Coma bibimbap. Es que el bibimbap de este restaurante es el mejor.
- 제가 제임스를 잘 알아요. 제 친구거든요. Conozco muy bien a James. Es que es amigo mío.
- A 왜 이렇게 피곤해 보여요? ¿Por qué pareces cansado?
  B 어제 잠을 못 잤거든요. Es que ayer no pude dormir.

-지 그래요? expresión para hacer sugerencias de manera cordial

C.C P. 300

A 많이 아파요? 그럼 병원에 가 보지 그래요?
¿Te duele mucho? Si es así, ¿no deberías ir al hospital?

B 아니에요. 괜찮아요.
No, está bien.

Se utiliza –지 그래요? para hacer sugerencias de manera cordial o dar consejos al interlocutor. Esta estructura se añade a la raíz verbal y es propia del lenguaje oral en contextos en los que uno se puede expresar con cierta familiaridad. Para sugerirle al interlocutor que no debería hacer algo, se puede añadir –지 말다 a esta estructura dando lugar a –지 말지 그래요?. Se emplea para preguntarle al interlocutor si no debería haber hecho algo en el pasado, pero debido a las connotaciones acusatorias que puede tener esta estructura en pasado, solamente debemos usarla con gente menor que nosotros o de nuestra misma edad.

- 배부르면 그만 먹지 그래요? Si estás lleno, ¿no deberías dejar de comer?
- 머리가 아프면 오늘 밖에 나가지 말지 그래요? Si te duele la cabeza, ¿no sería mejor que no salieses hoy?
- 늦었는데 택시를 타지 그랬어요? 그러면 늦지 않았을 거예요.
  Si llegabas tarde, ¿por qué no tomaste un taxi? De esa manera no habrías llegado tarde.

▸ Clave de respuestas P. 315

1 다음 말에 알맞은 말을 연결하세요.

(1) 좀 천천히 말해 주세요. •	• ⓐ 밤에 늦게 자거든요.
(2) 담배를 꺼 주시겠어요? •	• ⓑ 길이 많이 막히거든요.
(3) 제가 오늘 집까지 태워 줄게요. •	• ⓒ 오늘 차를 가져왔거든요.
(4) 출근 시간에는 지하철을 타요. •	• ⓓ 여기는 금연구역이거든요.
(5) 보통 아침에 늦게 일어나는 편이에요. •	• ⓔ 제가 아직 한국어를 잘 못하거든요.

2 다음에서 알맞은 것을 골라서 '-거든요'를 사용하여 문장을 완성하세요.

있다　　살다　　잘하다　　다르다　　오다

(1) 저 사람을 믿지 마세요. 저 사람은 거짓말을 ______________.

(2) 저는 독일로 자주 출장 가요. 독일에 우리 회사 지사가 ______________.

(3) 마크가 한자를 조금 읽을 수 있어요. 전에 중국에서 ______________.

(4) 지금 공항에 마중 나가야 해요. 친구가 한국에 ______________.

(5) 저는 이 빵집에서만 빵을 사요. 다른 빵집하고 맛이 ______________.

3 알맞은 것을 고르세요.

(1) A 보일러가 자꾸 고장 나요.
B 그럼, ⓐ 새 보일러로 바꾸지 그래요? / ⓑ 새 보일러로 바꾸지 말지 그래요?

(2) A 우산이 없어서 비를 맞았어요.
B 오는 길에 편의점에서 ⓐ 우산을 사지 그래요? / ⓑ 우산을 사지 그랬어요?

(3) A 친구가 기분이 안 좋아요.
B 그럼, 지금 ⓐ 얘기해 보지 그래요? / ⓑ 얘기하지 말지 그래요? 얘기는 나중에 하는 게 좋겠어요.

(4) A 어제 연락 못 해서 미안해요. 오늘 약속이 취소됐어요.
B ⓐ 미리 전화해 주지 그래요? / ⓑ 미리 전화해 주지 그랬어요?

Conversación ❸

pista 21

리나 얼굴이 안 좋아 보여요. 무슨 일 있어요?
마크 피곤해서 그래요. 어제 잠을 한 숨도 못 잤거든요.
리나 왜요? 무슨 문제가 있어요?
마크 화장실에 문제가 생겨서 밤새 고쳤어요.
리나 그래요?
마크 게다가 창문 틈으로 바람이 많이 들어와서 방이 너무 추워요.
리나 집주인한테 얘기하지 그랬어요?
마크 얘기했어요. 집주인이 다음 주에 고쳐 주기로 했어요.
리나 다행이네요.
마크 그런데 문제가 또 있어요. 제 방에서 옆집 소리가 다 들리거든요.
리나 그래요? 옆집에 가서 얘기해 봤어요?
마크 아니요, 옆집 사람하고 아직 인사도 못 했어요.
리나 그러지 말고 옆집에 가서 직접 말하지 그래요? 이번 기회에 인사도 하세요.
마크 그게 좋겠네요.

Rina No tienes buena cara. ¿Qué te pasa?
Mark Es que estoy cansado. Como que anoche no pude pegar ojo. (lit. no pude dormir ni un hálito)
Rina ¿(Y eso) por qué? ¿Tienes algún problema?
Mark (Es que) ocurrió un problema en el cuarto de baño y pasé toda la noche solucionándolo.
Rina ¿En serio?
Mark Encima, hacía mucho frío en mi habitación porque entraba mucho aire por una grieta de la ventana.
Rina Por qué no hablaste con el dueño?
Mark Ya hemos hablado. El dueño me dijo que lo arreglaría la próxima semana.
Rina ¡Menos mal!
Mark Pero hay otro problema. Es que desde mi habitación se oyen todos los ruidos de la casa de al lado.
Rina ¿En serio? ¿Has ido a la casa de al lado a hablar (sobre eso)?
Mark No, todavía no he tenido la oportunidad ni de saludar a los vecinos.
Rina ¡Mira! ¿Y qué te parece ir a la casa de al lado y decírselo directamente? Aprovecha esa oportunidad para saludarle.
Mark Puede que sea una buena idea.

Nuevo vocabulario ▸P. 329

숨 | 밤새 | 고치다 | 게다가 | 틈 | 들어오다 | 다행이다 | 옆집 | 소리 | 들리다 | 인사하다 | 기회

Nuevas expresiones ▸P. 329

- 다행이네요.
- 그러지 말고 … 지 그래요?
- 그게 좋겠네요.

Notas

1 Uso enfático de la estructura: 한 (sustantivo) + 도 + 못 + (verbo)

La estructura "한 + (sustantivo contable) + (sufijo contador) + 도 + 못 + (verbo)"se emplea para indicar de manera enfática que algo no es posible de llevar a cabo ni mínimamente, por lo que equivaldría a la construcción española "no poder (verbo) ni un solo (sustantivo)". Se puede añadir la partícula 도 a los sustantivos y a los sufijos contadores de la siguiente manera.

- 어제 바빠서 빵 **한 입도 못 먹었어요.**
  Ayer estuve tan ocupado que no pude ni comer un bocado de pan.
- 저는 술을 **한 모금도 못 마셔요.** Yo no puedo beber ni una gota de alcohol.
- 너무 무서워서 말 **한 마디도 못 했어요.**
  Estaba tan asustado que no podía decir ni una palabra.
- 돈이 **한 푼도 없어요.** No tengo ni un céntimo.

2 El uso de 그러지 말고 para persuadir

Cuando trata de convencer a alguien de que haga algo diferente a lo que ha dicho que va a hacer, es común el empleo de 그러지 말고 para persuadirlo. Después de 그러지 말고, el verbo se usa en forma imperativa -(으)세요 o de propuesta -(으)ㅂ시다.

- A 오늘 영화 보는 게 어때요?
  ¿Qué tal si vemos una película hoy?
  B **그러지 말고** 쇼핑하러 가요.
  No hagamos eso, major vayamos de compras
- **그러지 말고** 내 얘기 좀 들어 보세요.
  No haga eso y escuche, por favor, lo que tengo que decirle.

Problemas domésticos habituales

1.

물이 새다
haber una fuga de agua

2.
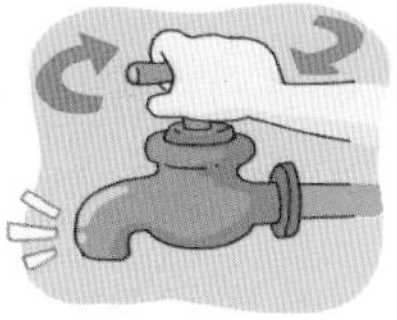

수도꼭지가 고장 났다
haberse estropeado el grifo

3.

변기가 막혔다
haberse atascado el retrete

4.

하수구에서 냄새가 나다
salir un mal olor del desagüe

5.

창문이 안 닫히다
no cerrarse la ventana

6.
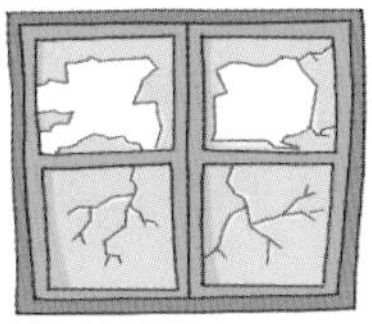

창문이 깨졌다
estar rota una ventana

7.
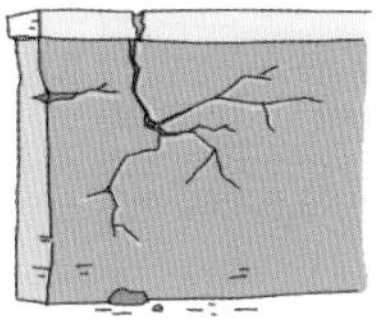

벽에 금이 갔다
haberle salido grietas a la pared

8.
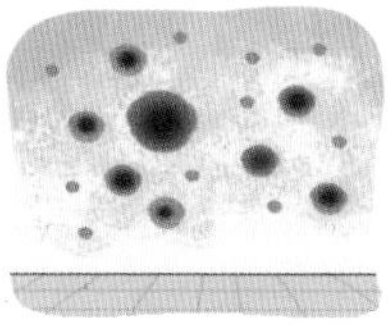

벽에 곰팡이가 생겼다
haber salido moho en la pared

9.

불이 안 켜지다
no prenderse la luz

10.

가스가 안 켜지다
no encenderse el fuego de la cocina

11.

난방이 안 되다
no funcionar la calefacción

12.

더운 물이 안 나오다
no salir agua caliente

13.

문이 잠겼다
estar cerrada la puerta con llave

14.

손잡이가 망가지다
romperse/estropearse el pomo de la puerta

15.

소음이 심하다
haber demasiado ruido

16.

벌레가 많다
haber muchos bichos

Expresiones esenciales

- 직접 고쳤어요. Lo he reparado yo mismo.
- 수리 기사를 불렀어요. He llamado al técnico.
- 문제를 그대로 내버려 뒀어요. Dejé el problema tal y como estaba.

¡Hablemos!

Estrategias comunicativas — Matizar o corregir lo que se ha dicho

- 사실은요,……. De hecho,...
- 실제로는요,……. A decir verdad,...
- 꼭 그런 건 아니에요. Eso no tiene por qué ser necesariamente así.
- 오히려 반대예요. Es más bien lo contrario.

❶ 지금 어디에 살고 있어요?

- 어떻게 이 집을 알게 됐어요?
- 왜 이 집을 선택했어요?
- 어떤 점이 마음에 들었어요?

❷ 지금 살고 있는 집이 어때요?

- 지금 살고 있는 집의 장점이 뭐예요? 단점이 뭐예요?
- 집을 구할 때 어떤 점이 가장 중요해요?

□ 교통	□ 시설	□ 집세
□ 크기	□ 집주인	□ 이웃
□ 주변 환경	□ 채광 (햇빛)	□ 통풍 (바람)
□ 방범	□ 편의시설 (병원, 편의점 등)	

Curiosidades

여기 사무실의 반(1/2)쯤 돼요. Viene a ser aproximadamente la mitad que la oficina.
여기 사무실의 반의 반(1/4)쯤 돼요. Viene a ser aproximadamente una cuarta parte de la oficina.
여기 사무실의 2배쯤 돼요. Viene a ser aproximadamente el doble que la oficina.

50000
저는 가능하면 월세가 싼 집을 찾아요. 지금 학생이니까 월세가 비싸면 부담 돼요.
전 오히려 반대예요. 전에는 월세가 싼 집을 찾고 싶어서 싼 집을 찾자마자 계약했어요. 하지만 집이 오래돼서 벽에 곰팡이가 많이 생기고 벌레도 많았어요. 그래서 그다음부터 저한테는 가격보다 시설이 더 중요해요.

Nuevo vocabulario

구하다 buscar | 장점 punto fuerte, pro | 단점 punto débil, contra | 시설 instalaciones | 월세 alquiler mensual | 크기 tamaño | 이웃 vecino | 주변환경 | entorno circundante | 채광 iluminación natural | 통풍 ventilación | 방범 prevención de crímenes, antirrobo | 편의시설 servicios comunes | 부담 되다 engorroso, molesto | 계약하다 contratar, hacer un contrato | 벽 pared, muro | 곰팡이 moho

Red de palabras

Anexo P. 320

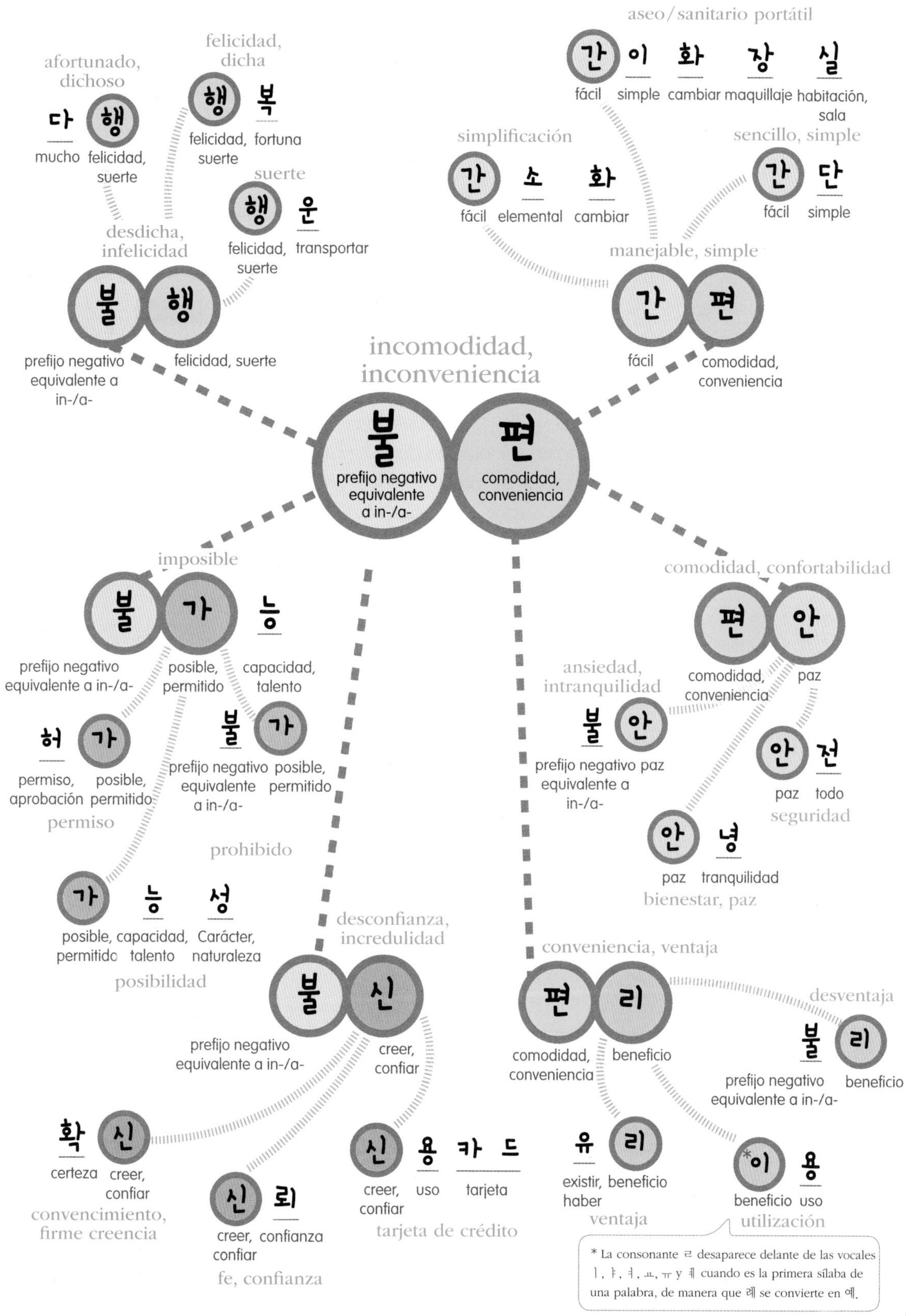
incomodidad, inconveniencia
불 prefijo negativo equivalente a in-/a-
편 comodidad, conveniencia
desdicha, infelicidad
불 행
prefijo negativo equivalente a in-/a-
felicidad, suerte
afortunado, dichoso
다 행
mucho felicidad, suerte
felicidad, dicha
행 복
felicidad, suerte fortuna
suerte
행 운
felicidad, suerte transportar
manejable, simple
간 편
fácil comodidad, conveniencia
aseo/sanitario portátil
간 이 화 장 실
fácil simple cambiar maquillaje habitación, sala
simplificación
간 소 화
fácil elemental cambiar
sencillo, simple
간 단
fácil simple
imposible
불 가 능
prefijo negativo equivalente a in-/a-
posible, permitido
capacidad, talento
허 가
permiso, aprobación posible, permitido
permiso
불 가
prefijo negativo equivalente a in-/a-
posible, permitido
prohibido
가 능 성
posible, permitido capacidad, talento Carácter, naturaleza
posibilidad
desconfianza, incredulidad
불 신
prefijo negativo equivalente a in-/a-
creer, confiar
확 신
certeza creer, confiar
convencimiento, firme creencia
신 뢰
creer, confiar confianza
fe, confianza
신 용 카 드
creer, confiar uso tarjeta
tarjeta de crédito
comodidad, confortabilidad
편 안
comodidad, conveniencia paz
ansiedad, intranquilidad
불 안
prefijo negativo equivalente a in-/a- paz
안 전
paz todo
seguridad
안 녕
paz tranquilidad
bienestar, paz
conveniencia, ventaja
편 리
comodidad, conveniencia beneficio
desventaja
불 리
prefijo negativo equivalente a in-/a- beneficio
유 리
existir, haber beneficio
ventaja
*이 용
beneficio uso
utilización
* La consonante ㄹ desaparece delante de las vocales ㅣ, ㅑ, ㅕ, ㅛ, ㅠ y ㅖ cuando es la primera sílaba de una palabra, de manera que 례 se convierte en 예.

Algo de cultura

¡Aprendamos a usar correctamente 방 (cuarto) y 집 (casa)!

• ¡Ven a nuestro acogedor 방!

El término 방 suele evocar en la mente de los coreanos una imagen cálida y acogedora. Mientras que 실 tan solo se entiende como una habitación o sala de tamaño determinado con una función específica como en 교실 (aula), 화장실 (cuarto de baño) o 사무실 (oficina), 방 tiende a evocar cierta sensación de limpieza y privacidad.

El término 방 no solo se emplea para las habitaciones de las casas, sino que se utiliza también para lugares como 노래방 (karaoke), 찜질방 (sauna) o 만화방 (local para leer cómics) y PC방 (cibercafé, local para usar computadoras). Es frecuente que estos locales acabados en 방 estén compuestos por varias salas independientes como en el caso de los 노래방 y de los 찜질방, pero también se usa para locales como los 만화방 y los PC방, que no están compuestos por varias salas individuales pero que igualmente son espacios cerrados no muy amplios. No obstante, es importante tener en cuenta que el término 방 no hace referencia ni al espacio ni a la disposición de la sala sino que se emplea, incluso en el ámbito de los negocios, para resaltar el carácter acogedor y privado de estos lugares.

• ¡Bienvenidos a nuestro 집!

El término 집 hace referencia al espacio en el que una familia vive. Más allá de la vivienda, 집 puede emplearse para evocar la imagen de un lugar acogedor y entrañable. Es muy frecuente su uso para referirse a negocios pequeños de trato cercano con el cliente. Algunos buenos ejemplos son 꽃집 (floristería), 빵집 (panadería-pastelería), 떡집 (tienda de pasta de arroz), 술집 (bar, taberna) o 고깃집 (asador, churrasquería), siendo todos ellos locales muy comunes en cualquier barrio coreano. Es posible añadir 집 al sustantivo correspondiente al producto que venda u ofrezca el local para referirse a este, de manera muy similar al sufijo del español "-ería".

Es muy habitual escuchar en los restaurantes, cafeterías y locales semejantes coreanos que los clientes pregunten "이 집에서 뭐가 제일 맛있어요?" (¿Qué es lo más rico que tienen en esta casa?) o "이 집에서 뭐가 제일 잘 나가요?" (¿Qué es lo que más se vende en esta casa?). Aunque existen palabras más concretas para referirse a los locales como, por ejemplo, 식당 (restaurante), se suele preferir el uso de 집 una vez ya dentro del local. En estos casos, se podría decir que 집 significa "el lugar en el que estoy".

Capítulo **08**

쇼핑

De compras

Objetivos
- hacer preguntas sobre productos y contestarlas
- hablar sobre las ventajas y desventajas de un producto
- comparar
- comprar artículos
- descambiar un artículo
- explicar los problemas de un artículo
- preguntarle al interlocutor sobre sus intenciones
- justificar por qué se quiere descambiar un artículo
- explicar el procedimiento para descambiar artículos

Gramática

❶ -(으)ㄴ/는데 "pero", estructura para expresar contrastes entre dos frases
-는 동안에 "mientras"

❷ -(으)니까 estructura para indicar que algo sucedió después de que una acción tuviese lugar
-(으)시겠어요? estructura para preguntar con mucha cortesía

❸ -(스)ㅂ니다 lenguaje formal
-는 대로 "en cuanto", "tan pronto como"

Gramática 1

-(으)ㄴ/는데 "pero", estructura para expresar contrastes entre dos frases

C.C P. 308

A 친구하고 어떻게 달라요?
¿En qué eres diferente de tu amigo?

B 저는 운동을 좋아하는데 제 친구는 운동을 안 좋아해요.
A mí me gusta el ejercicio, pero a mi amigo no le gusta.

Se emplea la estructura -(으)ㄴ/는데 para indicar un contraste o una oposición entre dos situaciones o dos ideas. Su conjugación es igual a la de -(으)ㄴ/는데 del capítulo 4. Es muy habitual usar 은/는 cuando se desea enfatizar un contraste u oposición.

- 저 여자는 얼굴은 예쁜데 성격은 안 좋아요. (= 저 여자는 얼굴은 예뻐요. 그런데 성격은 안 좋아요.)
  Aquella mujer tiene una cara bonita, pero tiene muy mal carácter. (=Aquella mujer tiene una cara bonita. Pero tiene mal carácter.)
- 열심히 준비했는데 시험을 잘 못 봤어요. Aunque lo había preparado muy bien, no me salió bien el examen.
- 3년 전에는 학생이었는데 지금은 학생이 아니에요. Hace tres años era estudiante, pero ahora no lo soy.

-는 동안에 "mientras"

Anexo P. 272 C.C P. 301

A 언제 어머니가 책을 읽어요?
¿Cuándo lee la madre el libro?

B 아기가 자는 동안에 어머니는 아기 옆에서 책을 읽어요.
Mientras el bebé duerme, la madre lee a su lado.

Se emplea la estructura -는 동안에 para indicar que una acción o un estado tienen lugar al mismo tiempo que otra acción u otro estado. Se añade a las raíces verbales. La forma -는 동안에 se emplea cuando las dos acciones ocurren al mismo tiempo, mientras que la forma -(으)ㄴ 동안에 se emplea para indicar que la situación presente es el resultado de una acción que ya ha concluido. Por ejemplo, en la última frase de abajo, la segunda acción tiene lugar después de que la acción de "salir" haya concluido, por lo que la situación presente es la de "haber salido".

- 밥을 먹는 동안에 텔레비전을 보지 마세요. No vean la televisión mientras coman.
- 내가 옷을 구경하는 동안에 도둑이 내 지갑을 훔쳐 갔어요.
  Un ladrón me robó la billetera mientras estaba mirando ropa.
- 선생님이 교실에 없는 동안에 학생들이 장난을 쳤어요.
  (= 선생님이 교실을 나간 동안에 학생들이 장난을 쳤어요.)
  Los estudiantes hicieron travesuras mientras el profesor no estaba en el aula.

▸ Clave de respuestas P. 315

1 알맞은 것끼리 연결하세요.

(1) 그 식당은 음식은 맛있는데 •
(2) 제 친구는 밥은 많이 먹는데 •
(3) 10년 전에는 날씬했는데 •
(4) 제 친구는 돈을 많이 버는데 •
(5) 어제 친구들의 이름을 외웠는데 •

• ⓐ 값이 너무 비싸요.
• ⓑ 지금은 살이 쪘어요.
• ⓒ 돈을 쓰지 않아요.
• ⓓ 하나도 생각이 안 나요.
• ⓔ 운동은 전혀 안 해요.

2 다음에서 알맞은 것을 골라서 '-는 동안에'를 사용하여 문장을 완성하세요.

살다　　다니다　　외출하다　　회의하다　　공부하다

(1) 학교에 ________________ 마크는 한 번도 결석하지 않았어요.

(2) 도서관에서 ________________ 말 한 마디도 안 하고 책만 읽었어요.

(3) 친구하고 한 집에서 같이 ________________ 작은 문제 때문에 많이 싸웠어요.

(4) 회사에서 ________________ 전화를 진동으로 바꾸세요.

(5) 엄마가 ________________ 아이가 컴퓨터 게임을 했어요.

3 그림을 보고 알맞은 것을 고르세요.

(1)

ⓐ 아기가 자면서 엄마가 집안일을 해요.
ⓑ 아기가 자는 동안에 엄마가 집안일을 해요.

(2)

ⓐ 낮에는 일하면서 밤에는 공부해요.
ⓑ 낮에는 일하는 동안에 밤에는 공부해요.

(3)

ⓐ 비가 온 동안에 운동을 못 했어요.
ⓑ 비가 오는 동안에 운동을 못 했어요.

(4)

ⓐ 여자가 화장실을 가면서 남자가 전화했어요.
ⓑ 여자가 화장실을 간 동안에 남자가 전화했어요.

Conversación 1

pista 22

이거 어떠세요?
디자인은 마음에 드는데 좀 비싸네요.
OFERTA

직원 뭐 찾으세요?
링링 노트북 보러 왔는데요.
직원 어떤 거 찾으세요?
링링 사용하기 편한 거 찾아요.
직원 이거 어떠세요? 요즘 이게 제일 잘 나가요.
링링 이게 어디 거예요?
직원 한국 거예요.
링링 디자인은 마음에 드는데 좀 비싸네요. 다른 거 없어요?
직원 그럼, 이거 어떠세요?
이건 좀 값이 싸서 젊은 사람들한테 인기가 있어요.
링링 음……, 값은 괜찮은데 색이 마음에 안 들어요.
다른 색 있어요?
직원 죄송합니다. 다른 색은 없는데요.
링링 그럼, 이 중에서 어떤 게 고장이 잘 안 나요?
직원 둘 다 튼튼해요. 사용하는 동안에 문제가 생기면
언제든지 가져오세요. 수리해 드릴게요.
링링 그럼, 이걸로 주세요.

empleado ¿Qué busca?
Ling Ling He venido a ver portátiles.
empleado ¿Qué tipo (de portátil) busca?
Ling Ling Busco uno que sea fácil de usar.
empleado ¿Qué le parece este? Estos días es el que más se vende.
Ling Ling ¿De dónde es?
empleado Es de Corea del Sur.
Ling Ling Me gusta el diseño pero es un poco caro. ¿No tienen otro (modelo)?
empleado En ese caso, ¿qué le parece este (modelo)? Como el precio es bastante económico, es popular entre los jóvenes.
Ling Ling Hum… El precio está bien pero no me gusta el color. ¿No lo tiene en otro color?
empleado Lo lamento. No lo tenemos en otro color.
Ling Ling Bueno, ¿cuál de estos dos (modelos) es menos propenso a averiarse?
empleado Los dos son resistentes. Si tiene algún problema al usar (cualquiera de estos dos portátiles), puede traerlo en cualquier momento. Nosotros se lo repararemos.
Ling Ling En ese caso, deme este, por favor.

Nuevo vocabulario ▸ P. 330

사용하다 | 잘 나가다 | 젊다 | 인기가 있다 | 색 | 고장이 나다 | 둘 다 | 튼튼하다 | 가져오다 | 수리하다

Nuevas expresiones ▸ P. 330

- 요즘 이게 제일 잘 나가요.
- 이게 어디 거예요?
- 다른 거 없어요?

Notas

1 Modos de contracto

En el lengua oral, es muy frecuente que 이것 "este, esta, esto" se contraiga con la partícula que se le añade.

이것이 → 이게/이거	이것은 → 이건
이것을 → 이걸/이거	이것으로 → 이걸로

- **이게** 제일 싸요. (= 이것이 제일 싸요.)
  Este es el más barato.
- **이걸로** 보여 주세요. (= 이것으로 보여 주세요.)
  Enséñeme ese, por favor.

2 Los dos usos de 어떤

El interrogativo 어떤 que tiene dos usos. En esta conversación, el 어떤 empleado en primer lugar para preguntar por las características de algo, lo que en español equivaldría a (qué tipo de) o (qué clase de). Sin embargo, el segundo 어떤 que aparece en la conversación de arriba, se emplea para pedirle al interlocutor que haga una elección entre varias opciones, lo que en español equivaldría a (qué + [sustantivo]) o (cuál).

- 사장님이 **어떤** 사람이에요?
  ¿Qué clase de persona es el presidente de la empresa?
- 이 중에서 **어떤** 게 제일 맛있어요?
  ¿Cuál de ellos es el que está más rico?

Vocabulario para describir artículos

1. 재료 Materiales

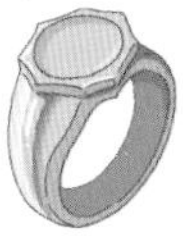

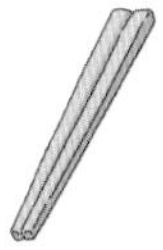

- 가죽 장갑
  guantes de cuero
- 금반지
  anillo de oro
- 은 목걸이
  collar/colgante de plata
- 유리 주전자
  tetera de cristal
- 털장갑
  guantes de lana/piel
- 나무젓가락
  palillos de madera
- 천으로 만든 가방
  bolso [hecho] de tela
- 나무로 만든 의자
  silla [hecha] de madera
- 흙으로 만든 도자기
  cerámica [hecha] de barro

2. 가격 Precios

- 값이 싸다 (= 저렴하다)
  ser el precio económico/ser barato (=asequible)
- 값이 적당하다 estar a un precio justo
- 값이 비싸다 ser el precio alto/ser caro

- 값이 적당해서 사려고 해요.
  Voy a comprarlo porque está a un precio justo.

3. 디자인 diseño

- 최신식이다 ser el último modelo
  ↔ 구식이다 ser un modelo antiguo
- 디자인이 마음에 들다 gustar el diseño
- 한테 잘 어울리다 quedar bien con

- 이 제품은 디자인이 독특해서 마음에 들어요.
  Me gusta este artículo porque tiene un diseño muy original.

4. 품질 Cualidad

- 품질이 좋다 ser de buena calidad
  ↔ 품질이 나쁘다 ser de mala calidad
- 정품이다 ser un artículo original/genuino
  ↔ 정품이 아니다 no ser un artículo original/genuino
- 튼튼하다 = 고장이 잘 안 나다
  ser resistente = no estropearse fácilmente

- 품질이 좋아요. Es de buena calidad.
- 품질이 나빠요. Es de mala calidad.
- 정품이에요. Es un artículo original/genuino.
- 정품이 아니에요. No es un artículo original/genuino.
- 튼튼해요. Es resistente.
- 고장이 잘 안 나요. No se estropea fácilmente.

5. 무게 peso

- 가볍다 → 들고 다니기 쉽다
  ser ligero → ser fácil llevar (un artículo)
- 무겁다 → 들고 다니기 어렵다
  ser pesado → ser difícil llevar con (un artículo)

- 이건 가벼워서 들고 다니기 쉬워요.
  Esto es fácil de llevar porque es ligero.
- 가죽 가방은 들고 다니기 어려울 거예요.
  Será difícil cargar con el bolso de cuero.

6. 부피 Volumen

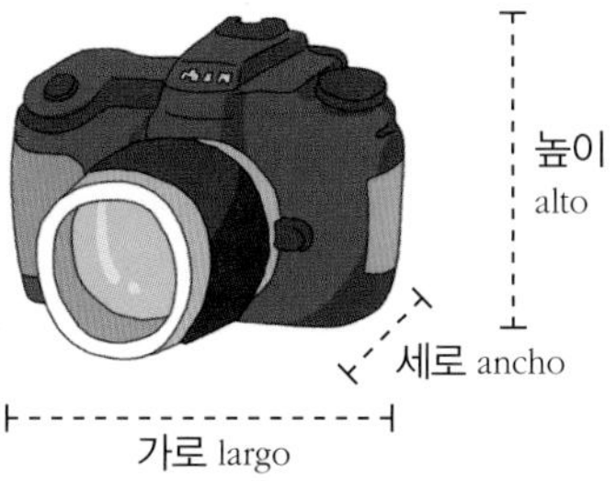

Expresiones esenciales

- 어떻게 생겼어요? = 어떤 모양이에요?
  ¿Cómo es? = ¿Qué aspecto tiene?
- [디자인/색]이 어때요?
  ¿Qué tal el [diseño/color]?
- 값이 얼마나 해요?/크기가 얼마나 해요?
  ¿Cuánto cuesta? / ¿Cómo de grande es?

Gramática 2

-(으)니까 estructura para indicar que algo sucedió después de que una acción tuviese lugar

Anexo P. 272 C.C P. 306

A 빵을 안 사 왔어요?
¿No has traído el pan? (lit. ¿No has comprado el pan y has venido?)

B 빵집에 가니까 문을 안 열었어요.
Cuando fui a la panadería, (todavía) no estaba abierta.

La estructura –(으)니까 se usa uno se da cuenta de algo después de realizar una acción o de que ocurra algo. Se añade –(으)니까 a la raíz verbal de la frase que indica la acción que se haya realizado o la situación que haya producido, siguiéndole la frase que indica aquello de lo que se dio cuenta. Aunque, en este caso, la estructura –(으)니까 hace referencia a una acción o a un estado del pasado, no se suele usar con el infijo de pasado –았/었– cuando se emplea para indicar que uno se da cuenta de algo. Por el contrario, es posible añdir –았/었– o –겠– a la frase que precede a –(으)니까 si esta indica una causa. En ocasiones, la estructura –(으)니까 se emplea con –아/어 보다, dando como resultado –아/어 보니까, para enfatizar que nos hemos dado cuenta de algo tras haber probado algo nuevo.

- 사무실에 전화하니까 민호 씨는 벌써 퇴근했어요. Cuando llamé a la oficina, Minho ya había salido.
- 어른이 되니까 부모님의 마음을 더 잘 이해할 수 있어요. Al hacerme adulto, ya puedo entender a mis padres.
- 김치가 매워 보였는데 먹어 보니까 맵지 않고 맛있었어요. El kimchi parecía picante, pero lo probé y no picaba.

-(으)시겠어요? estructura para preguntar con mucha cortesía

C.C P. 306

A 어떤 걸로 하시겠어요?
¿Cuál se va a llevar?

B 파란색으로 할게요.
Me llevaré el azul.

La estructura –(으)시겠어요? es una manera muy respetuosa de preguntarle a alguien de mayor estatus social por sus intenciones. El infijo honorífico –(으)시– expresa respeto por el sujeto de la frase. Por ello, su uso es normal cuando un niño les pregunta a sus padres sobre sus intenciones o planes, así como cuando lo hace un estudiante con un profesor, un empleado con un superior, un dependiente con un cliente o alguien con un desconocido. La estructura –(으)시겠어요? se añade a la raíz verbal. Para preguntarle por sus intenciones a alguien con quien no tenemos necesidad de usar lenguaje honorífico, no se hace uso de –(으)시– y se dice simplemente –겠어요? Para responder a estas preguntas, podemos indicar nuestras intenciones usando la forma de futuro –(으)ㄹ게요.

- A 어디에서 기다리시겠어요? ¿Dónde esperará?
  B 1층에서 기다릴게요. Esperaré en el primer piso.
- A 커피와 녹차가 있는데 뭐 드시겠어요? Tenemos café y té verde. ¿Qué prefiere tomar?
  B 저는 커피 마실게요. Tomaré un café.

Autoevaluación

▸ Clave de respuestas P. 315

1 알맞은 것을 고르세요.

(1) 집에 가니까 ⓐ 편지를 썼어요. / ⓑ 편지가 와 있었어요.

(2) 책을 보니까 ⓐ 어렸을 때를 생각했어요. / ⓑ 어렸을 때가 생각 났어요.

(3) 한국에 살아 보니까 ⓐ 지하철이 정말 편해요. / ⓑ 지하철을 안 타 봤어요.

(4) 회사에 도착하니까 ⓐ 아무도 없었어요. / ⓑ 일한 적이 있어요.

2 다음에서 알맞은 것을 골라서 '-아/어 보니까'를 사용하여 문장을 완성하세요.

전화하다　　태권도를 배우다　　지하철을 타다　　차를 마시다　　음악을 듣다

(1) ______________________ 이상한 노래였어요.

(2) ______________________ 아무도 전화를 받지 않았어요.

(3) ______________________ 기침에 효과가 있어요.

(4) ______________________ 생각보다 어렵지 않았어요.

(5) ______________________ 깨끗하고 편리했어요.

3 그림을 보고 '-(으)시겠어요?'를 사용하여 대화를 완성하세요.

(1)

A 어떤 신발을 ______________________?

B 구두를 신을게요.

(2)

A 뭐 ______________________?

B 저는 커피를 마실게요.

(3)

A 어떤 선물을 ______________________?

B 둘 다 사고 싶은데요.

(4)

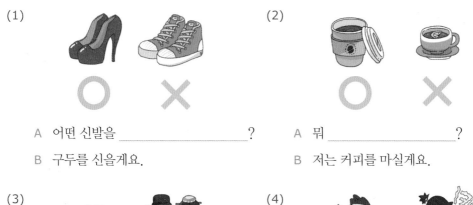

A 어느 영화를 ______________________?

B 저는 둘 다 보고 싶지 않아요.

Conversación ❷

pista 23

직원 어떻게 오셨어요?

링링 며칠 전에 여기에서 노트북을 샀는데요.
집에 가서 보니까 전원이 안 켜져요.

직원 그러세요? 노트북 좀 보여 주시겠어요?

링링 여기 있어요.

직원 *(después de revisar el portátil)* 죄송합니다, 손님.
확인해 보니까 전원 버튼에 문제가 있네요.

링링 바꿔 줄 수 있어요?

직원 물론이죠. 새 제품으로 교환해 드릴게요.
같은 제품으로 하시겠어요?

링링 네, 같은 걸로 주세요.

직원 알겠습니다. 영수증 좀 보여 주시겠어요?

링링 여기 영수증요.

직원 *(después de un rato)* 여기 새 제품 있습니다. 확인해 보시겠어요?

링링 네, 확인해 볼게요. *(después de revisar el portátil)*
문제없네요. 이걸로 가져갈게요.

empleado ¿En qué puedo ayudarla? (lit. ¿Por qué ha venido?)

Ling Ling Hace unos días compré aquí este portátil pero, cuando llegué a casa, (me di cuenta de que) no se encendía.

empleado ¿En serio? ¿Le importaría mostrarme el portátil, por favor?

Ling Ling Aquí tiene.

empleado *(después de revisar el portátil)* Le pido disculpas, señora clienta. Lo he examinado y hay un problema con el botón del encendido.

Ling Ling ¿Me la puede cambiar (por otro)?

empleado Por supuesto. Se lo cambiaré por uno nuevo. ¿Desea el mismo artículo?

Ling Ling Sí, deme el mismo (modelo de portátil).

empleado De acuerdo. ¿Le importaría mostrarme el recibo, por favor?

Ling Ling Aquí tiene el recibo.

empleado *(después de un rato)* Aquí está el nuevo artículo. ¿Le gustaría echarle un vistazo?

Ling Ling Sí, se lo echaré. *(después de revisar el portátil)* Funciona bien. (lit. No tiene problemas.) Me lo llevo.

Nuevo vocabulario ▸P. 330

전원 | 켜지다 | 버튼 | 새 | 제품 | 교환하다 | 영수증

Nuevas expresiones ▸P. 330

- 어떻게 오셨어요?
- 전원이 안 켜져요.
- (sustantivo)좀 보여 주시겠어요?
- 물론이죠.

Notas

1 Uso del verbo auxiliar -아/어 주다

Es habitual añadir 주다 a la raíz verbal para indicar que una acción que se lleva a cabo, afectará a alguien. En esta conversación, la empleada hace uso de 교환해 주다 para comunicarle a la clienta que la ayudará a cambiar la cámara por otra. Es decir, la empleada realizará una acción en beneficio de la clienta. En español equivale al uso de los pronombres "me", "nos", "te", "os", "le", "les" y "se" para indicar quién sale beneficiado o perjudicado por la realización de una determinada acción. Podemos ver que en la conversación, el empleado en realidad usó 드리다 en lugar de 주다 para dirigirse a la cliente de una manera más respetuosa.

- 친구를 위해 이 사실을 말해 **줘야** 해요.
  Debes decirle la verdad a tu amigo.
- 부모님을 위해 스마트폰 사용법을 설명해 **드렸어요.**
  Les expliqué a mis padres la manera de usar un teléfono inteligente.

2 Uso de la partícula (으)로 para indica cambios

La partícula (으)로 se emplea para indicar un cambio de dirección, de medio de transporte o de productos. Por ejemplo, se usaría (으)로 para indicar que uno tiene que cambiar de un medio de transporte a otro, cuando se cambia u artículo por otro y cuando se indica que se va d un lugar a otro.

- 종로에서 3호선**으로** 갈아타세요.
  Cambie a la línea 3 en Jongno.
- 명동**으로** 이사할 거예요.
  Me voy a mudar a Myeongdong.
- 원을 달러**로** 환전해 주세요.
  ¿Puede cambiarme estos wones en dólares, por favo

Vocabulario adicional

1 Problemas con la ropa

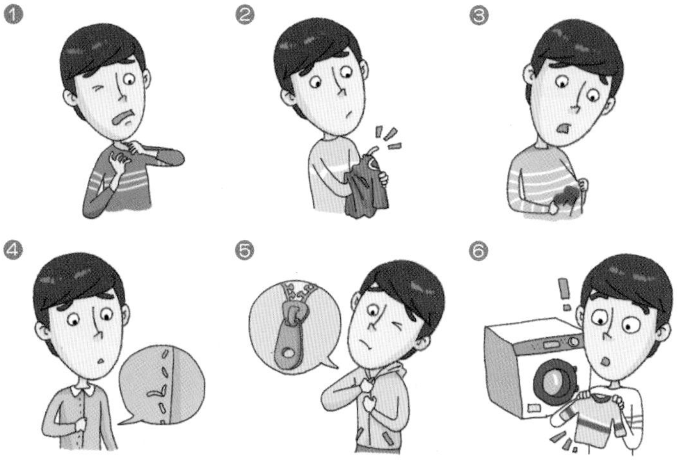

1. 사이즈가 안 맞아요.
   No es la talla correcta.
2. 옷에 구멍이 났어요.
   Hay un agujero en la prenda.
3. 옷에 얼룩이 있어요.
   Hay una mancha en la prenda.
4. 바느질이 엉망이에요.
   Está descosido.
5. 지퍼가 고장 났어요.
   La cremallera está rota.
6. 세탁 후에 옷이 줄어들었어요.
   La prenda ha encogido después de lavarla.

2 Problemas con aparatos eléctricos

1. 전원이 안 들어와요.
   No se enciende.
2. 버튼이 망가졌어요.
   El botón se ha roto.
3. 이상한 소리가 나요.
   Hace un ruido extraño.
4. 작동이 안 돼요.
   No funciona.
5. 과열됐어요.
   Se ha recalentado./
   Está demasiado caliente.
6. 배터리가 금방 떨어져요.
   Se queda sin batería rápidamente.

3 Problemas con los muebles

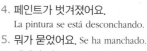

1. 흠집이 났어요.
   Le ha salido un desperfecto
   (= ralladura, desconchón, etc.).
2. 금이 갔어요. Le ha salido una grieta.
3. 찌그러졌어요. Está abollado./
   Tiene la marca de un impacto.
4. 페인트가 벗겨졌어요.
   La pintura se está desconchando.
5. 뭐가 묻었어요. Se ha manchado.
6. 냄새가 나요. Huele mal.

Expresiones esenciales

- 교환 가능하죠?
  Lo puedo descambiar, ¿verdad?
- 다른 걸로 바꿔 주세요.
  Cámbiemelo por otra cosa, por favor.
- 환불하고 싶어요.
  Quiero el reembolso(=que me devuelvan el importe pagado).

Gramática 3

-(스)ㅂ니다 lenguaje formal

Anexo P. 273 C.C P. 312

A 죄송합니다. 지금 커피가 떨어졌습니다.
Lo lamento. Nos hemos quedado sin café.

B 그럼, 녹차 주세요.
En ese caso, tráigame (lit. deme) té verde, por favor.

La terminación -(스)ㅂ니다 es de carácter formal, por lo que se suele emplear en discursos, presentaciones y situaciones que revistan cierta formalidad como en los negocios. Se añade -ㅂ니다 a las raíces de los verbos y adjetivos que terminan en vocal, así como con -이다, mientras que se emplea -습니다 con los verbos y adjetivos cuyas raíces terminan en vocal. Para mostrar mayor cortesía hacia el sujeto del verbo, se añade el infijo -(으)시-, dando lugar a -십니다 si la raíz acaba en vocal y -으십니다 si la raíz acaba en consonante.

- 도시는 교통이 편리해서 살기 좋습니다.
  Lo bueno de vivir en ciudades es que están bien comunicadas.
- 오늘은 회의가 있기 때문에 일이 늦게 끝납니다.
  Hoy terminaré tarde de trabajar porque tengo una reunión.
- 지금 사장님께서 사무실에 오셔서 같이 회의하십니다.
  Ahora el presidente de la empresa va a venir a la oficina para participar en la reunión.

-는 대로 "en cuanto", "tan pronto como"

C.C P. 301

A 언제 전화할 거예요?
¿Cuándo me llamarás?

B 집에 도착하는 대로 연락할게요.
Te llamaré en cuanto llegue a casa.

Se hace uso de -는 대로 para indicar que se llevará a cabo una acción inmediatamente después de que otra acción tenga lugar. Esta estructura no es compatible con el infijo de pasado -았/었-.

- 회의가 끝나는 대로 출발합시다.
  Salgamos tan pronto como termine la reunión.
- 진수 소식을 듣는 대로 선생님께 알려 드렸어요.
  Nada más oír lo de Jinsu, le informé al profesor.

¡Cuidado!

En la mayoría de los casos, la forma -는 대로 es intercambiable con -자마자 ya que significan prácticamente lo mismo. Sin embargo, no se puede usar -는 대로 para acciones que suceden de manera fortuita.

- 기차가 출발하는 대로 사고가 났어요. (X)
- 기차가 출발하자마자 사고가 났어요. (O)
  Ocurrió un accidente tan pronto como salió el tren.

▸ Clave de respuestas P. 315

1 보기 와 같이 '-(스)ㅂ니다'를 사용하여 고치세요.

> 보기 제 친구에 대해 소개하겠습니다. (소개할게요)

친구의 직업은 (1) ______________.(변호사예요)
학생 때 그 친구와 많은 시간을 함께 (2) ______________.(보냈어요)
그런데 요즘은 친구가 바쁘니까 자주 못 (3) ______________.(만나요)
그래서 가끔 전화로 이야기를 (4) ______________.(주고받아요)
그 친구와 자주 못 보는 것이 (5) ______________.(아쉬워요)

우리 회사 사장님에 대해 (6) ______________.(말씀드릴게요)
사장님께서는 건강을 위해 운전하지 않고 지하철을
(7) ______________.(타세요) 평소에 사장님께서 우리를
가족처럼 (8) ______________.(대해 주세요) 어제도 사장님께서
회사 사람들과 함께 (9) ______________.(식사하셨어요)
우리 모두는 사장님을 (10) ______________.(존경하고 있어요)

2 밑줄 친 것을 '-(스)ㅂ니다'로 바꾸세요.

(1) A 혹시 경찰이세요? ➡
B 아니요, 저는 이 회사 직원이에요. ➡

(2) A 미국에서 오셨어요? ➡
B 그래요. ➡

(3) A 저한테 전화해 주세요. ➡
B 그렇게 할게요. ➡

(4) A 같이 식사부터 해요! ➡
B 그래요. ➡

3 다음에서 알맞은 것을 골라서 '-는 대로'를 사용하여 문장을 완성하세요.

읽다	밝다	받다	끝나다

(1) 연락을 ______________ 제가 여기로 오겠습니다.

(2) 일이 ______________ 출발하세요.

(3) 날이 ______________ 여기를 떠나세요.

(4) 이 책을 다 ______________ 저한테도 빌려주세요.

Conversación ❸

pista 24

직원 '패션 쇼핑몰'입니다. 무엇을 도와드릴까요?

영주 인터넷으로 회색 바지를 샀는데, 바지를 입어 보니까 바지가 딱 껴서 불편해요. 더 큰 사이즈로 교환돼요?

직원 사이즈가 있으면 교환됩니다. 성함이 어떻게 되십니까?

영주 박영주예요.

직원 확인되었습니다. 그런데 죄송하지만, 같은 상품으로 더 큰 사이즈는 없습니다.

영주 그래요? 그럼, 반품은 돼요?

직원 네, 됩니다. 다만, 배송비는 고객님이 내셔야 합니다.

영주 할 수 없죠. 배송비 낼게요. 반품 접수해 주세요.

직원 반품 접수되었습니다. 상품을 상자에 넣어서 포장해 주십시오. 내일 오전 중에 택배 기사님이 방문할 겁니다.

영주 알겠어요. 언제 환불돼요?

직원 상품을 확인하는 대로 환불 처리해 드리겠습니다. 다른 문의 사항은 없으십니까?

영주 없어요. 감사합니다.

empleado "Fashion Shopping Mall". Buenos días. ¿En qué puedo servirle?

Yeongju Compré unos pantalones grises por Internet pero al probármelos (me di cuenta de que) no me quedaban bien (lit. estaba incómoda) porque me quedaban demasiado ajustados. ¿Los puedo cambiar por una talla más grade?

empleado Si tenemos la talla (que necesita), los puede cambiar. ¿Cuál es su nombre, por favor?

Yeongju Yeongju Park.

empleado De acuerdo. (lit. He confirmado [su nombre]). Lo lamento pero no tenemos ese mismo producto en tallas más grandes.

Yeongju ¿De verdad? En ese caso, ¿puedo descambiarlo?

empleado Sí, puede (hacerlo), pero los gastos de envío debe pagarlos el cliente.

Yeongju Qué le vamos a hacer. Pagaré los gastos de envío. ¿Me puede confirmar (la solicitud de) la devolución?

empleado Ya está confirmada su (solicitud de) devolución. Por favor, meta el artículo en una caja y prepárela (lit. envuélvala), por favor. Mañana a lo largo de la mañana la visitará un repartidor.

Yeongju De acuerdo. ¿Cuándo me podrán devolver el dinero?

empleado Tan pronto como comprobemos el artículo, le gestionaremos la devolución del importe. ¿No tiene alguna otra pregunta?

Yeongju No, no tengo. Muchas gracias.

Nuevo vocabulario ▸P. 330

딱 끼다 | 성함 | 반품 | 배송비 | 고객님 | 접수 | 상품 | 상자 | 포장하다 | 택배 기사님 | 환불 | 방문하다 | 처리하다 | 문의 사항

Nuevas expresiones ▸P. 330

- 무엇을 도와드릴까요?
- 성함이 어떻게 되십니까?
- 다른 문의 사항은 없으십니까?

Notas

1 Uso de –아/어 드릴까요? "¿Quiere(s) que yo…?"

La estructura –아/어 줄까요? es la forma resultante de añadir –(으)ㄹ까요? a –아/어 주다. Esta estructura se emplea cuando uno se ofrece a hacer algo por el interlocutor. Cuando el interlocutor es alguien al que se le debe mostrar mayor respeto, se utiliza –아/어 드릴까요? Para contestar de manera afirmativa a este tipo de ofrecimientos, se hace uso de –아/어 주세요.

- 파전 먹고 싶어요? 제가 만들**어 줄까요**?
  ¿Quieres comer pajeon? ¿Te lo preparo?
- A 길을 잃어버리셨어요? 제가 길을 가르쳐 **드릴까요**?
  ¿Se ha perdido? ¿Quiere que le indique el camino?
  B 감사합니다. 좀 가르쳐 주세요.
  Muchas gracias. Indíquemelo, por favor.

2 Diferencia entre 오전 중에 y 오전 내내

Cuando se usa 중에 después de un periodo de tiempo, indica que algo puede suceder en cualquier momento a lo largo de ese periodo pero nunca después. Por el contrario, 내내 se refiere a algo que se desarrolla a lo largo de todo un periodo. Es decir, 오전 내내 se emplearía para indicar que algo estuvo pasando a durante toda la mañana.

- 비는 **오전 중에** 그치겠습니다.
  Dejará de llover a lo largo de la mañana.
- **오전 내내** 전화했지만 그 사람이 전화를 안 받아요.
  La estuve llamando toda la mañana, pero no contestó.

1 Verbos relacionados con el dinero

Antónimos		
• 돈을 벌다 ganar dinero	↔	• 돈을 쓰다 gastar dinero
• 돈을 절약하다 ahorrar dinero	↔	• 돈을 낭비하다 desperdiciar el dinero

Verbos en forma activa y pasiva		
• 돈을 모으다 ahorrar dinero	→	• 돈이 모이다 acumularse el dinero
• 돈을 들이다 gastar dinero	→	• 돈이 들다 costar dinero
• 돈을 남기다 dejar dinero	→	• 돈이 남다 quedar dinero

Actividades relacionadas con el dinero	Deudas	Otros verbos
• 값을 깎다 bajar el precio	• 돈을 빌려주다 prestar dinero	• 돈이 떨어지다 quedarse sin dinero
• 계산하다 calcular	• 돈을 빌리다 tomar dinero prestado	• 환전하다 cambiar dinero
• 돈을 내다 pagar (= 지불하다)	• 돈을 돌려주다 devolver (el) dinero (prestado)	
• 돈을 받다 recibir (el) dinero	• 돈을 갚다 devolver (el) dinero (prestado)	

- 친구는 **돈을 벌지** 않고 **쓰기**만 해요. Mi amigo no gana dinero, solo lo gasta.
- **돈을 모으고** 있는데 **돈이 모이**면 여행 갈 거예요. Estoy ahorrando dinero y si ahorro [suficiente] dinero, me iré de vacaciones.
- **돈을 들여서** 집을 고쳤어요. 생각보다 **돈이** 많이 **들었어요.**
  Gasté [mucho] dinero en arreglar mi casa. Gasté mucho más dinero del que había pensado.
- **돈이 떨어지면** 저한테 연락하세요. Si se queda sin dinero, póngase en contacto conmigo.
- **돈을 빌려주세요.** 돈이 생기면 바로 **갚을게요.** Présteme dinero, por favor. Se lo devolveré en cuanto pueda.
- 길에서 돈을 주워서 주인에게 **돌려줬어요.** Recogí dinero de la calle y se lo devolví a su propietario.

2 Palabras provenientes de caracteres chinos relacionadas con el dinero

1. OO값 precio de un artículo	2. OO비 gasto, coste de un servicio	3. OO금 dinero para algo determinado	4. OO료 tasa	5. OO세 impuestos
옷값 precio de una prenda 신발값 precio de unos zapatos u otro tipo de calzado 가방값 precio de un bolso/ una cartera 가구값 precio de un mueble	교통비 gastos de transporte 식비 gastos de alimentación 숙박비 coste del hospedaje 수리비 coste de la reparación	등록금 matrícula 장학금 beca 벌금 multa 상금 recompensa económica, compensación	수수료 comisión 입장료 (precio de) entrada 보험료 coste del seguro 대여료 precio del alquiler	소득세 impuestos sobre la renta 재산세 impuestos sobre inmuebles 주민세 impuestos municipales 부가 가치세 IVA (impuesto sobre el valor añadido)

3 Métodos de pago

1. 돈 dinero
   - 현금 efectivo
   - 지폐 billete
   - 동전 moneda
   - 수표 cheque

2. 신용 카드 tarjetas de crédito
   - 일시불 pago íntegro
   - 할부 pago en cuotas / por plazos
   - 이자 interés
   - 무이자 할부 pago en cuotas / por plazos sin intereses
   - 수수료 comisión

3. otros
   - 공짜 gratis
   - 거스름돈 (= 잔돈) cambio / vuelta
   - 영수증 recibo / factura
   - 사은품 gratificación / obsequio

Expresiones esenciales

- 돈이 남아요. Queda [algo de dinero].
- 돈이 모자라요. Falta [cantidad de dinero].

¡Hablemos!

Estrategias comunicativas — **Expresar sorpresa**

- Para expresar asombro o admiración
  우와! **¡Guau!**
  끝내준다! **¡Fantástico!**
- Para expresar desagrado o incredulidad
  진짜? **¿En serio?**
  말도 안 돼! **¡No me lo puedo creer!**

❶ 쇼핑할 때 주로 사는 게 뭐예요?

옷

신발

화장품

전자 제품

가전제품

가구

생활용품

식료품

❷ 물건을 살 때 뭐가 제일 중요해요?

□ 디자인	□ 가격	□ 품질	□ 크기	□ 상품평
□ 기능	□ 브랜드	□ 색	□ 무게	□ 보증 기간

❸ 최근에 산 물건 중에 가장 마음에 드는 게 뭐예요?
어떤 점이 마음에 들어요? 그 물건값이 어때요? 정가예요?
할인받았어요? 바가지 썼어요?

❹ 단골 가게가 있어요? 그 가게가 어디에 있어요?
왜 단골이 됐어요? 얼마나 자주 가요?

❺ 최근에 산 물건 중에서 문제가 있는 것이 있었어요?
어떤 물건이에요?
어떤 문제가 있었어요?
문제를 어떻게 해결했어요?

최근에 인터넷으로 물건을 주문했는데 배송받아 보니까 상품이 잘못 왔어요.
진짜요? 그래서 어떻게 했어요?

Nuevo vocabulario

전자제품 aparatos eléctricos | 가전제품 electrodomésticos | 생활용품 artículos de primera necesidad | 식료품 alimentos | 품질 calidad | 기능 función | 무게 peso | 보증 기간 periodo de garantía | 정가 precio fijo | 할인 descuento, rebaja | 바가지 timo, cobro de más | 해결하다 solucionar

Red de palabras

Anexo P. 321

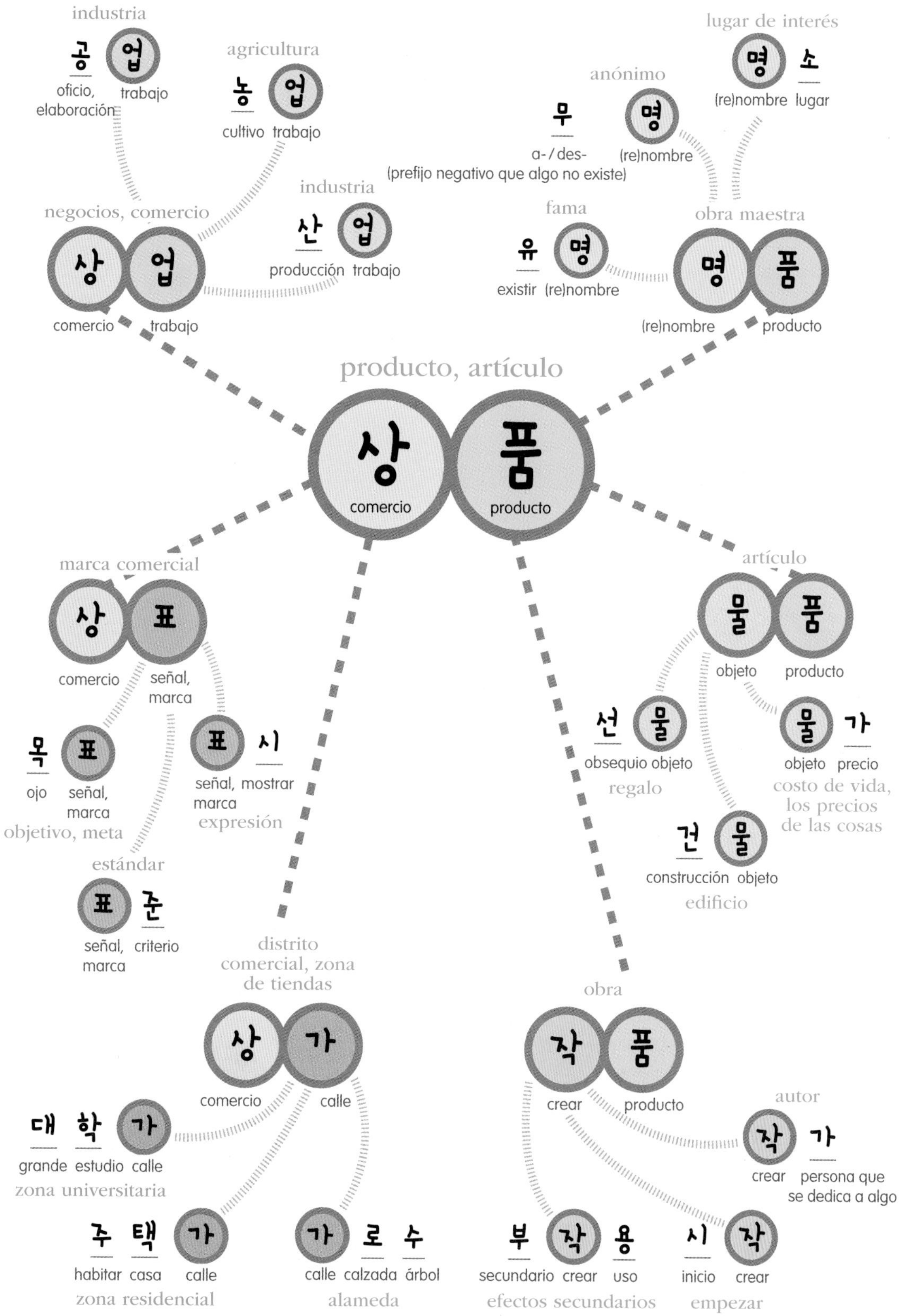

producto, artículo
상 품
comercio producto
negocios, comercio
상 업
comercio trabajo
industria
공 업
oficio, elaboración trabajo
agricultura
농 업
cultivo trabajo
industria
산 업
producción trabajo
obra maestra
명 품
(re)nombre producto
lugar de interés
명 소
(re)nombre lugar
anónimo
무 명
a-/des- (prefijo negativo que algo no existe) (re)nombre
fama
유 명
existir (re)nombre
marca comercial
상 표
comercio señal, marca
objetivo, meta
목 표
ojo señal, marca
expresión
표 시
señal, marca mostrar
estándar
표 준
señal, marca criterio
artículo
물 품
objeto producto
regalo
선 물
obsequio objeto
costo de vida, los precios de las cosas
물 가
objeto precio
edificio
건 물
construcción objeto
distrito comercial, zona de tiendas
상 가
comercio calle
zona universitaria
대 학 가
grande estudio calle
zona residencial
주 택 가
habitar casa calle
alameda
가 로 수
calle calzada árbol
obra
작 품
crear producto
autor
작 가
crear persona que se dedica a algo
efectos secundarios
부 작 용
secundario crear uso
empezar
시 작
inicio crear

Algo de cultura

Expresiones relacionadas con las compras

• 바가지 쓰다 Cobrarle a uno de más

Si en alguna ocasión uno paga por algo más de lo que realmente cuesta, uno puede usar 바가지를 썼다. Está expresión hace referencia a la incapacidad de averiguar el precio de algo aunque lo tenga delante de los ojos, como si llevara un gran 바가지 (cuenco) en la cabeza que le impidiese ver. Se usa 바가지 씌우다 para indicar que alguien estafa a un cliente haciéndole pagar más por un producto o servicio. Hay que ser especialmente cuidadoso cuando los precios no aparecen indicados porque en esos casos a uno le pueden timar fácilmente.

• 대박 ¡Fantástico!

Se emplea 대박, que literalmente significa "gran calabaza", cuando algo bueno sucede. Antiguamente las calabazas se usaban como contenedores de objetos valiosos, por lo que se asociaron con las ideas de riqueza y éxito. Por ello, podemos decir 대박 cuando compramos algo a muy buen precio. Por otra parte, en ocasiones se pueden encontrar en las tiendas artículos etiquetados como 대박 상품, lo que significa que están muy rebajados. También se puede usar 대박 con una película o una obra de teatro para indicar que ha sido un éxito de taquilla. Lo cierto es que 대박 se puede emplear para cualquier cosa positiva con la que nos topemos.

• 싸구려 Baratijas y hechos bochornosos

La palabra 싸구려, que viene del adjetivo 싸다 (barato) hace referencia a un artículo barato y de poca calidad. También puede usarse para señalar acciones bochornosas o realizadas si mucho atino. Como 싸구려 tiene connotaciones negativas, nunca deberíamos usarla para referirnos a la ropa o cualquier otro artículo de nuestros interlocutores. No obstante, en los mercados tradicionales, algunos vendedores gritan esta palabra para llamar la atención de la gente haciendo hincapié en cuán baratos venden sus productos.

Capítulo 09

한국 생활

El día a día en Corea

Objetivos
- comparar el momento en el que uno llegó a Corea por primera vez con el presente
- hablar sobre errores
- expresar sentimientos
- indicar las dificultades de aprender coreano
- pedir y dar consejo
- hablar sobre el empleo actual y los planes para el futuro

Gramática

❶ -(으)ㄹ 때 "cuando"
-겠- infijo especulativo

❷ -아/어도 "incluso si", "aunque", "por mucho que"
-아/어지다 estructura para indicar cambios de estado

❸ -(으)려고 "para", "con la intención de"
-(으)려면 "para", "en caso de querer"

Gramática 1

-(으)ㄹ 때 "cuando"

Anexo P. 274 C.C P. 304

A 한국에서는 사진을 찍을 때 뭐라고 말해요?
¿Qué se dice en Corea al sacar fotos?

B 사진을 찍을 때 '김치'라고 말해요.
Cuando se saca una foto, se dice "kimchi".

Se emplea –(으)ㄹ 때 para indicar el momento en el que una acción o una situación tiene lugar o el momento durante el cual suceden. Se añade a la raíz de los verbos o adjetivos, así como a 이다. Por lo general, se usa cuando –(으)ㄹ 때 las acciones o situaciones de ambas oraciones coinciden en el tiempo. Por el contrario, si la acción o situación de –(으)ㄹ 때 tuvo lugar antes, se añade el infijo de pasado –았/었–, lo que da lugar a –았/었을 때.

- 밤에 잘 때 무서운 꿈을 꿨어요. Mientras dormía, tuve un sueño terrorífico.
- 저는 스트레스를 받을 때 많이 먹어요. Cuando tengo estrés, como mucho.
- 그 사람을 처음 만났을 때 잠깐 얘기했어요. Cuando conocí a esa persona por primera vez, hablamos un rato.

-겠- infijo especulativo

C.C P. 299

A 뭐 먹을까요?
¿Qué comemos?

B 저게 맛있겠네요. 저거 주문할까요?
Eso tiene buena pinta. ¿Pedimos eso?

El infijo –겠– para realizar una hipótesis basándose en algo que se ve o se sabe, así como en algo que el interlocutor haya dicho. Se añade a la raíz de los verbos o adjetivos, así como a 이다. Si la hipótesis se realiza sobre algo que ya haya podido pasar, se añade el infijo de pasado –았/었–, lo que da lugar a la forma –았/었겠–.

- 아침을 안 먹었으니까 배고프겠어요.
  Como no has desayunado, debes de tener hambre.
- 음식을 많이 만들었어요. 혼자 다 먹을 수 없겠어요.
  He hecho demasiada comida. No me lo podré comer todo yo solo.
- 혼자 이사했으니까 힘들었겠네요.
  Debe de haber sido duro mudarte tú solo.

▸ Clave de respuestas P. 315

1 **알맞은 것끼리 연결하세요.**

(1) 회사에서 승진했을 때 •	• ⓐ 짜증 나요.
(2) 친구가 약속 때마다 늦게 올 때 •	• ⓑ 아쉬웠어요.
(3) 지하철에서 지갑을 잃어버렸을 때 •	• ⓒ 신기해요.
(4) 좋은 기회였는데 기회를 놓쳤을 때 •	• ⓓ 속상했어요.
(5) 어린아이가 어려운 수학 문제를 풀 때 •	• ⓔ 신났어요.

2 **다음에서 알맞은 것을 골라서 '-(으)ㄹ 때'를 사용하여 대화를 완성하세요.**

처음 만나다　　시간이 나다　　회사를 그만두다　　하기 싫은 일을 하다

(1) A 보통 언제 친구하고 문자를 주고받아요?
B ________________ 때마다 문자를 주고받아요.

(2) A 보통 언제 스트레스를 받아요?
B ________________ 때 스트레스를 많이 받아요.

(3) A 언제부터 그 사람이 마음에 들었어요?
B ________________ 때부터 마음에 들었어요.

(4) A 언제까지 한국에서 살 거예요?
B ________________ 때까지 한국에서 살 거예요.

3 **알맞은 것을 고르세요.**

(1) A 제 친구는 매일 하루에 2번씩 라면을 먹어요.
B 와! 진짜 많이 ⓐ 먹어요. / ⓑ 먹겠어요.

(2) A 제 집 바로 앞에 버스 정류장이 있어요.
B 정말 ⓐ 편하네요. / ⓑ 편하겠네요.

(3) A 요즘 매일 야근하고 있어요.
B ⓐ 피곤해요. / ⓑ 피곤하겠어요.

(4) A 지난주에 3시간 동안 걸었어요.
B 많이 ⓐ 걸었네요. / ⓑ 걸었겠네요.

Conversación ❶

pista 25

유키 마크 씨, 한국 생활이 어때요?

마크 지금은 괜찮지만, 처음에는 힘들었어요.

유키 언제 제일 힘들었어요?

마크 한국 사람하고 말이 안 통할 때 정말 힘들었어요.

유키 힘들었겠네요. 지금은 말이 잘 통해요?

마크 조금요. 말이 통하니까 한국 생활도 더 재미있어요.

유키 한국하고 미국은 생활 방식도 사고방식도 다른데 적응하기 쉬웠어요?

마크 아니요, 처음에는 문화 차이 때문에 적응이 안 됐어요. 또, 왜 그렇게 해야 하는지 모르니까 실수도 많이 했어요.

유키 지금은 적응했어요?

마크 완벽하게 적응하지 못했지만, 이제 많이 익숙해졌어요. 실수하면서 많이 배웠어요.

유키 예를 들면 어떤 실수를 했어요?

마크 전에 어떤 아줌마한테 반말을 해서 혼난 적도 있어요.

Yuki Mark, ¿qué tal la vida en Corea?

Mark Ahora bien, pero al principio fue muy duro.

Yuki ¿Qué te ha costado más? (lit. ¿Cuándo te fue más difícil?)

Mark Era realmente frustrante cuando no podía comunicarme con los coreanos.

Yuki Debe de haber sido duro. ¿Ahora ya te comunicas bien?

Mark Más o menos. (lit. Un poco.) Puedo disfrutar más la vida en Corea gracias a que puedo comunicarme.

Yuki La manera de vivir y el modo de pensar en Estados Unidos y Corea son diferentes. ¿Te fue fácil adaptarte?

Mark No, a causa de las diferencias culturales al principio no me adaptaba (a la vida en Corea). Además, como no entendía por qué había que hacer algunas cosas de determinada manera, cometía muchos errores.

Yuki ¿Ahora ya te has adaptado?

Mark No me he adaptado completamente, pero ya me he acostumbrado a muchas cosas. Aprendí mucho cometiendo errores.

Yuki ¿Por ejemplo? ¿Qué errores has cometido?

Mark Antes a veces algunas señoras me regañaban porque las tuteaba.

Nuevo vocabulario ▸ P. 330

말이 통하다 | 생활 방식 | 사고방식 | 차이 | 적응이 되다 | 실수 | 완벽하게 | 어떤 | 반말 | 혼나다

Nuevas expresiones ▸ P. 330

- 적응이 안 됐어요.
- 이제 많이 익숙해졌어요.
- 예를 들면

Notas

1 Los adverbios 잘 y 안

El adverbio 잘 se emplea para enfatizar que se realizar bien una determinada acción. Por el contrario, 안 se emplea para negar la realización esa acción.

- 그 사람과는 말이 **잘** 안 통해요. [말이 통하다]
  No puedo comunicarme bien con esa persona.
- 이 음식은 제 입에 **잘** 맞아요. [입에 맞다]
  Esta comida sabe como a mí me gusta.
- 사업은 제 적성에 **안** 맞아요. [적성에 맞다]
  Los negocios no son lo mío.

2 Uso de 되다 para indicar un resultado

El uso de las formas pasivas con 되다 se emplean a menudo indicar el resultado de una acción. También se puede usar el verbo 되다 con sustantivos, a los cuales se les añade la partícula 이/가, para indicar que se ha realizado una acción. La forma negativa correspondiente es 안 되다.

- 이 부분을 여러 번 읽으니까 **이해가 돼요.**
  He llegado a entenderlo después de leer esta parte varias veces.
- 집중하려고 했지만 너무 시끄러워서 **집중이 안 돼요.**
  Intentaba concentrarme, pero no pude porque había mucho ruido.

1 La expresión de emociones añadiendo sustantivos provenientes de caracteres chinos al verbo 하다

- 당황하다: 외국인이 저한테 외국어로 말을 걸었을 때 **당황했어요.**
  poner se nervioso, pillar a uno desprevenido: Me pongo nervioso cuando un extranjero me habla en otro idioma.
- 창피하다: 사람들 앞에서 미끄러졌을 때 정말 **창피했어요.**
  pasar vergüenza, dar vergüenza (por hacer algo que deja en evidencia): Cuando me resbalé delante de la gente, pasé muchísima vergüenza.
- 불안하다: 18살짜리 동생이 혼자 여행을 떠났을 때 걱정돼서 **불안했어요.**
  angustiarse: Me he angustiado porque me preocupa que mi hermano menor con dieciocho años se ha ido de viaje él solo.
- 실망하다: 친구가 저한테 거짓말을 한 것을 알았을 때 친구한테 **실망했어요.**
  llevarse una decepción: Me llevé una gran decepción con mi amigo cuando me enteré de que me había mentido.
- 좌절하다: 계속해서 시험에 다섯 번 떨어졌을 때 정말 **좌절했어요.**
  desanimarse, frustrarse: Me desanimé muchísimo cuando suspendí el examen cinco veces seguidas.
- 우울하다: 돈도 없고 여자 친구도 없고 취직도 안 돼서 정말 **우울해요.**
  deprimirse, estar deprimido: Estoy muy deprimido porque no tengo dinero, ni tengo novia ni he conseguido trabajo.
- 억울하다: 제가 잘못하지 않았는데 엄마가 저를 혼낼 때 **억울했어요.**
  sentirse agraviado, ofenderse: Me sentí ofendido cuando mi madre me regañó aunque yo no había hecho nada malo.

2 La expresión de emociones añadiendo sustantivos autóctonos coreanos al verbo 하다

- 심심하다: 나는 약속도 없고 할 일이 없을 때 **심심해요.**
  aburrirse, estar aburrido: Cuando no tengo ningún compromiso ni nada que hacer, me aburro.
- 답답하다: 시험에서 공부한 단어가 생각 안 날 때 **답답해요.**
  dar coraje: Me ha mucho coraje cuando en los exámenes no me acuerdo de las palabras que he estudiado.
- 속상하다: 어머니께 선물 받은 소중한 목걸이를 잃어버렸을 때 **속상했어요.**
  llevarse un disgusto: Me llevé un disgusto cuando perdí el precioso collar que mi madre me había regalado.
- 서운하다: 친한 친구가 제 생일을 잊어버리고 지나갔을 때 친구한테 **서운했어요.**
  sentirse dolido: Me sentí dolida con una muy buena amiga cuando fue mi cumpleaños pero se le olvidó.

3 La expresión de emociones hacia personas u objetos

- 지겹다: 매일 똑같은 음식을 먹으면 그 음식이 **지겨울** 거예요.
  hartarse de, cansarse de: Si comes siempre la misma comida, te hartarás de ella.
- 부럽다: 조금만 공부해도 잘 기억하는 사람이 **부러워요.**
  sentir envidia, envidiar: Envidio a la gente que recuerda bien las cosas con estudiarlas no más un poco.
- 귀찮다: 주말에 집에서 쉴 때 집안일 하는 것이 **귀찮아요.**
  ser un fastidio: Es un fastidio tener que hacer tareas domésticas los fines de semana en los que uno puede descansar en casa.
- 그립다: 오랫동안 외국에서 사니까 고향 음식이 너무 **그리워요.**
  extrañar, echar de menos: Como vivo en el extranjero desde hace tiempo, extraño mucho la comida de mi ciudad natal.
- 대단하다: 저 사람은 혼자 한국어를 공부했는데 정말 잘해요. 저 사람이 **대단해요.**
  ser increíble, ser impresionante: Aquella persona estudió coreano ella sola, pero lo habla muy bien. Es alguien impresionante.
- 지루하다: 영화가 너무 **지루해서** 영화 보다가 잠이 들었어요.
  ser aburrido, estar aburrido: Como la película es muy aburrida, me quedé dormido mientras la veía.
- 신기하다: 한국어를 잘 못하는데 한국 사람하고 말이 잘 통하는 것이 **신기해요.**
  maravillarse, resultar curioso: No habla bien coreano pero resulta curioso que se comunique sin problemas con los coreanos.
- 불쌍하다: 부모가 없는 아이들이 어렵게 생활하는 것을 보면 아이들이 **불쌍해요.**
  ser una lástima, dar pena: Cuando veo lo difícil que es vivir para los niños sin padres, (esos niños) me dan mucha pena.
- 끔찍하다: 뉴스에 나온 교통 사고 장면이 정말 **끔찍했어요.**
  resultar espantoso, ser terrible: La escena del accidente de tráfico que ha salido en las noticias era terrible.
- 징그럽다: 큰 벌레가 정말 **징그러웠어요.**
  dar asco, ser asqueroso: El bicho grande me daba mucho asco.

¡Cuidado!

Cuando se expresan los sentimientos y emociones que despiertan ciertas personas, objetos o situaciones, no se menciona a quien experimenta esos sentimientos o emociones y, por el contrario, se añade la partícula 이/가 al sustantivo que se refiere a la persona, el objeto o la situación que los provocan, ya que son el sujeto de la frase.

Ej. (저는) 이 음식이 지겨워요.
(A mí) Esa comida me cansa.
(=Estoy cansado de esa comida.)

Expresiones esenciales

- 신기한 느낌이 들어요.
  Me siento genial.
- 신기하게 생각하고 있어요.
  Me parece fantástico.
- 신기하다고 생각해요.
  Pienso que es fantástico.

Gramática ❷

-아/어도 "incluso si", "aunque", "por mucho que"

C.C P. 302

A 그 사람 이름이 뭐예요?
¿Cómo se llama esa persona?

B 아무리 생각해도 그 사람 이름이 생각 안 나요.
Por mucho que lo piense, no me acuerdo de su nombre.

La estructura -아/어도 se emplea para indicar que el resultado de una acción o estado no es el esperado. Esta estructura se añade a las raíces de verbos y adjetivos. En el caso de 이다, esta estructura adopta la forma (이)라도. El adverbio 아무리 (no importa cuánto) puede añadirse a la primera oración para darle un mayor énfasis.

- 운동해도 살이 빠지지 않아요. Aunque hago ejercicio, no adelgazo.
- 아무리 버스를 기다려도 버스가 오지 않아요. Por mucho que espere el autobús, no viene.
- 동생이 똑똑하니까 걱정하지 않아도 잘할 거예요.
  Como mi hermano menor es inteligente, lo hará bien, así que no hace falta preocuparse.
- 학생이라도 자기 잘못은 책임져야 해요. Aunque seas estudiante, debes responsabilizarte du tus propios errores.

-아/어지다 estructura para indicar cambios de estado

Anexo P. 275 C.C P. 303

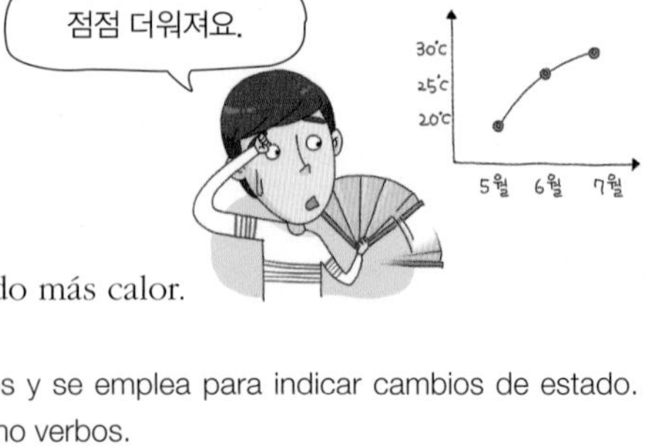

A 날씨가 어때요?
¿Qué tal el tiempo?

B 6월이 되니까 점점 더워져요.
Como ya estamos en junio, poco a poco va haciendo más calor.

La estructura -아/어지다 se añade a las raíces de los adjetivos y se emplea para indicar cambios de estado. Cuando los adjetivos se usan con esta estructura, funcionan como verbos.

- 자주 만나면 그 사람과 더 친해져요. Te llevarás mejor con él, si se ven con frecuencia.
- 텔레비전에 나온 후 그 가수가 유명해졌어요. Ese cantante se hizo famoso tras aparecer en televisión.
- 새로 사업을 시작했으니까 앞으로 바빠질 거예요.
  Como has iniciado un nuevo negocio, a partir de ahora vas a estar muy ocupado.

▸ Clave de respuestas P. 316

1 **알맞은 것을 고르세요.**

(1) 여러 번 전화해도 ⓐ 전화를 받았어요. / ⓑ 전화를 안 받았어요.

(2) 밥을 많이 먹어도 ⓐ 아직 배가 고파요. / ⓑ 벌써 배가 불러요.

(3) 아무리 얘기해도 ⓐ 제 말을 잘 들어요. / ⓑ 제 말을 듣지 않아요.

(4) ⓐ 열심히 일해서 / ⓑ 열심히 일해도 돈을 모았어요.

(5) ⓐ 물건값이 싸서 / ⓑ 물건값이 싸도 품질이 좋아요.

(6) ⓐ 음식이 싱거워서 / ⓑ 음식이 싱거워도 소금을 넣지 마세요.

2 **알맞은 것끼리 연결하세요.**

(1) 봄이 되면 •	• ⓐ 몸이 건강해져요.
(2) 운동을 하면 •	• ⓑ 건강이 나빠질 거예요.
(3) 겨울이 되면 •	• ⓒ 눈이 나빠져요.
(4) 담배를 피우면 •	• ⓓ 더 예뻐질 거예요.
(5) 어두운 곳에서 책을 읽으면 •	• ⓔ 날씨가 추워져요.
(6) 외모에 신경을 쓰면 •	• ⓕ 날씨가 따뜻해져요.

3 **다음에서 알맞은 것을 골라서 '-아/어도'나 '-아/어지다'를 사용하여 문장을 완성하세요.**

춥다	편하다	비싸다	연습하다	한국인이다

(1) 그 음식은 값이 ______________ 맛없어요.

(2) 컴퓨터 덕분에 옛날보다 생활이 ______________.

(3) 아무리 ______________ 한국어 발음이 쉽지 않아요.

(4) 가을이 되면 바람이 불어서 날씨가 ______________.

(5) ______________ 한국어 문법을 모를 때가 있어요.

Conversación ❷

pista 26

리나 무슨 고민이 있어요? 왜 그래요?

케빈 요즘 한국어를 배우고 있는데, 열심히 공부해도 한국어 실력이 늘지 않아요. 말하기도 너무 어렵고요.

리나 한국어를 공부한 지 얼마나 됐어요?

케빈 한 6개월쯤 됐어요.

리나 얼마 안 됐네요.
실력이 늘 때까지 시간이 어느 정도 걸려요.

케빈 저도 알지만 실력이 좋아지지 않아서 자신감이 점점 없어져요.

리나 보통 공부할 때 어떻게 해요? 한국 친구를 자주 만나요?

케빈 아니요, 일도 해야 되고 숙제도 많아서 친구 만날 시간이 없어요.

리나 혼자 열심히 공부해도 사람들하고 연습하지 않으면 실력이 늘지 않아요.

케빈 네, 저도 그렇게 생각해요.

리나 한국 친구를 최대한 많이 만나세요. 한국 친구하고 얘기할 때 한국어만 사용하고요.

케빈 알겠어요. 그렇게 해 볼게요.

리나 매일 꾸준히 연습하면 한국어 실력이 곧 좋아질 거예요.

Rina ¿Qué te angustia? (lit. ¿Qué angustia tienes?) ¿Por qué estás así?

Kevin Estos días estoy estudiando coreano pero, aunque estudio duro, mi (nivel de) coreano no mejora. Me resulta tan difícil hablarlo.

Rina ¿Cuánto tiempo hace que estudias coreano?

Kevin Hace ya unos seis meses.

Rina No es tanto tiempo. Se tarda cierto tiempo en mejorar el (nivel de) coreano.

Kevin Yo también lo sé pero, como mi (nivel de) coreano no es bueno, voy perdiendo poco a poco confianza.

Rina ¿Cómo sueles estudiar? ¿Te ves a menudo con amigos coreanos?

Kevin No, como tengo que trabajar y también tengo muchas tareas, no me queda tiempo para quedar con mis amigos.

Rina Aunque estudies con ahínco por tu cuenta, si no practicas con gente, tu (nivel de) coreano no mejorará.

Kevin Sí, yo también pienso así.

Rina Queda tanto como puedas con tus amigos coreanos. Además, cuando hables con tus amigos, habla solo en coreano.

Kevin De acuerdo. Intentaré hacerlo así.

Rina Si practicas todos los días de manera constante, tu (nivel de) coreano mejorará en poco tiempo.

Nuevo vocabulario ▸ P. 331

고민 | 실력 | 한 | 어느 정도 | 자신감 | 점점 | 없어지다 | 최대한 | 꾸준히 | 곧

Nuevas expresiones ▸ P. 331

- 무슨 고민이 있어요?
- 저도 그렇게 생각해요.
- 최대한 많이

Notas

1 –고요: además, también

Se utiliza –고요 para hace una indicación adicional sobre algún tema. En conversaciones coloquiales, es frecuente escuchar la variante –구요.

- 채소를 많이 드세요. 그리고 매일 운동하세요.
  Coma mucha verdura. Además, haga ejercicio a diario.
  → 채소를 많이 드세요. 매일 운동하**고요**.
- 혼자 문제를 푸세요. 그리고 사전을 보지 마세요.
  Contesten a las preguntas ustedes solos. Asimismo, no miren nada en los diccionarios.
  → 혼자 문제를 푸세요. 사전을 보**지 말고요**.

2 La desinencia –(으)ㄹ

La desinencia –(으)ㄹ se añade a la raíz de verbos cuando estos se colocan antes de sustantivos para indicar la posibilidad de que esas acciones o situaciones podrían ocurrir en el futuro. Por ejemplo, en la conversación de arriba, hace tiempo que Kevin no ha visto a sus amigos pero habla sobre la posibilidad de quedar con ellos en el futuro, por lo que hace uso de 만날 시간 en lugar de 만나는 시간.

- 어제 해야 **할 일**이 많아서 늦게 잤어요.
  Como ayer tuve mucho trabajo que hacer, me acosté tarde.

1 La expresión de emociones con el verbo 나다

- 화나다 (= 화가 나다): 친구가 나를 무시했을 때 진짜 **화가 났어요.**
  enojarse, enfadarse: Me enojé muchísimo cuando mi amigo me ignoró.
- 짜증 나다 (= 짜증이 나다): 공부하는데 친구가 자꾸 말을 시켜서 **짜증 났어요.**
  molestarse: Me molesté porque mi amigo no paraba de hablarme mientras estudiaba.
- 신나다 (= 신이 나다): 사람들이 음악을 듣고 **신이 나서** 춤을 추기 시작해요.
  animarse, entusiasmarse: Al escuchar música, la gente se anima y empieza a bailar.
- 겁나다 (= 겁이 나다): 사업에서 실패할 수 있다고 생각하니까 **겁이 났어요.**
  estar extremadamente preocupado: Estoy extremadamente preocupado porque creo que mi negocio podría quebrar.
- 싫증 나다 (= 싫증이 나다): 공부에 **싫증 나서** 더 이상 공부하고 싶지 않아요.
  hartarse: Como estoy harto de estudiar, no quiero estudiar más.

¡Cuidado!

Estas emociones y sentimientos van seguidos de la partícula 이/가 con el verbo 나다 porque es un verbo intransitivo, pero se les añade la partícula 을/를 cuando se usan con el verbo 내다 porque es un verbo transitivo. No obstante, la primera forma indica un estado emocional, mientras que la segunda hace referencia al hecho de cambiar de estado.

- 너무 많이 화가 나서 처음으로 친구에게 **화를 냈어요.**
  Como estaba tan enojada, me enfadé (=discutí, reñí) por primera vez con mi amiga.

2 La expresión de emociones con el verbo 되다

- 긴장되다: 취업 면접을 앞두고 너무 **긴장돼요.**
  estar/ponerse nervioso: Estoy muy nervioso por mi inminente entrevista de trabajo.
- 걱정되다: 내일이 시험인데 합격을 못 할까 봐 **걱정돼요.**
  preocupar(se), estar preocupado: Mañana tengo un examen y me preocupa no aprobar.
- 안심되다: 어두운 길을 걸을 때 친구와 함께 걸으면 **안심돼요.**
  sentirse seguro, tranquilizar(se): Cuando camino por una calle oscura, si lo hago acompañada por un amigo, me siento segura.
- 기대되다: 새로운 곳에서 새로운 경험을 할 것이 **기대돼요.**
  esperar, tener la ilusión de: Espero vivir nuevas experiencias en nuevos lugares.
- 흥분되다: 우리 축구 팀이 이겼을 때 정말 **흥분됐어요.**
  regocijarse, ponerse como loco: Cuando nuestro equipo de fútbol ganó, nos pusimos como locos.
- 후회되다: 젊었을 때 더 많은 경험을 했으면 좋았을 텐데 **후회돼요.**
  arrepentirse: Ojalá hubiera vivido muchas más experiencias cuando era joven, pues (ahora) me arrepiento.

¡Cuidado!

Cuando se hace referencia a una sensación o emoción que se suele experimentar habitualmente en ciertas ocasiones, en lugar de referirse a la sensación o emoción que se siente en el momento actual, se usa el verbo 하다.

- 저는 시험 전에는 항상 **긴장해서** 아무것도 먹지 않아요.
  Antes de los exámenes, siempre me pongo tan nervioso que no como nada. [hecho habitual].
- 5분 후에 시험이 있어요. **긴장돼요.**
  Tengo un examen en cinco minutos. Estoy nervioso. [sensación actual].

3 La expresión de emociones de otras formas

- 즐겁다: 다른 사람을 도와주면, 몸은 힘들지만 마음이 **즐거워요.**
  feliz, dichoso: Si ayudas a los demás, tu cuerpo se fatigará (lit. será duro para tu cuerpo) pero tu alma (lit. corazón) será feliz.
- 기쁘다: 오랫동안 준비해 온 시험에 합격했을 때 정말 **기뻤어요.**
  alegrarse: Me alegré muchísimo cuando aprobé ese examen que había estado preparando durante tanto tiempo.
- 무섭다: 밤에 집에 혼자 있을 때 이상한 소리가 나면 **무서워요.**
  tener miedo, asustarse: Cuando estoy en casa yo solo, me asusto si oigo algún ruido raro.
- 외롭다: 크리스마스에 외국에서 혼자 지내야 하니까 **외로운** 생각이 들었어요.
  sentirse solo: Como tuve que pasar la Navidad a solas en un país extranjero, me sentí muy solo.
- 괴롭다: 이상한 직장 상사 때문에 회사 생활이 너무 **괴로워요.**
  ser fastidioso, fastidiar:: El día a día en la empresa es muy desagradable por culpa de un superior muy extraño.
- 부끄럽다: 아이한테 한 약속을 내가 지키지 않았을 때 아이한테 **부끄러웠어요.**
  dar vergüenza, sentirse avergonzado: Me sentí avergonzado con el niño cuando no pude mantener la promesa que le había hecho.
- 안타깝다: 친구가 열심히 노력했지만 시험에서 떨어져서 **안타까워요.**
  ser una lástima, dar rabia (algo que le ha sucedido a alguien): Es una lástima que mi amigo haya suspendido el examen a pesar de haberse esforzado muchísimo (preparándolo).
- 아깝다: 하루에 술값으로 100만 원을 쓰다니 정말 돈이 **아까워요.**
  ser lamentable/un desperdicio: Gastarse un millón de wones en alcohol al día es verdaderamente un desperdicio.
- 아쉽다: 한국에서 더 있고 싶은데 내일 떠나야 해서 정말 **아쉬워요.**
  ser una lástima, dar rabia (por no tener la oportunidad de hacer algo): Es una lástima que tenga que irme mañana de Corea porque me gustaría quedarme más.

Expresiones esenciales

- 언제 이런 느낌이 들어요?
  ¿Cuándo te sientes así?
- 언제 이런 느낌을 받아요?
  ¿Cuándo te entra esa sensación?

Gramática 3

-(으)려고 "para", "con la intención de"

Anexo P. 275

C.C P. 306

A 왜 이 책을 샀어요?

¿Por qué has comprado este libro?

B 지하철에서 읽으려고 이 책을 샀어요.

He comprado este libro para leerlo en el metro.

Se emplea –(으)려고 para indicar el objetivo o la intención de una acción. La oración que indica el objetivo o intención siempre va en primer lugar seguida de –(으)려고 y la acción que expresa la acción que se realiza para dicho fin va detrás. Se usa –(으)려고 añadiéndolo a la raíz de los verbos. El sujeto de ambas frases ha de ser siempre el mismo.

- 나중에 유학 가려고 외국어를 공부하고 있어요. Estoy estudiando idiomas para ir más tarde a estudiar en el extranjero.
- 설날에 입으려고 한복을 준비했어요. He preparado mi traje tradicional coreano para ponérmelo en el Año Nuevo Oriental.
- 약속에 늦지 않으려고 아침 일찍 출발했어요. Salí por la mañana temprano para no llegar tarde a la cita.

-(으)려면 "para", "en caso de querer"

C.C P. 306

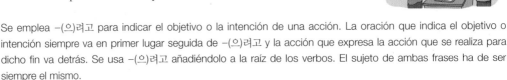

A 명동에 어떻게 가요?

¿Cómo se va a Myeongdong?

B 명동에 가려면 여기에서 버스를 타세요.

Para ir a Myeongdong, tome aquí el autobús.

Se hace uso de –(으)려면 para indicar una hipótesis en la que alguien podría tener la intención o el deseo de hacer algo. La frase que sigue a –(으)려면 puede ser una orden, una sugerencia, una obligación, un plan o una acción necesaria para poder realizar ese hipotético objetivo. Se usa –(으)려면 añadiéndolo a la raíz de los verbos.

- 표를 사려면 일찍 가서 줄을 서야 돼요.
  Para comprar las entradas, deberías ir temprano a hacer cola.
- 수업 시간에 졸지 않으려면 커피를 마셔야 돼요.
  Debería tomarme un café para no quedarme dormido a la hora de clase.
- 건강해지려면 담배를 끊고 운동하세요.
  Deberías dejar de fumar y hacer ejercicio para tener mejor salud.

¡Cuidado!

Las dos estructuras de arriba están relacionadas con la realización de objetivos pero su uso difiere como se puede ver en las siguientes frases:

- 한국어를 잘하**려고** 열심히 연습**했어요**.
  He practicado muchísimo para hablar bien coreano.
- 한국어를 잘하**려면** 열심히 연습하**세요**.
  Practique muchísimo para hablar bien coreano.

▸ Clave de respuestas P. 316

1 **알맞은 것끼리 연결하세요.**

(1) 가방이 너무 무거워서 •	• ① 돈을 벌려고 •	• ⓐ 녹음해요.
(2) 선생님 말이 너무 빨라서 •	• ② 빨리 가려고 •	• ⓑ 새 노트북을 샀어요.
(3) 돈이 다 떨어져서 •	• ③ 가볍게 들고 다니려고 •	• ⓒ 택시를 타요.
(4) 약속에 늦어서 •	• ④ 나중에 다시 들으려고 •	• ⓓ 아르바이트를 시작했어요.

2 **다음에서 알맞은 것을 골라서 '-(으)려면'을 사용하여 대화를 완성하세요.**

타다	잘하다	후회하다	거절하다	화해하다

(1) A 한국어 공부가 어려운데 한국어를 ________________ 어떻게 해야 돼요?
B 일단 한국 친구를 많이 사귀세요.

(2) A 고속버스를 ________________ 어느 쪽으로 가야 돼요?
B 저기 매점에서 오른쪽으로 가면 터미널이 나와요.

(3) A 친구의 부탁을 ________________ 어떻게 해야 돼요?
B 친구가 기분 나빠하지 않게 솔직하게 말하세요.

(4) A 친구와 싸웠는데 ________________ 어떻게 해야 돼요?
B 먼저 친구에게 사과하세요.

(5) A 나중에 자기 인생을 ________________ 어떻게 해야 돼요?
B 하고 싶은 일을 포기하지 말고 도전하세요.

3 **알맞은 것을 고르세요.**

(1) 시간 있으면 우리 집에 ⓐ 놀러/ⓑ 놀려고 오세요.

(2) ⓐ 운동하러/ⓑ 운동하려고 헬스장에 등록했어요.

(3) 시험을 잘 ⓐ 보려고/ⓑ 보려면 수업에 빠지지 마세요.

(4) 서로 잘 ⓐ 이해하려고/ⓑ 이해하려면 많이 노력했어요.

(5) 비행기 표를 싸게 ⓐ 사려고/ⓑ 사려면 인터넷에서 찾아보세요.

Conversación ❸

pista **27**

웨이 씨만큼 요리하려면…….
6개월 이상 배워야 돼요.

유키 요즘 어떻게 지내요?

웨이 한국 요리를 배우고 있어요.

유키 재미있겠네요. 그런데 어렵지 않아요?

웨이 한국 사람처럼 잘하기 어렵지만 생각보다 재미있어요.

유키 대단하네요. 그런데 왜 요리를 배워요?

웨이 저는 원래 한국 문화에 관심이 많이 있었어요. 요리도 한국 문화를 더 잘 이해하려고 배워요.

유키 웨이 씨만큼 요리하려면 얼마나 배워야 돼요?

웨이 사람마다 다르죠. 익숙해지려면 적어도 6개월 이상 배워야 돼요.

유키 그렇군요. 저는 가요나 드라마 같은 것을 좋아해요. 특히 요즘에는 한국어 연습하려고 드라마를 잘 봐요.

웨이 드라마가 한국어 연습에 도움이 돼요?

유키 그럼요, 듣기 연습도 되고 문화도 배울 수 있어서 좋아요.

웨이 저는 드라마를 봤을 때 잘 못 알아들어서 금방 포기했어요.

유키 포기하지 말고 꾸준히 해 보세요. 자꾸 들으면 알아들을 수 있게 돼요.

Yuki ¿Cómo te va últimamente?

Wei Estoy aprendiendo cocina coreana.

Yuki ¡Qué interesante! ¿Pero no es difícil?

Wei Es difícil hacerlo tan bien como los coreanos pero es más divertido de lo que pensaba.

Yuki ¡Fantástico! ¿Por qué aprendes a cocinar?

Wei Es que me ha interesado la cultura coreana desde siempre. También aprendo a cocinar para entender mejor la cultura coreana.

Yuki ¿Cuánto habría que aprender para poder cocinar tan bien como tú, Wei?

Wei Depende de cada persona. (lit. Cada persona es diferente.) Para adquirir maestría, habría que aprender más de seis meses.

Yuki Ya veo. A mí me gustan cosas como la música y las teleseries, así que estos días veo bastantes teleseries coreanas para practicar el coreano.

Wei ¿Las teleseries te ayudan a practicar el coreano?

Yuki Claro. Son muy buenas porque se puede practicar la comprensión oral y aprender sobre la cultura.

Wei Hace poco que he dejado de ver teleseries porque, cuando las veía, no podía entender mucho.

Yuki No te rindas e intenta verlas con regularidad. Si sigues (lit. Si las escuchas repetidamente), podrás ir entendiendo más.

Nuevo vocabulario ▸P. 331

대단하다 | 원래 | 이해하다 | 만큼 | 적어도 | 이상 | 알아듣다 | 포기하다 | 자꾸

Nuevas expresiones ▸P. 331

- 요즘 어떻게 지내요?
- 사람마다 다르죠.
- (A) 이/가 (B)에 도움이 돼요.

Notas

1 La partícula 만큼

La partícula 만큼 se usa para indicar que algo o alguien es prácticamente igual que el sustantivo que la precede, por lo que en español sería equivalente a equivalente a "tan [...] como".

- 그 사람도 가수**만큼** 노래해요.
  Canta tan bien como el cantante.
- 벌레가 손바닥**만큼** 커요.
  El bicho es tan grande como la palma de mi mano.

2 Dos significados de 잘

El adverbio 잘 tiene varios significados. En la conversació de arriba, en un primer lugar lo encontramos en 잘 이해하다, donde tiene el valor de "detenidamente" o "en detalle". En segundo lugar, lo vemos en 잘 보다, donde simplemente significa "mucho" o "a menudo".

- 그 사람에 대해 **잘** 알고 있어요.
  Sé muchas cosas sobre esa persona.
- 아이들은 **잘** 울어요. Los niños lloran a menudo.

1 Sustantivo + 있다: "ser", "tener"

- 재미: 재미가 있다 ser interesante/divertido
  ↔ 재미가 없다 ser aburrido
- 인기: 인기가 있다 ser popular
  ↔ 인기가 없다 no ser popular
- 예의: 예의가 있다 ser educado
  ↔ 예의가 없다 ser maleducado
- 실력: 실력이 있다 ser competente, ser bueno en
  ↔ 실력이 없다 no tener aptitudes para, no ser bueno en
- 책임감: 책임감이 있다 ser responsable
  ↔ 책임감이 없다 ser irresponsable
- 의미: 의미가 있다 ser significativo
  ↔ 의미가 없다 carecer de sentido
- 관심: 관심이 있다 tener interés en
  ↔ 관심이 없다 carecer de interés en
- 자신: 자신이 있다 tener confianza en uno mismo
  ↔ 자신이 없다 carecer de confianza en uno mismo
- 매력: 매력이 있다 ser encantador, tener encanto
  ↔ 매력이 없다 no ser encantador, carecer de encanto
- 재능: 재능이 있다 tener talento
  ↔ 재능이 없다 carecer de talento
- 효과: 효과가 있다 ser eficaz
  ↔ 효과가 없다 no ser eficaz
- 관련: 관련이 있다 estar relacionado
  ↔ 관련이 없다 no estar relacionado

- 언제나 **예의가 있는** 남자가 여자에게 **인기가 있어요.** Los hombres educados siempre son populares entre las mujeres.

2 Sustantivo + 많다: "tener mucho"

- 돈: 돈이 많다 ↔ 돈이 없다
  tener mucho dinero ↔ no tener dinero
- 정: 정이 많다 ↔ 정이 없다
  sentir mucho afecto ↔ no sentir afecto
- 욕심: 욕심이 많다 ↔ 욕심이 없다
  tener mucha ambición, ser muy codicioso
  ↔ no tener ambición, no ser codicioso
- 인내심: 인내심이 많다 ↔ 인내심이 없다
  tener mucha paciencia ↔ no tener paciencia

- 그 사람은 **돈이 없지만** 착하고 **정이 많은** 사람이에요. Esa persona no tiene dinero, pero es una persona amable y muy afectuosa.

3 Sustantivo + 나다: "producirse", "surgir"

- 화: 화가 나다 ↔ 화가 안 나다
  enojarse, enfadarse ↔ no enojarse, no enfadarse
- 힘: 힘이 나다 ↔ 힘이 안 나다
  animarse ↔ no animarse
- 차이: 차이가 나다 ↔ 차이가 안 나다
  diferenciarse, haber diferencias
  ↔ no diferenciarse, no haber diferencias
- 샘: 샘이 나다 ↔ 샘이 안 나다
  envidiar ↔ no envidiar

- 그 사람과 생각이 **차이 나지만** 그 사람과 얘기하는 것이 재미있어요.
  Aunque disiento de su opinión, resulta interesante hablar con él.

4 Sustantivo + 되다: "ponerse", "volverse"

- 이해: 이해가 되다 ↔ 이해가 안 되다
  poder entender ↔ no poder entender
- 적응: 적응이 되다 ↔ 적응이 안 되다
  acostumbrarse ↔ no acostumbrarse
- 도움: 도움이 되다 ↔ 도움이 안 되다
  ser de ayuda ↔ no ser de ayuda
- 해: 해가 되다 ↔ 해가 안 되다
  dañino ↔ no ser dañino

- 건강에 **해가 되는** 음식을 왜 먹는지 **이해가 안 돼요.**
  No puedo entender por qué comes comida dañina para la salud.

5 Otros

- 힘이 세다 ser fuerte, tener mucha fuerza ↔ 힘이 약하다 ser débil, tener poca fuerza
- 키가 크다 ser de alta estatura ↔ 키가 작다 ser de baja estatura
- 나이가 많다 tener mucha edad ↔ 나이가 적다 tener pocos años
- 운이 좋다 tener buena suerte ↔ 운이 나쁘다 tener mala suerte
- 기분이 좋다 estar de buen humor ↔ 기분이 나쁘다 estar de mal humor
- 마음이 넓다 tener una mentalidad abierta ↔ 마음이 좁다 tener una mentalidad cerrada

Expresiones esenciales

- 어떤 것에나 관심이 있어요.
  Me interesa cualquier cosa.
- 어떤 것에도 관심이 없어요.
  No me interesa nada.

☕ ¡Hablemos!

Estrategias comunicativas ➤ **Cómo reaccionar ante las emociones de los demás**

- Para mostrar solidaridad con el interlocutor sobre su situación actual
 그렇겠네요. **Debe de ser/estar…**

- Para mostrar solidaridad con el interlocutor sobre una situación o hecho del pasado
 그랬겠네요. **Debe de de haber sido/estado…**

❶ 여러분은 언제 이런 느낌이 들어요?

Sentimientos positivos

신나요. Es fascinante/emocionante.
편해요. Es cómodo/conveniente.
신기해요. Es increíble/impresionante.
힘이 나요. Estoy recuperando las fuerzas.
재미있어요. Es interesante/divertido.
감동적이에요. Es conmovedor.
흥미가 생겨요. Me interesa/atrae.
호기심이 생겨요. Me da/Siento curiosidad.
자신감이 생겨요. Me siento seguro de mí mismo.

Sentimientos negativos

걱정돼요. Estoy preocupado.
긴장돼요. Estoy nervioso.
겁이 나요. Me da miedo.
불편해요. Es incómodo/inconveniente.
힘들어요. Es duro/difícil.
헷갈려요. Me siento confuso.
당황했어요. Estoy desconcertado.
황당했어요. Es ridículo.
이해가 안 돼요. No lo entiendo/No puedo entender.

영어에는 존댓말이 없어서 언제 존댓말을 쓰고 언제 반말을 써야 하는지 아직도 헷갈려요.

존댓말? 반말?

그렇겠네요.

❷ 한국 사람과 언제 사고방식의 차이를 느껴요? 여러분 나라와 한국이 어떤 문화 차이가 있어요?

한국에서는 회사에서 회의할 때 자기보다 나이가 많거나 지위가 높은 사람 앞에서 자신의 의견을 솔직하게 말하는 사람이 적은 것을 보고 깜짝 놀랐어요. 정말 사고방식이 달라요.

일본에서는 친구나 동료하고 같이 식사하면 반반씩 돈을 내지만, 한국에서는 돌아가면서 돈을 내는 경우가 많아요. 이럴 때 한국하고 일본이 사고방식이 다른 것을 느껴요.

한국에서는 나이가 많은 사람에게 이름을 부르는 경우가 적은데, 미국에서는 저보다 3-4살 많아도 이름을 부르는 것이 보통이에요. 나이가 많아도 친구니까 그냥 이름을 불러도 돼요.

❸ 한국에서 생활하면서 어떤 실수를 한 적이 있어요?

전에 실수로 아줌마한테 반말로 말한 적이 있는데 아줌마가 화를 내서 당황했어요. 그때 저는 왜 아줌마가 화가 났는지 이해가 안 됐어요. 그래서 ……

Nuevo vocabulario ···

감동적이다 ser conmovedor | 흥미 interés | 호기심 curiosidad | 헷갈리다 sentirse confuso | 지위 clase social, puesto | 솔직하게 honestamente |
돌아가면서 en el camino de vuelta | 경우 situación, caso

Red de palabras

Anexo P. 321

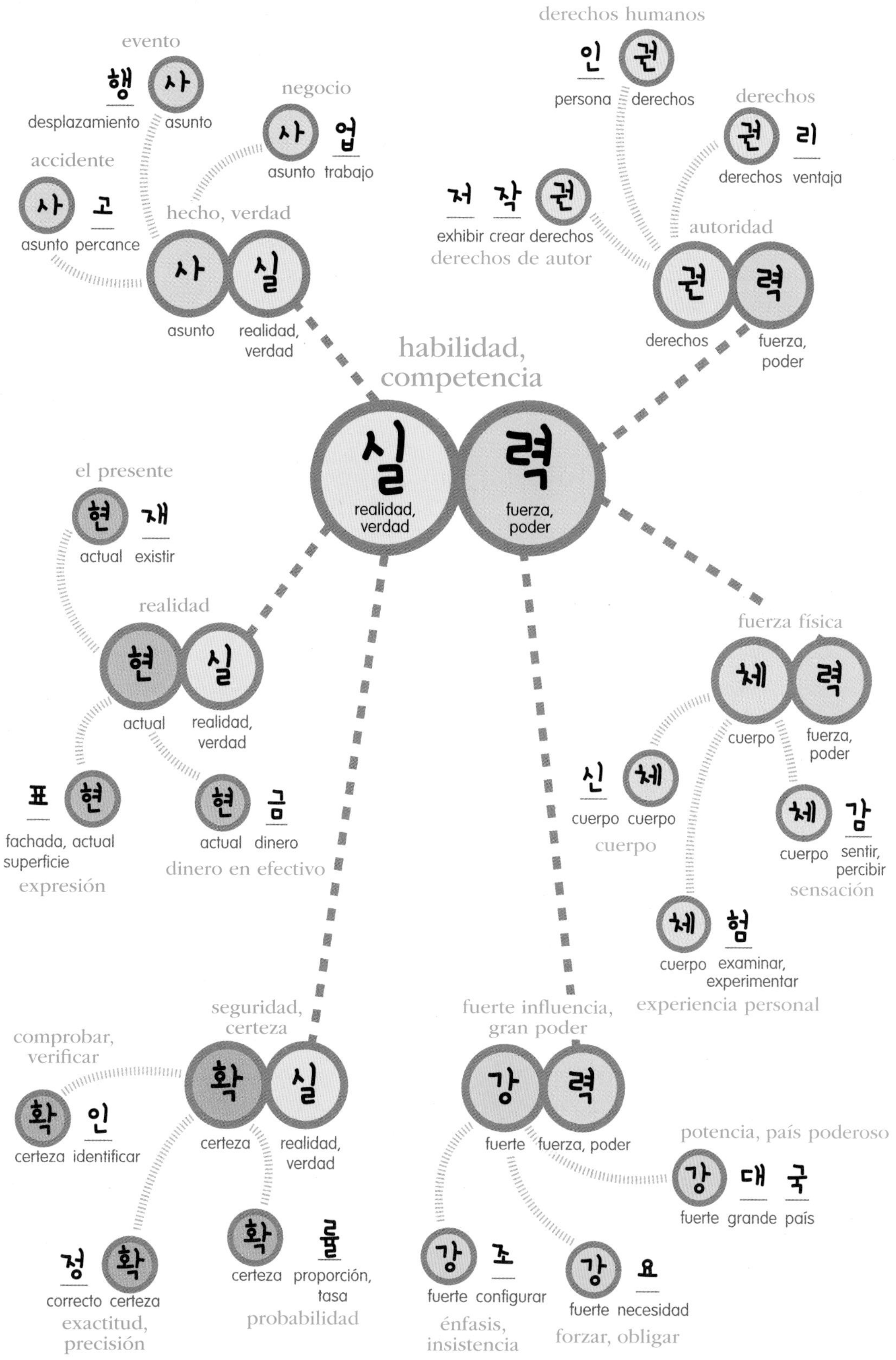

Algo de cultura

Interjecciones frecuentes en coreano

• 아이고! ¡Ay!

Los coreanos suelen exclamar 아이고! cuando les duele algo, cuando experimentan alguna dificultad o cuando algo les sorprende o les pilla desprevenidos. Es frecuente escuchar "아이구" en lugar de "아이고". Esta interjección la emplea casi todo el mundo independientemente de su sexo o edad. Los coreanos suelen hacer uso de ellas cuando se les cae algo, cuando tropiezan con algo, cuando escuchan alguna mala noticia o cuando de repente se dan cuenta de algo.

• 깜짝이야! ¡Cielo santo!

El adverbio 깜짝 indica que algo ocurre "en un abrir y cerrar de ojos", pero 깜짝이야! es una interjección que se emplea cuando uno se sobresalta. Por ejemplo, si nos encontramos en algún lugar pensando en nuestras cosas y de repente alguien nos toca el hombro, o si vamos caminando solos de noche y de pronto algo oscuro nos sale al paso, es habitual lanzar un estremecedor 깜짝이야! para indicar el sobresalto que sin duda experimentaremos en ambos casos. Esta interjección se expresa un mayor grado de susto que 아이고 y se emplea cuando uno se lleva una gran sorpresa o cuando se siente alivio al averiguar que una mala noticia al final no es tan grave como parecía en un principio.

• 맙소사! 세상에! ¡Dios mío!

Se hace uso de 맙소사! cuando uno se queda perplejo. Podemos emplear esta interjección al ocurrir algo que jamás hubiéramos imaginado que podría llegar a ocurrir como, por ejemplo, que un familiar o conocido haya sufrido un accidente, o que nos hayan estafado y hayamos perdido todo el dinero que había invertido en algún negocio. En estos casos, también es posible usar 세상에!, pero esta interjección puede emplearse igualmente al escuchar las malas noticias de otra persona. Ambas interjecciones se emplean para mostrar la dificultad de creer que algo tan desagradable haya podido suceder.

• 이야~! ¡Guau!

La interjección 이야 se emplea cuando a uno se sorprende por lo impresionante que encuentra algo o cuando se encuentra con un amigo que hace tiempo que no ve. En ocasiones está interjección se alarga tanto que puede que llegue a sonar como 이야~.

Capítulo **10**

문제

Problemas

Objetivos
- hacer preguntas sobre problemas y responderlas
- hacer peticiones
- aceptar peticiones
- preocupaciones climáticas
- sugerir ideas
- expresar obligaciones
- hablar sobre decisiones

Gramática

❶ 반말 "banmal" (lenguaje informal)
-(으)ㄴ/는데요? estructura para preguntar de manera inquisitiva

❷ -(으)ㄹ 줄 알다 "saber (cómo) + infinitivo"
-(으)ㄹ까 봐 "por miedo a", "para no"

❸ -아/어야지요 "(tú) deberías + infinitivo"
-아/어야겠다 "(yo) debería + infinitivo"

Gramática ❶

반말 "banmal" (lenguaje informal)

Anexo P. 276 C.C P. 313

A 지금 뭐 하고 있어요?
¿Qué estás haciendo?

B 책 읽고 있어요.
Estoy leyendo un libro.

El registro informal de lengua coreana, se emplea cuando uno tiene tanta confianza con el interlocutor que puede permitirse ciertas familiaridades como, por ejemplo, con parientes de menor edad (hermanos, hijos, sobrinos, etc.), con amigos de la infancia o de la escuela, con compañeros de clase o de trabajo más jóvenes, o cualquier otra persona considerablemente más joven. El uso de este registro implica un importante grado de intimidad y se da mayormente en el lenguaje oral.

- A 어제 친구 만났어요? ¿Te viste con tu amigo ayer?
  B 아니요, 집에 있었어요. No, me quedé en casa.
- 너한테 할 말이 있으니까 내 얘기 좀 들어 봐. (← 보세요) Escúchame un momento que tengo algo que contarte.
- 이따가 나하고 같이 영화 보자. (← 봅시다) Veamos luego una película.

-(으)ㄴ/는데요? estructura para preguntar de manera inquisitiva

C.C P. 308

A 배가 아파요.
Me duele el estómago.

B 무슨 음식을 먹었는데요?
¿Qué es lo que has comido?

Se usa -(으)ㄴ/는데요? para hacerle al interlocutor una pregunta de manera inquisitiva sobre algo que ha dicho. Normalmente esta estructura implica el uso de interrogativos. Como se trata de una pregunta que realiza como consecuencia a algo que se ha dicho, no puede emplearse al principio de las conversaciones. Se utiliza de la misma manera que la estructura -(으)ㄴ/는데요? del capítulo 4.

- A 나는 고기를 안 먹어. No como carne.
  B 그럼, 무슨 음식을 좋아하는데? ¿Entonces qué tipo de comida te gusta?
- A 어제 집에 있었어요.
  Ayer me quedé en casa.
  B 집에서 뭐 했는데요?
  ¿Y qué hiciste en casa?

¡Cuidado!

La estructura -(으)ㄴ/는데요? solo puede emplearse con preguntas parciales, que son aquellas que llevan un interrogativo (qué, quién, dónde, etc.). El uso de esta estructura no es viable con las preguntas totales, que son aquellas que se contestan con un "sí" o un "no".

- 한국 음식을 좋아하는데요? (X)
- 무슨 음식을 좋아하는데요? (O) ¿Qué tipo de comida es la que te gusta?

▸ Clave de respuestas P. 316

1 그림을 보고 더 적절한 것을 고르세요.

(1)

ⓐ 뭐 먹고 싶어요?
ⓑ 뭐 먹고 싶어?

(2)

ⓐ 회의가 언제 시작합니까?
ⓑ 회의가 언제 시작해?

(3)

ⓐ 몇 번 버스가 남산에 가요?
ⓑ 몇 번 버스가 남산에 가?

(4)

ⓐ 우리 집에 가요.
ⓑ 우리 집에 가자.

2 다음 대화를 반말로 바꾸세요.

리나 진수 씨, 내일 시간 있어요?
진수 네, 있어요. 왜요?
리나 내일 같이 영화 보러 가요.
진수 좋아요. 제가 표를 살게요.
리나 아니에요. 표는 저한테 있어요.
진수 씨는 저녁을 사 주세요.
진수 알았어요. 내일 봐요.

➡

리나 너, 내일 시간 (1) ________?
진수 (2) ________, 있어. (3) ________?
리나 내일 같이 영화 보러 (4) ________.
진수 좋아. (5) ________ 표를 살게.
리나 (6) ________. 표는 (7) ________ 있어.
(8) ________ 저녁을 (9) ________.
진수 알았어. 내일 (10) ________.

3 밑줄 친 것을 고치세요.

(1) 저는 요즘 건강을 위해 운동을 시작했어. ➡
(2) 네가 이따가 전화할게. ➡
(3) 오늘 시간 있어요? 같이 밥 먹자. ➡
(4) A 지금 여권 있어?
B 네, 있어. ➡

Conversación 1

pista 28

리나 진수야! 지금 뭐 하고 있어?
진수 아무것도 안 해. 그냥 쉬고 있어.
리나 그래? 그럼, 내 부탁 좀 들어줘.
진수 무슨 부탁인데?
리나 내 컴퓨터가 고장 났는데, 고치는 것 좀 도와줘.
진수 그래? 어떻게 안 되는데?
리나 갑자기 컴퓨터가 안 켜져. 왜 그런지 모르겠어.
진수 언제부터 그랬어?
리나 지금 막 고장 났어. 좀 전까지는 괜찮았는데…….
진수 선도 연결되어 있어?
리나 어, 그것도 확인했는데 선에는 아무 문제 없어.
진수 그럼, 이따가 저녁 먹은 후에 가서 고쳐 줄게.
리나 좀 급한데 지금 와서 도와주면 안 돼?
진수 알았어. 금방 갈게.

Rina Jinsu, ¿qué estás haciendo ahora?
Jinsu No hago nada. Solo estoy descansando.
Rina ¿En serio? Entonces, escucha lo que te voy a pedir.
Jinsu ¿De qué se trata? (lit. ¿Qué tipo de petición es?)
Rina Se me ha estropeado la computadora, así que ayúdame a repararla.
Jinsu ¿En serio? ¿Cuál es el problema que tiene? (lit. ¿Qué es lo que no funciona?)
Rina De repente la computadora no se enciende. No sé por qué está así.
Jinsu ¿Desde cuándo está así?
Rina Se acaba de estropear. Hasta hace un poco estaba bien...
Jinsu ¿Está enchufado el cable?
Rina Ah, eso lo he comprobado también y no hay ningún problema con el cable.
Jinsu Entonces, iré luego después de cenar y te la arreglaré.
Rina Es un poco urgente, ¿así que no podrías venir ahora a ayudarme?
Jinsu De acuerdo. Salgo ya mismo.

Nuevo vocabulario ▸P. 331

아무 | 부탁을 들어주다 | 고장 나다 | 고치다 | 갑자기 | 막 | 선 | 연결되다 | 문제 | 급하다

Nuevas expresiones ▸P. 331

- 아무것도 안 해.
- 지금 막 고장 났어.
- (sustantivo)에는 아무 문제 없어.

Notas

1 Los dos usos de 좀

En coreano 좀 puede emplearse de dos maneras muy diferentes. En el caso del primer y segundo 좀 que aparecen en la conversación de arriba, equivaldría en español a “por favor”, ya que tiene como objetivo suavizar de manera cortés una petición o favor. En el caso del tercer y cuarto 좀 de la conversación, nos encontramos ante un contracción de 조금, la cual es muy habitual en el registro oral.

- 이것 **좀** 도와주세요. Ayúdeme con esto, por favor.
- 저한테는 이 음식이 **좀** 매워요. Para mí esta comida está un poco picante.

2 El uso de 아무

En general, se emplea 아무 para formar palabras negativas como “nada, nadie, ningún, etc.,” en cuyo caso se le añade 도, pero también se puede usar en frases afirmativas con el significado de “cualquier/a”, en cuyo caso se le añade 나.

- **아무도** 안 왔어요. No vino nadie.
- **아무** 말**도** 안 했어요. No dije nada./No dije ni una palabra.
- **아무나** 들어가도 돼요. Cualquiera puede entrar.
- **아무거나** 얘기하세요. Hable sobre cualquier cosa.

Verbos relacionados con el manejo de aparatos

1.

불을 켜다 ↔ 불을 끄다
encender la luz ↔ apagar la luz

2.

선풍기를 틀다 ↔ 선풍기를 끄다
encender el ventilador ↔ apagar el ventilador

3.

소리를 높이다 ↔ 소리를 줄이다
subir el sonido ↔ bajar el sonido

4.

문을 밀다 ↔ 문을 당기다
empujar la puerta ↔ tirar de la puerta

5.

책을 꺼내다 ↔ 책을 넣다
sacar el libro ↔ meter el libro

6.

가방을 들다 ↔ 가방을 놓다
tomar la cartera ↔ dejar la cartera

7.

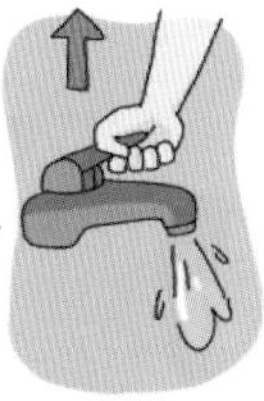

수도꼭지를 올리다 ↔ 수도꼭지를 내리다
abrir el grifo ↔ cerrar el grifo

8.

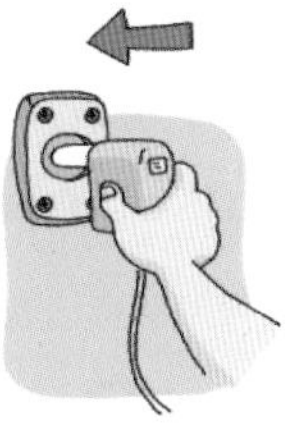

충전기를 꽂다 ↔ 충전기를 빼다
enchufar el cargador ↔ desenchufar el cargador

9. 창문을 열다 ↔ 창문을 닫다
abrir la ventana ↔ cerrar la ventana

10. 문을 열다 ↔ 문을 잠그다
abrir la puerta ↔ cerrar con llave la puerta

11. 뚜껑을 열다 ↔ 뚜껑을 덮다
quitar la tapa ↔ poner la tapa

12. 책을 펴다 ↔ 책을 덮다
abrir el libro ↔ cerrar el libro

13. 버튼을 누르다 apretar un botón
14. 채널을 돌리다 cambiar de canal
15. 카드를 대다 pasar la tarjeta
16. 손잡이를 잡다 agarrarse al asidero, agarrar algo por el asa o por el mango
17. 배터리를 충전하다 cargar la batería
18. 알람을 맞추다 poner la alarma

Expresiones esenciales

- 컴퓨터가 망가졌어.
  La computadora se ha estropeado.
- 배터리가 떨어졌어. La batería se ha agotado.
- 시계가 죽었어. Mi reloj ha muerto.

Gramática 2

-(으)ㄹ 줄 알다 "saber (cómo) + infinitivo"

C.C P. 306

A 수영할 줄 알아요?
¿Sabes nadar?

B 아니요, 수영할 줄 몰라요.
No, no sé nadar.

La estructura –(으)ㄹ 줄 알다 se usa para expresar el conocimiento y la capacidad necesarios para llevar a cabo una determinada actividad. En caso de que no se tengan ni el conocimiento ni la capacidad necesarios, se ha utilizar –(으)ㄹ 줄 모르다. En ambos casos, esta estructura se añade a la raíz del verbo correspondiente a la actividad de la que se trate.

- 중국 사람이니까 한자를 읽을 줄 알아요.
  Entiende (lit. sabe leer) caracteres chinos porque es chino.
- 자전거를 탈 줄 몰라요. 가르쳐 주세요.
  No sé montar en bicicleta. Enséñeme, por favor.
- 전에는 독일어를 할 줄 알았는데 지금은 다 잊어버렸어요.
  Antes sabía alemán pero ya se me ha olvidado todo.

¡Cuidado!

Como la estructura –(으)ㄹ 줄 알다 hace referencia a actividades que uno puede aprender, su uso es inviable con aquellas actividades innatas o que no se adquieran por medio de algún tipo de aprendizaje o entrenamiento.

- 저는 텔레비전을 볼 줄 알아요. (X)
- 저는 텔레비전을 볼 수 있어요. (O)
  Puedo ver la televisión.

-(으)ㄹ까 봐 "por miedo a", "para no"

C.C P. 304

A 왜 아이스크림을 안 먹어요?
¿Por qué no tomas helado?

B 살이 찔까 봐 안 먹어요.
No lo tomo para no ganar peso.

La estructura –(으)ㄹ까 봐 indica la toma de una decisión basada en el temor de que la frase que precede a dicha estructura, acabe sucediendo. Esta estructura se añade a las raíces de verbos y adjetivos, así como también a 이다. En el caso de que uno tema que algo haya podido pasar, se ha de añadir el infijo de pasado –았/었–, dando lugar a –았/었을까 봐.

- 시험이 너무 어려워서 떨어질까 봐 걱정돼요.
  Como el examen era demasiado difícil, me preocupa que pueda suspender.
- 약속에 늦을까 봐 택시를 탔어요.
  Como parecía que iba a llegar tarde, tomé un taxi.
- 기차가 벌써 출발했을까 봐 기차역까지 뛰어갔어요.
  Fui corriendo hasta la estación por miedo a que el tren saliera ya.

¡Cuidado!

Como la acción que sigue a –(으)ㄹ까 봐 ya se ha decidido o es algo habitual, esta estructura es incompatible con las formas –(으)세요, –(으)ㅂ시다 y –아/어야 하다, pues hacen referencia al futuro.

- 비가 올까 봐 우산을 가져가세요. (X)
- 비가 올까 봐 우산을 가져왔어요. (O)
  He traído el paraguas por si acaso llueve.

▸ Clave de respuestas P. 316

1 '-(으)ㄹ 줄 알다'나 '-(으)ㄹ 줄 모르다'를 사용하여 문장을 완성하세요.

(1) 저는 한국 요리를 좋아하지만 ______________. (만들다)

(2) 자전거를 ______________니까 저한테 자전거가 필요 없어요. (타다)

(3) 제가 컴퓨터를 ______________니까 문제 생기면 말씀하세요. (고치다)

(4) ______________면 저 대신에 운전 좀 해 주세요. (운전하다)

(5) 교통 카드를 ______________서 직원이 올 때까지 기다렸어요. (사용하다)

2 알맞은 것끼리 연결하세요.

(1) 학생들이 이해 못 할까 봐 •   • ⓐ 지도를 찾았어요.

(2) 길을 헤맬까 봐 •   • ⓑ 밤새 공부했어요.

(3) 아침에 못 일어날까 봐 •   • ⓒ 선생님이 천천히 말했어요.

(4) 시험을 못 볼까 봐 •   • ⓓ 가방에 신경 많이 썼어요.

(5) 물건을 도둑맞을까 봐 •   • ⓔ 알람 시계를 두 개 맞췄어요.

3 알맞은 것을 고르세요.

(1) 한국 노래를 [ⓐ 부를 줄 아니까 / ⓑ 부를 줄 모르니까] 저는 미국 노래만 불렀어요.

(2) 친구 연락처를 [ⓐ 기억할까 봐 / ⓑ 잊어버릴까 봐] 핸드폰에 저장했어요.

(3) 아기가 침대에서 [ⓐ 떨어질까 봐 / ⓑ 떨어지지 않을까 봐] 엄마가 아기 옆에서 보고 있어요.

(4) 친구가 컴퓨터를 [ⓐ 사용할 줄 아니까 / ⓑ 사용할 줄 모르니까] 가르쳐 주고 있어요

(5) 건강이 더 [ⓐ 좋아질까 봐 / ⓑ 안 좋아질까 봐] 술과 담배를 끊었어요.

(6) 부모님이 핸드폰 사용법을 [ⓐ 이해할까 봐 / ⓑ 이해하지 못할까 봐] 다시 설명해 드렸어요.

Conversación ❷

pista 29

마크 새라야, 무슨 일 있어? 왜 그래?

새라 이번 주말에 비가 올까 봐 걱정이야.

마크 주말 날씨에 왜 신경을 쓰는데?

새라 이번 주말에 부모님 모시고 제주도로 여행 떠나거든.

마크 우산 가지고 가면 되지, 뭐.

새라 제주도의 유명한 '올레' 길을 걸으려고 하는데, 날씨 때문에…….

마크 그렇구나! 비가 오면 걷기 힘들겠다!

새라 그래서 어떻게 해야 할지 생각하고 있어.

마크 운전할 줄 알아?

새라 알지. 그건 왜?

마크 그럼, 제주도에서 자동차를 빌려서 드라이브하면 어때?

새라 그런데 제주도에 뭐가 있는지도 잘 모르는데…….

마크 제주도는 바다 경치가 유명하니까 바닷가 근처에 좋은 데가 있을 거야.

새라 그거 좋은 생각이다. 알려 줘서 고마워.

마크 고맙긴. 여행 잘 갔다 와.

Mark Sarah, ¿qué te pasa? ¿Por qué estás así?

Sarah Me preocupa que pueda llover este fin de semana.

Mark ¿Y por qué te preocupa el tiempo del fin de semana?

Sarah Es que este fin de semana voy a irme de viaje con mis padres a la isla de Jeju.

Mark Pues basta con llevar unos paraguas, ¿no?

Sarah Es que había pensado hacer el famoso camino "Olleh" pero por culpa del tiempo…

Mark ¡Ah, claro! Sería complicado hacerlo (lit. caminar) si llueve.

Sarah Por eso ando pensando qué deberíamos hacer.

Mark ¿Sabes conducir?

Sarah Claro que sé. ¿Por qué?

Mark Entonces, ¿por qué no alquilas un auto y recorren Jeju con él?

Sarah Pero es que no sé bien ni qué hay en Jeju (que se pueda visitar).

Mark Como la isla de Jeju es famosa por sus paisajes costeros, habrá sitios bonitos al lado del mar.

Sarah Esa es una buena idea. Gracias por compartirla. (lit. Gracias por decírmela.)

Mark No es nada. Que tengas un buen viaje.

Nuevo vocabulario ▸P. 331

날씨 | 모시고 | 걷다 | 빌리다 | 바닷가 | 경치 | 데 | 알리다

Nuevas expresiones ▸P. 331

- 무슨 일 있어?
- 그거 좋은 생각이다.
- 여행 잘 갔다 와.

Notas

1 –(으)면 되지, 뭐: dar consejos en contextos informales

Esta estructura se emplea para dar un consejo o hacer una sugerencia en relación a un problema dando a entender que es de fácil solución. Se suele usar en contextos desenfadados entre amigos de confianza. Es frecuente colocar 뭐 al final para dar énfasis a la poca gravedad de la situación.

- 지금부터 공부하**면 되죠, 뭐.**
  Basta con que te pongas a estudiar ya mismo, ¿no?

2 interrogativo(qué, quién, dónde, etc.) + hay que

La estructura –어/아야 할지 se emplea para indicar que se tiene que llevar a cabo alguna acción.

- 무엇을 해**야 할지** 알려 주세요.
  Infórmeme de qué hay que hacer.
- 어디에 가**야 할지** 모르겠어요.
  No sé adónde hay que ir.

1 Vocabulario relativo al clima

1. 나다

• 해가 나다 salir el sol

• 햇빛 luz solar
• 햇볕 rayo de sol

2. 끼다

• 구름이 끼다 nublarse
• 안개가 끼다 haber niebla

• 먹구름 nubarrón

3. 오다/내리다

• 비가 오다/내리다 llover
• 눈이 오다/내리다 nevar

• 소나기 chaparrón
• 폭우 temporal, chaparrón, lluvia torrencial
• 폭설 ventisca

4. 불다

• 바람이 불다 soplar el viento
• 태풍이 불다 haber un tifón

• 비바람 temporal de viento y lluvia

5. 치다

• 번개가 치다 caer un rayo
• 천둥이 치다 tronar

• 벼락 rayo

• **소나기**가 내린 후 **해가 났어요.** Después de caer un chaparrón, salió el sol.
• **바람이 불고 번개가 치는** 날에는 밖에 안 나가는 게 좋아요.
Es mejor no salir [afuera] los días en los que sopla (mucho) el viento y caen rayos.

2 Descripción del clima

1.

맑다
hacer sol, estar despejado

흐리다
estar nublado

개다
despejarse

(비/눈/바람/태풍)이/가 그치다
dejar de (llover/nevar/hacer viento)/disiparse (un tifón)

(구름/안개)이/가 걷히다
abrir el día/levantarse la niebla

• 추위 frío
• 더위 calor

2.

춥다
hacer frío

쌀쌀하다 refrescar,
hacer algo de frío

시원하다
estar fresco

따뜻하다 hacer calorcillo,
estar templado

덥다
hacer calor

3.

• 건조하다 ser de clima seco
• 습도가 높다 haber mucha humedad
• 후텁지근하다 ser sofocante
• 햇빛이 강하다 pegar fuerte el sol
• (날씨가) 변덕스럽다 ser el clima inestable
• (날씨가) 포근하다 hacer un tiempo agradable, ser clima templado

• **비가 그치고 날씨가 갰으니까** 이따가 산책 가요. Como ha dejado de llover y el día se ha despejado, vamos a dar un paseo luego.
• 날씨가 **쌀쌀하니까** 밖에 나가려면 겉옷을 가져가야 해요..
Como hace bastante fresco, debes llevarte la chaqueta si sales afuera.
• 겨울에는 너무 **건조해서** 크림을 바르는 게 피부에 좋아요.
Como los inviernos son muy secos, es bueno para la piel ponerse crema.

Expresiones esenciales
• 오전 내내 비가 오겠습니다.
Lloverá durante toda la mañana.
• 오후에 비가 그치겠습니다.
Dejará de llover por la tarde.

Gramática ❸

-아/어야지요 "(tú) deberías + infinitivo"

Anexo P. 277 C.C P. 302

A 물건이 잘못 배송되었는데 어떡하죠?
Se han equivocado de artículo en el envío. ¿Qué puedo hacer?

B 우선 고객 센터에 전화해야지요.
Primero deberías llamar a la oficina de atención al cliente, ¿no?

La estructura –아/어야지요 se emplea para indicarle al interlocutor que resulta claro qué es lo que debería hacer en una situación o para enfatizar cómo algo debe estar. Se suele emplear en el lenguaje oral añadiéndose a la raíz de los verbos o adjetivos, así como a 이다. Para indicar que resulta obvio que algo no se debería llevar a cabo, se debe colocar –지 않다 o –지 말다 justo antes de –아/어야지요, dando lugar respectivamente a –지 않아야지요 y –지 말아야지요. Para enfatizar el deseo del hablante del que el interlocutor siga sus instrucciones, es más común el uso de –지 말아야지요.

- 감기에 걸렸으면 푹 쉬어야지요. Como te has resfriado, deberías descansar bien.
- 가게 직원은 손님에게 친절해야죠. Los dependientes de las tiendas deben ser amables con los clientes.
- 어제 지각했으면 오늘은 늦지 말아야지요. Si llegaste tarde ayer, hoy no deberías llegar tarde.

-아/어야겠다 "(yo) debería + infinitivo"

C.C P. 303

A 벌써 8시네요.
Ya son las ocho.

B 이제 집에 가 봐야겠어요.
Ya debería irme a casa.

La estructura –아/어야겠다 se emplea para indicar por parte del hablante su firme intención de hacer algo o para señalar de manera enfática que tiene que hacer algo. Es habitual su uso para hacer referencia a compromisos contraídos o cuando el hablante se recuerda lo que debe hacer. Se suele emplear en el lenguaje oral añadiéndose a la raíz de los verbos o adjetivos. Para señalar que uno no debería hacer algo, se debe colocar –지 않다 o –지 말다 justo antes de –아/어야겠다, dando lugar respectivamente a –지 않아야겠다 y –지 말아야겠다. Es más frecuente el uso de –지 말아야겠다 cuando el hablante desea enfatizar su intención.

- 요즘 친구가 연락이 안 돼요. 전화해 봐야겠어요.
Últimamente no he podido mantener el contacto con mis amigos. Debería llamarlos por teléfono.
- 행복하게 살려면 건강해야겠어요. Para vivir felices debemos estar sanos.
- 이제부터 회사에 지각하지 말아야겠어. A partir de ahora no debería llegar tarde a la empresa.

▸ Clave de respuestas P. 316

1 **알맞은 것을 고르세요.**

(1) 수영장에 가려면
ⓐ 수영복을 가져와야죠.
ⓑ 수영복을 가져오지 않아야죠.

(2) 그 사람이 친구라면
ⓐ 거짓말을 해야죠.
ⓑ 거짓말을 하지 말아야죠.

(3) 내일까지 일을 끝내려면
ⓐ 오늘 다른 약속을 잡아야죠.
ⓑ 오늘 다른 약속을 잡지 않아야죠.

(4) 여권을 잃어버리면
ⓐ 경찰에게 숨겨야죠.
ⓑ 경찰에게 신고해야죠.

2 **다음에서 알맞은 것을 골라서 '-아/어야겠다'를 사용하여 대화를 완성하세요.**

일하다	피우다	준비하다	알아보다

(1) A 자주 길을 잃어버려서 걱정이에요.
B 맞아요. 다음부터는 꼭 지도를 ______________.

(2) A 사고를 예방하려면 왜 사고가 났는지 알아봐야죠.
B 맞아요. 먼저 사고 원인부터 ______________.

(3) A 이번에 승진이 안 됐네.
B 어, 내년에 승진하려면 더 열심히 ______________.

(4) A 요즘 건강이 안 좋아졌어요? 얼굴이 안 좋아 보여요.
B 네, 요즘 건강이 안 좋네요. 이제 담배를 ______________.

3 **알맞은 것끼리 연결하세요.**

(1) 비가 오니까 • • ⓐ 재료부터 사 와야지.
(2) 여행을 가려면 • • ⓑ 우산을 사야겠어요.
(3) 음식을 만들려면 • • ⓒ 먼저 돈을 모아야죠.
(4) 친구가 오해할 수 있으니까 • • ⓓ 계획을 잘 세워야지요.
(5) 실패하지 않으려면 • • ⓔ 사실을 말해야겠어요.

Conversación ❸

pista 30

링링 지갑을 잃어버렸어. 어떡하지?

웨이 어디에서 잃어버렸는지 기억나?

링링 잘 모르겠어, 기억 안 나.

웨이 잘 생각해 봐. 마지막으로 언제 지갑을 봤는데?

링링 아까 식당에서 계산했을 때 지갑을 꺼냈어. 그 후에는 지갑을 못 봤어.

웨이 지갑 안에 뭐가 들어 있는데?

링링 카드하고 현금, 신분증이 들어 있어.

웨이 카드는 정지했어?

링링 아니, 깜빡 잊어버리고 아직 못 했어.

웨이 카드를 빨리 정지해야지. 그렇지 않으면 더 큰 문제가 생길 수도 있어.

링링 맞다! 은행에 전화해야겠다.

웨이 유실물 센터에는 가 봤어?

링링 아니, 아직 못 가 봤어.

웨이 유실물 센터에도 가 봐야지.

링링 알았어. 일단 유실물 센터부터 가 봐야겠다.

Ling Ling He perdido la billetera. ¿Qué hago?

Wei ¿Te acuerdas de dónde la has perdido?

Ling Ling No lo sé. No me acuerdo.

Wei Piénsalo bien. ¿Cuándo fue la última vez que la viste?

Ling Ling Saqué la billetera hace un momento cuando pagué en el restaurante. Después de eso no la he vuelto a ver.

Wei ¿Qué es lo que llevabas en la billetera?

Ling Ling Llevaba la tarjeta de crédito, efectivo y el documento de identidad.

Wei ¿Has cancelado la tarjeta de crédito?

Ling Ling No, se me ha pasado por completo y todavía no lo he hecho.

Wei Deberías cancelar la tarjeta enseguida, ¿no? Si no lo haces, podrías tener mayores problemas.

Ling Ling ¡Tienes razón! Debo llamar al banco.

Wei ¿Has ido a la oficina de objetos perdidos?

Ling Ling No, todavía no he ido.

Wei Pues deberías ir a allí.

Ling Ling Cierto. Antes de nada, debería pasarme por la oficina.

Nuevo vocabulario ▸P. 331

지갑 | 잃어버리다 | 기억나다 | 마지막으로 | 계산하다 | 꺼내다 | 들어 있다 | 현금 | 신분증 | 정지하다 | 깜빡 | 잊어버리다 | 유실물 센터 | 일단

Nuevas expresiones ▸P. 332

- 어떡하지?
- 기억 안 나.
- 깜빡 잊어버리고 아직 못 했어.

Notas

1 기억하다 / 생각하다 y 기억나다 / 생각나다

Los verbos 기억하다 y 생각하다 hacen referencia a la acción deliberada de pensar en algo o de recordar algo, mientras que 기억나다 y 생각나다 indican que a uno se le ha ocurrido una idea o se ha acordado de algo de pronto de manera puramente fortuita. Los dos primeros verbos llevan la partícula de complemento directo 을/를, mientras que los segundos rigen la partícula de sujeto 이/가.

- 그 사람의 이름을 **생각해도** 이름이 **생각** 안 **나요**.
  Por mucho que pienso cómo se llama, no me acuerdo de su nombre.

2 일단 + sustantivo + 부터: primeramente, en primer lugar

Cuando hay varias cosas que hacer, se suele hacer uso de 일단 para indicar qué es lo primero que se debe hacer. Puede ir seguido de un sustantivo al que se la añade la partícula 부터.

- **일단** 밥**부터** 먹읍시다.
  Primero, comamos el arroz.
- **일단** 책**부터** 정리하죠.
  Coloquemos primeramente los libros.

Problemas habituales

1.

여권을 잃어버리다
perder el pasaporte

2.

지갑을 도둑맞다
sufrir el robo de la billetera

3.

중요한 서류가 없어지다
desaparecer unos documentos importantes

4.

길을 헤매다
deambular perdido por la calle

5.

버스나 지하철을 잘못 타다
equivocarse de autobús o de metro

6.

차가 밀리다 (= 길이 막히다)
haber un atasco

7.

우산을 놓고 오다
olvidarse el paraguas

8.

비밀번호를 잊어버리다
olvidar la contraseña

9.

시험에서 떨어지다
suspender un examen

10.

전자 제품이 망가지다
estropearse un artículo eléctrico

11.

다른 사람의 물건을 망가뜨리다
romper algo de otra persona

12.

돈이 다 떨어지다
quedarse sin dinero, acabarse el dinero

13. 거짓말이 들통나다 detectar una mentira
14. 사업이 망하다 quebrar un negocio
15. 사기를 당하다 ser engañado, ser timado

Expresiones esenciales

- 일단 신고부터 하세요. Antes de nada, denúncielo.
- 일단 전화부터 해 보세요. Primero, llame por teléfono.
- 일단 가방부터 다시 살펴보세요.
Primeramente revise su bolso.

¡Hablemos!

Estrategias comunicativas — Aconsejar

- **제 경우에는** 혼자 생각해 보는 **것이 도움이 많이 됐어요.**
  En mi caso, me resultó de gran ayuda pensar [sobre eso] a solas.
- 다른 사람과 얘기할 시간을 갖는 **것이 좋겠어요.**
  Estaría bien que sacases tiempo para hablar con otras personas.
- 먼저 그 사람과 얘기를 해 보는 **게 좋지 않을까요?**
  ¿No sería buena idea intentar hablar con esa persona primero?

❶ 자신의 고민

- 어떤 고민이 있었어요?
- 고민이 있을 때 어떻게 했어요?
- 고민이 해결됐어요?

어렸을 때	친구 관계에서	학교 생활에서	회사 생활에서

제 친구 중에 어떤 친구가 너무 자주 전화하고 문자해서 제 생활에 방해가 돼요.
그 친구에게 솔직하게 얘기하는 게 좋지 않을까요?

❷ 친구의 고민을 듣고 좋은 조언을 해 주세요.

- 친구가 자꾸 나를 오해해서 그 친구와 사이가 불편해졌어요.
- 직장 상사가 저를 싫어해요. 저는 매일 직장 상사에게 혼나요.
- 주변에 사람이 많아도 진짜 친구가 없어서 항상 외로워요.
- 아직 젊은데 머리가 자꾸 빠져요. 그래서 머리에 자꾸 신경이 쓰여요.
- 여러 가지 해 봐도 흥미가 없어요. 몸도 게을러져요.
- 열심히 공부하지만 단어를 외워도 자꾸 잊어버려요.
- 몸이 피곤하지만 밤에 잠이 안 와요.
- 외국어로 말할 때 너무 긴장해서 말이 안 나와요.
- 회사에서 언제 해고될지 몰라서 불안해요.
- 일을 그만두고 싶은데 돈이 없어서 계속 일해야 돼요.
- 아내가 낭비가 심해서 항상 돈이 부족해요.
- 하고 싶은 일이 있는데 부모님이 반대하세요.

Nuevo vocabulario

해결되다 solucionarse | 방해가 되다 ser un obstáculo | 조언 consejo | 오해하다 sufrir un malentendido, malinterpretar | 직장 상사 un superior (del trabajo) | 외롭다 sentirse solo | 신경이 쓰이다 preocuparse, estar intranquilo | 흥미가 없다 no tener interés | 외우다 memorizar | 해고되다 ser despedido | 낭비가 심하다 ser un derrochador | 부족하다 ser insatisfactorio | 반대하다 oponerse

Red de palabras

▶ Anexo P. 321

* La consonante ㄹ se transforma en ㄴ delante de las vocales ㅏ, ㅓ, ㅗ, ㅜ, ㅡ, ㅐ, ㅔ y ㅚ, cuando es la primera sílaba de una palabra, de manera que 로 se convierte en 노.

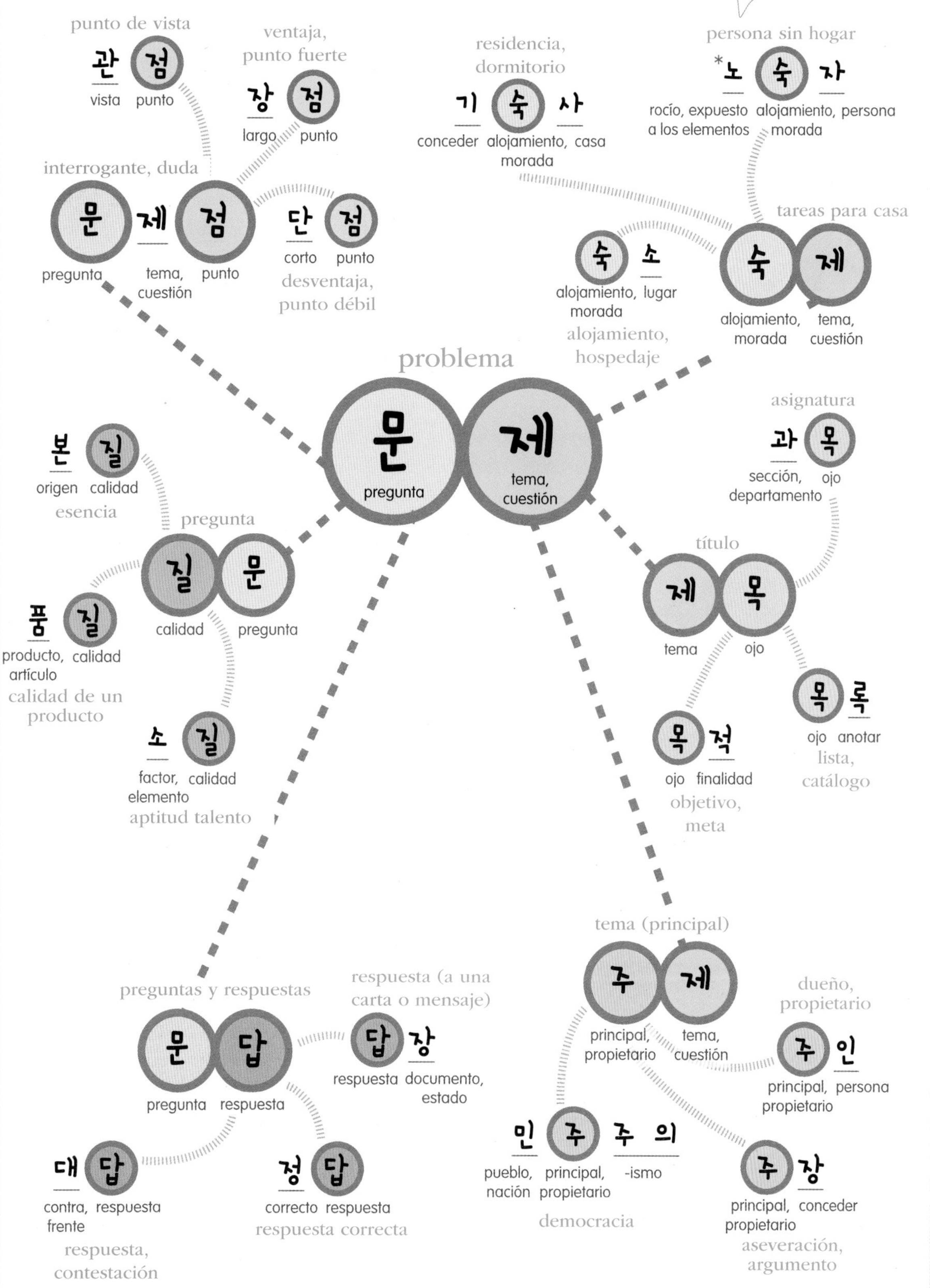

Algo de cultura

¿Cuándo se puede usar "너"?

El uso del registro coloquial conocido como 반말 es viable en cualquier situación en la que no haya necesidad de mostrar ningún tipo de cortesía, como cuando se habla con un hermano, un buen amigo, o alguien de mucho más joven. Se podría asemejar al lenguaje desenfadado y en ocasiones un tanto ordinario que en el mundo hispanohablante se usa en compañía de amigos de confianza. En el caso del coreano, no resulta fácil para los extranjeros distinguir en qué situaciones y con quiénes es aceptable el empleo del 반말. Entonces, ¿cuándo se emplea el 반말?

Si el interlocutor es un niño de siete años, por ejemplo, el empleo del 반말 es perfectamente aceptable, incluso si se trata de un primer encuentro. No habría ningún problema en dirigirse al niño usando 너. Sin embargo, resultaría demasiado arriesgado hacer uso del 반말 con alguien de edad parecida a la nuestra o solo unos años más jóvenes que nosotros si es la primera vez que nos vemos. De hecho, es perfectamente posible que alguien se sienta insultado al escucharnos dirigirnos a él usando 반말 si se trata de un adulto, aunque sea algo más joven que nosotros. Es importante tener en cuenta que el 반말 es un registro informal que se emplea cuando no hay ninguna necesidad de mostrar respeto ni cortesía hacia el interlocutor, por lo que un desconocido podía interpretar este trato como condescendiente o agresivo. Por ello, los coreanos no suelen emplear 반말 cuando se encuentran con alguien por primera vez, sino que empezarán a usarlo una vez ambas partes lo decidan por mutuo acuerdo. El 반말 es admisible una vez que se crea un vínculo de amistad entre las personas.

Para aquellas personas que mantienen estrechas relaciones entre sí, el 반말 puede simbolizar la confianza existente. Por ejemplo, si un alumno se dirige a otro de menor edad usando 반말 pero no cuando se dirige a otros, está dando a entender que existe una mayor cercanía y confianza con ese estudiante. Es decir, no usar 반말 es una manera de mantener las distancias con alguien que no queramos que se tome ninguna confianza.

Sin embargo, el mero hecho de que dos personas se tengan confianza no justifica el empleo del 반말. Por ejemplo, aunque exista mucha confianza, no se suele usar con compañeros de trabajo, clientes, dependientes y cualquier otra persona con la que se tenga un tipo de relación laboral o comercial. Sí es común su uso entre compañeros de clase, especialmente entre aquellos que comparten confidencias. Por ello, sería una grosería emplear 반말 para dirigirse a un empleado que trabaja a tiempo parcial en una tienda que frecuentemos. Si además nos referimos a él usando 너, así como en cualquiera de las anteriormente mencionadas situaciones, estaremos siendo especialmente maleducados, ya que el uso de 너 implica que estamos tratando al interlocutor como inferior a nosotros. De hecho, la viabilidad de usar el 반말 depende del nivel de confianza que se tenga con la otra persona y hasta qué punto se puede ser informal sin ofender.

Capítulo **11**

사람

Gente

Objetivos
- describir gente físicamente
- hablar de transformaciones y cambios de estado
- describir cómo va vestida la gente
- hacer preguntas retóricas
- confirmar la información
- hablar sobre lo que se desea o espera
- hablar sobre la motivación por la que se lleva a cabo una acción

Gramática

❶ -(으)ㄴ/는 desinencia que une oraciones de relativo con los sustantivos que modifican

-아/어 보이다 "parecer"

❷ -(으)ㄹ까요? preguntas retóricas

-잖아요 terminación de frases empleada para confirmar que el interlocutor conoce cierta información

❸ -았/었으면 좋겠다 "ojalá", "desearía"

-도록 "para que", "de manera que"

Gramática ❶

-(으)ㄴ/는 desinencia que une oraciones de relativo con los sustantivos que modifican

▶ Anexo P. 278 C.C P. 307

A 지금 뭐 해요?
¿Qué haces ahora?

B 학생들한테 받은 편지를 읽고 있어요.
Estoy leyendo unas cartas que he recibido de los alumnos.

En coreano, a diferencia del español, las oraciones de relativo siempre preceden al sustantivo que modifican. A la oración de relativo se le debe añadir una desinencia para poder colocarla antes del sustantivo que modifica, pero dicha desinencia varía dependiendo de si la oración de relativo acaba en un verbo, en un adjetivo o en 이다, así como del tiempo verbal. En el caso de los verbos, se les añade la desinencia -는 para indicar el tiempo presente, -(으)ㄹ para indicar el tiempo futuro y -(으)ㄴ para indicar el tiempo pasado. En el caso de los adjetivos, se les añade -(으)ㄴ pero, en este caso, indican el tiempo presente. Esta desinencia equivale en español a cualquier pronombre relativo (que, el cual, quien, al que, en el que, etc.).

- [음악을 좋아하는] 사람들이 이곳에 자주 가요. La gente [a la que le gusta la música] viene mucho aquí.
- [아까 먹은] 음식의 이름이 뭐예요? ¿Cuál es el nombre del plato [que acabamos de comer]?
- [내일 여행 갈] 사람은 오늘까지 신청하세요. Las personas [que quieran ir de viaje mañana], solicítenlo hoy.

-아/어 보이다 "parecer"

C.C P. 303

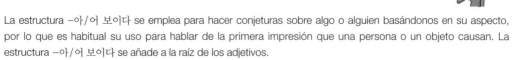

A 그 사람의 첫인상이 어때요?
¿Qué tal la primera impresión con esa persona?

B 정말 무서워 보여요.
Parece extremadamente siniestro.

La estructura -아/어 보이다 se emplea para hacer conjeturas sobre algo o alguien basándonos en su aspecto, por lo que es habitual su uso para hablar de la primera impresión que una persona o un objeto causan. La estructura -아/어 보이다 se añade a la raíz de los adjetivos.

- 옷을 그렇게 입으니까 젊어 보여요.
  Te ves más joven vestida de esa manera.
- 이 음식이 정말 맛있어 보여. 이거 먹어 보자.
  Este plato tiene muy buena pinta. Probémoslo.
- 신발이 편해 보여서 샀는데 실제로 불편해요.
  Me compré este calzado porque parecía cómodo, pero la verdad es que es incómodo.

¡Cuidado!

La estructura -아/어 보이다 solo es compatible con adjetivos. En el caso de los sustantivos, se emplea la estructura 처럼 보이다.

- 화장을 하니까 예뻐 보여요.
  Estás muy guapa maquillada.
- 화장을 하니까 배우처럼 보여요.
  Te ves como una actriz con ese maquillaje.

▸ Clave de respuestas P. 316

1 **알맞은 것을 고르세요.**

(1) 몇 년 전에 ⓐ 졸업하는/ⓑ 졸업한 학교에 다시 가 보려고 해요.

(2) 이 목걸이는 10년 전에 친구가 ⓐ 주는/ⓑ 준 목걸이예요.

(3) 어렸을 때 키가 ⓐ 작은/ⓑ 작았던 친구가 지금은 제일 키가 커요.

(4) ⓐ 할/ⓑ 하는 말이 있는데 잠깐 얘기할 수 있어요?

(5) 지난주에 슈퍼에 가서 다음 주에 ⓐ 먹을/ⓑ 먹은 음식을 사 왔어요.

(6) 어제 만난 사람 중에서 마음에 ⓐ 드는/ⓑ 든 사람이 있었어요.

2 **다음에서 알맞은 것을 골라서 '-(으)ㄴ/는'을 사용하여 대화를 완성하세요.**

시설이 깨끗하다	친구하고 같이 보다	스트레스를 받다	얘기를 잘 들어 주다

(1) A 어떤 집을 구하고 있어요?
B ______________________ 집을 구하고 있어요.

(2) A 어떤 생활을 하고 싶어요?
B ______________________ 생활을 하고 싶어요.

(3) A 어떤 사람을 좋아해요?
B ______________________ 사람을 좋아해요.

(4) A 어떤 영화가 재미있었어요?
B 어제 ______________________ 영화가 재미있었어요.

3 **그림을 보고 다음에서 알맞은 것을 골라서 '-아/어 보이다'를 사용하여 문장을 완성하세요.**

친하다	맛있다	나이 들다	피곤하다

(1)

케이크가 진짜 ______________ 보이네요.
저거 한번 먹어 봐요.

(2)

얼굴이 ______________ 보이네요.
어제 잠을 못 잤어요?

(3)

이런 옷을 입으면 ______________ 보여요.

(4)

두 사람이 정말 ______________ 보이네요.
오랜 친구 같아요.

Conversación 1

pista 31

마크 이 중에서 네 남자 친구가 누구야?

새라 맨 오른쪽에 있는 사람이야.

마크 갈색 머리에 수염 있는 사람?

새라 어, 맞아.

마크 야~ 네 남자 친구 진짜 멋지다! 배우 같다!

새라 그치? 키도 크고 체격도 좋아.

마크 성격도 좋아 보이는데? 네가 딱 좋아하는 스타일이네.

새라 외모만이 아니야. 좋아하는 것도 나랑 비슷해.

마크 그래? 그나저나 처음에 어떻게 만났는데?

새라 전에 회사에서 같이 일한 적이 있는데 그때 얘기를 많이 하면서 친해졌어.

마크 첫눈에 반한 거야?

새라 아니야. 처음에는 그냥 그랬는데, 계속 만나니까 진짜 마음에 들어. 같이 얘기하면 마음이 되게 편해져.

마크 그렇구나. 좋겠다! 잘해 봐.

새라 나중에 기회가 되면 너한테 소개할게.

Mark ¿Cuál de ellos es tu novio?

Sarah El que está a la derecha del todo.

Mark ¿El que tiene el pelo castaño y barba?

Sarah Sí, correcto.

Mark Guau, tu novio es muy guapo. Parece un actor.

Sarah ¿Verdad? Es alto y de complexión atlética. (lit. Su complexión es buena.)

Mark Pero también parece tener buen carácter. Es claramente el tipo de chico que te gusta.

Sarah No es solo su aspecto. También me gusta que sus gustos sean similares a los míos.

Mark ¿En serio? Por cierto, ¿cómo es que os conocisteis?

Sarah Pues los dos trabajábamos en mi antigua empresa y charlábamos con frecuencia, de manera que nos acabamos llevando muy bien.

Mark ¿Fue amor a primera vista?

Sarah No, al principio me pareció alguien corriente, pero al ir conociéndolo (lit. al seguir encontrándome con él), me acabó gustando. Me siendo muy a gusto cuando charlamos.

Mark Ya veo. Qué bien. Espero que vaya todo bien.

Sarah Ya te lo presentaré cuando surja la ocasión.

Nuevo vocabulario ▸P. 332

맨 | 갈색 | 수염 | 배우 | 체격 | 딱 | 그나저나 | 친하다 | 첫눈에 반하다 | 계속 | 되게 | 소개하다

Nuevas expresiones ▸P. 332

- 그치?
- 첫눈에 반한 거야?
- 잘해 봐.

Notas

1 Expresiones con 같다

Cuando se realiza una comparación para señalar un parecido, es frecuente el uso de 같다, cuya forma varía dependiendo de en qué lugar de la frase se coloque.

- 그 사람이 영화배우 **같아요.**
  Esa persona parece un actor. [Aquí aparece como el predicado de la frase.]
- 그 사람이 배우 **같은** 옷을 입었어요.
  Esa persona viste igual que los actores. [Aquí aparece como oración de relativo que modifica el sustantivo que sigue.]
- 그 사람이 배우 **같이** 말해요. (= 그 사람이 배우처럼 말해요.)
  Esa persona habla igual que los actores. [Aquí funciona como un adverbio que modifica el verbo que sigue.]

2 (이)랑: "sustantivo + y + sustantivo"

En coreano, existen varias opciones para unir dos sustantivos, por ejemplo 하고, 와/과 e (이)랑, todos los cuales equivalen en español a la conjunción "y". Sin embargo, (이)랑 se usa solo en contextos coloquiales con personas de estatus similar al nuestro.

- 김치**와** 밥 = 밥**과** 김치 [formal]
- 김치**하고** 밥 = 밥**하고** 김치 [informal]
- 김치**랑** 밥 = 밥**이랑** 김치 [coloquial]

❶ El rostro

- 얼굴이 둥글다 tener la cara redonda
- 눈이 크다 tener los ojos grandes
- 눈썹이 짙다 tener las cejas pobladas
- 쌍꺼풀이 있다 tener párpado doble
- 코가 납작하다 tener la nariz chata
- 입술이 두껍다 tener los labios gruesos
- 턱수염이 있다 tener barba
- 콧수염이 없다 no tener bigote
- 피부가 까무잡잡하다 tener la piel morena/bronceada

- 얼굴이 갸름하다 tener la cara ovalada
- 눈이 작다 tener los ojos pequeños
- 눈썹이 가늘다 tener las cejas finas
- 쌍꺼풀이 없다 no tener párpado doble
- 코가 오뚝하다 tener la nariz respingona
- 입술이 얇다 tener los labios finos
- 턱수염이 없다 no tener barba
- 콧수염이 있다 tener bigote
- 피부가 하얀 편이다 tener la piel clara

❷ El cabello

- 검은색 머리
  cabello negro
- 생머리
  cabello liso
- 단발머리
  cabello a media melena
- 핀을 꽂다
  llevar una horquilla

- 갈색 머리
  cabello castaño
- 곱슬머리
  cabello rizado
- 커트 머리
  cabello corto
- 머리띠를 하다
  llevar una cinta de cabello

- 금발 머리
  cabello rubio
- 파마머리
  haberse hecho la permanente
- 긴 머리
  cabello largo
- 머리를 묶다
  recogerse el cabello

- 그 사람은 **이마가 넓고 눈썹이 짙고 수염이 있어서** 남자다워요.
  Como tiene una frente amplia, cejas pobladas y bigote, es muy varonil.
- 제 동생은 동양인인데 **피부가 까무잡잡한** 편이에요. Mi hermano menor tiene la piel bastante morena pese a ser oriental.
- 제 친구는 **긴 생머리를 묶고** 다녔는데, 요즘 머리를 짧게 잘랐어요.
  Mi amiga solía tener el cabello largo y liso, y se lo recogía, pero se lo ha cortado y ahora lo lleva corto.

Curiosidades

- 갈색으로 염색한 머리
  cabello teñido de castaño
- 머리카락 = 머리 cabello

¡Cuidado!

- 그 사람은 검은색 머리가 있어요. (X)
- 그 사람은 검은색 머리예요. (O)
  Esa persona tiene el pelo negro.

Curiosidades

- 흰머리가 있다 tener el pelo blanco
- 대머리이다 ser calvo
- 가발을 쓰다 llevar peluca

❸ La complexión y la edad

- 키가 크다
  ser alto
- 마르다
  ser/estar delgado
- 20대 초반이다
  tener veintipocos años

- 보통 키이다
  ser de mediana estatura
- 보통 체격이다
  ser de complexión media
- 30대 중반이다
  tener treinta y tantos (= más o menos treinta y cinco años)

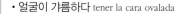

- 키가 작다
  ser bajo
- 뚱뚱하다
  ser/estar gordo
- 40대 후반이다
  tener cuarenta y muchos

❹ Primeras impresiones

- 아름답다 ser hermoso
- 귀엽다 ser lindo
- 날씬하다 ser delgado
- 잘생겼다 ser guapo
- 남성적이다 ser masculino
- 어려 보이다 parecer (más) joven
- 예쁘다 ser bonito
- 멋지다 ser atractivo
- 깔끔하다 ser pulcro/aseado
- 못생겼다 ser feo
- 여성적이다 ser femenino
- 나이 들어 보이다 parecer mayor

Expresiones esenciales

- 처럼 생겼어요.
  "Parece + sustantivo."
- 하고 닮았어요. (=비슷해요.)
  "Se parece a + sustantivo."
- 하고 안 닮았어요.
  "No se parece a + sustantivo."

Gramática 2

-(으)ㄹ까요? preguntas retóricas

C.C P. 304

A 두 팀 중에서 누가 이길까요?
¿Cuál de los dos equipos ganará?

B 글쎄요, 저도 잘 모르겠는데요.
Pues, yo tampoco tengo ni idea.

La estructura -(으)ㄹ까요? se emplea para hacer preguntas retoricas o para invitar al interlocutor a lanzar una hipótesis. Es habitual usar -(으)ㄹ 거예요 para contestar a este tipo de preguntas, pues es una estructura que sirve para hacer suposiciones. La estructura -(으)ㄹ까요? se añade a la raíz de verbos y adjetivos, así como también a 이다. Para hacer preguntas retóricas sobre una hipótesis sobre algo que podría haber ocurrido en el pasado, se ha de añadir el infijo -았/었-, lo que da lugar a la estructura -았/었을까요?.

- 공부하면 정말 시험을 잘 볼 수 있을까? ¿Podré realmente hacer bien el examen si estudio?
- A 내일 전시회에 사람들이 많이 올까요? ¿Vendrá mucha gente a la exposición de mañana?
  B 아마 많이 올 거예요. Puede que venga mucha.
- 누가 아침 일찍 와서 청소를 했을까요? ¿Quién ha venido esta mañana temprano y ha limpiado?

-잖아요 terminación de frases empleada para confirmar que el interlocutor conoce cierta información

C.C P. 299

A 어디가 좋을까요?
¡A ver adónde voy! (lit. ¿Qué lugar será bueno?)

B 남산이 제일 유명하잖아요. 거기로 가 보세요.
Ya sabes que Namsan (el monte Nam) es famosísimo, ¿verdad?
¿Por qué no vas ahí? (lit. Intenta ir ahí.)

La estructura -잖아요 se emplea para confirmar que el interlocutor conoce cierta información o para recordarle algo que ya sabe. Esta estructura es propia de la lengua oral y no se suele usar en el lenguaje escrito. Como la estructura -잖아요 tiene un cierto carácter aleccionador, su uso es común con gente más joven o con amigos, pero no es recomendable emplearlo con gente mayor o de estatus superior. De todas formas, la estructura -잖아요 ha de usarse con precaución con la ayuda de un tono prudente. La estructura -잖아요 se añade a la raíz de verbos y adjetivos, así como también a 이다. Para hacer referencia a algo que ya ha ocurrido, se ha de añadir el infijo -았/었-, dando lugar a la estructura -았/었잖아요.

- 내가 고기를 안 먹잖아. 그러니까 고기 말고 다른 것 먹자.
  Yo no como carne así que ¿por qué no comemos otra cosa que no sea carne?
- 제가 요즘 시험 때문에 바쁘잖아요. 이해해 주세요.
  Estos días estoy ocupado por culpa de los exámenes. Entiéndanme, por favor.
- 제가 전에 말했잖아요. 기억 안 나요? Ya te lo he dicho antes. ¿No te acuerdas?

▸ Clave de respuestas P. 316

1 보기 와 같이 '-(으)ㄹ까요?'를 사용하여 문장을 완성하세요.

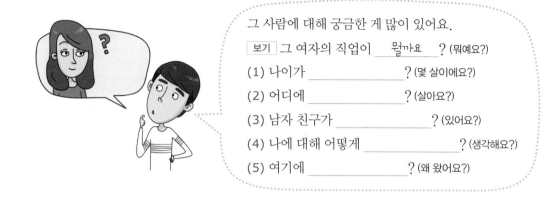

그 사람에 대해 궁금한 게 많이 있어요.

보기 그 여자의 직업이 뭘까요 ? (뭐예요?)

(1) 나이가 __________ ? (몇 살이에요?)

(2) 어디에 __________ ? (살아요?)

(3) 남자 친구가 __________ ? (있어요?)

(4) 나에 대해 어떻게 __________ ? (생각해요?)

(5) 여기에 __________ ? (왜 왔어요?)

2 알맞은 것을 고르세요.

(1) A 높은 구두를 사고 싶어요.
B 왜요? ⓐ 키가 작잖아요. / ⓑ 키가 크잖아요. 높은 구두 안 신어도 돼요.

(2) A 운동 갔다 올게요.
B 지금 비가 ⓐ 오잖아요. / ⓑ 안 오잖아요. 운동은 나중에 하세요.

(3) A 진수한테도 이번 여행에 대해 말해야지.
B 어제 만나서 ⓐ 말했잖아. / ⓑ 말 안 했잖아. 생각 안 나?

(4) A 매튜한테 한자 책을 사 주면 어때요?
B 매튜가 오랫동안 중국에서 ⓐ 살았잖아요. / ⓑ 안 살았잖아요. 한자를 잘 알아요.

(5) A 자신이 없어서 너무 긴장돼요.
B 이제까지 ⓐ 잘했잖아요. / ⓑ 잘 못했잖아요. 이번에도 잘할 수 있을 거예요.

3 알맞은 것끼리 연결하세요.

(1) 그 사람이 나를 좋아할까요? •
(2) 이번 시험이 많이 어려울까요? •
(3) 영화가 벌써 시작했을까요? •
(4) 친구가 다른 사람에게 비밀을 말했을까요? •

• ⓐ 고민하지 말고 직접 물어보면 되잖아요.
• ⓑ 친구가 약속했잖아요. 친구를 믿어 보세요.
• ⓒ 선생님이 말했잖아요. 아마 어렵지 않을 거예요.
• ⓓ 시작 전에 광고를 하잖아요. 아직 시작 안 했을 거예요.

Conversación ❷

pista 32

리나　아까 여기에 온 사람이 누구야?

진수　누구?

리나　회색 티셔츠에 청바지 입은 사람 말이야.

진수　누구지? 키가 크고 좀 마른 사람?

리나　어, 파란색 큰 우산을 들고 온 사람.

진수　내 친구의 친구 준기야. 근데 그건 왜?

리나　어디선가 봤는데 이름이 생각 안 나서.

진수　지난 수업 때 준기가 발표하는 거 같이 봤잖아.

리나　아! 맞다! 근데 머리 모양이 달라져서 못 알아봤어.
어쨌든 그 사람이 여기에 이 우산을 놓고 갔어.

진수　우산을? 그 사람이 우산을 찾으러 다시 올까?

리나　글쎄. 네가 그 사람 연락처를 알면 이것 좀 갖다줘.

진수　연락처는 나도 모르는데. 어떡하지?

리나　네 친구한테 물어보면 되잖아.

진수　맞다! 친구가 알겠구나! 그럼, 내가 이거 전해 줄게.

Rina　¿Quién era ese que ha venido hace un momento?

Jinsu　¿Quién?

Rina　Me refiero a ese que llevaba una camiseta blanca y unos pantalones vaqueros.

Jinsu　¿Quién? ¿Uno alto y algo delgado?

Rina　Sí, el que llevaba un paraguas azul grande.

Jinsu　Es un amigo de mi amigo Jungi. ¿Pero por qué lo preguntas?

Rina　Es que lo he visto en alguna parte pero no me acuerdo de su nombre

Jinsu　¿No te das cuenta de que lo vimos en la pasada clase cuando Jungi hizo su exposición oral?

Rina　¡Ah! ¡Es verdad! Pues no lo he reconocido porque lleva un peinado diferente. El caso es que se ha dejado el paraguas aquí.

Jinsu　¿El paraguas? Me pregunto si volverá a buscarlo.

Rina　No sé. Si tienes forma de contactar con él, intenta (quedar con él y) dárselo.

Jinsu　No tengo manera de contactar con él. ¿Qué puedo hacer?

Rina　¿No bastaría con se lo preguntaras a tu amigo?

Jinsu　¡Es verdad! ¡Mi amigo lo sabrá! Pues, se lo daré yo.

Nuevo vocabulario ▸P. 332

청바지 | 들다 | 그건 | 어디선가 | 생각 나다 | 지난 | 발표하다 | 어쨌든 | 놓고 가다 | 갖다주다

Nuevas expresiones ▸P. 332

- 어디선가 봤는데
- 아! 맞다!
- 글쎄.

Notas

1 "sustantivo" 말이다: indicar el tema de una conversación

En el lenguaje coloquial es frecuente el uso de 말이다, el cual ha de ir siempre precedido por un sustantivo o por una frase. Se emplea habitualmente en las conversaciones coloquiales con los siguientes dos sentidos:

(1) Cuando se saca a colación un nuevo tema:

- 어제 만난 사람 **말이야**. 그 사람 이름이 뭐지?
Oye, con respecto a la persona a la que nos encontramos ayer, ¿cómo se llamaba?

(2) Cuando se trata de indicar al interlocutor a que se está refiriendo uno:

- A 그 영화 재미있었지요? La película estuvo interesante, ¿verdad?
B 무슨 영화요? ¿Qué película?
A 어제 본 영화 **말이에요**. Me refiero a la película que vimos ayer.

2 La negación con 못

La diferencia entre 안 y 못 radica en que mientras que el primero se emplea para indicar que algo no se hace, el segundo indica que algo no se puede hacer. Sin embargo, en el caso de los verbos de percepción como 알다 (saber, conocer), 인식하다 (percatarse), 알아차리다 (darse cuenta) y 알아보다 (averiguar, reconocer por medio de la vista), la forma negativa se construye siempre con 못.

- 그 사람이 누군지 알아차리**지 못했어요**.
No pude reconocer quién era esa persona.
- 안경을 안 써서 **못** 알아봤어요.
Como no llevaba puestas las gafas, no me di cuenta.

1 Vestirse

1. **입다**
Se emplea con las prendas que cubren el tronco o las extremidades

• 긴팔 티셔츠 camiseta de manga larga

• 반팔 티셔츠 camiseta de manga corta

• 정장 traje, vestimenta formal

• 반바지 pantalones cortos

• 청바지 pantalones vaqueros/de mezclilla

2. **신다**
Es similar al español "calzarse" y se emplea con el calzado o cualquier otra cosa que cubra los pies

• 구두 zapato

• 운동화 zapatillas deportivas

3. **쓰다**
Se emplea con las prendas que se llevan en la cabeza o en la cara.

• 모자 gorra, sombrero, gorro

• 안경 gafas, lentes

4. **하다**
Se emplea con accesorios.

• 목걸이 collar, colgante (con cadena)

• 귀걸이 pendientes, aretes

5. **끼다**
Se emplea con todo aquello en lo que haya que introducir una parte del cuerpo.

• 반지 anillo

• 장갑 guantes, manoplas

6. **차다**
Se emplea con todo aquello que se lleve enrollada a una parte del cuerpo.

• 시계 reloj

• 벨트 cinturón

Curiosidades

Es posible que un determinado accesorio se use con diferentes verbos dependiendo de cómo se lleve.

• 넥타이: 하다 (llevar la corbata como complemento)
매다 (ponerse la corbata haciendo el nudo)
• 안경: 쓰다 (llevar las gafas en la cara)
끼다 (colocar las patillas de las gafas en las orejas)
• 우산: 쓰다 (llevar el paraguas abierto sobre la cabeza)
들다 (llevar el paraguas en la mano)
• 가방: 들다 (llevar el bolso de la mano)
메다 (llevar el bolso colgado del hombro)
끌다 (tirar de un bolso con ruedas)

2 Describir artículos

1. **모양** Formas

• 둥근 거울 espejo redondo

• 네모난 안경 gafas/lentes cuadradas

• 세모난 귀걸이 pendientes triangulares

• 사과 모양의 머리핀 horquilla con forma de manzana

• 하트 모양의 목걸이 colgante con forma de corazón

• 별 모양의 귀걸이 pendiente con forma de estrella

2. **크기** Tallas

• 옷이 딱 끼다 quedar (una prenda) estrecha
• 소매가 짧다 quedar cortas las mangas

• 옷이 딱 맞다 quedar (una prenda) perfectamente

• 옷이 헐렁헐렁하다 quedar (una prenda) grande
• 소매가 길다 quedar largas las mangas

3. **무늬** Diseños y patrones
• 줄무늬 셔츠 camisa de rayas
• 체크무늬 셔츠 camisa de cuadros
• 무늬 없는 셔츠 (= 민무늬 셔츠) camisa lisa (=sin estampados)

4. **색깔** Colores
• 연한 보라색 violeta claro
• 진한 갈색 marrón oscuro

Expresiones esenciales
• 옷이 그 사람한테 잘 어울려요. ↔ 옷이 안 어울려요.
A él le queda bien la ropa. ↔ A él no le queda bien la ropa.
• 옷을 잘 입어요. ↔ 옷을 못 입어요.
Sabe (cómo) vestir bien. ↔ Viste fatal.
• 세련됐어요. ↔ 촌스러워요.
Es elegante/sofisticado. ↔ Es pueblerino/anticuado.

Gramática 3

-았/었으면 좋겠다 "ojalá", "desearía"

Anexo P. 278 C.C P. 305

A 지금 제일 바라는 게 뭐예요?
¿Qué es lo que más deseas ahora?

B 한국어를 잘했으면 좋겠어요.
Desearía hablar bien coreano.

La estructura –았/었으면 좋겠다 se emplea para expresar el deseo por parte del hablante de que algo suceda o que la realidad presente fuera diferente. Esta estructura sigue a la frase que expresa el deseo añadiéndose a la raíz de los verbos y adjetivos, así como también a 이다. Para expresar el deseo de que algo no suceda, se hace uso de –지 않다 o –지 말다 anteponiéndolos a –았/었으면 좋겠다, lo que da lugar a –지 말았으면 좋겠다. Por medio de –지 말았으면 좋겠다. el hablante puede expresar su fuerte deseo de que una determinada situación no tenga lugar. En el lenguaje oral es habitual sustituir 좋겠다 por 하다, dando lugar a –았/었으면 하다.

- 부모님이 건강하셨으면 좋겠어요. Espero que tus padres gocen de buena salud.
- 사업이 잘됐으면 좋겠어요. Ojalá que el negocio vaya bien.
- 여기에 휴지를 버리지 말았으면 좋겠어요. Les ruego que no tiren el papel higiénico aquí.
- 후회할 일을 하지 않았으면 해요. Espero no hagas nada de lo que puedas arrepentirte.

-도록 "para que", "de manera que"

Anexo P. 279 C.C P. 300

A 잊어버리지 않도록 메모하세요.
Apúntalo para que no se te olvide.

B 알겠어요. 메모할게요.
De acuerdo. Lo apuntaré.

Se emplea –도록 para indicar la intención, el objetivo o el resultado de una acción y va seguido por la frase en la que se indicar la acción que se lleva a cabo para alcanzar dicho fin. En el ejemplo de arriba podemos ver que la acción de tomar notas tiene la finalidad de no olvidar algo. Se añade –도록 a las raíces de los verbos pero su uso es inviable con el infijo de pasado –았/었–. Cuando se usa –도록 las frases pueden tener el mismo sujeto o sujetos diferentes.

- 친구가 한국 생활에 쉽게 적응하도록 제가 도와줬어요.
  Ayudé a mi amigo para que se adaptara fácilmente a la vida en Corea.
- 다시는 회사에 늦지 않도록 조심하겠습니다. Seré más cuidadoso para no llegar otra vez tarde a la empresa.
- 감기에 걸리지 않도록 손을 깨끗이 씻읍시다. Lavémonos bien las manos para que no nos resfriemos.

▸ Clave de respuestas P. 316

1 그림을 보고 '-았/었으면 좋겠다'를 사용하여 문장을 완성하세요.

(1) 한국에서 일을 ______________________. (구하다)

(2) 한국 친구를 많이 ______________________. (사귀다)

(3) 아버지께서 ______________________. (건강하다)

(4) 행복하게 ______________________. (지내다)

(5) 집에 문제가 ______________________. (생기다)

2 알맞은 것을 고르세요.

(1) 옆으로 [ⓐ 지나가도록 / ⓑ 지나가지 못하도록] 길 좀 비켜 주시겠어요?

(2) 눈이 오면 길이 미끄러우니까 [ⓐ 넘어지도록 / ⓑ 넘어지지 않도록] 조심하세요.

(3) 지하철역이 가까우니까 약속에 [ⓐ 늦도록 / ⓑ 늦지 않도록] 지하철을 타는 게 어때요?

(4) 비가 올 수도 있으니까 비를 맞지 않도록 우산을 [ⓐ 가져가세요. / ⓑ 집에 두고 가세요.]

(5) 날씨가 쌀쌀하니까 감기에 걸리지 않도록 [ⓐ 얇은 / ⓑ 두꺼운] 옷을 입는 게 좋겠어요.

3 알맞은 것끼리 연결하세요.

(1) 스트레스를 풀 수 있도록 •	• ⓐ 자동차가 있었으면 좋겠어요.
(2) 건강한 음식을 먹을 수 있도록 •	• ⓑ 한국어를 잘했으면 좋겠어요.
(3) 한국 사람과 말이 잘 통하도록 •	• ⓒ 요리를 배울 수 있었으면 좋겠어요.
(4) 편하게 이동할 수 있도록 •	• ⓓ 성격이 사교적이었으면 좋겠어요.
(5) 걸을 때 발이 아프지 않도록 •	• ⓔ 이번 주말에 여행 갔으면 좋겠어요.
(6) 많은 사람들과 어울릴 수 있도록 •	• ⓕ 가볍고 편한 신발을 샀으면 좋겠어요.

Conversación 3

pista 33

케빈 한국 친구를 사귀고 싶은데 어떻게 하면 좋을까요?

리나 동호회에 가입하지 그래요?

케빈 제가 수줍음이 많아서요. 괜찮은 한국 친구 있으면 좀 소개해 주세요.

리나 좋아요. 어떤 사람이 마음에 들어요?

케빈 제가 조용한 편이니까 좀 활발한 사람이었으면 좋겠어요.

리나 활발한 사람요. 그리고요?

케빈 같이 편하게 지낼 수 있도록 저하고 말이 잘 통했으면 좋겠어요.

리나 나이는요?

케빈 나이는 상관없어요. 하지만 성격이 중요해요. 전에 어떤 사람을 소개받았는데, 저하고 성격이 안 맞아서 힘들었거든요

리나 또 다른 건 뭐가 중요해요?

케빈 제 취미는 운동인데요. 함께 얘기도 하면서 운동할 수 있도록 그 사람이 운동을 좋아했으면 좋겠어요.

리나 알겠어요. 그런 사람으로 찾아볼게요.

Kevin Me gustaría hacer amigos coreanos pero ¿cómo podría conseguirlo?

Rina ¿Qué tal ingresando a una asociación?

Kevin Me da mucha vergüenza. Si tienes amigos coreanos, preséntame alguno, por favor.

Rina De acuerdo. ¿Con qué clase de gente te llevas bien? (lit. ¿Qué tipo de personas te gustan?)

Kevin Como yo soy más callado, preferiría que fuera una persona extrovertida.

Rina Alguien que sea extrovertido. ¿Y (qué más)?

Kevin Preferiría alguien con quien sea fácil comunicarse para que pudiéramos llevarnos bien.

Rina ¿Y de qué edad?

Kevin No importa de qué edad. Pero la personalidad es importante. Es que en una ocasión me presentaron a alguien pero fue complicado (llevarse bien) porque teníamos personalidades muy diferentes. (lit. porque nuestras personalidades no coincidían.)

Rina ¿Y Hay alguna otra cosa importante?

Kevin Yo soy muy aficionado a hacer ejercicio, así que preferiría que a esa persona (también) le gustase hacer ejercicio para poder hacer ejercicio a la vez que charlamos.

Rina Entendido. Buscaré a alguien así.

Nuevo vocabulario ▸ P. 332

사귀다 | 동호회 | 가입하다 | 수줍음이 많다 | 활발하다 | 상관 없다 | 성격이 맞다

Nuevas expresiones ▸ P. 332

- 어떻게 하면 좋을까요?
- 나이는 상관없어요.
- 또 다른 건 뭐가 …?

Notas

1 Omisiones y contracciones habituales en el lenguaje oral

En el registro hablado, es frecuente omitir o contraer algunas palabras que se pueden presuponer gracias al contexto. En la conversación de arriba, la pregunta 그리고 어떤 사람이 마음에 들어요? se puede reducir a 그리고, a lo que se le puede añadir 요 para no ser demasiado informal, lo que da lugar a 그리고요?. El contexto permite inferir la parte omitida de la pregunta.

2 La partícula 이/가 con los pronombres interrogativos

Cuando se hacen preguntas, es habitual omitir la partícula de complemento directo 을/를 que sigue a los pronombres interrogativos. Sin embargo, el sufijo de presente 이/가 no se puede omitir cuando se usa con pronombres interrogativos.

- 뭐**가** 마음에 안 들어요? ¿Qué no te gusta?
- 뭐**를** 제일 좋아해요? ¿Qué te gusta más?

1 Rasgos psicológicos

1. 착하다 ↔ 못됐다 ser bueno ↔ ser malo	• 옛날 이야기에서 **착한** 사람은 복을 받고 **못된** 사람은 벌을 받아요. En las viejas historias, los buenos eran premiados (lit. tenían suerte) y los malos recibían su castigo.
2. 겸손하다 ↔ 거만하다 ser modesto ↔ ser arrogantes	• **겸손한** 사람은 자기 자랑을 하지 않는데 **거만한** 사람은 다른 사람을 무시해요. La gente modesta no va presumiendo pero la gente arrogante desprecia a los demás.
3. 활발하다 ↔ 조용하다 ser extrovertido ↔ ser tranquilo	• **활발한** 사람과 함께 있으면 힘이 생기고, **조용한** 사람과 있으면 차분해져요. Cuando estoy con gente extrovertida me siento animado y cuando estoy con gente tranquila me siento sosegado.
4. 부지런하다 ↔ 게으르다 ser diligente ↔ ser vago, perezoso	• **부지런한** 사람은 항상 열심히 일하는 반면에, **게으른** 사람은 항상 일을 미뤄요. La gente diligente siempre trabaja con ahínco, mientras que la gente perezosa siempre posterga el trabajo.
5. 예의 바르다 ↔ 예의 없다 ser educado ↔ ser maleducado	• **예의 바른** 사람은 예의 있게 행동하는데, **예의 없는** 사람은 자기 마음대로 행동해요. La gente educada se comporta con educación pero la gente maleducada se comporta como quiere.
6. 다정하다 ↔ 냉정하다 ser amable ↔ ser apático/frío	• **다정한** 사람은 정이 많아서 따뜻한데, **냉정한** 사람은 차가워요. La gente amable es muy agradable y tiene buen corazón, pero la gente apática es fría con los demás.
7. 보수적이다 ↔ 개방적이다 ser conservador ↔ ser abierto (de mente)	• **보수적인** 사람은 새로운 것보다 전통을 좋아하는 반면에, **개방적인** 사람은 새로운 것을 좋아해요. A la gente conservadora le gusta más las cosas tradicionales que las novedades, mientras que a la gente abierta de mente le gustan las novedades.
8. 적극적이다 ↔ 소극적이다 ser dinámico ↔ ser pasivo	• **적극적인** 사람은 문제가 생겼을 때 열심히 해결하는 반면에, **소극적인** 사람은 문제를 피해요. La gente activa trata de resolver los problemas cuando surgen, mientras que la gente pasiva los evita.
9. 자신감이 있다 ↔ 자신감이 없다 tener confianza (en uno mismo) ↔ no tener confianza (en uno mismo)	• **자신감이 있는** 사람은 자신의 능력을 믿는데, **자신감이 없는** 사람은 자신의 능력을 믿지 않아요. Las personas seguras de sí mismas confían en sus aptitudes, pero las personas inseguras no lo hacen.
10. 책임감이 있다 ↔ 책임감이 없다 ser responsable ↔ ser irresponsable	• **책임감이 있는** 사람은 맡은 일을 끝까지 하는데, **책임감이 없는** 사람은 금방 포기해요. La gente responsable hace el trabajo que le corresponde hasta el final pero la gente irresponsable enseguida se da por vencida.
11. 인내심이 많다 ↔ 인내심이 없다 ser perseverante, paciente ↔ ser inconstante, impaciente	• **인내심이 많은** 사람은 힘들어도 참을 수 있는데, **인내심이 없는** 사람은 참을 수 없어요. Las personas perseverantes pueden aguantar lo que les venga aunque sea difícil, pero las personas inconstantes no aguantan.
12. 고집이 세다 ↔ 고집이 없다 ser testarudo ↔ no ser testaruda	• **고집이 센** 사람은 자신의 생각을 잘 바꾸지 않는데, **고집이 없는** 사람은 다른 사람의 의견을 잘 들어요. La gente testaruda no cambia de opinión fácilmente pero la gente que no es testaruda, escucha sin problemas las opiniones de los demás.

2 Otros rasgos psicológicos

- 이기적이다: **이기적인** 사람은 자기만 생각하고 다른 사람을 배려하지 않아요.
  ser egoísta: La gente egoísta solo piensa en sí misma y no tiene consideración hacia los demás.
- 변덕스럽다: **변덕스러운** 사람은 기분이 자꾸 바뀌어서 옆에 있는 사람이 힘들어요.
  ser caprichoso: Como la gente caprichosa cambia de parecer con mucha frecuencia, es complicado para la gente de su entorno.
- 욕심이 많다: **욕심이 많은** 사람은 자기가 갖고 있는 것에 만족하지 못해요.
  ser codicioso: La gente codiciosa nunca está satisfecha con lo que tiene.
- 사교적이다: **사교적인** 사람은 쉽게 친구를 사귈 수 있어요.
  ser sociable: La gente sociable puede hacer amigos fácilmente.
- 성실하다: **성실한** 사람은 자기가 맡은 일을 열심히 해요.
  ser honrado: La gente honrada hace con diligencia el trabajo que le asignan.
- 솔직하다: **솔직한** 사람은 거짓말을 하지 않아요.
  ser sincero: La gente sincera no miente.

Expresiones esenciales

- 우리는 공통점이 많아요.
  Tenemos muchas cosas en común.
- 우리는 공통점이 하나도 없어요.
  No tenemos nada en común.

¡Hablemos!

Estrategias comunicativas — Describir personas

- 얼굴은 ______________ **을/를 닮았어요.** Su cara **se parece** a la de __________.
- 스타일은 ______________ **같아요.** Su estilo **se parece** al de __________.
- 키는 ______________ **만 해요. Es tan** alto/a **como** __________.
- ______________ **처럼** 행동해요. Se comporta **como** __________.

❶ 주변 인물을 소개해 보세요.

대학교 친구인데 4년 동안 항상 같이 다녔어요. 갸름한 얼굴에 눈이 크고 입이 작아서 귀엽게 생겼어요. 편한 옷을 즐겨 입는데, 특히 신발에 신경을 많이 쓰는 편이었어요. 우리는 둘 다 솔직하고 활발해서 마음이 잘 맞아요. 요즘에는 친구가 바빠서 자주 못 보지만 이메일로 연락해요.

어렸을 때 친구

대학교 친구

전 남자 친구

남자 친구

동료

직장 상사

(1) **누구**
- 이름이 뭐예요?
- 어떤 관계예요?
- 언제 처음 만났어요? 어떻게 친하게 됐어요?

(2) **외모**
- 어떻게 생겼어요? (얼굴, 머리 모양, 체격 등)
- 첫인상이 어땠어요?

(3) **옷차림**
- 평소 옷차림이 어때요?
- 무엇에 신경 쓰는 편이에요? (옷, 머리 스타일, 피부, 말투 등)

(4) **성격**
- 성격이 어때요?
- 어떤 점이 비슷해요? 어떤 점이 달라요?
- 그 친구 성격의 장점과 단점이 뭐예요?

(5) **현재**
- 지금 그 친구는 어떻게 지내요?
- 얼마나 자주 연락해요?

❷ 어떤 사람이에요?

- 이성에게 매력적인 사람 (남자/여자)
- 회사 면접 때 인기가 좋은 사람 (남자/여자)
- 스트레스를 주는 사람 (남자/여자)
- 제일 존경하는 사람 (남자/여자)

Nuevo vocabulario

즐기다 disfrutar | 관계 relación | 옷차림 vestimenta, atuendo | 매력적이다 atractivo | 존경하다 admirar, respetar

Red de palabras

Anexo P. 322

성격 personalidad
- 성: sexo, naturaleza
- 격: estado

남성 varón, masculino
남 (varón) 성 (sexo, naturaleza)

- 장남 — varón primogénito: 장 (largo, mayor) 남 (varón)
- 남편 — esposo, marido: 남 (varón) 편 (conveniente)
- 미남 — hombre atractivo: 미 (bello) 남 (varón)

격식 formalidad, etiqueta
격 (estado) 식 (ceremonia, estilo)

- 결혼식 — matrimonio: 결 (atar, amarrar) 혼 (matrimonio) 식 (ceremonia, estilo)
- 공식적 — oficial: 공 (público, oficial) 식 (ceremonia, estilo) 적 (terminación que transforma sustantivos en adjetivos)
- 방식 — método, forma: 방 (método, forma) 식 (ceremonia, estilo)

여성 mujer, femenino
*여 (mujer) 성 (sexo, naturaleza)

- 미녀 — mujer hermosa: 미 (bello) 녀 (mujer)
- 소녀 — niña: 소 (pequeño) 녀 (mujer)
- *여왕 — reina soberana: 여 (mujer) 왕 (rey)

* La consonante se convierte en ㅇ delante de las vocales ㅣ, ㅑ, ㅕ, ㅛ, ㅠ cuando es la primera sílaba de una palabra, de manera que 녀 se convierte en 여.

자격 título, certificado
자 (riqueza, propiedades) 격 (estado)

- 투자 — inversión: 투 (tirar) 자 (riqueza, propiedades)
- 자료 — materiales, datos: 자 (riqueza, propiedades) 료 (material, pago)
- 자금 — capital, fondos: 자 (riqueza, propiedades) 금 (dinero)

특성 característica
특 (especial) 성 (sexo, naturaleza)

- 특별하다 — especial: 특 (especial) 별 (otro)
- 독특하다 — original: 독 (solo, único) 특 (especial)
- 특이하다 — peculiar: 특 (especial) 이 (diferente)

합격 aprobar un examen
합 (unir) 격 (estado)

- 합의 — acuerdo, consenso: 합 (unir) 의 (significado)
- 연합 — alianza: 연 (conectar) 합 (unir)
- 통합 — unificación: 통 (control, dominio) 합 (unir)

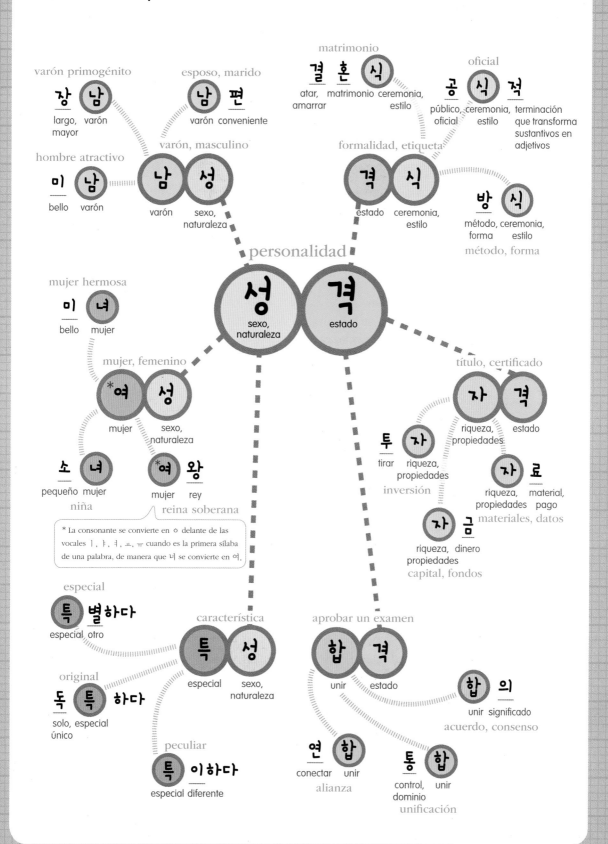

Algo de cultura

Hablemos sobre la personalidad de la gente

• 통이 크다 generosidad y 통이 작다 tacañería

En un principio, 통 hacía meramente referencia a la amplitud de los pantalones y de las mangas, pero se acabó usando también para indicar cuán generosa y liberal es una persona. Por ello, se usa 통이 크다 para indicar que alguien es generoso y desprendido, así que como no les presta atención a las cosas carentes de importancia. Por ejemplo, cuando uno hace una donación económica, si la cuantía no es de mil o diez mil wones sino de cien o mil millones de wones, este gesto será elogiado como 통이 크게. Si alguien nos invita a comer algo caro o fuera de lo normal, podemos explicar ese gesto en los elogiosos términos de 통이 크게 한턱내다. Por el contrario, 통이 작다 se emplea para indicar que alguien es tacaño o fastidioso, aunque también se puede emplear para indicar que le presta demasiada atención a cosas que carecen de importancia.

En la cultura coreana se valora la generosidad de manera muy positiva y, por ello, se suele tener en gran consideración a las personas que se consideran 통이 큰 사람, especialmente en el caso de los varones. Por eso los hombres coreanos tratan de comportarse como 통이 큰 사람. De hecho, si alguien está pendiente de que le den el cambio exacto al pagar, puede ser visto por lo demás como alguien tacaño. La fuerte tendencia en la sociedad coreana de que los varones de mayor edad paguen en los restaurantes está profundamente relacionada con la admiración y estima que se tiene hacia las gente considerada 통이 큰 사람.

• 뒤끝이 있다 resentimiento y 뒤끝이 없다 perdón

El término 뒤끝 hace referencia a la amarga sensación que queda cuando algo llega a su fin. Por ejemplo, es normal que tras una pelea, incluso aunque se hayan hecho las paces finalmente, uno se sienta mal por haberse peleado. Esa sensación es la que describe la expresión 뒤끝 있다. Por el contrario, 뒤끝 없다 hace referencia a la capacidad de algunas personas de poner fin a una disputa y no guardar ningún tipo de resentimiento. En la sociedad coreana, 뒤끝 없다 es una virtud tan apreciada como 통이 크다.

Capítulo **12**

건강

La salud

Objetivos
- dar noticias
- confirmar lo que se acaba de oír
- hacer conjeturas
- hacer hipótesis imprecisas
- confirmar rumores
- preguntar por alguien y enviarle saludos
- explicar las causas de heridas y enfermedades

Gramática

❶ –다고 하다 estilo indirecto
–다고요? “¿Dices que…?”, “¿Has dicho que…?”

❷ –(으)ㄴ/는 것 같다 “parecer que”
–(으)ㄹ지도 모르다 “ser posible que”, “puede que”

❸ –다면서요? “¿Es verdad/cierto eso que he escuchado de que…?”
–(으)ㄹ 뻔하다 “casi”, “estar a punto de”

Gramática 1

-다고 하다 estilo indirecto

Anexo P. 279 C.C P. 310

A 진수가 "오늘은 시간이 없어."라고 했어요.
Jinsu ha dicho 《Hoy no tengo tiempo.》

→ 진수가 오늘은 시간이 없다고 했어요.
Jinsu ha dicho que no tiene tiempo hoy.

La forma de estilo indirecto –다고 하다 se emplea para contar lo que alguien ha dicho añadiéndola a la frase que se desee citar. La oración subordinada se une a –다고 하다 de varias maneras, las cuales dependen de si dicha oración va en presente o pasado, de si su núcleo es un verbo, un adjetivo o un sustantivo seguido de 이다 y de si se trata de una oración enunciativa, interrogativa, imperativa o un propuesta. Además del verbo 하다, es posible usar otros como 말하다 (hablar), 얘기하다 (contar), 듣다 (oír).

- 진수가 "매일12시에 자요."라고 했어요. → 진수가 매일 12시에 잔다고 했어요.
  Jinsu dijo: 《Me acuesto todo los días a las doce.》 → Jinsu dice que se acuesta todos los días a las doce.
- 리나가 "보통 아침을 먹지 않아요."라고 말했어요. → 리나가 보통 아침을 먹지 않는다고 말했어요.
  Rina dijo: 《No suelo desayunar.》 → Rina dijo que no suele desayunar.
- 민호가 "저한테 얘기하세요."라고 했어요. → 민호가 자기한테 얘기하라고 했어요.
  Minho dijo: 《Hable conmigo.》 → Minho dijo que hablase con él.

-다고요? "¿Dices que…?", "¿Has dicho que…?"

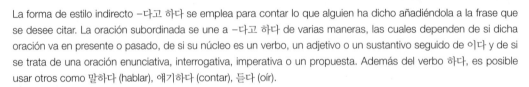

A 어제 여권을 잃어버렸어요.
Ayer se me perdió el pasaporte.

B 여권을 잃어버렸다고요?
¿Dices que perdiste el pasaporte?

Se hace uso de –다고요? para confirmar lo que alguien dice o para llamar la atención a alguien sobre lo que ha dicho de manera que lo pueda reconsiderar. En realidad, esta estructura viene de la forma de estilo indirecto –다고 하다, aunque en este caso se omite 하다 y se le añade un signo de interrogación, y sirve para pedirle al interlocutor que confirme lo que creemos haber oído. En el caso de que se deba mostrar cierto respeto al interlocutor, se ha de añadir –요 a –다고. Las frases se unen a –다고요? de la misma manera que en el estilo indirecto.

- A 나는 한국 친구가 한 명도 없어. No tengo ni un solo amigo coreano.
  B 한국 친구가 한 명도 없다고? ¿Que no tienes ni un solo amigo coreano?
- A 내일 여행 갈까요? ¿Vamos de viaje mañana?
  B 네? 내일 여행 가자고요? ¿Cómo? ¿Que vayamos mañana de viaje?

▸ Clave de respuestas P. 316

1 보기 와 같이 '-다고 하다'를 사용하여 문장을 완성하세요.

새라: 버스를 잘못 탔어요.	리나: 밤에 잠이 잘 안 와요.
마크: 음식이 상했으니까 먹지 마세요.	유키: 어느 옷이 제일 마음에 들어요?
웨이: 이번 주말에 같이 영화를 볼까요?	민호: 집주인의 연락처를 알려 주세요.

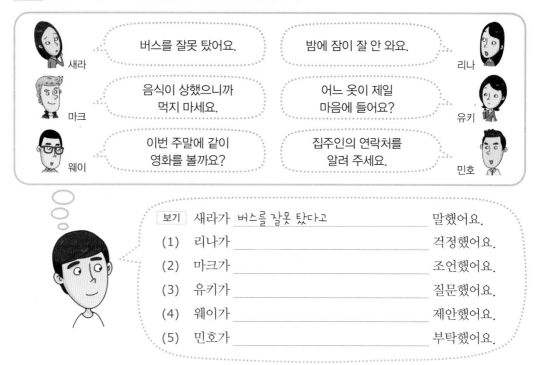

보기 새라가 버스를 잘못 탔다고 말했어요.

(1) 리나가 ______________________ 걱정했어요.

(2) 마크가 ______________________ 조언했어요.

(3) 유키가 ______________________ 질문했어요.

(4) 웨이가 ______________________ 제안했어요.

(5) 민호가 ______________________ 부탁했어요.

2 '-다고요?'를 사용하여 대화를 완성하세요.

(1) A 친구를 사귀기 어려워요.
B 친구를 사귀기 ______________________? 맞아요. 저도 그래요.

(2) A 한국 노래를 하나도 몰라요.
B 한국 노래를 하나도 ______________________? 그럼, 제가 가르쳐 줄까요?

(3) A 다른 친구에게 비밀을 말하지 마세요.
B 다른 친구에게 비밀을 ______________________? 걱정하지 마세요.

(4) A 조금 후에 다시 전화할게.
B 조금 후에 다시 ______________________? 그럼, 전화 기다릴게.

3 밑줄 친 것을 고치세요.

(1) 친구가 네라고 대답했어요. → ______________________

(2) 리나는 제 지갑이 갈색이라고 말했어요. → ______________________

(3) 피터는 보통 편지를 쓰지 않다고 들었어요. → ______________________

(4) 동생이 한국 음식을 먹고 싶는다고 자주 말했어요. → ______________________

(5) 하숙집이 불편하면 원룸에서 살으라고요? → ______________________

Conversación 1

pista 34

진수 씨가
교통사고가 났다고 해요.
뭐라고요?

케빈 진수 씨 얘기 들었어요?

유키 아니요, 못 들었어요. 무슨 얘기요?

케빈 진수 씨가 어제 교통사고가 났다고 해요.

유키 뭐라고요? 어디를 다쳤대요?

케빈 다리를 다쳐서 병원에 입원했다고 들었어요.

유키 병원이라고요? 수술했대요?

케빈 그건 잘 모르겠어요. 저도 오늘 아침에 연락받았거든요.

유키 그렇군요. 많이 안 다쳤으면 좋겠네요.

케빈 저도 그러길 바라고 있어요.

유키 우리도 병원에 가야죠?

케빈 그럼요, 친구들한테 연락해서 같이 병문안 가요. 제가 다른 친구들한테 연락해 볼게요.

유키 그 전에 병원에 전화해서 면회 시간을 알아보는 게 좋겠어요.

케빈 그게 좋겠네요.

Kevin ¿Has oído lo de Jinsu? (lit. ¿Has oído la historia de Jinsu?)

Yuki No, no lo he oído. ¿De qué se trata?

Kevin Dicen que ayer Jinsu sufrió un accidente de tráfico.

Yuki ¿Qué dices? ¿Dónde (dicen que) se ha lesionado?

Kevin He oído que lo ingresaron en el hospital porque se había lesionado una pierna.

Yuki ¿A un hospital, dices? ¿(Sabes si) lo han operado?

Kevin Eso no lo sé. Es que me han llamado (para contármelo) esta mañana.

Yuki Ah, claro. Ojalá que no se haya lesionado mucho.

Kevin Yo también espero que sea así.

Yuki Deberíamos ir al hospital, ¿no?

Kevin Por supuesto, avisemos a los amigos y vayamos a visitarlo. Llamaré yo a los demás.

Yuki Antes de eso, deberíamos llamar al hospital y averiguar el horario de visitas.

Kevin Sí, sería mejor.

Nuevo vocabulario ▸P. 332

교통사고 | 사고가 나다 | 다치다 | 입원하다 | 수술하다 | 바라다 | 병문안 | 면회

Nuevas expresiones ▸P. 332

- 무슨 얘기요?
- 뭐라고요?
- 저도 그러길 바라고 있어요.

Notas

1 La negación con 못

Aunque en coreano se puede usar tanto 안 como 못 negar una frase, no son intercambiables. Por ejemplo, con verbos que se refieren a una capacidad sensorial como 보다 (mirar, ver) y 듣다 (escuchar, oír), lo normal es hacer la forma negativa con 못, a no ser que el sujeto de estos verbos haya decidido no ver u oír algo a propósito. En ese caso, se usaría 안.

- 조금 전에 여기서 흰색 자동차 **못** 봤어요?
  ¿No has visto un auto blanco que estaba aquí hace un momento?
- 그런 얘기는 **못** 들었는데요.
  No he oído ninguna historia de ese tipo.

2 –기 바라다: desear/esperar que

Se hace uso de –기 바라다 para indicar el deseo o esperanza que uno tiene de que algo suceda o se haga. Es posible añadir la partícula de complemento directo 를, dando lugar a –기를 바라다, aunque con frecuencia se contrae en –길 바라다. Su uso es habitual en registros formales y en el lenguaje escrito.

- 이번에 꼭 승진하**길 바라고 있어요.**
  Espero que esta vez consigas un ascenso.
- 올해도 하시는 일이 잘되시**길 바랍니다.**
  Espero que este año les salga bien todo lo que hagan.

1 Partes del cuerpo

- 머리 cabeza
- 머리카락 cabello
- 눈 ojo
- 눈썹 ceja
- 쌍꺼풀 párpado doble
- 코 nariz
- 귀 oreja, oído
- 턱 mentón, barbilla
- 점 lunar
- 얼굴 cara
- 이마 frente
- 볼 mejilla
- 보조개 hoyuelo
- 입 boca
- 입술 labio
- 이 diente
- 혀 lengua

- 목 cuello, garganta
- 가슴 pecho
- 팔 brazo
- 팔뚝 antebrazo
- 어깨 hombro
- 배 barriga
- 배꼽 ombligo
- 팔꿈치 codo

- 등 espalda
- 엉덩이 nalgas
- 허리 cintura, parte inferior de la espalda
- 옆구리 costado

- 다리 pierna
- 허벅지 musl
- 무릎 rodilla
- 발꿈치 talón

- 피부 piel
- 피 sangre
- 털 vello
- 근육 músculo
- 뼈 hueso
- 지방 grasa

- 손 mano
- 손목 muñeca
- 손가락 dedo de la mano
- 손톱 uña de la mano
- 손바닥 palma de la mano
- 손등 dorso de la mano
- 발 pie
- 발목 tobillo
- 발가락 dedo del pie
- 발톱 uña del pie
- 발바닥 planta del pie
- 발등 empeine

2 Verbos relacionados con las partes del cuerpo

눈 ojo

- 눈을 감다 cerrar los ojos
- 눈을 뜨다 abrir los ojos
- 눈을 깜빡이다 parpadear
- 눈을 찡그리다 fruncir el ceño

코 nariz

- 냄새를 맡다 oler (=percibir un olor)
- 코를 골다 roncar
- 코를 막다 taparse la nariz
- 코를 풀다 sonarse la nariz

입 boca

- 하품하다 bostezar
- 숨을 쉬다 respirar
- 한숨을 쉬다 suspirar
- 말하다 hablar
- 소리를 지르다 dar gritos
- 소리치다 gritar, vocear
- 입을 다물다 cerrar la boca
- 입을 벌리다 abrir la boca
- 씹다 masticar, mascar
- 삼키다 tragar
- 뱉다 escupir
- 토하다 vomitar

손 mano

- 들다 levantar, sujetar
- 잡다 tomar, agarrar
- 놓다 poner, dejar
- 악수하다 dar la mano
- 박수를 치다 aplaudir
- 만지다 tocar
- 대다 tocar, rozar
- 머리를 쓰다듬다 acariciarle a alguien la cabeza

몸 cuerpo

- 몸을 떨다 temblar
- 몸을 흔들다 menearse
- 땀을 흘리다 sudar
- 앉다 sentarse
- 서다 ponerse de pie
- 기대다 apoyarse
- 눕다 tumbarse

발 pie

- 걷다 caminar
- 뛰다 corretear, trotar
- 달리다 correr
- 밟다 pisar

Expresiones esenciales

- 어디가 아파요? ¿Dónde te duele?
- 아픈 데가 어디예요? ¿En qué parte te duele?
- 다친 데 없어요? ¿No te has lastimado en ninguna parte?

Gramática 2

-(으)ㄴ/는 것 같다 "parecer que"

Anexo P. 282 C.C P. 307

A 밖에 날씨가 어때요?
¿Qué tal el tiempo fuera?

B 비가 오는 것 같아요.
사람들이 우산을 쓰고 있어요.
Parece que llueve. La gente lleva paraguas.

La estructura -(으)ㄴ/는 것 같다 se emplea para hacer hipótesis sobre lo que puede estar pasando o haber pasado en base a lo que uno ha podido observar. Si la hipótesis es sobre una situación o estado que tiene lugar en el presente, se debe hacer uso de -(으)ㄴ 것 같다 en el caso de los adjetivos y -는 것 같다 en el caso de los verbos. Esta estructura también puede emplearse para opiniones subjetivas por parte del hablante. De hecho, -(으)ㄴ/는 것 같다 permite que el hablante exprese su opinión de una manera educada, suave y nada tajante.

- 어제 마크 씨가 늦게 잔 것 같아요. 피곤해 보여요. Parece que Mark se acostó tarde anoche. Se lo ve cansado.
- 요즘 진수가 일이 많은 것 같아. 주말에도 회사에 출근해.
  Parece que Jinsu tiene mucho trabajo estos días. También va a trabajar a la empresa los fines de semana.
- 한국어를 공부해 보니까 생각보다 어렵지 않은 것 같아요.
  Ahora que estudio coreano, no parece tan difícil como pensaba.

-(으)ㄹ지도 모르다 "ser posible que", "puede que"

C.C P. 304

A 야구 경기 보러 가요!
Vayamos a ver un partido de béisbol.

B 주말이니까 표가 없을지도 몰라요.
Puede que no haya boletos porque es fin de semana.

La estructura -(으)ㄹ지도 모르다 se emplea indicar la probabilidad de que algo ocurra. Su uso suele implicar que la suposición no se basa en ninguna evidencia o que el hablante muestra poca convicción sobre lo que está diciendo. Esta estructura se añade a las raíces de verbos y adjetivos, así como a 이다. En el caso que se trata de una hipótesis sobre algo que podría haber pasado en el pasado, se emplea la forma -았/었을지도 모르다.

- 그런 얘기를 하면 진수가 기분 나빠할지도 몰라. Si le cuentas eso a Jinsu, puede que se sienta mal.
- 바닷가는 저녁에 추울지도 모르니까 겉옷을 가져가세요.
  Como puede hacer frío en la playa por la noche, llévese una chaqueta.
- 리나는 영화를 좋아하니까 벌써 그 영화를 봤을지도 몰라요.
  Puede que Rina ya haya visto esa película porque le gusta el cine.

▸ Clave de respuestas P. 316

1 알맞은 것을 고르세요.

(1) 이 영화가 [ⓐ 재미있는 / ⓑ 재미없는] 것 같아. 평일에 가도 표가 없어.

(2) 마크 씨가 전에 중국에서 [ⓐ 산 / ⓑ 살은] 것 같아요. 중국어를 잘해요.

(3) 리나 씨가 이 책을 [ⓐ 읽지 않는 / ⓑ 읽지 않은] 것 같아요. 이 책을 선물합시다!

(4) 미리 준비하면 시험이 그렇게 [ⓐ 어렵지 않은 / ⓑ 어렵지 않는] 것 같아요.

(5) 알람 시계가 없으면 내일도 늦게 [ⓐ 일어나는 / ⓑ 일어날] 것 같아.

(6) 여행을 가기 전에 더 많은 정보가 [ⓐ 필요한 / ⓑ 필요하는] 것 같아요.

2 알맞은 것끼리 연결하세요.

(1) 방에 불이 켜져 있어요. •	• ⓐ 정말 똑똑한 것 같아요.
(2) 아이가 세 살인데 책을 읽어요. •	• ⓑ 약속 시간 안에 못 갈 것 같아요.
(3) 길에 차가 너무 많아요. •	• ⓒ 무슨 일이 생긴 것 같아요.
(4) 민호가 회사에 안 왔대요. •	• ⓓ 변호사인 것 같아요.
(5) 한국어를 못해서 말이 안 통해요. •	• ⓔ 아직 안 자는 것 같아요.
(6) 법에 대해 잘 알아요. •	• ⓕ 한국에서 살기 힘들 것 같아요.

3 다음에서 알맞은 것을 골라서 '-(으)ㄹ지도 모르다'를 사용하여 문장을 완성하세요.

알다 받다 가다 늦다 싸다 말하다

(1) 그 사람은 항상 지각하니까 오늘도 ____________ 몰라요.

(2) 친구가 요즘 바쁘니까 전화를 안 ____________ 몰라.

(3) 유키 씨가 마크 씨하고 친하니까 마크 씨 전화번호를 ____________ 모르잖아요.

(4) 리나 씨가 교실에서 일찍 나갔으니까 벌써 집에 ____________ 몰라.

(5) 진수 씨가 민호 씨하고 친하니까 그 얘기를 민호 씨한테 벌써 ____________ 몰라요.

(6) 그 물건을 사기 전에 값을 물어보세요. 비싸 보이지만 실제로 ____________ 몰라요.

Conversación ❷

pista 35

마크 약속 시간이 지났는데, 새라는 왜 안 와요?
리나 아까 새라한테서 전화 왔는데 연락 못 받았어요?
마크 아니요, 새라가 뭐라고 했어요?
리나 오늘 사정이 있어서 약속에 못 온다고 했어요.
마크 그래요? 왜요?
리나 잘 모르겠지만, 몸이 안 좋은 것 같아요.
마크 어디가 아프대요?
리나 그런 말은 안 했는데, 목소리를 들어 보니까 감기에 걸린 것 같아요.
마크 감기에 걸렸다고요? 많이 아픈 것 같아요?
리나 그런 것 같아요. 평소와 달리 힘이 너무 없었어요.
마크 새라한테 전화해 봐야겠네요.
리나 전화는 나중에 해 보세요. 지금 자고 있을지도 몰라요.
마크 낮인데요?
리나 몸이 안 좋잖아요. 전화는 내일 하는 게 좋을 것 같아요.

Mark Ya ha pasado la hora a la que habíamos quedado. ¿Por qué no habrá venido Sarah?
Rina Hace un rato recibí una llamada de Sarah. ¿Es que no se ha puesto en contacto contigo?
Mark No. ¿Qué es lo que dijo Sarah?
Rina Dijo que no podría venir porque le había surgido algo.
Mark ¿De verdad? ¿Y eso?
Rina No estoy segura pero parece que no se siente bien.
Mark ¿Qué le pasa exactamente? (lit. ¿Dónde le duele?)
Rina No me dio tantas explicaciones pero, por su voz, diría que ha pillado un resfriado.
Mark ¿Qué ha pillado un resfriado? ¿Parecía muy enferma?
Rina Lo parecía. A diferencia de lo que es habitual, no tenía apenas energía.
Mark Creo que debería llamar a Sarah.
Rina Trata de llamarla más tarde. Ahora podría estar durmiendo.
Mark ¿Pero si es de día?
Rina ¿Pero no te das cuenta de que se encuentra mal? Sería mejor que la llamaras mañana.

Nuevo vocabulario ▸P. 333

(시간이) 지나다 | 아까 | 전화가 오다 | 사정이 있다 | 몸이 안 좋다 | 그런 | 목소리 | 감기에 걸리다 | 힘이 없다 | 낮

Nuevas expresiones ▸P. 333

- 뭐라고 했어요?
- 그런 것 같아요.
- 평소와 달리

Notas

1 Uso de 어디 para preguntar por una zona o una parte

Se puede usar el interrogativo 어디 para preguntar por una parte o por una zona. En la conversación de arriba, podemos que se usa en 어디가 아프대요? preguntar por la parte del cuerpo de Sarah en la que se encuentra localizado el dolor o el problema de salud.

- **어디** 좀 봅시다. Echemos un vistazo.
- **어디**가 문제가 있어요? ¿Dónde está el problema?

2 –(으)ㄴ/는데요?: ¿Pero si…?

La estructura –(으)ㄴ/는데요? se emplea para indicar que uno tiene dudas acerca de lo que el interlocutor ha dicho. En la conversación de arriba, Mark exclama 낮인데요? queriendo decir "¿Cómo va a estar durmiendo si es de día todavía?". El significado es similar al de la estructura –아/어도 del capítulo 9.

- A 밖에 나가서 운동해요. Salgo (afuera) a hacer ejercicio.
  B 지금 비가 오**는데요**? ¿Pero si está lloviendo ahora?

1 Expresiones con 아프다 y partes del cuerpo

- 허리가 아프다 doler los riñones
- 어깨가 아프다 doler un hombro
- 목이 아프다 doler la garganta

2 Expresiones con 통 (dolor) y partes del cuerpo

- 두통이 있다 (= 머리가 아프다) tener jaqueca (=doler la cabeza)
- 치통이 있다 (= 이가 아프다) tener odontalgia (=doler un diente)
- 통증이 있다 tener dolores

3 Expresiones con el verbo 나다 para indicar dolores físicos y heridas

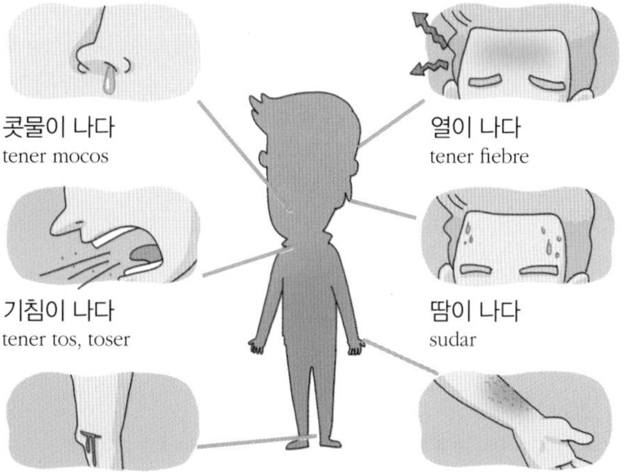

콧물이 나다
tener mocos

기침이 나다
tener tos, toser

피가 나다
sangrar

열이 나다
tener fiebre

땀이 나다
sudar

두드러기가 나다
tener urticaria, salir un salpullido

- 재채기가 나다 estornudar
- 눈물이 나다 llorar
- 수염이 나다 salir bigote
- 털이 나다 salir vello
- 흰머리가 나다 salir canas
- 여드름이 나다 salir granos, tener acné
- 상처가 나다 herirse
- 혹이 나다 salir un bulto
- 멀미가 나다 tener náuseas, marearse (por el movimiento de algo)
- 몸살이 나다 agotarse, sentirse exhausto
- 배탈이 나다 tener un cólico, tener mal estómago
- 설사가 나다 tener diarrea

4 Expresiones con 걸리다 e 있다 para indicar enfermedades concretas

1. 걸리다

- 감기에 걸리다 resfriarse, acatarrarse
- 눈병에 걸리다 pillar un infección/enfermedad ocular
- 치매에 걸리다 desarrollar/tener Alzheimer
- (폐암/위암/간암)에 걸리다 desarrollar/tener cáncer de pulmón/estómago/hígado
- (위염/장염)에 걸리다 tener gastritis/enteritis

2. 있다

- 우울증이 있다 tener depresión
- 불면증이 있다 tener insomnio
- 건망증이 있다 tener amnesia
- 변비가 있다 tener estreñimiento
- 알레르기가 있다 tener alergia

5 Otras expresiones

- 소화가 안되다(= 체했다) tener una indigestión
- 어지럽다 marearse, estar mareado
- 가렵다 picar
- 매스껍다 causar náuseas, ser vomitivo
- 목이 부었다 tener la garganta hinchada
- 어깨가 쑤시다 tener llagas en el hombro
- 눈이 충혈됐다 tener los ojos ensangrentados

Expresiones esenciales

- 평소처럼 목소리가 밝았어요.
  Su voz sonaba tan alegre como de costumbre.
- 평소와 달리 목소리가 힘이 없었어요.
  A diferencia de lo que es habitual, apenas tenía energía en la voz.

Gramática ❸

-다면서요? "¿Es verdad/cierto eso que he escuchado de que...?"

A 시험에 합격했다면서요? 축하해요.
¿Es cierto eso que he escuchado de que aprobaste el examen? ¡Enhorabuena!

B 고마워요.
Gracias.

합격했다면서요?
마크
APROBADO

La estructura -다면서요? se usa para cuando se trata de confirmar cierta información que se ha oído. La información puede ser acerca del interlocutor o sobre otra persona. Se parece a la estructura del estilo indirecto -다고 하다, pero -고 하다 es sustituido por -면서요? para conformar -다면서요?. En el caso de conversaciones distendidas con amigos en "banmal" (lenguaje informal), resulta bastante frecuente acortar -다면서? a la forma -다며?. Las frases se unen a -다고요? de la misma manera que en el estilo indirecto.

마신다~~고 했어요~~. + 면서요? → 마신다면서요?
읽으라~~고 했어요~~. + 면서요? → 읽으라면서요?

- 내일 학교에 일찍 오라면서? 무슨 일이야? ¿Te han dicho que mañana vengas a la escuale temprano? ¿Qué pasa?
- 매일 아침 8시에 회의 시작한다면서요? 정말이에요?
  ¿Que las conferencias empiezan a las ocho de la mañana todos los días? ¿En serio?
- 발표 준비를 일찍 시작했다며? 잘 생각했어!
  Dijiste que habías empezado pronto a preparar la exposición, ¿verdad? Ha sido una buena idea.

-(으)ㄹ 뻔하다 "casi", "estar a punto de"

C.C P. 306

A 무슨 일 있었어?
¿Qué te ha pasado?

B 길이 미끄러워서 넘어질 뻔했어.
Estuve a punto de caerme porque la calle estaba resbaladiza.

넘어질 뻔했어.

La estructura -(으)ㄹ 뻔하다 se usa para indicar que una acción casi llega a tener lugar. Se añade a las raíces verbales. La forma de pasado -(으)ㄹ 뻔했다 siempre se emplea para referirse a acciones que han estado a punto de ocurrir.

- 오늘 출근할 때 교통사고가 날 뻔했어요. 다행히 안 다쳤어요.
  Hoy cuando iba a trabajar, casi tuve un accidente de tráfico. Por suerte no me he lesioando.
- 약속을 잊어버릴 뻔했는데 메모를 확인하고 약속에 나갔어요.
  Casi se me olvida que había quedado pero vi la nota y salí a mi cita.
- 이번 시험에서 떨어질 뻔했는데 운이 좋아서 겨우 합격했어요.
  Esta vez casi suspendo el examen pero he tenido suerte y lo he aprobado por los pelos.

▸ Clave de respuestas P. 316

1 보기 와 같이 '-다면서요?'를 사용하여 문장을 완성하세요.

준기 씨가 지난주에 회사를 그만뒀어요.

준기 씨가 다음 달에 결혼할 거예요.

준기 씨의 집이 크고 집세도 싸요.

준기 씨가 회사에 갈 때 버스로 2시간 걸려요.

준기 씨가 바빠서 시간이 없어요.

준기 씨의 양복이 백만 원이에요.

보기 준기 씨가 지난주에 회사를 그만뒀다면서요? 그러면 앞으로 뭐 할 거라고 했어요?

(1) ____________________? 저도 그런 집에서 살고 싶어요.

(2) ____________________? 언제 시간이 날까요?

(3) ____________________? 자동차를 사는 게 좋겠어요.

(4) ____________________? 왜 그렇게 비싸요?

(5) ____________________? 어디에서 결혼하는지 알아요?

2 알맞은 것을 고르세요.

(1) 어제 길에서 ⓐ 넘어졌어요. / ⓑ 넘어질 뻔했어요. 그래서 다리를 심하게 다쳤어요.

(2) 친구에게 실수로 사실을 ⓐ 말했어요. / ⓑ 말할 뻔했어요. 다행히 말하지 않았어요.

(3) 배고파서 ⓐ 죽었어요. / ⓑ 죽을 뻔했어요. 그래서 밥을 많이 먹었어요.

(4) 학교에 ⓐ 갔어요. / ⓑ 갈 뻔했어요. 그런데 학교에 아무도 없었어요.

(5) 오늘 회사에 ⓐ 늦었어요. / ⓑ 늦을 뻔했어요. 뛰어가서 늦지 않게 도착했어요.

(6) 친구 생일을 ⓐ 잊어버렸어요. / ⓑ 잊어버릴 뻔했어요. 다행히 생각나서 선물을 샀어요.

3 밑줄 친 것을 고치세요.

(1) 그 사람이 <u>사장님이다면서요?</u> 저는 직원이라고 생각했어요. ➡

(2) 1시간 더 <u>기다려라면서요?</u> 진짜 그렇게 말했어요? ➡

(3) 시험을 못 봐서 <u>떨어질 뻔해요.</u> 다행히 떨어지지 않았어요. ➡

(4) 오늘 회식이 <u>있는다면서요?</u> 언제 모여요? ➡

Conversación 3

pista 36

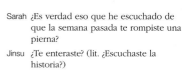

다리를 다쳤다면서요?
부러질 뻔했는데 다행히 괜찮아요.

새라 지난주에 다리를 다쳤다면서요?

진수 얘기 들었어요?

새라 네, 케빈한테서 들었어요. 많이 다쳤어요?

진수 교통사고가 나서 다리가 부러질 뻔했는데 다행히 괜찮아요. 다리는 안 부러졌고 그냥 약간 삐었어요.

새라 큰일 날 뻔했네요. 병원에는 갔어요?

진수 지금도 병원에 왔다 갔다 하면서 치료받고 있어요. 곧 괜찮아질 거예요.

새라 그렇군요. 많이 다쳤을까 봐 걱정 많이 했어요.

진수 걱정해 줘서 고마워요.
새라 씨도 감기에 심하게 걸렸다면서요? 괜찮아요?

새라 지난주에 많이 고생했는데, 지금은 다 나았어요.

진수 다행이네요. 요즘에 감기에 걸린 사람이 많은 것 같아요.

새라 그런 것 같아요. 건강에 더 신경 써야겠어요.

진수 저도요. 새라 씨, 몸조리 잘하세요.

새라 고마워요. 진수 씨도 빨리 낫기를 바랄게요.

Sarah ¿Es verdad eso que he escuchado de que la semana pasada te rompiste una pierna?

Jinsu ¿Te enteraste? (lit. ¿Escuchaste la historia?)

Sarah Sí, me lo contó Kevin. (lit. Se la escuché a Kevin.) ¿No te la has lastimado mucho?

Jinsu Tuve un accidente de tráfico y creí que me había roto la pierna pero gracias a Dios no fue tan grave. No me rompí la pierna pero me la disloqué un poco.

Sarah De buena te has librado. (lit. Casi ocurre una desgracia.) ¿Fuiste al hospital?

Jinsu Todavía sigo yendo al hospital para recibir terapia, pero pronto estaré bien.

Sarah Ya veo. Me preocupé mucho porque parecía que te habías lesionado seriamente.

Jinsu Gracias por preocuparte. Sarah, por cierto, ¿es verdad que pillaste un fuerte resfriado? ¿Estás bien?

Sarah La semana pasada lo pasé fatal pero estoy completamente recuperada.

Jinsu ¡Menos mal! Parece que hay mucha gente resfriada últimamente.

Sarah Eso parece. Debería prestarle más atención a la salud.

Jinsu Yo también. Bueno, Sarah, cuídate mucho.

Sarah Gracias. Espero que tú también te recuperes rápidamente.

Nuevo vocabulario ▸P. 333

부러지다 | 다행히 | 약간 | 큰일(이) 나다 | 왔다 갔다 하다 | 치료받다 | 걱정하다 | 심하게 | 고생하다 | 낫다

Nuevas expresiones ▸P. 333

- 다행이네요.
- 몸조리 잘하세요.
- 빨리 낫기를 바랄게요.

Notas

1 왔다 갔다 하다: estar yendo y viniendo, frecuentar un lugar

La estructura –았/었다 –았/었다 하다 sirve para indicar que se realizan de manera repetida dos acciones opuestas pero relacionadas entre sí. Cada una de esas acciones se añade respectivamente a –았/었다.

- 아이가 불을 **켰다 껐다 하면서** 장난을 쳐요.
  El niño se divierte encendiendo y apagando la luz.
- 다리 운동을 위해 계단을 **올라갔다 내려갔다 하는** 운동을 하고 있어요.
  Estoy subiendo y bajando las escaleras para ejercitar mis piernas.

2 Uso de 받다 para indicar quién es el beneficiario de una acción

En coreano existen varias maneras de indicar quién es el beneficiario de una acción. Una de ellas es el uso del verbo 받다 en lugar de 하다 son algunos sustantivos. En la conversación de arriba, el paciente es el beneficiario de la terapia, lo cual expresa por medio de 치료받다.

- 수술**받으면** 병을 고칠 수 있어요.
  Si te operas, puedes recuperarte de tu enfermedad.
- 사장님께 칭찬**받아서** 기분이 좋았어요.
  Estoy de buen humor porque el presidente de la empresa me ha elogiado.

❶ Lesiones

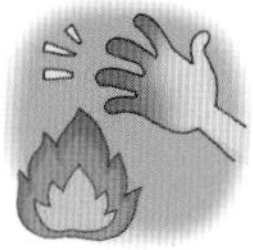
불에 데다
quemarse con fuego

칼에 베다
cortarse con un cuchillo

가시에 찔리다
pincharse con/clavarse una espina

이마가 찢어지다
abrirse una brecha en la frente

팔이 긁히다
tener arañazos en el brazo

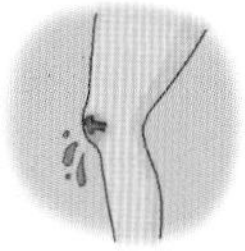
무릎이 까지다
tener las rodillas raspadas

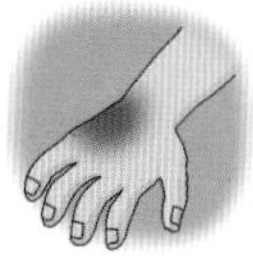
멍이 들다
salir un cardenal/moratón

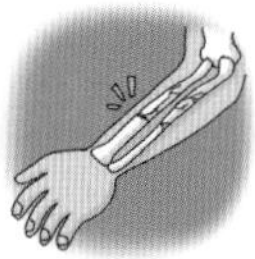
뼈에 금이 가다
tener un hueso fracturado/astillado

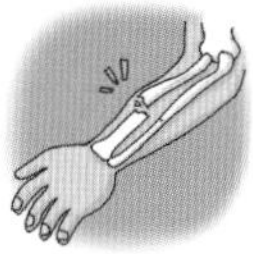
뼈가 부러지다
tener un hueso roto

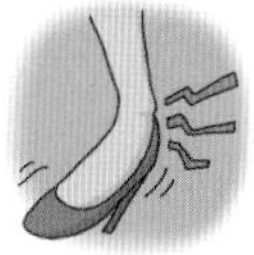
발목이 삐다
torcerse un tobillo

눈에 뭐가 들어가다
entrar algo en un ojo

얼굴에 뭐가 나다
salir algo en la cara

❷ Causas de lesiones

- 넘어지다 caerse
- 미끄러지다 resbalarse
- 다른 사람과 부딪치다 chocarse con otra persona
- 차에 치이다 ser atropellado por un auto
- 사고가 나다 ocurrir un accidente
- 공에 맞다 recibir un pelotazo/balonazo
- 무리해서 운동하다 agotarse por exceso de ejercicio
- 고양이가 할퀴다 arañar un gato
- 개에게 물리다 ser mordido por un perro
- 기절하다 desmayarse

❸ Tratamiento de una lesión o una enfermedad

1. 약
medicamentos

- 소독하다
  desinfectar
- 약을 바르다
  aplicar un medicamento
- 약을 뿌리다
  rociar un medicamento
- 약을 먹다
  tomar un medicamento
- 약을 넣다
  echarse un medicamento (como un colirio)

2. 붙이다, 감다
adherir, enrollar

- 파스를 붙이다
  poner un parche
- 밴드를 붙이다
  poner una tirita/curita
- 붕대를 감다
  vendar, poner una venda
- 깁스하다
  llevar una escayola

3. 맞다, 받다
ponerse, recibir

- 주사를 맞다
  ponerse una inyección
- 링거를 맞다
  ponerse suero
- 침을 맞다
  hacerse acupuntura
- 응급 치료를 받다
  recibir asistencia médica de emergencia
- 물리 치료를 받다
  recibir rehabilitación/terapia física

4. Otros términos médicos

- 수술하다
  operarse
- 꿰매다
  coser
- 입원하다
  ser ingresado en un hospital
- 찜질하다
  ponerse una compresa caliente
- 얼음찜질하다
  ponerse una compresa fría

❹ Tipos de medicamentos

- 소화제 medicamento digestivo
- 해열제 reductor de fiebre
- 진통제 analgésico
- 수면제 somnífero
- 소염제 antiinflamatorio
- 감기약 medicamento para el resfriado
- 멀미약 medicamento para las náuseas/el mareo
- 소독약 desinfectante
- 구급약 medicamentos de primeros auxilios
- 안약 colirio

Expresiones esenciales

- 빨리 나으세요.
  Que se recupere pronto.
- 몸조리 잘하세요. Cuídese mucho.

¡Hablemos!

Estrategias comunicativas

Expresar opiniones propias de manera indirecta

- 제가 보기에…… -(으)ㄴ/는 것 같아요. **Tal y como yo lo veo…** Parece que…
- 제가 알기에…… **Que yo sepa…**
- 제가 듣기에…… **Por lo que yo he oído…**
- 제가 느끼기에…… **A mi parecer…**

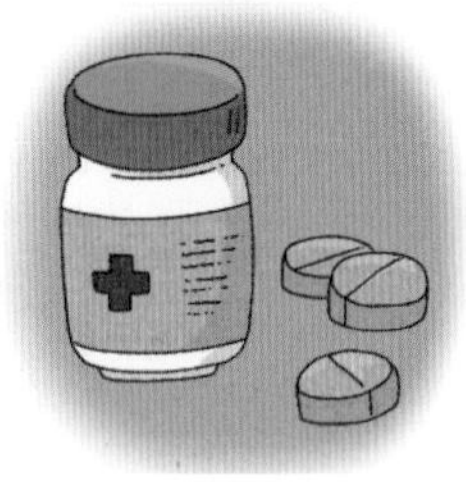

❶ 보통 아프면 어떻게 해요?

- 병원에 자주 가요? 약을 자주 먹는 편이에요?

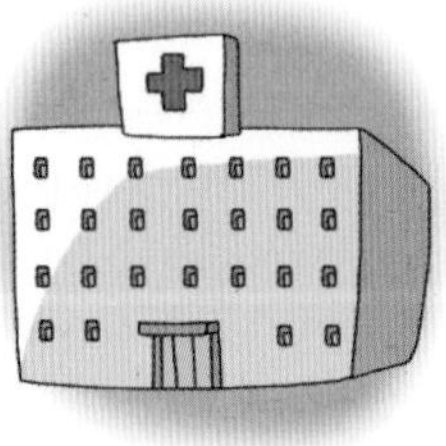

❷ 어렸을 때 심하게 아프거나 다친 적이 있어요?

- 언제 그랬어요? 왜 그랬어요?

❸ 병원에 일주일 이상 입원한 적이 있어요?

- 무슨 일로 입원했어요?
- 어떻게 치료했어요? 치료가 얼마나 걸렸어요?

❹ 건강을 위해 특별히 운동하고 있어요?

- 어떤 운동을 했어요?
- 효과가 있었어요?

❺ 보통 이럴 때 어떻게 해요?

- 효과적인 방법을 소개해 주세요.
- 실제로 해 봤어요?

잠이 안 올 때

감기에 걸렸을 때

스트레스를 심하게 받을 때

제가 보기에 스트레스를 받을 때는 잠깐 일을 쉬는 게 도움이 되는 것 같아요.

어깨가 아플 때

Nuevo vocabulario

(sustantivo)을/를 위해 para (sustantivo) | 효과가 있다 tener efecto | 효과적이다 ser efectivo

Red de palabras

Anexo P. 322

병원 — hospital
병 (enfermedad) 원 (edificio público)

병실 — habitación de hospital
병 (enfermedad) 실 (habitación, sala)

- 교실 — aula: 교 (enseñanza) 실 (habitación, sala)
- 화장실 — aseo, cuarto de baño: 화 (cambiar) 장 (maquillaje) 실 (habitación, sala)
- 욕실 — cuarto de baño con bañera/pila: 욕 (bañarse) 실 (habitación, sala)

법원 — tribunal
법 (ley) 원 (edificio público)

- 불법 — ilegal: 불 (prefijo negativo equivalente a in-/a-) 법 (ley)
- 국제법 — ley internacional: 국 (país) 제 (frontera, entre) 법 (ley)
- 방법 — método, manera: 방 (manera, dirección) 법 (ley)

병명 — nombre de enfermedad
병 (enfermedad) 명 ((re)nombre)

- 명함 — tarjeta de visita: 명 ((re)nombre) 함 (contener)
- 성명 — nombre y apellidos: 성 (apellido) 명 ((re)nombre)
- 서명 — firma: 서 (escribir) 명 ((re)nombre)

문화원 — centro cultural
문 (escritura) 화 (cambiar) 원 (edificio público)

- 문학 — literatura: 문 (escritura) 학 (estudio)
- 문장 — frase: 문 (escritura) 장 (sección)
- 문자 — letra, grafema: 문 (escritura) 자 (letra)

난치병 — enfermedad incurable
난 (dificultad) 치 (curación) 병 (enfermedad)

- 재난 — catástrofe, calamidad: 재 (desastre) 난 (dificultad)
- 피난 — refugio: 피 (huir, evitar) 난 (dificultad)
- *난처하다 — estar en dificultades/una situación difícil: *난 (dificultad) 처 (situación) 하다

대학원 — posgrado
대 (grande) 학 (estudio) 원 (edificio público)

- 학자 — académico, erudito: 학 (estudio) 자 (persona)
- 장학금 — beca: 장 (estimular, apoyar) 학 (estudio) 금 (dinero)
- 학교 — escuela: 학 (estudio) 교 (institución educativa)

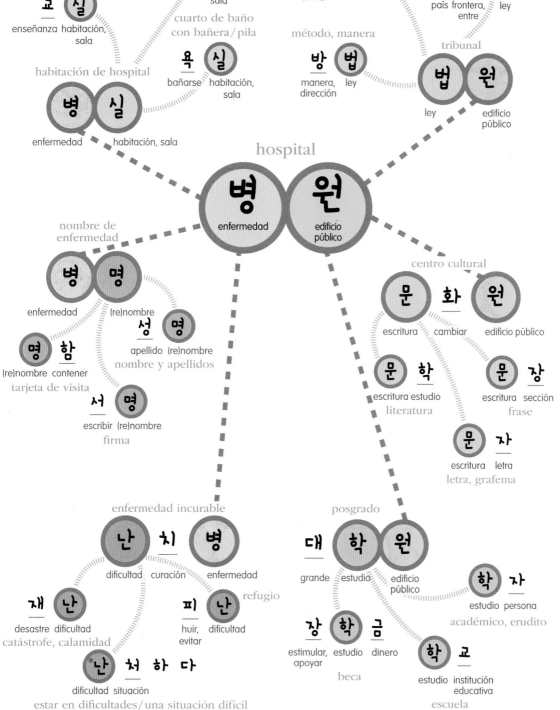

Algo de cultura

Expresiones con 애

• 애타다 (= 애가 타다) inquietarse, preocuparse

En origen, 애 simplemente significaba entrañas. Sin embargo, en la actualidad se usa para referirse a la zozobra que agita a uno y lo llena de preocupaciones. La expresión 애가 타다 se emplea metafóricamente para indicar un estado de inquietud o preocupación es tal que parece que nos ardan las entrañas. Por ejemplo, se podría emplear 애가 탄다 para describir el desasosiego que experimentaría alguien en la sala de espera de un hospital mientras están operando de urgencia a un familiar tras sufrir un grave accidente.

• 애태우다 (= 애를 태우다) inquietar, preocupar

Se emplea 애를 태우다 para indicar que alguien hace que otra persona sienta 애가 타다, es decir, preocupar o inquietar a alguien en extremo. Por ejemplo, si unos padres están alarmados porque su hijo ha huido de casa, se puede decir que ese niño está provocando una gran desazón (= 애를 태운다) a sus padres.

• 애쓰다 (= 애를 쓰다) esforzarse al máximo, darlo todo

Se usa 애를 쓰다 para expresar que alguien pone todo su empeño en algo y equivaldría a las expresiones del español "esforzarse al máximo" o "darlo todo". Se usaría 애쓰고 있다 para indicar que alguien está estudiando con gran ahínco para aprobar un examen y 애썼다 para señalar que alguien que ha logrado resolver poniendo mucho empeño en ello, que ha conseguido concluir una tarea difícil o que ha pasado por una situación muy estresante.

• 애먹다 (= 애를 먹다) pasarlo mal

La expresión 애를 먹다 literalmente significaría comerse los intestinos y se emplea para indicar que alguien está atravesando por momentos duros o que está experimentando serias dificultades. Por ejemplo, se podría usar para señalar las dificultades que alguien puede experimentar si la aerolínea con la que vuela le pierde el equipaje. Al contar esta experiencia se podría decir 애를 먹었다. Otro caso en el que podría emplearse esta expresión sería el estresante día a día de un empleado que trabaja para un jefe insufrible y quisquilloso al que nada le complace.

Capítulo **13**

관심사

Intereses

Objetivos
- hablar sobre planes
- hacer propuesta
- expresar preocupaciones
- animar
- opinar de manera cortés
- dar consejos

Gramática

❶ -(으)ㄹ 테니까 "puesto que…", "ya que parece que…"
-(으)ㄹ래요 "querría", "gustaría"

❷ -(으)ㄹ까 하다 "estar pensando en + infinitivo"
-(으)ㄹ수록 "cuanto más"

❸ -기는 하지만 "es asi pero…"
-군요 terminación empleada para indicar que se ha entendido al interlocutor o para darle la razón

Gramática 1

-(으)ㄹ 테니까 "puesto que...", "ya que parece que..."

C.C P. 304

A 다녀올게요.
¡Hasta luego! (lit. Voy y vuelvo)

B 이따가 비가 올 테니까 우산을 가져가세요.
Puesto que parece que lloverá más tarde, lleve paraguas.

Se emplea -(으)ㄹ 테니까 para indicar que la realización de una determinada acción se basa en la premisa de que algo posiblemente tenga lugar. La estructura -(으)ㄹ 테니까 se añade a la raíz de los verbos y los adjetivos, así como a 이다. El sujeto de la oración principal siempre ha de ser una persona. En el caso de que lo que se suponga ya haya ocurrido, se ha de añadir el infijo de pasado -았/었- dando lugar a -았/었을 테니까. También se puede emplear -(으)ㄹ 테니까 antes de pedirle un favor o darle un consejo al interlocutor en base a la intención de este de llevar a cabo una determinada acción. En este caso, -(으)ㄹ 테니까 se añade exclusivamente a raíces verbales y el sujeto de la primera frase debe ser el propio hablante.

- 너도 그 사람을 보면 알 테니까 나중에 서로 인사해. Como tú también lo conoces, salúdense luego.
- 이제 회의가 끝났을 테니까 전화해도 될 거예요. Como la reunión ya habrá terminado, podrás llamar.
- 이 책을 빌려줄 테니까 다음 주에 돌려주세요. Le presto este libro pero, por favor, devuélvamelo la próxima semana.

-(으)ㄹ래요 "querría", "gustaría"

Anexo P. 283

C.C P. 306

A 지금 점심 먹으러 가는데 같이 갈래요?
Voy ahora a almorzar. ¿Quieres venir conmigo?

B 좋아요. 같이 가요.
Claro. Vayamos juntos.

Se usa -(으)ㄹ 래요 añadiéndolo a las raíces de los verbos para indicar el deseo o la intención de hacer algo por parte del hablante. La forma interrogativa -(으)ㄹ래요? se emplea habitualmente para preguntarle al interlocutor por sus intenciones, para pedirle un favor o para hacerle una propuesta. Esta estructura denota cierta familiaridad e informalidad, por lo que se suele usar en el lenguaje oral dentro de contextos en los que existe un cierto grado de confianza entre ambas personas.

- 시간이 오래 걸릴 테니까 먼저 갈래요? Como me va a llevar tiempo, ¿quieres pasar tú primero?
- 이 일이 힘들어도 이번에는 혼자 할래요. Aunque este trabajo es complicado, esta vez lo haré yo solo.
- 가방을 잃어버렸는데 도와줄래요? He perdido la cartera. ¿Me puedes ayudar?

▸ Clave de respuestas P. 316

1 다음에서 알맞은 것을 골라서 '-(으)ㄹ 테니까'를 사용하여 대화를 완성하세요.

짜다	말하다	돌보다	막히다	도착하다

(1) 소금을 더 넣으면 ______________________ 그만 넣는 게 좋겠어요.

(2) 내가 아이를 잠깐 ______________________ 밖에 나갔다 오세요.

(3) 지금은 길이 ______________________ 지하철로 가는 게 어때요?

(4) 나도 그 사람에게 ______________________ 너도 말하지 마.

(5) 지금쯤 집에 ______________________ 한번 전화해 보세요.

2 알맞은 것을 고르세요.

(1) A 뭐 먹을래요?
B 비빔밥 ⓐ 먹을게요. / ⓑ 먹어 줄게요.

(2) A 잠깐만 기다려 줄래?
B 여기에서 ⓐ 기다릴게. / ⓑ 기다리자.

(3) A 내일부터 같이 운동할래?
B ⓐ 그럴래. / ⓑ 그러자.

(4) A 내 부탁 좀 들어줄래?
B ⓐ 들어줄게. / ⓑ 들어주자. 말해 봐.

(5) A 커피와 녹차 중에서 어떤 거 드실래요?
B 커피 ⓐ 마실래요. / ⓑ 마셔 줄래요.

(6) A 우리 계획 같이 세울래요?
B 좋아요. 같이 ⓐ 세울게요. / ⓑ 세웁시다.

3 알맞은 것끼리 연결하세요.

(1) 지난번보다 어려울 테니까 •   • ⓐ 내 차에 탈래?
(2) 날씨 때문에 고생할 테니까 •   • ⓑ 난 좀 더 연습할래요.
(3) 내가 먹을 것을 사 올 테니까 •   • ⓒ 여기에서 잠깐 기다릴래?
(4) 채소가 건강에 좋을 테니까 •   • ⓓ 소풍을 다른 날로 연기할래?
(5) 내가 집까지 데려다줄 테니까 •   • ⓔ 이제부터 꾸준히 먹어 볼래요.

Conversación ❶

pista **37**

민호 한국어를 배운 다음에 뭐 할 거예요?

유키 일을 찾으려고 해요.

민호 무슨 일을 하고 싶은데요?

유키 한국어를 사용해서 하는 일을 했으면 좋겠어요.

민호 혹시 한국에서 일을 찾고 있어요?

유키 네, 고향에 돌아가기 전에 한국에서 경험을 쌓고 싶어요.

민호 좋은 경험이 되겠네요.

유키 그런데 요즘 일자리가 별로 없어서 걱정이에요.

민호 그렇긴 하죠. 전에 아르바이트로 번역해 본 적이 있죠?

유키 네, 몇 번 해 봤어요.

민호 통역에도 관심 있다고 했죠?

유키 관심 있죠. 그런데 그건 왜요?

민호 제가 통역 아르바이트 소개해 줄 테니까 한번 해 볼래요?

유키 통역요? 통역은 해 본 적이 없는데 괜찮을까요?

민호 지금부터 준비하면 되죠.
잘할 수 있을 테니까 걱정하지 마세요.

유키 그렇게 얘기해 줘서 고마워요.

Minho ¿Qué harás después de estudiar coreano?

Yuki Pienso buscar trabajo.

Minho ¿Qué tipo de trabajo querrías?

Yuki Sería genial un trabajo en el que pudiese usar el coreano.

Minho Por algún casual, ¿estás buscando trabajo en Corea?

Yuki Sí, antes de volver a mi país, me gustaría adquirir experiencia (laboral) en Corea.

Minho Sería muy buena experiencia.

Yuki Pero como estos días apenas hay puestos de trabajo, estoy preocupada.

Minho En eso tienes razón. Has hecho trabajos de traducción a tiempo parcial, ¿verdad?

Yuki Sí, lo he hecho varias veces.

Minho Habías dicho que estabas interesada en trabajar de intérprete, ¿verdad?

Yuki Sí que me interesa. ¿Por qué lo dices?

Minho Es que yo te podría pasar un trabajillo de intérprete. ¿Te gustaría probar?

Yuki ¿De intérprete? Pero yo nunca he hecho de intérprete, ¿no sería un problema?

Minho Bastaría con empezar a prepararlo ya mismo, ¿no? No te preocupes porque (estoy convencido de que) lo harás muy bien.

Yuki Muchas gracias por decirme eso.

Nuevo vocabulario ▸P. 333

고향 | 경험을 쌓다 | 일자리 | 번역하다 | 통역

Nuevas expresiones ▸P. 333

- 그렇긴 하죠.
- 몇 번 해 봤어요.
- 그렇게 얘기해 줘서 고마워요.

Notas

1 Expresar que se está parcialmente de acuerdo

Cuando después de escuchar la opinión de alguien, si uno tiene una opinión algo diferente, se puede usar -긴 하죠 para indicar de manera poco entusiasta que se está de acuerdo con dicha opinión. La estructura -긴 하죠 se añade a las raíces de verbos y adjetivos, así como de 이다. Si se hace referencia á algo del pasado, se utiliza la forma -긴 했죠.

- 그건 그래요. 주말에는 보통 늦잠을 자**긴 하죠.**
  Es verdad. Los fines de semana suelo echarme la siesta.
- 맞아요. 저도 어렸을 때 노는 것을 좋아하**긴 했죠.**
  Tienes razón. A mí también me gustaba jugar cuando era pequeño.

2 Expresar gratitud

Se utiliza -아/어 줘서, o su respectiva forma honorífica -아/어 주셔서, para indicar por qué alguien se siente agradecido. Esta estructura se coloca antes de 고맙다 y 감사하다.

- 제 얘기를 들었으니까 고마워요. (X)
- 제 얘기를 들어서 고마워요. (X)
- 제 얘기를 들**어 줘서** 고마워요. (O)
  Gracias por tu atención. (lit. Gracias por escuchar mi relato.)

Vocabulario adicional

Áreas de interés

1. 
여행
viajes

2. 
요리
cocina

3. 
독서
lectura

4. 
음악
música

5. 
미술
arte

6. 
사진
fotografía

7. 
등산
montañismo, subir montañas

8. 
스포츠
deportes

9. 

건강
salud

10. 

영화
cine

11. 
가요
música pop

12. 
드라마
teleseries, telenovelas

13. 
패션
moda

14. 
미용
belleza

15. 

쇼핑
compras

16. 

외국어
idiomas extranjeros

17. 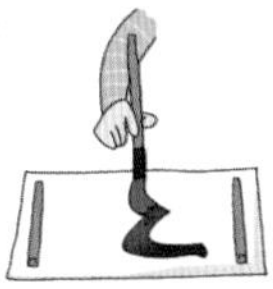
서예
caligrafía oriental

18. 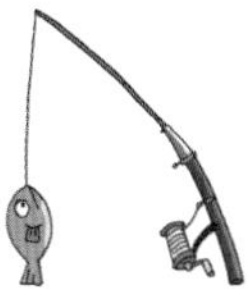
낚시
pesca

19. 
게임
videojuegos

20. 
역사
historia

21. 

문학
literatura

22. 
정치
política

23. 
경제
economía

24. 
환경
medio ambiente

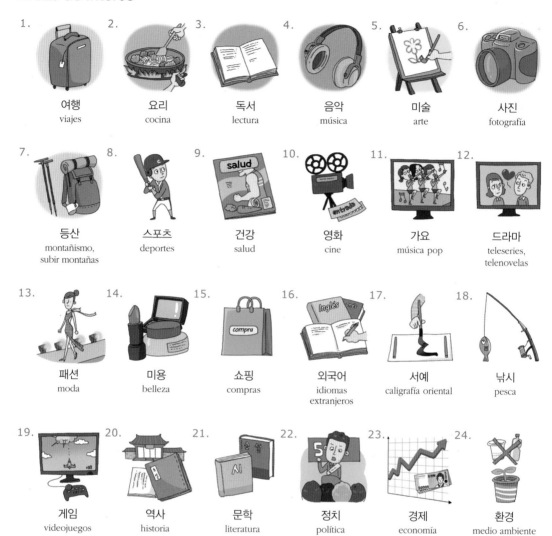

- 모으다 (=수집하다) coleccionar
- 만들다 hacer
- 글을 쓰다 escribir
- 인터넷을 검색하다 buscar en Internet
- 악기를 배우다 aprender a tocar un instrumento
- 수리하다 arreglar, reparar
- 뜨개질을 하다 tejer
- 맛집을 찾아다니다 buscar buenos restaurantes para disfrutar de sus platos

- 취미 활동으로 다음 달부터 **악기를 배워** 보려고 해요.
  A partir del próximo mes, pienso aprender a tocar un instrumento como actividad de ocio.
- 제 친구는 **여행하는** 것을 정말 좋아해요. 여러 나라의 **기념품을 모으고** 있어요.
  A un amigo mío le encanta viajar. Anda coleccionando recuerdos de diferentes países.
- 저는 음식에 **관심이 많이 있어서** 요즘에는 **맛집을 찾아다니고** 있어요.
  Como me interesa mucho la comida, estos días ando buscando buenos restaurantes para disfrutar de sus platos.

Expresiones esenciales

- 시간이 날 때마다
  siempre que tengo/as/a... tiempo
- 여유가 있을 때마다
  siempre que tengo/as/a... tiempo libre
- 기회가 생길 때마다
  siempre que tengo/as/a... la oportunidad

Gramática ❷

-(으)ㄹ까 하다 "estar pensando en + infinitivo"

Anexo P. 284

C.C P. 306

A 주말에 뭐 할 거예요?
¿Qué harás el fin de semana?

B 날씨가 더워지니까 여름옷을 살까 해요.
Como cada vez hace más calor, estoy pensado en ir a comprarme ropa de verano.

La estructura -(으)ㄹ까 하다 se usa para indicar que uno está considerando la opción de llevar a cabo una determinada acción pero que todavía no ha tomado ninguna decisión. Como esta estructura se emplea para señalar los posibles planes del hablante, el sujeto es siempre una primera persona y se añade -(으)ㄹ까 하다 a la raíz del verbo que haga referencia al posible plan.

- 올해에는 태권도를 배워 볼까 해요. Estoy pensando en aprender taekwondo este año.
- 이따가 산책할지도 모르니까 운동화를 신을까 해요.
  Como puede que luego dé un paseo, estoy pensando en ponerme las zapatillas de deporte.
- 이번 휴가 때 여행을 갈까 말까 고민하고 있어요. Estoy dudando entre ir o no ir de viaje estas vacaciones.

-(으)ㄹ수록 "cuanto más"

C.C P. 306

A 또 먹고 싶어요?
¿Quieres comer de nuevo?

B 네, 먹을수록 더 먹고 싶어져요.
Sí, cuanto más como, más ganas de comer me entran. (lit. más quiero comer.)

La estructura -(으)ㄹ수록 indica que una situación va en aumento que o una acción se realiza con mayor frecuencia, la cual se expresa en la primera frase, de manera proporcional a otra situación o acción, que se señala en la segunda frase. Se añade -(으)ㄹ수록 a las raíces de verbos y adjetivos, así como a 이다. La frase con -(으)ㄹ수록 puede ir precedida por una frase condicional con -(으)면 para enfatizar el carácter constante o repetitivo de la primera acción.

- 많이 연습할수록 실력이 늘겠죠. Cuanto más practiques, más aumentará tu capacidad.
- 친구는 많으면 많을수록 좋아요. Cuantos más amigos se tengan, mucho mejor.
- 나이가 들수록 기억력이 안 좋아요. A mayor edad, peor memoria.

▸ Clave de respuestas P. 317

1 알맞은 것을 고르세요.

(1) 한국 요리 수업이 주말에 있대요.
저도 주말에 그 수업을 ⓐ 들을까 해요. / ⓑ 듣지 말까 해요.

(2) 돈이 좀 부족하니까 이번 달에는 ⓐ 쇼핑할까 해요. / ⓑ 쇼핑하지 말까 해요.

(3) 건강에 좋다고 하니까 운동을 ⓐ 시작할까 해요. / ⓑ 시작하지 말까 해요.

(4) 혼자 여행하는 것은 위험하니까 앞으로 혼자 ⓐ 여행할까 해요. / ⓑ 여행하지 말까 해요.

2 그림을 보고 다음에서 알맞은 것을 골라서 '-(으)ㄹ까 하다'를 사용하여 문장을 완성하세요.

가다	먹다	배우다	사다

(1) 

한국 노래를 하나도 몰라요.
내년부터 한국 노래를 조금씩 ________________.

(2) 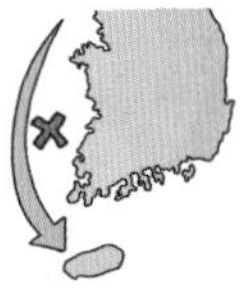
전에 제주도에 가 봤어요.
그러니까 이번에는 제주도에 ________________.

(3) 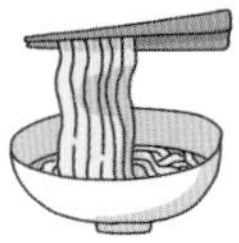
오늘 점심은 국수를 ________________는데 너도 같이 갈래?

(4) 
가방이 너무 비싸서 ________________ 말까 고민하고 있어요.

3 '-(으)ㄹ수록'을 사용하여 문장을 완성하세요.

(1) 물이 부족하면 건강에 안 좋아요. 물을 많이 ________________ 몸에 좋아요. (마시다)

(2) 돈이 없을 때는 욕심이 없었어요. 그런데 돈이 ________________ 욕심이 더 생겨요. (많다)

(3) 그 사람은 항상 함부로 말해요. 그래서 그 사람의 말을 ________________ 화가 나요. (듣다)

(4) 어렸을 때는 매일 친구하고만 놀았어요.
그런데 나이가 ________________ 가족이 소중하게 느껴져요. (들다)

Conversación 2

pista 38

마크 다음 달부터 한자를 공부할까 하는데, 같이 할래?

새라 글쎄, 난 수영을 시작할까 해. 수영을 하나도 못하거든.

마크 왜 갑자기 수영을 시작하는데?

새라 요즘 살이 많이 쪘어. 그리고 나이 들수록 운동이 중요한 것 같아서.

마크 그건 그렇지!

새라 그런데 내가 보기에 수영이 어려운 것 같아서 걱정이야.

마크 아니야. 어렵지 않아. 너도 실제로 해 보면 생각이 바뀔걸.

새라 그럴까? 사실은 전에 수영을 배우려고 했는데 어려워 보여서 포기했거든.

마크 처음에는 어렵지. 그래도 연습하면 좋아져.

새라 많이 연습해야겠지? 잘하려면 얼마나 해야 돼?

마크 많이 연습할수록 좋지. 일주일에 2~3일씩 최소한 6개월 이상 해야 돼.

새라 내가 할 수 있을까? 자신이 없는데…….

마크 일단 시작해 봐. 내가 조금씩 가르쳐 줄게.

새라 알았어. 고마워.

Mark Estoy pensando en estudiar caracteres chinos a partir del mes próximo. ¿Te apetece que estudiemos juntos?

Sarah No sé. Puede que empiece (a aprender) a nadar. Es que no puedo nadar nada de nada.

Mark ¿Cómo es que vas a ponerte (a aprender) a nadar?

Sarah Es que he engordado mucho. Además, hacer ejercicio se va volviendo importante según uno va cumpliendo años.

Mark Eso es verdad.

Sarah Pero estoy preocupada porque, a mi parecer, nadar es difícil.

Mark ¡Qué va! No es difícil. Ya verás cómo cambias de opinión cuando te pongas.

Sarah ¿En serio? La verdad es que antes ya intenté aprender a nadar pero lo dejé porque me parecía muy difícil.

Mark Al principio es difícil, es verdad. Pero si practicas [con frecuencia], lo harás cada vez mejor.

Sarah Hay que practicar mucho, ¿verdad? ¿Cuánto debería practicar para nadar bien?

Mark Cuánto más practiques, mejor. Deberías practicar al menos dos o tres días por semana durante seis meses o más.

Sarah ¿Podré hacerlo? Es que no tengo confianza…

Mark Simplemente inténtalo. Yo te enseñaré poco a poco.

Sarah De acuerdo. Gracias.

Nuevo vocabulario ▸P. 333

한자 | 살이 찌다 | 실제로 | 바뀌다 | 씩 | 최소한 | 조금씩

Nuevas expresiones ▸P. 333

- 그건 그렇지!
- 내가 보기에
- 최소한 … 이상

Notas

1 –(으)ㄹ걸요 : puede que

Se usa –(으)ㄹ걸요 para hacer hipótesis sobre las que el propio hablante no está seguro. Su uso implica que el hablante desea dejar claro que puede estar equivocado y, por ello, no se considera adecuada para dirigirse a los superiores, sino que se suele emplear en situaciones informales con gente de condición parecida o inferior a la del hablante. Se añade a las raíces de verbos y adjetivos, así como a 이다. A pesar de no ser una pregunta, esta estructura se suele pronunciar con un tono ascendente al final.

- 리나는 아마 집에 있**을걸**. Puede que Rina esté en casa.
- 진수가 친구들한테 벌써 말했**을걸요**. Puede que Jinsu ya se lo haya dicho a sus amigos.

2 Empleo de –아/어야겠지?

Se hace uso de –아/어야겠지? para confirmar un hecho que el hablante da por sentado que el interlocutor ya conoce. El interlocutor puede responder usando la terminación –지 del capítulo 4.

- A 내가 잘못했으니까 먼저 사과해**야겠지**? Como me he equivocado yo, primero debería disculparme, ¿verdad?

  B 그럼, 먼저 사과하면 좋**지**. Claro, es mejor que te disculpes primero.

1 Antónimos adverbiales

1. 최대한 ↔ 최소한
como máximo ↔ como mínimo
• 보고서는 **최소한** 3페이지 이상 써야 해요.
En el caso de este informe, hay que escribir como mínimo tres páginas.

2. 적어도 ↔ 많아도
como poco, al menos ↔ como mucho
• 표는 **적어도** 일주일 전에는 예매해야 돼요.
Hay que reservar los billetes al menos con una semana de antelación.

3. 빨라도 ↔ 늦어도
como muy pronto ↔ como muy tarde
• 2시에 시작하니까 **늦어도** 1시 50분까지 오세요.
Vengan como muy tarde a las 1:50 P. m. porque empezamos a las 2:00 P. m.

4. 오래 ↔ 잠깐
mucho tiempo ↔ un momento
• 친구와 **오래** 얘기하고 싶었지만 **잠깐** 얘기했어요. Quería hablar mucho tiempo con mis amigos pero solo pudimos hablar un momento.

5. 더 ↔ 덜
más ↔ menos
• 채소는 **더** 먹고 고기는 **덜** 먹어야 돼요.
Debes comer más verduras y menos carne.

6. 일찍 ↔ 늦게
temprano ↔ tarde
• **일찍** 도착하려고 했는데 **늦게** 도착했네요.
Pensaba llegar temprano pero llegué tarde.

7. 같이 ↔ 따로
juntos/as, a medias ↔ por separado
• 항상 식사비를 **같이** 계산했는데 이번에는 **따로** 계산했어요. Siempre pagábamos a medias la comida pero esta vez hemos pagado por separado.

8. 함께 ↔ 혼자
juntos/as ↔ solo/a
• **함께** 먹으면 **혼자** 먹을 때보다 음식이 더 맛있어요.
Cuando comemos juntos, la comida sabe mejor que cuando como solo.

9. 먼저 ↔ 나중에
primero, en primer lugar ↔ más tarde, en otro momento
• **먼저** 시작하세요. 전 **나중에** 해도 돼요.
Empiece usted primero. Yo puedo hacerlo más tarde.

10. 전에 ↔ 나중에
antes ↔ más tarde, en otro momento
• **전에** 만난 적이 있죠? **나중에** 또 만나요.
Nos hemos visto antes, ¿verdad? Volvamos a vernos en otro momento.

11. 아까 ↔ 이따가
hace un momento ↔ luego
• **아까** 얘기 못했어요. **이따가** 얘기할게요.
No te lo he podido contar antes (=hace un momento) pero te lo contaré luego.

12. 처음 ↔ 마지막으로
por primera vez ↔ por última vez
• **처음** 만났을 때 첫인상이 정말 좋았어요.
La primera vez que nos vimos, me causó una primera impresión muy buena.

13. 처음에 ↔ 마지막에
al principio ↔ al final
• 영화 **처음에**는 재미있었는데 **마지막에**는 지루했어요.
La película era interesante al principio pero al final resultó aburrida.

14. 아직 ↔ 벌써
todavía ↔ ya
• **아직** 안 왔어요? **벌써** 영화가 시작했어요.
¿Todavía no ha venido? La película ya ha empezado.

15. 계속 ↔ 그만
seguir ↔ dejar de
• 음식을 **계속** 먹을 수 있었지만 **그만** 먹었어요.
Dejé de comer pero podría haber seguido (comiendo).

16. 실수로 ↔ 일부러
por error, accidentalmente ↔ a propósito, intencionadamente
• **실수로** 잘못 말했어요. **일부러** 그런 건 아니에요.
Me he equivocado (= Lo he dicho por error). No lo hice a propósito.

17. 대충 ↔ 자세히
por encima, más o menos ↔ con detenimiento, minuciosamente
• 보통 뉴스를 **대충** 보지만 오늘 뉴스는 **자세히** 봤어요.
Suelo ver las noticias por encima, pero hoy las he visto con detenimiento.

18. 충분히 ↔ 부족하게
suficiente(mente) ↔ insuficiente(mente)
• 뭐든지 **충분히** 연습해야 돼요.
Cualquier cosa se debe practicar lo que sea necesario (=lo suficiente).

2 Expresiones habituales

1. **이상** o más ↔ **이하** o menos
• 이 영화는 19세 **이상**만 볼 수 있습니다. 19세 **미만**은 볼 수 없습니다.
Esta película solo la pueden ver personas con diecinueve o más años. Los menores de diecinueve años no la pueden ver.

2. **초과** más de ↔ **미만** menos de
• 이 엘리베이터는 700kg을 **초과**하면 안 됩니다. 700kg 이하는 괜찮습니다.
Este ascensor no puede cargar más de 700 kg. En caso de menos de 700 kg no hay ningún problema.

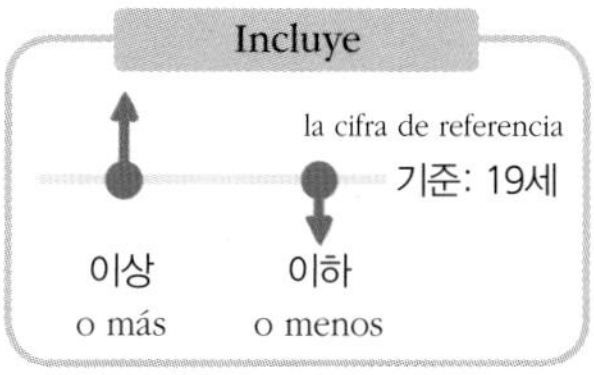

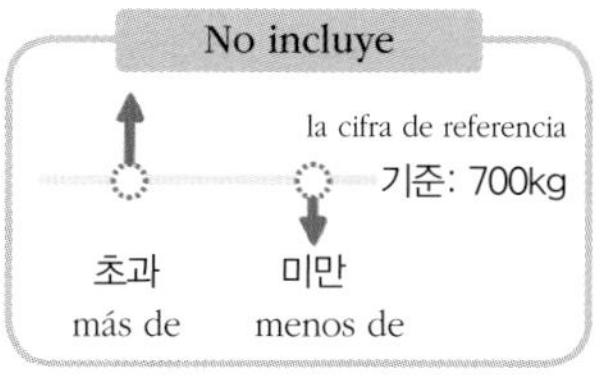

Expresiones esenciales
• 일주일에 최소한 세 번 이상
como mínimo tres veces por semana
• 적어도 30분 이상 al menos treinta minutos
• 늦어도 잠자기 한 시간 전에
una hora antes de dormir como muy tarde

Gramática 3

-기는 하지만 "es asi pero…"

Anexo P. 285 C.C P. 298

A 이 구두 정말 예쁘죠?
Estos zapatos son muy bonitos, ¿verdad?

B 구두가 예쁘긴 하지만 값이 너무 비싸네요.
Los zapatos son bonitos pero son demasiado caros.

Cuando se emplea la estructura -기는 하지만, se reconoce que lo expresado en la primera frase es verdad pero se matiza aportando en la segunda frase algún dato que contrasta con el contenido de la primera frase, siendo dicho contraste más suave que el expresado con -지만. La estructura -기는 하지만 se añade a las raíces de verbos y adjetivos, así como a 이다. La forma -기는 se puede contraer en -긴. Si el contenido de la primera frase hace referencia al pasado, se debe usar -기는 했지만. Es posible sustituir -지만 por -(으)ㄴ/는데. En el caso de los verbos, se añade -기는 하는데 a la raíz y, en el caso de los adjetivos, se añade -기는 한데.

- 한국어가 어렵기는 하지만 재미있어요.(= 한국어가 어렵기는 해요. 하지만 재미있어요.)
  Es verdad que el coreano es difícil pero es muy interesante.
- 텔레비전을 보긴 하는데 무슨 말인지 이해할 수 없어요.
  Sí que veo la televisión pero no entiendo qué es lo que dicen.
- 친구를 만나긴 했지만 그 얘기를 하지 못했어요.
  Es verdad que vi a mi amigo pero no pude hablar con él sobre eso.

-군요 terminación empleada para indicar que se ha entendido al interlocutor o para darle la razón

Anexo P. 285 C.C P. 309

A 매워서 먹을 수 없어요.
Pica tanto que no puedo comérmelo.

B 매운 음식을 못 먹는군요.
Veo que no puedes comer comida picante.

Se emplea -군요 cuando nos enteramos de algo, ya sea porque lo vemos, nos lo dicen o porque lo averiguamos. Su uso implica que el hablante desconocía ese hecho hasta ese momento. Se añade -는군요 a las raíces de los verbos, mientras que se añade -군요 a las raíces de los adjetivos y a 이다. El uso de -군요 es compatible con los infijos -었/았- y -겠-, dando lugar a las formas -았/었군요 y -겠군요 respectivamente. La forma "banmal" (informal) de -군요 es -구나.

- 한국어를 배워 보니까 발음이 어렵군요. Al aprender coreano, la pronunciación cuesta, ¿verdad?
- 혼자 살면 한국 생활이 외롭겠군요. Como vives sola, tu vida en Corea debe de ser solitaria.
- 아파서 학교에 안 나왔구나! Veo que no viniste a la escuela porque estabas enferma.

▸ Clave de respuestas P. 317

1 **알맞은 것을 고르세요.**

(1) 맛있긴 하지만 생각보다 ⓐ 비싸요. / ⓑ 안 비싸요.

(2) 그 사람에 대해 알긴 하지만 말해 줄 수 ⓐ 있어요. / ⓑ 없어요.

(3) ⓐ 마음에 들긴 한데 / ⓑ 마음에 들긴 하는데 너무 비싸서 못 샀어요.

(4) 한국에 온 지 ⓐ 오래되긴 하지만 / ⓑ 오래되긴 했지만 아직 한국어를 잘 못해요.

(5) 그 사람을 곧 ⓐ 만나긴 하겠지만 / ⓑ 만나긴 했지만 이번 주말에는 안 만날 거예요.

2 **다음 대답 중에서 틀린 것 하나를 고르세요.**

(1) A 집에서 회사까지 2시간이나 걸려요.
B ⓐ 시간이 많이 걸리는군요.
ⓑ 집에서 회사까지 멀군요.
ⓒ 아침마다 고생하겠군요.
ⓓ 집에서 일찍 출발하는군요.

(2) A 저녁에 운동하러 헬스장에 가요.
B ⓐ 건강해지는군요.
ⓑ 살이 빠지겠군요.
ⓒ 저녁에 집에 없겠군요.
ⓓ 집에서 운동 안 하는군요.

(3) A 내일 아침에 여행 떠나요.
B ⓐ 신나겠군요.
ⓑ 오늘 짐을 싸야겠군요.
ⓒ 스트레스가 풀리는군요.
ⓓ 내일 오후에 만날 수 없군요.

(4) A 어제 감기 때문에 너무 많이 아팠어.
B ⓐ 힘들었겠구나.
ⓑ 많이 아팠구나.
ⓒ 감기에 걸렸겠구나.
ⓓ 약이 필요했겠구나.

3 **'-군요'를 사용하여 대화를 완성하세요.**

(1) A 이 노래를 들어 보세요. 좋죠?
B 가수의 목소리가 듣기 __________________. (좋다)
가수 이름이 뭐예요?

(2) A 한국에 온 지 1년 됐어요.
B 1년 전에 한국에 __________________. (오다)
저보다 일찍 왔네요.

(3) A 몇 년 전에 부산에서 살았어요.
B 부산에 대해 잘 __________________. (알다)
부산 여행 때 안내 좀 부탁해요.

(4) A 저는 어렸을 때하고 지금이 얼굴이 똑같아요.
B 그러면 어렸을 때도 __________________. (귀엽다)
어렸을 때의 사진을 보고 싶네요.

Conversación ❸

pista **39**

대학교를 졸업한 후에 뭐 할 거야?
더 공부하고 싶긴 한데…….

리나 대학교를 졸업한 후에 뭐 할 거야?

진수 취직할까 대학원에 갈까 고민 중이야.

리나 아직 못 정했구나! 대학원에 갈 거라고 생각했는데.

진수 더 공부하고 싶긴 한데 사회에서 경험을 쌓는 것도 좋을 것 같아.

리나 그래도 계속 공부하는 게 낫지 않을까?

진수 그렇긴 하지만 공부하려면 돈도 필요해서 취직도 생각하고 있어.

리나 장학금을 받아서 공부하면 되잖아. 네 생각은 어때?

진수 그러면 좋지. 하지만 장학금 받는 게 쉽지 않잖아.

리나 하긴. 그런데 대학원에 가게 되면 뭐 전공하려고?

진수 국제 관계를 전공하려고 해.

리나 그렇구나! 같은 분야를 전공하는 사람과 얘기해 봤어?

진수 아니, 적당한 사람이 없어서 아직 얘기 못 해 봤어.

리나 그래? 내 친구 중에 국제 관계를 전공하는 친구가 한 명 있는데, 만나 볼래?

진수 정말? 만나면 도움이 많이 될 것 같아. 고마워.

리나 알았어. 그 친구한테 연락해 보고 말해 줄게.

Rina ¿Qué harás después de graduarte de la universidad?

Jinsu Estoy dudando entre ponerme a trabajar o ir a la escuela de posgrado.

Rina Así que todavía no te has decidido, ¿eh? Pues yo pensaba que irías a la escuela de posgrado.

Jinsu Es verdad que me gustaría estudiar más pero también sería positivo adquirir experiencia laboral. (lit. amontonar experiencias sociales)

Rina ¿Pero no sería preferible que siguieras estudiando?

Jinsu Así es pero, si quiero estudiar (el posgrado), necesitaré dinero, así que estoy pensando en ponerme a trabajar.

Rina Consiguiendo una beca podrías hacer el posgrado, ¿no? ¿Qué opinas?

Jinsu Sería fantástico. Pero no es fácil conseguir una beca.

Rina Eso es verdad. Si acabas yendo a la escuela de posgrado, ¿qué especialidad estudiarías? (lit. ¿en qué te especializarías?)

Jinsu Estudiaría Relaciones Internacionales. (lit. Me especializaría en Relaciones Internacionales)

Rina ¡Claro! ¿Has intentado hablar con alguien que vaya a estudiar esa misma especialidad?

Jinsu No, como no he encontrado a nadie que vaya a estudiar lo mismo (lit., como no hay nadie adecuado), todavía no he podido hablarlo con nadie.

Rina ¿En serio? Pues una de mis amigas está estudiando Relaciones Internacionales. ¿Querrías conocerla?

Jinsu ¿De verdad? Conocerla me ayudaría mucho. Gracias.

Rina De acuerdo. Se lo diré a mi amiga y ya te cuento.

Nuevo vocabulario ▸P. 334

졸업하다 | 취직 | 대학원 | 사회 | 낫다 | 장학금 | 전공하다 | 국제 관계 | 분야

Nuevas expresiones ▸P. 334

- 네 생각은 어때?
- 그러면 좋지.
- 하긴.

Notas

1 하긴: "así es", "es verdad"

Se emplea 하긴 cuando se le da parcialmente la razón al interlocutor sobre algo que ha dicho para, a continuación, expresar una opinión que contrasta con la del interlocutor. Se suele usar '하긴'en situaciones más bien informales.

- A 백화점은 너무 비싸지 않아요?
  ¿No son los grandes almacenes demasiado caros?
  B 비싸긴 하지만 품질이 좋잖아요.
  Lo son pero los productos son de muy buena calidad, ¿o no?
  A **하긴** 품질은 좋지요. Eso sí, tienen muy buenos productos.

2 Contracciones en el lenguaje oral

En algunas ocasiones, al hablar, es posible omitir algunos gramaticales de las estructuras que se usan. Por ejemplo, en la conversación de arriba, la pregunta 뭐 전공하려고 해? se acorta en 뭐 전공하려고?. Por otra parte, es bastante habitual pronunciar esta frase
뭐 전공하려구?

1 Estadísticas demográficas

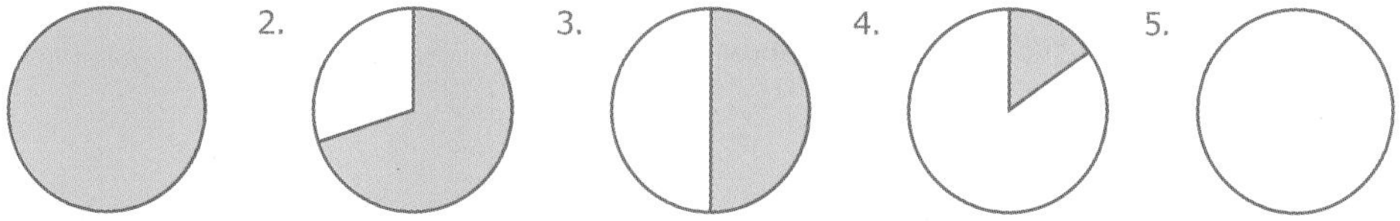

1.	2.	3.	4.	5.
전부, 모든 N (100%) todo/a(s), completamente	대부분 (70-80%) la mayor parte (de), la mayoría (de)	절반 (50%) la mitad (de)	일부 (10-20%) parte (de), algunos/as	어떤 N도 …… 안/못 (0%) ninguno/a (de), nada (de)

- 20대 남자 **전부**가 건강해요.
  Todos los varones veinteañeros están sanos.
- 20대 남자 **대부분**이 운동을 좋아해요.
  A la mayoría de los varones veinteañeros les gusta hacer ejercicio.
- 20대 남자 **절반**이 모임에 왔어요.
  La mitad de los varones veinteañeros vinieron a la reunión.
- 20대 남자 **일부**가 졸업하지 않았어요.
  Algunos de los varones veinteañeros no se graduaron.
- 20대 남자 중 **어떤** 사람**도** 취직하**지 못했어요**.
  Ninguno de los varones veinteañeros pudo encontrar trabajo.
- **모든** 20대 남자가 건강해요.
  Todos los varones veinteañeros están sanos.
- **대부분**의 20대 남자가 운동을 좋아해요.
  A la mayor parte de los varones veinteañeros les gusta hacer ejercicio.
- **절반**의 20대 남자가 모임에 왔어요.
  La mitad de los varones veinteañeros vinieron a la reunión.
- **일부** 20대 남자가 졸업하지 않았어요.
  Algunos de los varones veinteañeros no se graduaron.
- **어떤** 20대 남자**도** 취직하**지 못했어요**.
  Ninguno de los varones veinteañeros pudo encontrar trabajo.

2 Fracciones y múltiplos

1. 1/2: 이 분의 일 un medio
   1/3: 삼 분의 일 un tercio
   1/4: 사 분의 일 un cuarto
2. 만큼 tanto como
3. 2(두) 배 doble
   3(세) 배 triple
   1.5(일점오) 배 una vez y media (más)

- 우리 반 학생들의 **1/3**이 일본 사람이에요. Una tercera parte de los estudiantes de nuestra clase son japoneses.
- 이 사무실은 내 방**만큼** 좁아요. Esta oficina es tan angosta como mi cuarto.
- 이 가방은 내 가방보다 **두 배** 비싸요. Este bolso cuesta el doble que el mío.

3 Interpretar gráficas

- 값이 올라가다 ↔ 값이 내려가다
  subir el precio / bajar el precio
- 실력이 늘다 ↔ 실력이 줄다
  aumentar el rendimiento / descender el rendimiento
- 돈이 늘어나다/증가하다 ↔ 돈이 줄어들다/감소하다
  aumentar el dinero / reducirse el dinero
- 수가 늘다/늘어나다/증가하다 ↔ 수가 줄다/줄어들다/감소하다
  incrementarse un número / disminuir un número

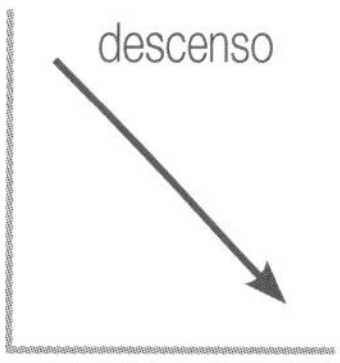

- 지난 10년 동안 집세가 점점 **올라가고** 있어요.
  Durante los últimos diez años, el alquiler de vivienda ha ido subiendo poco a poco.
- 한국어 실력이 많이 **늘었어요**.
  Tu nivel de coreano ha mejorado mucho.
- 이번 휴가 때 관광객이 크게 **늘어났어요**.
  Estas vacaciones ha aumentado enormemente el número de turistas.

Expresiones esenciales

- [sustantivo]이/가 서서히 늘어났어요.
  [sustantivo] ha aumentado ha ido aumentando gradualmente.
- [sustantivo]이/가 급격히 줄어들었어요.
  [sustantivo] ha disminuido repentinamente.
- [sustantivo]이/가 그대로예요. [sustantivo] es lo mismo.

¡Hablemos!

Estrategias comunicativas — Pedir que repitan información

- 그 사람 이름이 뭐**더라**? ¿Cómo **se llamaba** esa persona?
- 얼마**더라**? ¿Cuánto **era**?
- 언제 **봤더라**? ¿Cuándo **dices que** lo viste?

1 무엇에 관심이 있어요? 왜 그것에 관심이 생겼어요?

	나	친구
• 좋아하는 책		
• 하고 싶은 운동		
• 자주 듣는 음악		
• 자주 보는 텔레비전 프로그램		
• 하기 싫은 일		
• 잘하는 음식		
• 배우고 싶은 것		
• 일하고 싶은 분야		
• 한국에 대해 제일 관심 있는 것		
• 한국어를 배운 후 계획		

2 시간이 있을 때 주로 어떤 것을 해요?

책

- 무엇에 관한 책을 주로 읽어요?
- 좋아하는 작가가 누구예요?
  왜 좋아해요?
- 한국에 대한 책을 읽은 적이 있어요?

영화

- 어떤 영화를 좋아해요?
  (액션 영화, 드라마, 공포 영화, 코미디 영화, 스릴러 ……)
- 어떤 영화가 제일 좋았어요? 왜요?
- 그 영화에 어떤 배우가 나와요?
  영화감독이 누구예요?

공연이나 콘서트

- 어떤 공연을 좋아해요?
  얼마나 자주 가요?
- 최근에 어떤 공연을 봤어요?
  어디에서 했어요?
- 누구하고 같이 갔어요?

운동 경기

- 어떤 운동 경기를 자주 봐요?
- 최근에 언제 경기를 봤어요?
- 응원하는 팀이 이겼어요?
  누가 이겼어요? 누가 졌어요?

Nuevo vocabulario

작가 escritor, autor | 감독 director de cine | 응원하다 animar, vitorear | 이기다 ganar | 지다 perder

Red de palabras

▶ Anexo P. 323

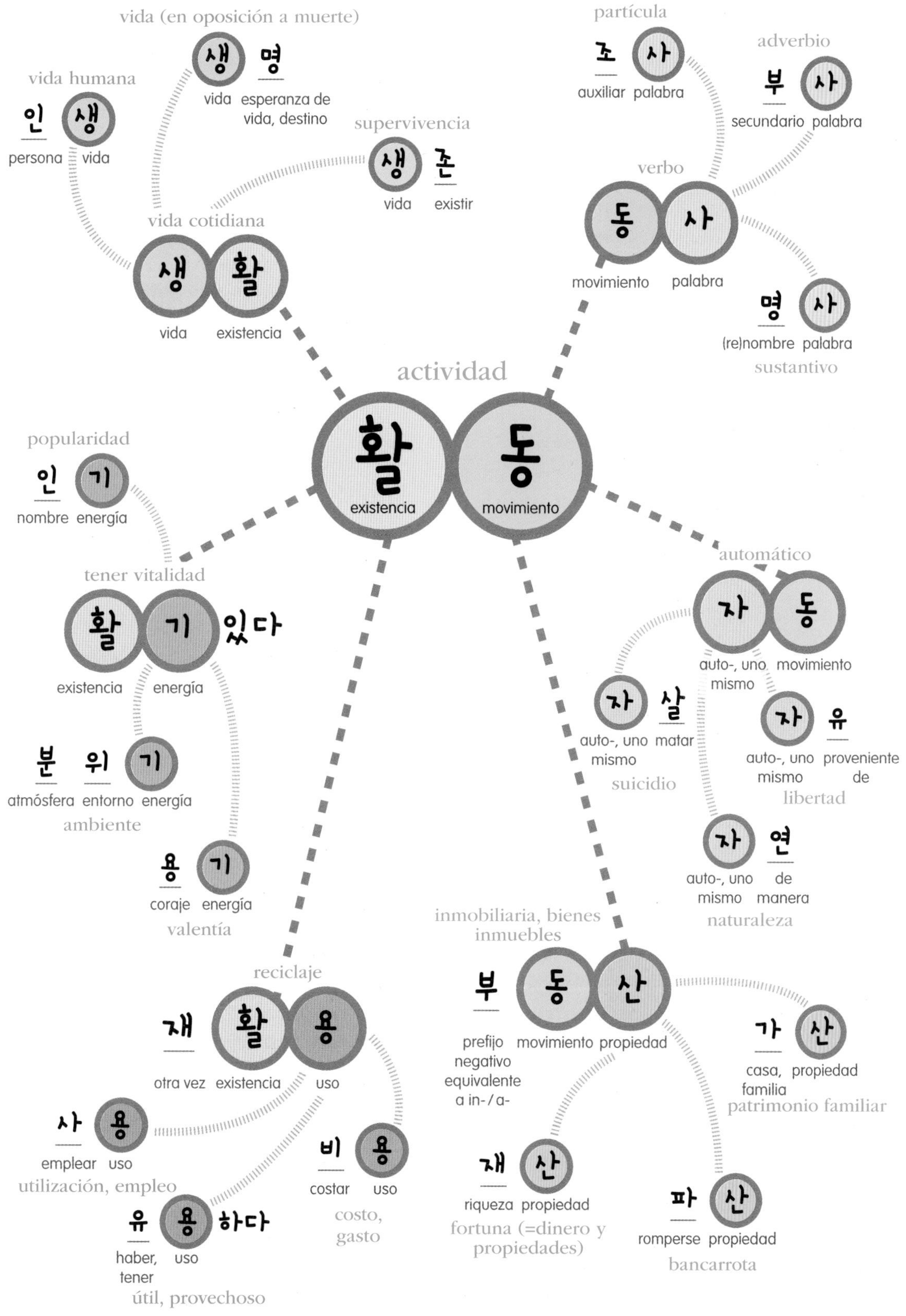
actividad
활 동
existencia movimiento
vida cotidiana
생 활
vida existencia
vida humana
인 생
persona vida
vida (en oposición a muerte)
생 명
vida esperanza de vida, destino
supervivencia
생 존
vida existir
verbo
동 사
movimiento palabra
partícula
조 사
auxiliar palabra
adverbio
부 사
secundario palabra
명 사
(re)nombre palabra
sustantivo
tener vitalidad
활 기 있다
existencia energía
popularidad
인 기
nombre energía
분 위 기
atmósfera entorno energía
ambiente
용 기
coraje energía
valentía
automático
자 동
auto-, uno mismo movimiento
자 살
auto-, uno mismo matar
suicidio
자 유
auto-, uno mismo proveniente de
libertad
자 연
auto-, uno mismo de manera
naturaleza
reciclaje
재 활 용
otra vez existencia uso
사 용
emplear uso
utilización, empleo
비 용
costar uso
costo, gasto
유 용 하다
haber, tener uso
útil, provechoso
inmobiliaria, bienes inmuebles
부 동 산
prefijo negativo equivalente a in- / a- movimiento propiedad
가 산
casa, familia propiedad
patrimonio familiar
재 산
riqueza propiedad
fortuna (=dinero y propiedades)
파 산
romperse propiedad
bancarrota

Algo de cultura

¡Hablemos sobre gente!

• 괴짜 Es un poco excéntrico

Se emplea 괴짜 para calificar a alguien de “excéntrico” dando a entender que se trata de una persona que lleva a cabo acciones que la mayoría de la gente no suele hacer. Puede percibirse como un rasgo positivo en el sentido de que esa persona trata de mostrarse de una manera original, pero también puede percibirse como un rasgo negativo al referirse al hecho de que esa persona lleva a cabo acciones que el resto no llega a entender. En general, existía la percepción de que no era fácil para los 괴짜 desenvolverse en la sociedad coreana tradicional, puesto que es muy importante poder saber lo que los demás piensan o desean sin necesidad de que ellos lo hagan saber. Sin embargo, en la actualidad una persona 괴짜 se percibe como alguien único y las nuevas generaciones suelen valorar positivamente su creatividad.

• 왕따 ¡No me den de lado!

El término 왕따 se refiere a la persona que se ve marginada en un grupo o que es tratada como un paria. La sílaba 따 viene de la palabra 따돌림 (exclusión) y 왕 hace referencia a algo que “se hace a conciencia” o “que se hace con frecuencia”. Todas las sociedades y grupos se basan en una serie afinidades e intereses comunes que una a sus integrantes. La prevalencia de los valores grupales sobre los individuales que impera en la sociedad suele provocar una gran ansiedad a aquellos sujetos que son incapaces de encajar en ningún grupo. Los 왕따 suelen experimentar serios problemas en contextos en los que la identidad de grupo es especialmente preponderante como, por ejemplo, en las escuelas, el ejército y las empresas.

• 컴맹 ¿Sabes cómo usar una computadora?

En los últimos años las computadoras han pasado a formar una parte esencial del día a día, por lo que la falta de conocimientos informáticos llama rápidamente la atención. El término 컴맹 se emplea para indicar que alguien es desconocedor de las nuevas tecnologías. Este neologismo está formado por la primera sílaba de 컴퓨터 y 맹, que hace referencia al desconocimiento de algo. Es común que las personas que no se manejen con soltura con las computadoras se definan como 컴맹, sobre todo cuando piden ayuda a alguien para hacer algo en la computadora o solucionar algún problema informático.

• 몸짱 ¡Menudo cuerpazo!

Se emplea 몸짱 para referirse a alguien que se mantiene en forma haciendo ejercicio de manera regular. Esta palabra está compuesta por 몸 (cuerpo) y 짱, que vendría a significar algo así como “excelente” u “óptimo”. En general se emplea con personas que tienen un cuerpo que cualquier desearía tener. Además, suele indicar admiración por el empeño y esfuerzo invertidos en cuidarse físicamente, especialmente en contextos en los que se valore mucho la salud.

Capítulo **14**

여행

Viajes

Objetivos
- hacer conjeturas
- hablar sobre ideas equivocadas
- hablar sobre viajes
- preguntar y responder sobre viajes
- hablar sobre actividades cotidianas
- presentar excusas
- expresar arrepentimiento

Gramática

❶ -나 보다 "debe de", "parecer que"
-(으)ㄴ/는 줄 알았다 "pensaba que"

❷ -던 oración de relativo en pasado
-곤 하다 "soler"

❸ -느라고 "porque (en ese momento ocurría cierta acción)"
-(으)ㄹ 걸 그랬다 "ojalá hubiera", "desearía haber"

Gramática ❶

-나 보다 "deber de", "parecer que"

Anexo P. 286 C.C P. 309

A 저 식당에 많은 사람들이 줄을 서 있어요.
Hay mucha gente haciendo cola (para entrar) en ese restaurante.

B 저 식당 음식이 맛있나 봐요.
La comida de ese restaurante debe de estar rica.

Se utiliza –나 보다 para hacer conjeturas sobre una acción o un estado basándolas en algún tipo de evidencia. Si la conjetura se realiza sobre algo que ocurre en el presente, se hace uso de –(으)ㄴ가 보다 con los adjetivos y con 이다, mientras que con los verbos se emplea –나 보다. En el caso de conjeturas sobre acciones o situaciones del pasado, se añade –았/었나 보다 a la raíz de verbos y adjetivos, así como también a 이다.

- 민호는 요즘 바쁜가 봐. 연락이 안 되네. Minho debe de estar muy ocupado. Es imposible contactar con él.
- 많은 사람들이 모여 있어요. 유명한 사람이 왔나 봐요.
  Se ha congregado mucha gente. Debe de haber alguien famoso.
- 저 사람이 리나의 남자 친구인가 봐. 리나하고 손을 잡고 걸어가네.
  Aquel debe de ser el novio de Rina. Como van agarrados de la mano.

-(으)ㄴ/는 줄 알았다 "pensaba que"

Anexo P. 287 C.C P. 307

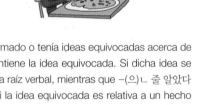

A 저는 한국 음식이 다 매운 줄 알았어요.
그런데 이건 안 매워요.
Yo pensaba que toda la comida coreana picaba, pero esto no pica.

B 안 매운 음식도 있지요.
¿Ves como también hay comida que no pica?

Se utiliza –(으)ㄴ/는 줄 알았다 para indicar que alguien estaba mal informado o tenía ideas equivocadas acerca de un hecho o una situación. Esta estructura se añade a la frase que contiene la idea equivocada. Si dicha idea se refiere a una acción o situación del presente, se añade –는 줄 알았다 a la raíz verbal, mientras que –(으)ㄴ 줄 알았다 se añade a las raíces de los adjetivos, así así como también a 이다. Si la idea equivocada es relativa a un hecho ocurrido en el pasado, se añade –(으)ㄴ 줄 알았다 a la raíz verbal. En el caso de que la idea equivocada sea sobre algo que ocurrirá en el futuro, se añade –(으)ㄹ 줄 알았다 a la raíz de verbos y adjetivos, así como también a 이다.

- 진수가 농담하는 줄 알았어요. 그런데 진심이었어요. Pensé que Jinsu estaba bromeando. Pero era verdad.
- 처음에는 한국 물가가 싼 줄 알았는데 와 보니까 생각보다 비싸요.
  Al principio pensaba que Corea era barata pero ahora que estoy aquí veo que es más cara de lo que pensaba.
- 영어를 잘해서 미국 사람인 줄 알았는데 독일 사람이에요.
  Como habla inglés muy bien pensé que sería estadounidense pero es alemán.

▸ Clave de respuestas P. 317

1 알맞은 것을 고르세요.

(1) 우리 선생님이 오늘 옷을 예쁘게 입었어요. ⓐ 배우인가 봐요. / ⓑ 데이트하나 봐요.

(2) 마크가 어제부터 아무것도 못 먹었다고 했어요. ⓐ 배가 아픈가 봐요. / ⓑ 배가 고픈가 봐요.

(3) 가게에 사람들이 줄을 서 있어요. ⓐ 음식이 맛있나 봐요. / ⓑ 돈을 많이 버나 봐요.

(4) 원래 집까지 30분 걸리는데 오늘은 2시간 걸렸대요. ⓐ 피곤한가 봐요. / ⓑ 길이 막혔나 봐요.

2 다음에서 알맞은 것을 골라서 '-나 보다'를 사용하여 문장을 완성하세요.

멀다	자다	오다	있다	유명하다

(1) 옷이 다 젖었어요. 밖에 비가 ______________.

(2) 오늘 피곤해 보여요. 어제 잠을 못 ______________.

(3) 사람들이 모두 저 사람의 이름을 알아요. 저 사람이 ______________.

(4) 리나가 요즘에 항상 학교에 늦게 와요. 집이 학교에서 ______________.

(5) 민호가 요즘 얼굴 표정이 밝아요. 민호에게 좋은 일이 ______________.

3 '-(으)ㄴ/는 줄 알았다'를 사용하여 대화를 완성하세요.

(1) A 케빈은 전에 중국에서 살았나 봐요.
B 아니요, 그런 적이 없는데요.
A 그래요? 중국어를 잘해서 전에 중국에서 ______________.

(2) A 리나는 영화 보러 자주 가나 봐요.
B 아니요, 시간이 없어서 자주 못 가요.
A 그래요? 영화에 대해 잘 알아서 영화관에 자주 ______________.

(3) A 오랫동안 여기에서 일했나 봐요.
B 아니요, 저도 일한 지 얼마 안 되는데요.
A 그래요? 회사 사람들하고 친해 보여서 오랫동안 ______________.

(4) A 찌개가 매운가 봐요.
B 아니요, 하나도 안 매워요. 왜 그렇게 생각했어요?
A 사람들이 찌개를 먹으면서 땀을 많이 흘려서 ______________.

Conversación 1

pista 40

새라 이게 언제 찍은 사진이에요?

진수 초등학교 때 찍은 사진이에요.

새라 어렸을 때 정말 귀여웠네요.
어디에서 이 사진을 찍었어요?

진수 어디더라? 부산에 여행 갔을 때 찍은 것 같아요.

새라 오른쪽 옆에 있는 사람이 동생인가 봐요. 얼굴이 닮았네요.

진수 아니요, 그 애는 어렸을 때 제 친구예요.

새라 그래요? 저는 얼굴이 비슷해서 동생인 줄 알았어요.

진수 그런 얘기 많이 들었어요.

새라 같이 여행도 다닌 것을 보니까 많이 친했나 봐요.

진수 방학 때 이 친구네 가족이랑 바닷가에 자주 놀러 갔어요.

새라 그랬군요. 지금도 이 친구를 자주 만나요?

진수 아니요, 제가 이사 가면서 친구하고 연락이 끊겼어요.

새라 안타깝네요.

Sarah ¿Cuándo es que te sacaste esta foto?

Jinsu Es una foto de cuando iba a la escuela primaria.

Sarah ¡Qué lindo eras de niño! ¿Dónde te sacaste esta foto?

Jinsu ¿Dónde sería? Puede que me la sacara cuando viajé a Busan.

Sarah El de la derecha debe de ser tu hermano menor. Tenéis la misma cara. (lit. Las caras se parecen mucho.)

Jinsu No, ese niño era un amigo mío de la infancia.

Sarah ¿En serio? Tiene una cara tan parecida (a la tuya) que pensé que era tu hermano menor.

Jinsu Eso me lo han dicho muchas veces. (lit. Esa historia le he oído muchas veces.)

Sarah Debías llevarte muy bien con él, puesto que hasta viajabas con él.

Jinsu Fui de vacaciones a la playa con mi amigo y su familia en varias ocasiones.

Sarah Ya veo. ¿Todavía sueles ver a tu amigo con frecuencia?

Jinsu No. Dejé de tener contacto con él cuando me mudé.

Sarah Pues qué lástima, ¿verdad?

Nuevo vocabulario ▸P. 334

초등학교 | 어렸을 때 | 귀엽다 | 여행 다니다 | 지금도 | 이사 가다 | 연락이 끊기다

Nuevas expresiones ▸P. 334

- 어디더라?
- 그런 얘기 많이 들었어요.
- 안타깝네요.

Notas

1 Recordando algo

Se usa –더라 cuando uno trata de recordar algún dato, por lo que se trata más bien de una pregunta que el hablante se hace a sí mismo, lo que en coreano se denomina 혼잣말. Por ello, este tipo de preguntas no tienen ninguna variante formal. Se añade –더라 raíz de verbos y adjetivos, así como también a 이다 y de los pronombres interrogativos.

- 이름이 뭐**더라**? 생각이 안 나네.
  ¿Cuál era su nombre? Pues no me acuerdo.
- 언제 여행 **갔더라**? 기억이 안 나네요.
  ¿Cuándo me fui de viaje? Pues no me acuerdo.

2 네: La familia/La casa de alguien

Se añade 네 a sustantivos que hacen referencia a una persona para indicar el grupo al que dicha persona pertenece. En la conversación de arriba, Jinsu menciona a 친구네 가족, que sería lo mismo que 친구의 가족. Es posible omitir los sustantivos 가족 y 집 si se desea.

- 지난 주말에 동생**네**에 갔다 왔어요.
  El pasado fin de semana fui a la casa de mi hermano menor.
- 민수**네** 얘기를 들었어요?
  ¿Has oído lo que le ha pasado a la familia Minsu?

❶ Ubicar a una persona

- 뒷줄 (세 번째 줄) ➡
  la última fila (la tercera fila)
- 가운데 줄 (두 번째 줄) ➡
  la fila del medio (la segunda fila)
- 앞줄 (첫 번째 줄) ➡
  (la fila de delante (la primera fila)

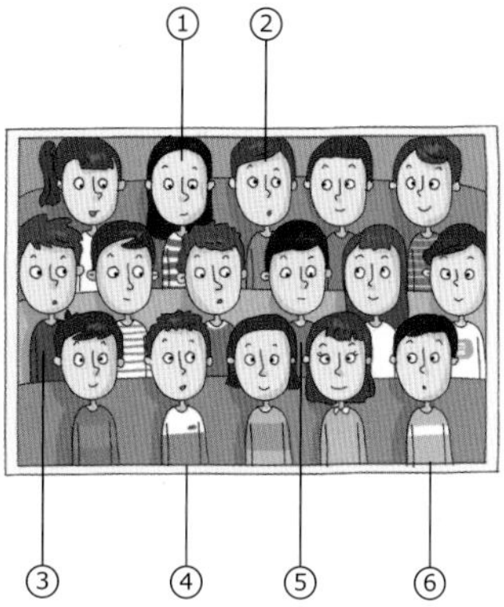

❶ 마지막 줄의 맨 왼쪽에서 두 번째
la segunda empezando por la izquierda de la última fila

❷ 뒷줄의 중앙 (= 가운데)
en el medio de la última fila

❸ 두 번째 줄의 맨 왼쪽
el primero empezando por la izquierda de la fila del medio

❹ 앞줄의 왼쪽에서 두 번째
el segundo empezando por la izquierda de la primera fila

❺ 가운데 줄의 오른쪽에서 세 번째
el tercero empezando por la derecha de la fila del medio

❻ 첫 번째 줄의 맨 오른쪽
el primero empezando por la derecha de la primera fila

❷ Ubicar algo en una fotografía

❶ 사진의 **뒷면**에 날짜를 써서 친구에게 줬어요.
Escribí la fecha en la parte de atrás de la fotografía y se la envié mi amigo.

❷ 사진의 **오른쪽 아래**에 사진 찍은 날짜가 나와 있어요.
La fecha en la que se tomó la fotografía sale abajo a la derecha.

❸ Frases para describir fotos

1. 사진이 잘 나왔어요. = 사진이 뚜렷하게 나왔어요.
   La foto ha salido/quedado bien. = La foto ha salido/quedado nítida.

2. 사진이 잘 안 나왔어요.
   La foto no ha salido/quedado bien.

- 사진이 흐리게 나왔어요.
  La foto ha salido/quedado borrosa.

- 사진이 초점이 안 맞아요.
  La foto está mal enfocada.

- 사진이 흔들렸어요.
  La foto está movida.

- 얼굴이 잘렸어요.
  Sale con la cara cortada.

3. 사진을 거꾸로 들고 있어요.
   La foto está del revés.

4. 사진을 뒤집어서 들고 있어요.
   La foto está dada la vuelta.

Expresiones esenciales

- 언제 찍은 사진이에요? ¿Cuándo sacaste esta foto?
- 어디서 찍었어요? ¿Dónde la sacaste?
- 옆에 있는 사람이 누구예요?
  ¿Quién es el/la que está a tu lado?

Gramática 2

-던 oración de relativo en pasado

Anexo P. 287 C.C P. 299

A 예전 집에 가 봤어요?

¿Has vuelto a tu antigua casa?

B 어릴 때 살던 집이 지금은 없어졌어요.

La casa en la que vivía ya no existe. (lit. ahora ha desaparecido.)

Se utiliza –던 para modificar un sustantivo con una oración de relativo que hace referencia a un estado o una situación del pasado, colocándolo entre la frase de relativo y el sustantivo. Se añade –던 a la raíz de verbos y adjetivos, así como también a –이다. Las oraciones de relativo acabadas en –던 hacen referencia a hechos y hábitos solían tener lugar de manera repetida durante cierto periodo de tiempo o a situaciones de considerable decisión. Es posible usar –던 con el infijo de pasado –았/었– dando lugar a –았/었던 para esa acción o situación tan solo tuvieron lugar una vez o en unas pocas ocasiones.

- 항상 웃던 친구의 얼굴이 지금도 기억나요. Todavía me acuerdo de la cara de ese amigo que siempre estaba sonriendo.
- 내가 지난번에 말했던 얘기 생각나? ¿Recuerdas lo que te dije la vez pasada?
- 3년 전까지 야구 선수였던 사람이 지금은 가수가 됐어요.
  Ese que fue jugador de béisbol hasta hace tres años, ahora se ha hecho cantante.

-곤 하다 "soler"

C.C P. 300

A 그 공원에 가 본 적이 있어요?

¿Has ido alguna vez a ese parque?

B 어렸을 때 가족과 같이 공원에 놀러 가곤 했어요.

Cuando era niño, solía ir ahí a jugar con mi familia.

Se utiliza –곤 하다 para indicar un hábito o una acción que tiene lugar con frecuencia, por lo que equivaldría al español "soler". Se añade a las raíces verbales. Se emplea –곤 했다 para hacer referencias a acciones que solían tener lugar en el pasado pero no ocurren ya en el presente.

- 피곤하면 음악을 듣곤 해요. Suelo escuchar música cuando estoy cansado.
- 어렸을 때 심하게 장난쳐서 엄마한테 혼나곤 했어요.
  Cuando era niño, mi madre solía regañarme por excederme en mis travesuras.
- 전에는 친구와 가끔 점심을 먹곤 했는데 요즘은 바빠서 못 해요.
  Antes almorzaba a veces con mis amigos, pero últimamente estoy tan ocupado que no puedo.

▸ Clave de respuestas P. 317

1 그림을 보고 '-던'을 사용하여 문장을 완성하세요.

몇 년 전에
할머니께서 주셨어요.
5년 전에
제 회사 동료였어요.
어렸을 때
가지고 놀았어요.
70년대에
유행했어요.
한정식
전에 친구하고
갈비를 먹었어요.
학교 다닐 때
키가 작았어요.

(1) ________________ 노래를 다시 들어 보고 싶어요.

(2) ________________ 인형을 창고에서 발견했어요.

(3) ________________ 식당이 어디에 있는지 생각 안 나요.

(4) ________________ 친구가 지금은 우리 중에서 키가 제일 커요.

(5) ________________ 사람이 우리 옆집에 살아요.

(6) ________________ 반지를 어제 길에서 잃어버려서 너무 속상해요.

2 알맞은 것을 고르세요.

(1) 10년 동안 ⓐ 쓰는/ⓑ 쓰던 자동차를 지난달에 바꿨어요.

(2) 1년 전에 ⓐ 결혼한/ⓑ 결혼했던 부부가 지금도 잘 살고 있대요.

(3) 지난주에 ⓐ 보내던/ⓑ 보냈던 편지가 아직도 도착 안 했나 봐요.

(4) 다 ⓐ 읽은/ⓑ 읽었던 책은 책상 위에 놓아 주세요. 제가 나중에 정리할게요.

(5) 전화 끊었어? 그럼 아까 ⓐ 먹던/ⓑ 먹었던 밥 계속 먹어.

3 '-곤 하다'를 사용하여 문장을 완성하세요.

(1) 평소에는 밖에서 사 먹지만 가끔 도시락을 싸 와서 ________________. (먹다)

(2) 혼자 영화 보는 것을 좋아해서 평일에 가끔 혼자 영화 ________________. (보다)

(3) 지금은 동생하고 사이가 좋지만 어렸을 때는 가끔 ________________. (싸우다)

(4) 요즘에는 시간이 없어서 산책을 못 하지만 예전에는 시간이 날 때마다 한강에서

________________. (산책하다)

Conversación 2

pista 41

여행할 때 먹었던 음식 중에서
뭐가 제일 생각나요?

마크 이건 태국에 여행 가서 찍었던 사진이에요.

리나 네? 이 사람이 마크 씨예요?
머리 모양이 달라서 다른 사람인 줄 알았어요.

마크 그렇죠? 다른 사람들도 다 그렇게 말해요.

리나 그런데 전부 혼자 찍은 사진이네요. 혼자 여행 갔나 봐요.

마크 네, 전에는 혼자 여기저기 돌아다니면서 여행하곤 했어요.

리나 요즘에도 혼자 여행 가요?

마크 아니요, 이제는 친구랑 같이 편하게 다니는 게 좋아요.

리나 저도 그래요.
여행할 때 먹었던 음식 중에서 뭐가 제일 생각나요?

마크 거기에서 먹었던 팟타이 맛을 지금도 잊을 수 없어요.

리나 그렇게 맛있었어요?

마크 네, 관광객이 찾는 식당 말고 현지인들이 가는 식당이 더 싸고 맛있었어요.

리나 그렇군요.

Mark Esta es una foto que me saqué cuando viajé a Tailandia.

Rina ¿Ah, sí? ¿Este eres tú, Mark? Como el peinado es diferente, pensé que era otra persona.

Mark ¿Verdad? Todo el mundo me lo dice.

Rina Por cierto, en todas las fotos sales solo. Parece que viajaste solo.

Mark Sí, antes solía ir de un lado a otro yo solo cuando me iba de viaje.

Rina ¿Ahora también viajas solo?

Mark No, ahora prefiero viajar con amigos.

Rina Yo también. De entre todos los platos que probaste en tu viaje (a Tailandia), ¿de cuál te acuerdas más?

Mark Incluso ahora no puedo olvidar el sabor del "padthai" que comí allí.

Rina ¿Tan rico estaba?

Mark Sí, al no ser un restaurante frecuentado por turistas sino un restaurant al que va la población local, era más barato y la comida estaba más rica.

Rina Claro.

Nuevo vocabulario ▸P. 334

모양 | 전부 | 잊다 | 관광객 | 현지인

Nuevas expresiones ▸P. 334

- 다른 사람들도 다 그렇게 말해요.
- 뭐가 제일 생각나요?
- 지금도 잊을 수 없어요.

Notas

1 Palabras indefinidas

- **여기저기** 찾아봤지만 지갑이 없어요.
  He mirado en todas partes (lit. aquí y allí) pero no encuentro mi billetera. (lit. mi billetera no está)
- 오랜만에 쇼핑해서 **이것저것** 많이 샀어요.
  Compré de todo (lit. esto y aquello) porque hacía tiempo que no salía de compras.
- 친구를 만나서 **이런저런** 얘기를 했어요.
  Quedé con una amiga y hablamos de muchas cosas. (lit. esto y aquello)
- 친구는 변덕스러워서 항상 **이랬다저랬다** 해요.
  Mi amigo es muy voluble y tan pronto te dice una cosa como te dice todo lo contrario. (lit. esto como aquello)

2 El uso de 저도 그래요

Se hace uso de esta expresión para indicar que uno comparte la misma opinión o que ha tenido la misma experiencia que el interlocutor. La forma abreviada de esta expresión es 저도요. Esta expresión se puede usar tanto para indicar que uno tiene la misma opinión o experiencia que el interlocutor, como para indicar que tampoco las tiene.

- A 여행할 때는 기차를 자주 타요.
  Suelo tomar el tren cuando viajo.
  B **저도 그래요.** Yo también.
- A 오늘 기분이 안 좋아. Hoy no estoy de buen humor.
  B **나도 그래.** Yo tampoco.

1 Preparar el equipaje para viajar

1. 의류
prendas
- 옷 ropa
- 속옷
ropa interior
- 양말 calcetines
- 잠옷 pijama
- 겉옷
ropa de abrigo
- 수영복
traje de baño
- 스키복
traje de esquí
- 등산복
ropa de montaña

2. 세면도구
artículos de aseo personal
- 수건
toalla
- 칫솔
cepillo de dientes
- 치약
dentífrico
- 비누
jabón
- 샴푸
champú
- 린스
acondicionador

3. 소지품
efectos personales
- 핸드폰 teléfono móvil/celular
- 충전기 cargador
- 카메라 cámara
- 여권 pasaporte
- 지갑 billetera
- 돈 dinero
- 화장품 cosméticos
- 휴지 pañuelos de papel
- 지도 mapa, plano
- 선글라스 gafas de sol
- 모자 sombrero, gorro, gorra
- 비상약 medicamentos para casos de emergencia

4. 기타
Otras pertenencias
- 노트북 portátil
- 책 libro
- 사전 diccionario
- 필기도구 útiles de escritura
- 모기약 repelente de mosquitos
- 컵라면 tallarines instantáneos en envase de cartón
- 통조림 conservas enlatadas
- 부채 abanico, paipái
- 우산 paraguas
- 장갑 guantes
- 물병 botella de agua, termo

2 Preparativos de viaje

- 여행 정보를 찾다 buscar información sobre viajes
- 여행 일정을 짜다 elegir las fechas para viajar
- (비행기/기차/버스) 표를 사다
comprar el billete (de avión/tren/autobús)
- 숙소를 예약하다 reservar alojamiento
- 환전하다 cambiar dinero
- 비자를 받다 recibir el visado
- 예약을 확인하다 confirmar una reserva
- 여행자 보험에 들다 contratar un seguro de viaje
- 비상약을 준비하다
preparar medicamentos para casos de emergencia
- 예방 주사를 맞다 vacunarse

3 Destinos de viaje

1. 도시
ciudad

- 시내 centro de la ciudad
- 광장 plaza
- 관광지 lugar turístico
- 맛집 restaurante reconocido
- 전통적인 건물 edificio tradicional
- 백화점 centro comercial, grandes almacenes
- 전시회 exposición, exhibición
- 면세점 tienda libre de impuestos
- 박물관 museo
- 야경 명소 lugar con buenas vistas nocturnas

2. 시골
campo

- 바다 mar
- 강 río
- 호수 lago
- 시내 arroyo
- 연못 estanque, charca
- 바닷가 playa
- 섬 isla
- 산 montaña
- 계곡 valle
- 숲 bosque
- 동굴 cueva
- 들 pradera
- 논 arrozal
- 폭포 cascada
- 절 templo budista
- 교회 iglesia protestante
- 성당 iglesia católica
- 밭 campo cultivado
- 역사 유적지 sitio declarado patrimonio histórico
- 일출 (일몰) 명소 lugar con buenas vistas de la salida (puesta) de sol

4 Duración del viaje

- 당일 여행 viaje de un día
- 1박 2일 una noche y dos días
- 2박 3일 dos noches y tres días
- 무박 2일 dos días con desplazamientos nocturnos

5 Tipos de viaje

- 국내 여행
viaje nacional
- 단체 여행
viaje en grupo
- 단기 여행
viaje de corta duración
- 해외여행
viaje al extranjero
- 개별 여행
viaje individual
- 장기 여행
viaje de larga duración

Expresiones esenciales

- 최대한 빨리
tan rápido/pronto como sea posible
- 되도록 일찍
tan temprano como sea posible
- 가능하면 미리
con antelación si es posible

6 Gastos de viaje

- 숙박비 coste del alojamiento
- 교통비 gastos en transporte
- 식비 gastos en comida
- 입장료 (박물관, 공연 등) precio de las entradas (museos, espectáculos, etc.)

Gramática 3

-느라고 "porque (en ese momento ocurría cierta acción)"

Anexo P. 289 C.C P. 301

A 왜 전화를 안 받았어요?
¿Por qué no respondiste el teléfono?

B 음악을 듣느라고 전화 소리를 못 들었어요.
No pude oír el (timbre del) teléfono porque estaba escuchando música.

Se utiliza –느라고 para indicar la causa por la que tiene lugar de manera inintencionada o accidental una determinada acción o situación negativa. La frase que indica la causa va en primer lugar seguida de –느라고, mientras que la consecuencia se expresa en la frase que sigue. El sujeto de ambas frases debe ser el mismo. Esta estructura gramatical se suele emplear para excusarse por no haber impedido que esa acción o situación haya ocurrido. No obstante, por otra parte, también es posible emplear –느라고 para agradecerle a alguien su labor. En este caso, se hace uso de esta estructura para expresar agradecimiento por todo lo que el sujeto de la frase ha hecho pese a las dificultades con las que se haya tenido que enfrentar. En ambos casos, –느라고 se añade a la raíces verbales y, por otra parte, su uso resulta incompatible con el infijo de pasado –았/었– y con la forma negativa –지 않다.

- 우리 아이는 밖에서 노느라고 공부는 안 해요. Nuestro hijo no estudia porque está fuera jungando.
- 돈을 모으느라고 한동안 여행을 못 갔어요. No he hecho ningún viaje durante un tiempo porque estaba ahorrando dinero.
- 이렇게 많은 음식을 준비하느라고 수고하셨습니다. Muchísimas gracias por preparar tanta comida.

-(으)ㄹ 걸 그랬다 "ojalá hubiera", "desearía haber"

Anexo P. 289 C.C P. 306

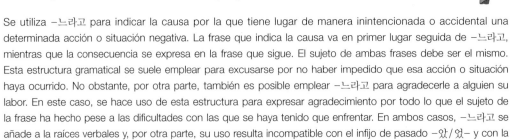

A 기차를 놓쳤네요.
Has perdido el tren, ¿eh?

B 집에서 1시간 일찍 나올 걸 그랬어요.
Debería haber salido una hora antes de casa.

Se utiliza –(으)ㄹ 걸 그랬다 para lamentarse por no haber llevado a cabo una determinada acción en un momento del pasado. En otras palabras, esta estructura sirve para expresar arrepentimiento. La oración a la que se añade –(으)ㄹ 걸 그랬다 indica aquello de lo que uno se arrepiente de no haber hecho. Esta estructura se emplea principalmente en el lenguaje oral y se añade a las raíces verbales. En caso de que alguien se arrepienta de haber hecho algo, se ha de usar esta estructura en forma negativa: –지 않을 걸 그랬다 o –지 말 걸 그랬다.

- 시험을 잘 못 본 것 같아요. 열심히 공부할 걸 그랬어요.
  Me parece que no me ha salido bien el examen. Ojalá hubiera estudiado con ahínco.
- 약을 좀 더 일찍 먹을 걸 그랬어요. 그러면 지금쯤은 열이 내렸을 거예요.
  Ojalá me hubiera tomado la medicina un poco más temprano. Si lo hubiera hecho, en estos momentos la fiebre ya me habría bajado.
- 담배를 피우지 말 걸 그랬어요. 그러면 건강이 이렇게 나빠지지 않았을 거예요.
  Ojalá no hubiera fumado. De esa manera mi salud no habría empeorado tanto.

▶ Clave de respuestas P. 317

1 다음에서 알맞은 말을 골라서 '-느라고'를 사용하여 문장을 완성하세요.

사다	참다	찾다	나오다	돌보다	공부하다

(1) 시험 때문에 어제 ______________ 밤을 새웠어요.

(2) 웃음을 ______________ 얼굴이 빨개졌어요.

(3) 이것저것 선물을 ______________ 돈을 다 썼어요.

(4) 아이를 ______________ 일을 그만뒀어요.

(5) 시간이 있을 때마다 정보를 ______________ 정신이 없어요.

(6) 집에서 급하게 ______________ 지갑을 집에 두고 왔어요.

2 밑줄 친 것을 고치세요.

(1) <u>비가 오느라고</u> 오늘은 운동 못 해요. ➡

(2) <u>바쁘느라고</u> 친구한테 연락 못 했어요. ➡

(3) 갑자기 <u>회의가 있느라고</u> 전화를 못 받았어요. ➡

(4) <u>동생이 음악을 듣느라고</u> 제가 공부하지 못했어요. ➡

(5) <u>여자 친구가 생기느라고</u> 요즘 열심히 공부하지 않아요. ➡

3 알맞은 것을 고르세요.

(1) 표를 사려고 하는데 다 팔렸어요.
ⓐ 미리 표를 살 걸 그랬어요.
ⓑ 미리 표를 사지 말 걸 그랬어요.

(2) 결혼하니까 정말 행복해요.
ⓐ 일찍 결혼할 걸 그랬어요.
ⓑ 일찍 결혼하지 말 걸 그랬어요.

(3) 길에서 지갑을 잃어버렸어요.
ⓐ 집에서 지갑을 가지고 올 걸 그랬어요.
ⓑ 집에서 지갑을 가지고 오지 말 걸 그랬어요.

(4) 아침에 늦게 일어나서 회사에 늦었어요.
ⓐ 알람 시계를 맞추고 잘 걸 그랬어요.
ⓑ 알람 시계를 맞추고 자지 않을 걸 그랬어요.

(5) 중고 자동차가 자꾸 고장 나요.
ⓐ 중고 자동차를 살 걸 그랬어요.
ⓑ 중고 자동차를 사지 말 걸 그랬어요.

Conversación 3

pista 42

유키 지난 휴가 때 여행 갔다 왔다면서요?

케빈 얘기 들었어요? 친구들하고 동해에 갔다 왔어요.

유키 그래요? 여행이 어땠어요?

케빈 서울하고 분위기가 진짜 달라서 재미있었어요.

유키 좋았겠네요. 동해는 해산물이 유명한데 먹어 봤어요?

케빈 당연히 먹었죠. 정말 싱싱해서 서울에서 먹은 것보다 훨씬 맛있었어요.

유키 그럼, 일출은 봤어요?

케빈 아니요, 원래 일출을 보려고 했는데 자느라고 못 봤어요. 그 전날 설악산을 등산했거든요. 정말 아쉬워요.

유키 일출을 본 다음에 설악산에 가지 그랬어요?

케빈 맞아요. 먼저 일출부터 볼 걸 그랬어요.

유키 너무 아쉬워하지 마세요. 다음에 또 가면 되죠, 뭐.

케빈 그렇긴 해요.

유키 그럼, 다음에 같이 가는 게 어때요?

케빈 그래요. 시간 맞춰서 같이 가요.

Yuki He oídoque en las pasadas vacaciones te fuiste viaje.

Kevin ¿Te has enterado? (lit. ¿Has oído la historia?) Fui con unos amigos a Donghae.

Yuki ¿De verdad? ¿Qué tal el viaje?

Kevin Fue muy divertido porque el ambiente es completamente diferente del de Seúl.

Yuki ¡Qué bien! Donghae es famoso por su marisco. ¿Lo probaste?

Kevin Por supuesto que comí marisco. Estaba mucho más rico que el que había comido en Seúl porque estaba muy fresco.

Yuki Por cierto, ¿Viste la salida del sol?

Kevin No, inicialmente tenía planeado ver el amanecer pero me quedé dormido y no pude verlo. Es que que el día anterior habíamos subido el monte Seorak. ¡Fue una verdadera lástima!

Yuki ¿No deberías haber subido el monte Seorak después de haber visto la salida del sol?

Kevin Tienes razón. Debería haber visto el amanecer primero.

Yuki No lo pienses más. La próxima vez que vayas, podrás verlo y tal.

Kevin Eso es verdad.

Yuki Entonces, ¿qué tal si la próxima vez vamos juntos?

Kevin Muy bien. Busquemos un buen momento y vayamos juntos.

Nuevo vocabulario ▸P. 334

해산물 | 당연히 | 싱싱하다 | 일출 | 전날 | 등산하다 | 아쉽다

Nuevas expresiones ▸P. 334

- 당연히 먹었죠.
- 너무 아쉬워하지 마세요.
- 시간 맞춰서 같이 가요.

Notas

1 El uso temporal de 그

Se puede hacer uso de 그 para señalar un momento concreto como punto de referencia para dar otras indicaciones temporales, tal y como se puede ver en la conversación de arriba. Después de 그, se añade 전 o 다음 para indicar anterioridad o posterioridad a ese punto de referencia respectivamente.

- 그 전날/그다음 날
  el día anterior/el día siguiente
- 그 전주/그다음 주
  una semana antes/una semana después
- 그 전달/ 그다음 달
  un mes antes/un mes después
- 그 전해/그다음 해
  un año antes/un año después

2 Diferencia entre 아쉽다 y 아쉬워하다

Aunque en coreano se suelen emplear adjetivos para expresar emociones, no es posible saber con certeza lo que siente otra persona. Tan solo podemos conjeturar cómo se sienten los demás basándonos en su comportamiento y dicha conjetura se indica en coreano añadiendo -아/어하다 a la raíz del adjetivo que describe la emoción o el sentimiento que aparentemente experimenta la otra persona. Al añadirse -아/어하다 a la raíz de un adjetivo, dicho adjetivo pasa a ser un verbo.

- (제가) 지갑을 잃어버려서 속상해요.
  Estoy disgustado porque he perdido la billetera.
- 너무 속상해하지 마세요. 지갑을 곧 찾을 거예요.
  No te disgustes demasiado. Seguro que la encontrarás. [Como la forma de imperativo negativo **-지 마세요** se añade a raíces verbales, es necesario transformar el adjetivo **속상하다** en un verbo por medio de -아/어하다.]

1 Expresiones adverbiales

1. 대로

- 계획대로
  según lo planeado
- 생각대로
  según a lo que se ha pensado
- 예상대로
  según lo esperado

2. 와/과 달리

- 계획과 달리
  a diferencia de los planeado
- 생각과 달리
  a diferencia de los que se ha pensado
- 예상과 달리
  a diferencia de lo que se esperaba

3. 보다

- 계획보다
  más de lo que se había planeado
- 생각보다
  más de los que se pensaba
- 예상보다
  más de lo que se esperaba

- 계획**대로** 되지 않아서 걱정돼요. Me preocupa que no salga según lo planeado.
- 예상**과 달리** 숙소가 너무 좁았어요. A diferencia de los que esperábamos, la habitación era demasiado estrecha.
- 생각**보다** 날씨가 더웠어요. Hacía más calor del que esperábamos.

4. 없이

- 계획 없이 sin ningún plan
- 생각 없이 sin pensar
- 돈 없이 sin dinero

5. 외로

- 예상 외로 fuera de todo pronóstico
- 생각 외로 fuera de toda expectativa
- 상상 외로 fuera de lo imaginable

6. otras expresiones

- 일반적으로 (= 흔히, 보통) normalmente (= por lo general, generalmente)
- 예외적으로 a diferencia del resto, de manera excepcional

- 생각 **없이** 말했는데 친구가 기분 나빠했어요. Lo dije sin pensar e hice que mi amigo se sintiese mal.
- 예상 **외로** 여행비가 많이 들었어요. Fuera de toda expectativa, el viaje nos costó mucho.
- **일반적으로** 실내에서는 사진을 찍을 수 없어요. Por lo general no se pueden sacar fotos en el interior.
- 그런데 여기에서는 **예외적으로** 사진을 찍을 수 있어요.
  Sin embargo, a diferencia del resto, en este lugar se pueden sacar fotos.

2 Contrariedades que pueden ocurrir en los viajes

1. 사람들 gente

- 말이 안 통하다 no entenderse bien
- 문화가 다르다 ser la cultura diferente
- 사람들이 불친절하다 ser la gente antipática
- 아는 사람이 없다 no conocer a nadie

2. 음식 comida

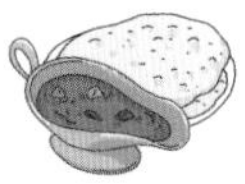

- 음식이 입에 안 맞다
  no agradarle la comida a alguien
- 배탈이 나다
  sufrir un cólico, tener dolor de estómago

3. 숙소 alojamiento

- 숙소가 예약이 안 되어 있다
  no tener reservado el alojamiento
- 숙소에 빈방이 없다
  no haber habitaciones disponibles para alojarse

4. 쇼핑 compras

- 물가가 너무 비싸다
  ser los precios muy altos
- 바가지를 쓰다
  ser víctima de un timo

5. 교통 medios de transporte

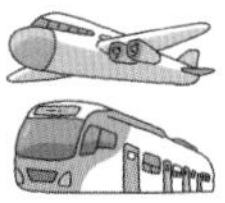

- 기차를 놓치다 perder el tren
- 비행기가 늦게 도착하다 (= 연착하다)
  llegar con retraso (= retrasarse al llegar) el avión
- 멀미가 나다 marearse (por el movimiento del medio de transporte)

6. 사고 incidentes

- 여권을 잃어버리다
  perder el pasaporte
- 가방을 도둑맞다
  sufrir el robo del bolso

7. 날씨 clima

- 날씨가 너무 덥다 hacer demasiado calor
- 날씨가 너무 춥다 hacer demasiado frío

8. 기타 otras contrariedades

- 여행지가 위험하다 ser peligroso el destino
- 관광지가 공사 중이다 estar en obras la atracción turística
- 길을 헤매다 perderse
- 비행기가 결항하다 cancelarse el vuelo
- 표가 매진되다 estar agotadas las entradas

Expresiones esenciales

- 바가지를 쓰는 것이 보통이에요.
  Es común que timen (a la gente).
- 빈방이 있을 때가 드물어요.
  Es poco habitual que haya habitaciones libres.

¡Hablemos!

Estrategias comunicativas

Maneras de mostrar reticencia y vacilación en el discurso oral

- 음……. **Hum...**
- 글쎄요. **Bueno...**
- 그게 말이에요. **Ya sabes.**

❶ 자주 여행 가요? 어떤 여행을 좋아해요?

휴양지

쇼핑 지역

역사 유적지

골프장

놀이공원

❷ 제일 기억에 남는 여행 장소를 소개해 주세요.

	어디예요?	언제 갔어요?	어떤 느낌?	주의 사항?
• 흥미로운 장소				
• 야경이 아름다운 곳				
• 음식이 색다른 곳				
• 다시 가고 싶지 않은 곳				
• 말이 안 통했던 곳				
• 문화가 많이 달랐던 곳				
• 경치가 좋았던 곳				
• 물가가 쌌던 곳				
• 바가지 썼던 곳				
• 혼자 여행하기 좋은 곳				

- 뭐가 인상적이었어요?
- 뭐 때문에 힘들었어요?
- 여행할 때 알면 좋은 정보가 뭐예요?

음……, 제 경우에는 여행지에 아는 사람이 없으면 숙소 서비스를 먼저 확인해요. 어떤 숙소는 예약하면 그 숙소에서 공항까지 저를 마중 나와서 편하거든요.

글쎄요. 여행지가 좋아도 밤늦게 혼자 돌아다니는 게 위험하니까 어두워진 후에 혼자 돌아다니지 마세요. 낮에도 위험한 곳이 있을 수 있어요.

Nuevo vocabulario

휴양지 complejo vacacional | 유적지 lugar patrimonial | 흥미롭다 interesante | 야경 vista nocturna | 색다르다 ser inusual | 물가 precio | 인상적이다 ser impresionante | 숙소 alojamiento | 마중 나오다 salir a recibir

Red de palabras

Anexo P. 323

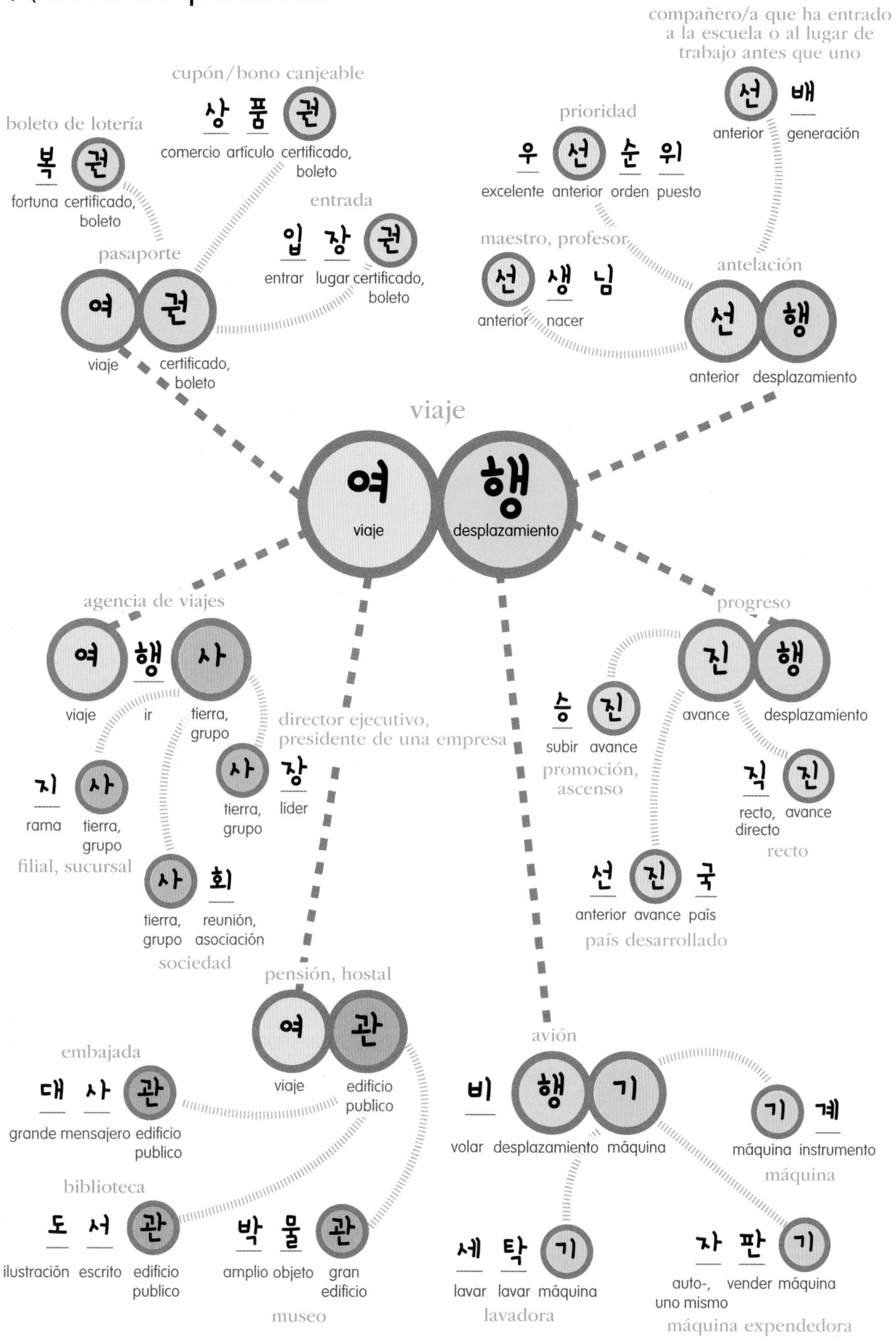
viaje
여 행
viaje desplazamiento
pasaporte
여 권
viaje certificado, boleto
boleto de lotería
복 권
fortuna certificado, boleto
cupón/bono canjeable
상 품 권
comercio artículo certificado, boleto
entrada
입 장 권
entrar lugar certificado, boleto
antelación
선 행
anterior desplazamiento
compañero/a que ha entrado a la escuela o al lugar de trabajo antes que uno
선 배
anterior generación
prioridad
우 선 순 위
excelente anterior orden puesto
maestro, profesor
선 생 님
anterior nacer
agencia de viajes
여 행 사
viaje ir tierra, grupo
지 사
rama tierra, grupo
filial, sucursal
director ejecutivo, presidente de una empresa
사 장
tierra, grupo líder
사 회
tierra, grupo reunión, asociación
sociedad
progreso
진 행
avance desplazamiento
승 진
subir avance
promoción, ascenso
직 진
recto, directo avance
recto
선 진 국
anterior avance país
país desarrollado
pensión, hostal
여 관
viaje edificio publico
embajada
대 사 관
grande mensajero edificio publico
biblioteca
도 서 관
ilustración escrito edificio publico
박 물 관
amplio objeto gran edificio
museo
avión
비 행 기
volar desplazamiento máquina
기 계
máquina instrumento
máquina
세 탁 기
lavar lavar máquina
lavadora
자 판 기
auto-, uno mismo vender máquina
máquina expendedora

Algo de cultura

¡Hablemos sobre comida!

• 파전 tortilla de puerros y 막걸리 licor de arroz sin refinar

En los dias humedos y dias de lluvia, a los coreanos les suele apetecer tomarse algo, sobre todo, 파전 (tortilla de puerros) y 막걸리 (licor de arroz sin refinar). Los coreanos piensan que los días de lluvia en los que la temperatura es ligeramente más baja de lo habitual constituyen un momento ideal para comer 파전, tortilla salteada que algunos consideran el equivalente coreano de la "pizza", a la vez que se bebe un vaso de 막걸리, bebida alcohólica hecha de arroz. Los coreanos también piensan que la comida grasa es adecuada para el ambiente fresco de los días de lluvia. Obviamente también hay quienes prefieran 찌개 o alguna otra sopa en estos días, pero para aquellos que han nacido y crecido en Corea el 파전 y el 막걸리 se asocian con los días de lluvia.

• 김밥 arroz cocido enrollado en alga y relleno con varios ingredientes

Cuando los escolares van de excursión, es habitual que lleven 김밥 en sus loncheras. En la actualidad, resultan muy económicos pero en los años noventa, el 김밥 era muy apreciado porque solo se solía poder comer en excursiones. Los ingredientes del 김밥 variaban según las preferencias de las madres. Incluso hoy en día, cuando los coreanos oyen hablar de una excursión, enseguida les viene a la cabeza el 김밥.

• 짜장면 fideos en salsa de soja tostada

En esos días en los que uno está de mudanza o hace limpieza y está demasiado ocupado para cocinar, en Corea se suele pedir que traigan 짜장면 (la versión coreana de los fideos chinos en salsa de soja tostada). No se suele comer 짜장면 porque nos haga recordar nostálgicamente ningún plato de la infancia o porque apetezca tomarlo en un día de lluvia, sino porque resulta barato, es fácil de conseguir en cualquier parte y sirve para quitar el hambre. El 짜장면 ha pasado a ser uno de los platos insignia de la comida a domicilio y tanto es así que no existe restaurante chino que no lo ofrezca en su menú a domicilio. Independientemente de si uno se encuentra en la playa, en un parque o por el río Han, uno siempre puede encargar que le traigan 짜장면. No importar dónde ni a qué hora del día, basta una simple llamada para que a uno le traigan un plato de 짜장면.

• 치맥 pollo frito y cerveza

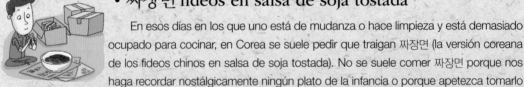

Cuando se ve un partido, ya sea de béisbol o de fútbol, o cuando se pasa tiempo al aire libre, los coreanos disfrutan comiendo pollo frito y tomando cerveza fría. A esto se le conoce como 치맥 (la primera sílaba viene 치킨 (pollo) y la segunda de 맥주 (cerveza)). De la misma manera que en algunos países asocian las palomitas de maíz con ver películas, los coreanos suelen asociar el 치맥 con ver un partido o con hacer algo al aire libre. Por otra parte, el 치맥 es lo que más consumen por la noche los empleados varones de las empresas.

Capítulo 15

관계

Relaciones

Objetivos
· justificarse
· pedirle la opinión a alguien
· regañar a alguien por no hacer algo que debería haber hecho
· presentar excusas en contextos formales
· disculparse
· rechazar peticiones
· hacer suposiciones sobre hechos futuros
· describir a otra persona

Gramática
❶ -다가 “mientras”
-(으)ㄴ/는데도 “a pesar de…”, “aunque”

❷ -았/었어야죠 “debería(s) haber…”, “tendría(s) que haber…”
-았/었어야 했는데 “debería haber… pero…”

❸ -(으)ㄹ 텐데 estructura para expresar conjeturas, esperanza e hipótesis: “es probable que”, “ojalá”, “quizá”
-(으)려던 참이다 “estar a punto de”

Gramática 1

-다가 "mientras"

Anexo P. 290 C.C P. 299, 300

A 왜 전화 안 했어요?
¿Por qué no llamaste?

B 텔레비전을 보다가 잠이 들었어요.
Me quedé dormido mientras veía la televisión.

Se utiliza –다가 para indicar que se una acción o una situación se ve interrumpida al tener lugar otra acción o un cambio de estado. Se añade a las raíces de los verbos y adjetivos que indican la acción o situación que deja de desarrollarse. El sujeto de ambas oraciones debe ser el mismo. También es común el uso de –다가 para señalar que algo inesperado, normalmente algo negativo, ocurre mientras se está desarrollando una acción o situación. En estos casos, el sujeto de la primera oración puede ser diferente del de la segunda, pero lo expresado en la segunda oración debe afectar de alguna manera al sujeto de la primera.

- 회의하다가 전화를 받았어요. Respondí a la llamada mientras estaba en la reunión.
- 집에 가다가 편의점에 잠깐 들렀어요. Pasé un momento por la tienda de conveniencia de camino a casa.
- 옷을 입다가 옷이 찢어졌어요. Se me rompió la ropa mientras me la ponía.

-(으)ㄴ/는데도 "a pesar de…", "aunque"

C.C P. 308

A 아까 커피를 안 마셨어요?
¿No has tomado café?

B 커피를 세 잔이나 마셨는데도 계속 졸려요.
A pesar de que me he tomado tres cafés, sigo teniendo sueño.

Se emplea –(으)ㄴ/는데도 para indicar que lo expresado en la segunda oración sucede a pesar de lo expresado en la primera. Se suele esperar que cuando alguien toma café se le quiten las ganas de dormir, pero en el diálogo de arriba, el segundo hablante informa de que tiene sueño a pesar de haber tomado bastante café. En el caso del tiempo presente, se añade –는데도 a las raíces verbales y –(으)ㄴ데도 a las raíces de los adjetivos así como a –이다. Para el tiempo pasado, se añade –았/었는데도 a la raíz de verbos y adjetivos, así como también a –이다. La conjugación es idéntica a la de –(으)ㄴ데 del Capítulo 4.

- 내 동생은 키가 작은데도 저보다 힘이 세요.
  Aunque mi hermano menor es bajo, tiene más fuerza que yo.
- 그 사람의 얼굴을 아는데도 이름이 생각이 안 나요.
  Aunque recuerdo su cara, no me acuerdo de su nombre.
- 몇 번이나 설명했는데도 그 사람은 제 말을 이해 못 해요.
  Aunque se lo he explicado unas cuantas veces, no entiende lo que le digo.

¡Cuidado!

El significado de –(으)ㄴ데도 es semejante –아/어도 del capítulo 9. Sin embargo, mientras que –아/어도 se emplea para situaciones hipotéticas, no es necesariamente así en el caso de –(으)ㄴ데도.

- 앞으로 무슨 일이 있어도 저만 믿으세요. (O)
  Confíe en mí suceda lo que suceda de ahora en adelante.
- 앞으로 무슨 일이 있는데도 저만 믿으세요. (X)

▸ Clave de respuestas P. 317

1 **알맞은 것끼리 연결하세요.**

(1) 영화를 보다가 •	• ① 친구가 안 와서 •	• ⓐ 돈을 더 찾았어요.
(2) 친구를 기다리다가 •	• ② 소리가 너무 커서 •	• ⓑ 영화관 밖으로 나갔어요.
(3) 쇼핑하다가 •	• ③ 재미없어서 •	• ⓒ 비를 맞았어요.
(4) 음악을 듣다가 •	• ④ 돈이 떨어져서 •	• ⓓ 친구한테 전화했어요.
(5) 친구하고 얘기하다가 •	• ⑤ 갑자기 비가 와서 •	• ⓔ 전화 받으러 나갔어요.
(6) 길을 걷다가 •	• ⑥ 전화가 와서 •	• ⓕ 소리를 줄였어요.

2 **그림을 보고 다음에서 알맞은 것을 골라서 '-다가'를 사용하여 문장을 완성하세요.**

걷다	들다	졸다	놀다

(1)  무거운 물건을 ______________ 허리를 다쳤어요.

(2) 친구하고 ______________ 공에 맞아서 얼굴에 멍이 들었어요. 

(3)  지하철에서 ______________ 정류장을 지나쳤어요.

(4) 높은 구두를 신고 ______________ 발목을 삐었어요. 

3 **알맞은 것을 고르세요.**

(1) 여러 번 전화했는데도 전화를 ⓐ 받아요./ⓑ 안 받아요.

(2) 저는 친구가 많은데도 항상 ⓐ 외로워요./ⓑ 외롭지 않아요.

(3) 전화번호를 바꿨는데도 계속 전화가 ⓐ 와요./ⓑ 안 와요.

(4) 제 친구는 매일 ⓐ 노는데도/ⓑ 놀지 않는데도 시험을 잘 봐요.

(5) 이 가게 물건은 값이 ⓐ 싼데도/ⓑ 비싼데도 품질이 안 좋아요.

(6) 제 동생은 ⓐ 운동선수인데도/ⓑ 운동선수가 아닌데도 운동을 잘해요.

Conversación ❶

pista **43**

리나 저 리나인데요. 지금 통화 괜찮아요?

케빈 네, 잠깐이면 괜찮아요. 그런데 무슨 일이에요?

리나 영화 표 예매하다가 문제가 생겨서 전화했어요.

케빈 무슨 문제요?

리나 토요일에 보기로 한 영화 말이에요.
예매하려고 하는데 표가 다 팔렸어요.

케빈 다른 영화관에도 표가 없어요?

리나 이 영화가 인기가 많은가 봐요. 다른 영화관을 찾았는데도 자리가 없어요. 아무래도 다른 영화를 봐야 할 것 같아요.

케빈 저는 어떻게 하든지 상관없어요.
리나 씨 마음대로 하세요. 그럼, 얘기 다 끝난 거예요?

리나 잠깐만요. 하나만 더 물어볼게요.
영화가 좀 늦게 끝나도 괜찮아요?
아까 문자 몇 번이나 보냈는데도 답장이 없어서요.

케빈 미안해요. 제가 일하느라고 답장 못 보냈어요.
저는 몇 시든지 괜찮아요. 리나 씨! 제가 일하다가 전화 받아서 통화 오래 못 할 것 같아요.

리나 알겠어요. 그럼, 영화 표 예매하면 문자 보낼게요.

Rina Soy Rina. ¿Puedes hablar ahora?

Kevin Si es un momento, no hay ningún problema. ¿Qué ocurre?

Rina Te llamo porque ha ocurrido un problema cuando iba a reservar las entradas para la película.

Kevin ¿Qué problema?

Rina Es sobre la película que íbamos a ver el sábado. Se agotaron las entradas cuando iba a reservarlas.

Kevin ¿No hay entradas en algún otro cine?

Rina Parece que la película es muy popular. A pesar de que busqué en otros cines no encontré nada (lit. no había plazas libres). En fin, parece que tendremos que ver otra película.

Kevin Cualquier cosa que decidas me parecerá bien. Haz lo que te parezca bien, Rina. Bueno, ¿eso era todo lo que tenías que contarme?

Rina Un momento. Necesito preguntarte solo una cosa más. ¿No importa si la película acaba un poco tarde? Es que te he enviado varios mensajes pero no has respondido.

Kevin Lo siento. No he podido responder porque estaba trabajando. Para mí cualquier hora está bien. Rina, me temo que no puedo hablar por teléfono (lit. recibir una llamada y hablar) mientras estoy en el trabajo.

Rina De acuerdo. Entonces, te enviaré un mensaje cuando reserve las entradas.

Nuevo vocabulario ▸P. 334

표가 팔리다 | 영화관 | 자리 | 아무래도

Nuevas expresiones ▸P. 334

- 무슨 일이에요?
- 상관 없어요.
- 하나만 더 물어볼게요.

Notas

1 Preguntar si se ha terminado de hacer algo: -(으)ㄴ 거예요?

Esta estructura se usa para pedir que nos confirmen si ya se ha terminado de hacer algo. Se añade -(으)ㄴ 거예요 a las raíces verbales.

- 얘기 다 끝난 **거예요**? ¿Hemos terminado la conversación?
- 밥이 다 된 **거예요**? ¿Ya está listo el arroz?
- 다 말한 **거예요**? ¿Es todo lo que tenías/querías decir?

2 Los dos significados de 몇

Se puede usar 몇 como un interrogativo justo antes de los sufijos contadores con el sentido de "cuántos/as", pero también puede usarse para referirse a una cantidad indeterminada. En la conversación de arriba, 몇 번이나 equivaldría a "varias veces" mientras que 몇 시든지 se traduciría en español por "cualquier hora".

- 우리 집에 **몇** 명 왔어요? ¿Cuántos vinieron a casa?
- **몇** 명 왔어요. Vinieron unos cuantos.

1 Hacer reservas

1. reservar entradas

- 표를 예매하다 reservar entradas
- 주차비가 무료이다 ser gratuito el aparcamiento/estacionamiento
  팝콘이 공짜다 ser gratis las palomitas de maíz
- 표가 많이 남아 있다 quedar muchas entradas
  표가 얼마 남아 있지 않다 no quedar muchas entradas
- 표가 다 팔리다(=매진이 되다) venderse todas las entradas (= agotarse)
- 지정석/자유석 asiento reservado/asiento no reservable
- 입장하다/퇴장하다 ser admitido (a un lugar)/abandonar (un lugar)
- 예매가 안 되다 no admitirse reservas

2. reservas

- 방을 예약하다 reservar una habitación
- 조식이 포함되어 있다 estar incluido el desayuno
  조식이 포함되어 있지 않다 no estar incluido el desayuno
- 빈방이 많다 haber muchas habitaciones disponibles
  빈방이 얼마 남아 있지 않다 no quedar muchas habitaciones disponibles
- 방이 다 차다 (= 빈방이 없다) estar todas las habitaciones ocupadas (=no haber habitaciones libres)
- 1인실/2인실 habitación individual/habitación doble
- 체크인(입실)하다/체크아웃(퇴실)하다 registrarse en el hotel/dejar la habitación
- 예약이 안 되다 no poder hacer reservas

- 영화 표를 인터넷으로 **예매하려고** 했는데, 보고 싶은 영화 **표가 다 팔렸어요**. 그래서 다른 시간도 알아봤지만 **표가 얼마 남아 있지 않았어요**. Iba a reservar unas entradas de cine por Internet pero las entradas para la película que quería ver, estaban agotadas, así que miré a qué hora eran las otras sesiones pero no quedaban muchas (entradas).
- 호텔 방을 인터넷으로 **예약하려고** 했는데, 가고 싶은 호텔에는 **빈방이 없었어요**. 그래서 다른 호텔에도 알아봤지만 성수기라서 **빈방이 얼마 남아 있지 않았어요**. Iba a reservar una habitación de hotel por Internet pero no había habitaciones libres, así que busqué en otros hoteles, pero no quedaban muchas habitaciones disponibles porque era temporada alta.

2 Usar el teléfono

1. **전화하다** telefonear

- 전화를 걸다 llamar por teléfono
- 전화를 받다 contestar al teléfono
- 통화하다 hablar por el teléfono
- 전화를 끊다 colgar el teléfono

2. **메시지** mensajes de texto

- 문자/음성/영상 메시지를 보내다 enviar un mensaje de texto
- 문자/음성/영상 메시지를 받다 recibir un mensaje de voz
- 문자/음성/영상 메시지를 확인하다 comprobar un mensaje de video

★ En el lenguaje hablado se utiliza omitiendo la palabra "mensaje".

3. **전화할 때 사용하는 표현**
Expresiones habituales en la comunicación telefónica

- 통화 중이에요. (Alguien) está hablando por teléfono.
- 외출 중이에요. (Alguien) ha salido.
- 회의 중이에요. (Alguien) está reunido.
- 전화 잘못 걸었어요. Se ha equivocado de número.
- 전화를 안 받아요. (Alguien) no contesta al teléfono.
- 신호가 약해요. La señal es débil.
- 전원이 꺼져 있어요. El teléfono está apagado.
- 배터리가 떨어졌어요. (Alguien) se ha quedado sin batería.

Expresiones esenciales

Despedirse por teléfono
- 안녕히 계세요. Adiós./Chao.
- 들어가세요. Adiós./Chao. (lit., Entre.)
- 전화 끊을게요. Te dejo. (lit., Voy a colgar.)

Gramática 2

-았/었어야지요 "debería(s) haber…", "tendría(s) que haber…"

Anexo P. 291 C.C P. 302

A 그렇게 많이 아프면 병원에 갔어야죠. 왜 안 갔어요?

Si te duele tanto, deberías haber ido al hospital. ¿Por qué no has ido?

B 어제까지 이렇게 안 아팠어요.

Hasta ayer no me dolía tanto.

Se utiliza -았/었어야지요 para reprocharle al interlocutor que no haya hecho algo que debería haber hecho o por no mantener algo en el estado que tendría que estar. Su uso se da predominantemente en el lenguaje oral. La frase que se coloca justo antes de -았/었어야지요 indica la acción que se debería haber llevado a cabo en el pasado. Se añade -았/었어야지요 a la raíz de verbos y adjetivos, así como también a 이다. Se puede usar tanto -지 않았어야지요 como -지 말았어야지요 para recriminarle a alguien que no haya hecho algo que tendría que haber llevado a cabo. La terminación -지요 puede contraerse en -죠.

- 약속을 했으면 약속을 지켰어야죠. 안 지키면 어떡해요?
- 그런 일이 있으면 나한테 미리 말했어야지. 왜 말 안 했어?
- 그 사람의 비밀을 말하지 말았어야죠. 얘기하면 어떡해요?

-았/었어야 했는데 "debería haber… pero…"

Anexo P. 291 C.C P. 302

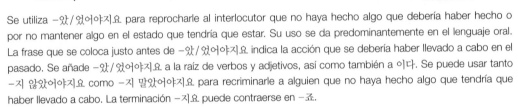

A 생일 선물을 미리 준비했어야 했는데 미안해.

Debería haber preparado el regalo de cumpleaños con antelación. Lo siento.

B 괜찮아. 선물 안 해도 돼.

Está bien. No tienes que hacerme ningún regalo.

Se utiliza -았/었어야 했는데 para expresar arrepentimiento por no haber realizado una acción que se debería haber llevado a cabo o por tener lugar una situación que no debería haber ocurrido. La acción que uno debería haber realizado se coloca justo antes de -았/었어야 했는데, mientras que la situación resultante se colocarías detrás. Se añade -았/었어야 했는데 a la raíz de verbos y adjetivos, así como también a 이다. Para expresar arrepentimiento por no haber hecho algo, se han de usar las formas negativas -지 않다 o -지 말다, lo que da lugar a -지 않았어야 했는데 y -지 말았어야 했는데 respectivamente. El hablante puede omitir la frase que siga a -았/었어야 했는데 y, al hacerlo, deja ver el arrepentimiento que siente.

- 미리 말했어야 했는데 걱정할까 봐 얘기 못 했어요.
- 모델을 하려면 키가 더 컸어야 했는데 아쉽네요.
- 무거운 짐을 혼자 들지 말았어야 했는데 결국 허리를 다쳤어요.
- 내가 더 신경 썼어야 했는데…….

▸ Clave de respuestas P. 317

1 **다음에서 알맞은 것을 골라서 '-았/었어야지요'를 사용하여 문장을 완성하세요.**

받다	참다	나가다	확인하다	예약하다

(1) 여름에 휴가 가려면 미리 호텔을 ______________. 지금은 방이 없잖아요.

(2) 아무리 화가 나도 끝까지 ______________. 그렇게 화를 내면 어떡해요?

(3) 중요한 회의 시간에는 전화를 ______________. 사장님이 화가 나셨잖아요.

(4) 감기에 걸렸으면 밖에 ______________. 감기가 낫지 않았잖아요.

(5) 그렇게 중요한 서류는 내기 전에 ______________. 확인도 안 하면 어떡해?

2 **'-았/었어야 했는데'를 사용하여 대화를 완성하세요.**

(1) A 어제 모임에 늦게라도 갔어야죠. 왜 안 갔어요?

B ______________ 갑자기 집에 일이 생겨서 못 갔어요.

(2) A 잘못했으면 먼저 사과했어야죠. 왜 사과 안 해요?

B ______________ 사과할 기회가 없어서 못 했어요.

(3) A 어제까지 책을 돌려준다고 약속했으면 돌려줬어야죠. 왜 안 돌려줘요?

B ______________ 집에 책을 놓고 와서 못 돌려줬어요.

(4) A 사장님이 심각하게 말씀하실 때 웃지 말았어야죠. 웃으면 어떡해요?

B ______________ 갑자기 다른 일이 생각나서 웃었어요. 미안해요.

3 **알맞은 것을 고르세요.**

(1) 아프면 미리 [ⓐ 말했어야죠. / ⓑ 말하지 말았어야죠.] 그냥 숨기면 어떻게 해요?

(2) 친구가 유학을 떠나기 전에 [ⓐ 만났어야 했는데 / ⓑ 만나지 말았어야 했는데] 결국 못 만났어요.

(3) 친구가 부탁하면 그 부탁을 [ⓐ 잊어버렸어야죠. / ⓑ 잊어버리지 말았어야죠.] 잊어버리면 어떡해요?

(4) 아이에게 위험한 물건을 [ⓐ 줬어야죠. / ⓑ 주지 말았어야죠.] 혹시 아이가 다치면 어떡해요?

(5) 어제까지 보고서를 [ⓐ 냈어야 했는데 / ⓑ 내지 않았어야 했는데] 결국 못 냈어요.

Conversación 2

pista 44

일찍 출발했어야죠.
더 일찍 출발했어야 했는데 죄송합니다.

민호 늦어서 죄송합니다

상사 왜 이렇게 늦었어요?
회의에 1시간이나 늦게 오면 어떡합니까?

민호 교통사고 때문에 길이 너무 많이 막혀서 늦었습니다.

상사 차가 밀리는 시간을 생각해서 일찍 출발했어야죠.

민호 더 일찍 출발했어야 했는데 죄송합니다.

상사 박민호 씨를 기다리다가 회의가 늦어졌잖아요.

민호 죄송합니다.

상사 전화는 왜 안 했어요? 늦으면 미리 전화를 했어야죠.

민호 미리 연락을 했어야 했는데 마침 배터리가 떨어져서 못 했습니다.

상사 박민호 씨, 요즘 왜 이렇게 정신이 없어요?

민호 죄송합니다. 앞으로 다시는 이런 일이 생기지 않도록 조심하겠습니다.

상사 다음부터는 회의 시간에 늦지 않도록 하세요.

민호 네, 알겠습니다.

상사 그리고 다음 회의 때 문제가 생기지 않도록 자료 준비는 미리 하세요.

민호 그렇게 하겠습니다.

Minho Le pido disculpas por el retraso.

jefe ¿Por qué ha llegado tan tarde? ¿Qué se supone que tenemos que hacer si llega una hora tarde a la reunión?

Minho He llegado tarde porque había mucho tráfico por culpa de un accidente.

jefe Debería haber tenido en cuenta las horas de mayor congestión y haber salido antes.

Minho Debería haber salido antes. Le pido disculpas.

jefe Estábamos esperándolo pero hemos tenido que posponer la reunión.

Minho Lo lamento.

jefe ¿Por qué no ha llamado por teléfono? Si iba a llegar tarde, debería haber llamado para avisar.

Minho Debería haber avisado pero no pude porque justo me había quedado sin batería.

jefe Don Minho Park, ¿por qué anda últimamente tan desorientado?

Minho Lo lamento. Tendré cuidado para que en adelante nada parecido vuelva a suceder.

jefe Le ruego que haga lo posible por no llegar tarde a la próxima reunión.

Minho Sí, así lo haré.

jefe Y prepare los documentos con antelación para que no haya problemas en la próxima reunión.

Minho Así lo haré.

Nuevo vocabulario ▸P. 335

죄송하다 | 길이 막히다 | 차가 밀리다 | 출발하다 | 마침 | 정신이 없다 | 조심하다 | 자료

Nuevas expresiones ▸P. 335

- 늦어서 죄송합니다.
- 다음부터는 …지 않도록 하세요.
- 그렇게 하겠습니다.

Notas

1 El uso de 왜 이렇게

Se coloca 왜 이렇게 delante de adverbios o adjetivos para recalcar que algo nos resulta imposible de entender o el asombro que experimentamos acerca de una situación o un hecho.

- **왜 이렇게** 더워요? ¿Por qué hace tanto calor?
- **왜 이렇게** 많이 싸워요? ¿Por qué te peleas tanto?

2 La expresión formal: –도록 하세요

En contextos formales, es frecuente el uso de –도록 하세요 en lugar de –(으)세요 cuando el hablante le exige o le pide al interlocutor que haga algo. Esta estructura se añade a las raíces verbales.

- 내일까지 서류를 준비하**도록 하세요.** (= 준비하세요.)
  Le ruego que prepare los documentos para mañana.
- 이 일을 잊지 않**도록 하세요.** (= 잊지 마세요.)
  Le ruego que no se olvide de este asunto.

Uso del verbo 받다 con sentido pasivo

1. 질문하다 - 질문받다
hacer una pregunta – que le pregunten algo a alguien
2. 초대하다 - 초대받다
invitar – ser invitado

- **질문받은** 것 중에서 이해 안 되는 게 있으면 **질문하세요.**
Si no entiendes alguna de las preguntas que te han preguntado, pregunta, por favor.
- 이 모임에는 **초대받은** 사람만 올 수 있어요.
A esta reunión solo pueden venir aquellos que hayan sido invitados.

3. 부탁하다 - 부탁받다
pedir un favor – que le pidan un favor a alguien
4. 조언하다 - 조언받다
dar consejo – que le den consejo a alguien

- **부탁받은** 것 중에서 친구가 **부탁한** 것을 먼저 할까 해요. De todos los favores que me han pedido, creo que primero voy a hacer lo que me ha pedido mi amigo.
- 친구가 **조언해** 준 것을 실천해 보려고 해요.
Pienso hacer lo que mi amigo me aconsejó.

5. 허락하다 - 허락받다
dar permiso – que le den permiso a alguien
6. 명령하다 - 명령받다
dar una orden – que le den una orden a alguien

- 결혼하기 전에 부모님께 결혼을 **허락받고** 싶어요.
Antes de contraer matrimonio, quiero que mis padres me den permiso para casarme.
- **명령하는** 사람은 그것에 대한 책임도 져야 해요. Quien dé la orden también debe responsabilizarse de ella.

7. 지시하다 - 지시받다
dar instrucciones – que le den instrucciones a alguien
8. 요구하다 - 요구받다
exigir/solicitar – que le exijan/soliciten algo a alguien

- 어제 본부에서 **지시받았는데** 왜 시작도 안 했어요?
Ayer nos dieron las instrucciones desde la sede central pero ¿por qué no hemos ni empezado?
- 인터넷으로 산 물건의 반품을 **요구했지만** 결국 반품 못 했어요.
Solicité la devolución de un artículo que había comprado por Internet, pero al final no he podido devolverlo.

9. 신청하다 - 신청받다
solicitar – que le soliciten algo a alguien
10. 사과하다 - 사과받다
pedir perdón – que le pidan perdón a alguien

- 이 프로그램을 하고 싶은 사람은 내일까지 사무실에 **신청하세요.** Los interesados en este proyecto pueden solicitarlo en la oficina hasta mañana.
- 잘못한 일을 **사과하는** 것은 용기 있는 행동이야.
Pedir perdón por algo en lo que uno se ha equivocado es algo que requiere valor.

11. 추천하다 - 추천받다
recomendar – que le recomienden algo a alguien
12. 소개하다 - 소개받다
presentar – que le presenten una persona a alguien

- 이번에는 **추천받은** 사람 중에서 뽑으려고 해요.
En esta ocasión hemos decidido hacer la selección entre las personas que nos han recomendado.
- **소개받은** 사람이 별로 마음에 들지 않아요.
No me cayó muy bien la persona que me presentaron.

13. 칭찬하다 - 칭찬받다
elogiar – ser elogiado
14. 비판하다 - 비판받다
criticar – ser criticado

- 잘 **칭찬하지** 않는 사장님께 **칭찬받아서** 정말 기분이 좋아요.
Estoy de muy buen humor porque me ha elogiado el presidente, quien no suele elogiar.
- 정부를 **비판하는** 여론이 요즘 심해졌어요.
Es los últimos días la opinión pública crítica con el gobierno ha aumentado.

15. 인정하다 - 인정받다
reconocer – obtener reconocimiento
16. 무시하다 - 무시받다
ignorar – ser ignorado

- 회사에서 **인정받지** 못한 사람은 승진할 수 없어요.
Aquellos que no obtienen ningún reconocimiento en la empresa no pueden ascender
- 다른 사람을 **무시하는** 것은 예의 없는 행동이에요.
Ignorar a los demás es un comportamiento maleducado.

17. 위로하다 - 위로받다
consolar – ser consolado
18. 격려하다 - 격려받다
animar – ser animado

- 안 좋은 일이 있는 친구를 **위로하느라고** 집에 못 갔어요. No pude ir a casa porque estaba consolando a un amigo al que le había pasado algo malo.
- 선생님이 **격려해** 주셔서 다시 자신감을 찾았어요. Como el profesor me animó, recuperé la confianza.

19. 방해하다 - 방해받다
interrumpir – que interrumpan a alguien
20. 간섭하다 - 간섭받다
interferir – que interfieran en algo de alguien

- 어른이 됐으니까 다른 사람에게 **방해받고** 싶지 않아요.
No quiero que los demás me interrumpan porque ya soy una persona adulta.
- 이건 제 일이에요. 남의 일에 **간섭하지** 마세요.
Este es mi trabajo. No interfieran en el trabajo de los demás.

21. 용서하다 - 용서받다
perdonar – ser perdonado
22. 제안하다 - 제안받다
proponer – que le propongan algo a alguien

- 너무 크게 잘못해서 이번에는 **용서받기** 어려울 것 같아.
Esta vez va a ser difícil que te perdonen porque has cometido un gran error.
- 같이 일하자고 **제안했지만** 그 사람은 받아들이지 않았어요.
Le propuse que trabajásemos juntos pero no aceptó.

Expresiones esenciales
- 반드시(= 꼭) 질문하세요.
No duden en preguntar.
- 절대로 방해하지 마세요.
No molesten de ninguna manera.

Gramática 3

-(으)ㄹ 텐데 estructara para expresar conjeturas, esperanza e hipótesis: "es probable que", "ojalá", "quizá"

▶ Anexo P. 291 C.C P. 305

A 비 오는 날에 운전하면 위험할 텐데.
Los días de lluvia puede resultar peligroso conducir.

B 그러게 말이에요.
Efectivamente.

Se utiliza -(으)ㄹ 텐데 para hacer conjeturas. La oración que sigue a -(으)ㄹ 텐데 debe estar relacionada o presentar un contraste con la oración que precede a -(으)ㄹ 텐데. Se añade -(으)ㄹ 텐데 a la raíz de verbos y adjetivos, así como también a 이다. Al igual que ocurría con -(으)ㄴ/는데, se puede omitir la frase que sigue a -(으)ㄹ 텐데.

- 아침부터 아무것도 안 먹었으니까 배고플 텐데 이것 좀 드세요.
  Como no ha comido nada desde esta mañana, debe de tener hambre, así que coma un poco de esto, por favor.
- 옷을 그렇게 두껍게 입으면 오늘 더울 텐데 괜찮겠어요?
  Puede que hoy haga calor pero, si vas tan abrigada, ¿estarás bien?
- 조금만 더 열심히 하면 잘할 텐데 (아쉽네요).
  (Es una lástima pero) si te hubieses esforzado un poco más, te podría haber salido bien.

-(으)려던 참이다 "estar a punto de"

C.C P. 306

A 지금 뭐 해요?
¿Qué haces ahora?

B 막 자려던 참이었어요.
Estaba a punto de acostarme.

Se utiliza -(으)려던 참이다 para hacer referencia a una acción que se pensaba llevar a cabo en justo ese preciso momento. Se añade a las raíces verbales.

- 마침 너한테 전화하려던 참인데, 전화 잘 했어.
  Estaba a punto de llamarte pero justo me has llamado tú.
- 명동에 간다고? 나도 명동에 가려던 참인데 같이 가자.
  ¿Qué vas a Myeong-dong? Yo también estaba a punto de ir para Myeong-dong, así que vayamos juntos.
- 잘 왔네요. 지금 점심을 먹으려던 참인데 같이 먹어요.
  Llegas justo a tiempo. Estaba a punto de almorzar, así que comamos juntos.

▸ Clave de respuestas P. 317

1 알맞은 것을 고르세요.

(1) 밖에 비가 오니까 [ⓐ 더울 텐데 / ⓑ 추울 텐데] 겉옷을 가져가는 게 어때요?

(2) 아이들이 많이 오면 음식이 [ⓐ 부족할 텐데 / ⓑ 충분할 텐데] 더 만들까요?

(3) 중요한 일이니까 [ⓐ 잘할 텐데 / ⓑ 잘해야 할 텐데] 너무 긴장돼요.

(4) 아무 일도 [ⓐ 없을 텐데 / ⓑ 없어야 할 텐데] 실수할까 봐 자꾸 걱정돼요.

(5) 친구한테 말하면 친구가 [ⓐ 도와줄 텐데 / ⓑ 도와줘야 할 텐데] 왜 말 안 해요?

(6) 어제 늦게 자지 않았으면 오늘 이렇게 [ⓐ 피곤했을 텐데 / ⓑ 피곤하지 않았을 텐데] 후회돼요.

2 다음에서 알맞은 것을 골라서 '-(으)ㄹ 텐데'를 사용하여 문장을 완성하세요.

비싸다	아니다	좋다	심심하다	화가 나다

(1) 웃으면서 인사하면 더 ______________ 왜 저한테는 웃지 않을까요?

(2) 백화점이 시장보다 ______________ 왜 백화점에 가요?

(3) 혼자 여행하면 ______________ 나하고 같이 가자!

(4) 일부러 그런 것은 ______________ 직접 얘기를 들어 보면 어때요?

(5) 그 사람도 분명히 ______________ 화를 내지 않았어요.

3 알맞은 것끼리 연결하세요.

(1) 저도 식사하러 나가려던 참인데 •　　　• ⓐ 같이 드실래요?

(2) 이제 막 일을 끝내려던 참인데 •　　　• ⓑ 재활용하면 더 좋지요.

(3) 그 얘기를 하려던 참이었는데 •　　　• ⓒ 무슨 일이 또 있어요?

(4) 이 종이를 버리려던 참이었는데 •　　　• ⓓ 친구가 먼저 그 얘기를 꺼냈어요.

Conversación ❸

pista **45**

갑자기 다른 사람을 구하기 힘들 텐데 걱정이네요.
제가 다른 사람을 소개하면 어떨까요?

민호 안녕하세요? 새라 씨. 저 민호예요.

새라 민호 씨? 저도 민호 씨한테 전화하려던 참이었는데 잘됐네요.

민호 그래요? 무슨 일 있어요?

새라 사실은 지난주에 부탁했던 번역 말이에요. 제가 못 하게 될 것 같아요.

민호 네? 왜요?

새라 이번에 회사에서 다른 일을 맡게 됐어요. 미안해요.

민호 그랬군요. 새라 씨한테 잘된 일이네요. 그런데 갑자기 다른 사람을 구하기 힘들 텐데 걱정이네요.

새라 저 말고 부탁할 사람이 없어요?

민호 글쎄요, 좀 더 시간이 있으면 찾을 수 있을 텐데 지금은 모르겠어요.

새라 그럼, 제가 다른 사람을 소개하면 어떨까요?

민호 어떤 사람인데요?

새라 제 친구를 통해 아는 사람인데요, 다른 데서 번역했던 경험이 많아요. 번역한 것을 보니까 실력도 좋은 것 같아요.

민호 그래요? 한번 만나 보면 좋겠네요.

Minho ¿Hola? Sarah, soy Minho.

Sarah ¿Minho? ¡Qué coincidencia! Estaba a punto de llamarte.

Minho ¿De verdad? ¿Qué pasa?

Sarah La verdad es que se trata de la traducción que me pediste la semana pasada. No creo que pueda hacerla.

Minho ¿Eh? ¿Por qué?

Sarah Me han encargado otro asunto en la empresa. Lo lamento.

Minho Entiendo. Es algo positivo para ti. Pero estoy preocupado porque probablemente me cueste mucho encontrar de repente a otra persona.

Sarah Aparte de mí, no hay otra persona a la que se la puedas pedir?

Minho Pues no estoy seguro. Si tuviese un poco más de tiempo podría encontrar a alguien (que la hiciera) pero ahora mismo no tengo ni idea.

Sarah Entonces, ¿qué te parece si te presento yo a alguien?

Minho ¿De quién se trata?

Sarah Es alguien que conocí a través de una amiga y tiene mucha experiencia traduciendo en algunos lugares. Echando un vistazo a sus traducciones, parece que tiene talento.

Minho ¿En serio? Pues estaría bien que nos conociéramos.

Nuevo vocabulario ▸P. 335

잘되다 | 부탁하다 | 맡다 | 을/를 통해

Nuevas expresiones ▸P. 335

- 전화하려던 참이었는데 잘됐네요.
- 저 말고 부탁할 사람이 없어요?
- 제가 다른 사람을 소개하면 어떨까요?

Notas

1 Identificarse por teléfono

Al identificarse por teléfono, se suele emplear 저 delante del nombre, como se puede ver en la conversación de arriba. Hay que intentar no usar 저는. Sobre todo en los casos en los que la persona que está al otro lado se la línea conozca nuestro nombre, es preferible usar meramente 저.

- 기억 안 나세요? **저** 민수예요.
  ¿No se acuerda de mí? Soy Minsu.

2 sustantivo + 말고: "no… sino…", "aparte de"

Se emplea 말고 para indicar que no estamos buscando una cosa en concreto sino otra diferente. Se suele usar en el lenguaje oral y va seguido de un sustantivo.

- 빨간색 **말고** 파란색 없어요?
  ¿No tienen alguno que no sea rojo sino azul?
- 이 영화 **말고** 다른 영화 봐요.
  Esta película, no. Veamos otra película.

Describir conversaciones

1. **물어보다** preguntar

이 문법은 언제 사용해요?

자세히 대답하다
contestar con todo lujo de detalles.

이 문법은 나이가 많은 사람에게 …….

간단하게 대답하다
contestar de manera escueta.

이 문법은 부탁할 때 사용해요.

2. **허락을 구하다** pedir permiso

노트북 좀 써도 돼요?

허락하다
permitir, dar permiso

그럼요, 쓰세요.

허락하지 않다
no permitir, no dar permiso

미안하지만, 저도 지금 써야 하는데요.

3. **설명하다** explicar

이 문법은 주로 나이가 어린 …….

이해가 되다
entender

그렇군요. 알겠어요.

이해가 잘 안 되다
no entender bien

잘 모르겠는데요.

4. **초대하다** invitar

이번 주말에 우리 집에서
집들이하는데 올래요?

초대를 받아들이다
aceptar una invitación

좋아요. 갈게요.

초대를 거절하다
rechazar una invitación

미안해요. 다른 일이 있어요.

5. **제안하다** proponer

이번 주말에 같이
영화 보는 게 어때요?

제안을 받아들이다
aceptar una propuesta

좋아요. 같이 봐요.

제안을 거절하다
rechazar una propuesta

미안해요. 다음에 같이 가요.

6. **부탁하다** pedir un favor

다음 주말에 이사하는데
좀 도와줄래요?

부탁을 받아들이다
hacer un favor

그래요. 몇 시까지 가면 돼요?

부탁을 거절하다
rechazar un favor

미안해요. 그날은 다른 약속이 있어요.

7. **사과하다** disculparse

늦어서 미안해요.

사과를 받아들이다
aceptar las disculpas

아니에요. 별로 오래 기다리지 않았어요.

8. **변명하다** excusarse

길이 너무 많이 막혀서 늦었어요.

Expresiones esenciales

- 글쎄요. Pues no estoy seguro. / Pues no sé.
- 잠시만요. Un momento, por favor.
- 생각 좀 해 볼게요. Lo voy a pensar.

¡Hablemos!

Estrategias comunicativas **mostrar acuerdo y desacuerdo**

Acuerdo
- 저도 그렇게 생각해요. **Yo también pienso así.**
- 제 생각도 같아요. **Soy de la misma opinión.**
- 저도 마찬가지예요. **Yo también.**

Desacuerdo
- 저는 그렇게 생각하지 않아요. **Yo discrepo.**
- 제 생각은 달라요. **Tengo una opinión diferente.**

❶ 친구나 아는 사람에게 이렇게 해 본 적이 있어요?

	나	친구 1	친구 2
• 친구에게 어려운 부탁을 하다			
• 추천받은 것에 실망하다			
• 친구의 부탁을 거절하다			
• 친구의 충고를 무시하다			
• 잘못했는데 사과 안 하다			
• 문제가 커질까 봐 변명하다			
• 잘 모르는 사람을 다른 사람에게 소개하다			
• 이해 못 했는데 이해한 척하다			
• 사람들 앞에서 칭찬받다			
• 다른 사람의 일에 간섭하다			

언제 이런 일이 있었어요?

그래서 어떻게 됐어요?

저는 친구의 부탁을 거절 못 하는 편이에요. 그래서 하기 싫어도 어쩔 수 없이 친구의 부탁을 들어줘요. 친구의 부탁을 거절하면 친구하고 관계가 멀어질 것 같아요.

저는 그렇게 생각하지 않아요. 하기 싫은데 억지로 부탁을 들어주면 그건 친구 사이가 아니라고 생각해요. 친구라면 솔직하게 말해야 해요.

❷ 사람들과 좋은 관계를 유지하려면 어떻게 해야 해요?

Nuevo vocabulario

실망하다 llevarse una decepción | 거절하다 rechazar | 무시하다 ignorar | 잘못하다 equivocarse | 사과하다 disculparse | -는 척하다 fingir, hacer como | 칭찬받다 recibir un cumplido | 간섭하다 interferir | 어쩔 수 없이 sin que haya alternativa

Red de palabras

Anexo P. 324

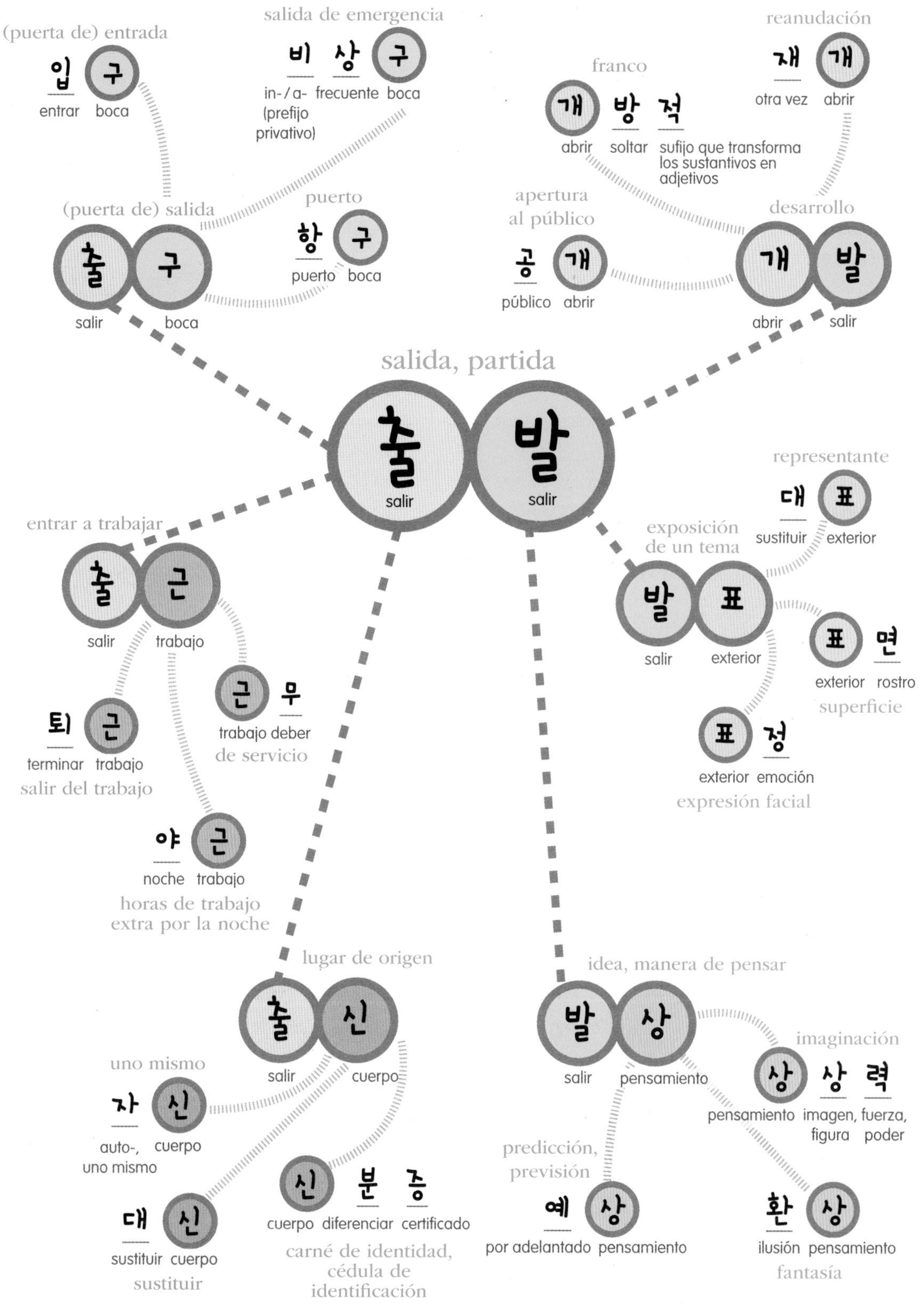
salida, partida
출 발
salir salir
(puerta de) salida
출 구
salir boca
(puerta de) entrada
입 구
entrar boca
salida de emergencia
비 상 구
in- / a- (prefijo privativo) frecuente boca
puerto
항 구
puerto boca
desarrollo
개 발
abrir salir
franco
개 방 적
abrir soltar sufijo que transforma los sustantivos en adjetivos
reanudación
재 개
otra vez abrir
apertura al público
공 개
público abrir
entrar a trabajar
출 근
salir trabajo
퇴 근
terminar trabajo
salir del trabajo
근 무
trabajo deber
de servicio
야 근
noche trabajo
horas de trabajo extra por la noche
exposición de un tema
발 표
salir exterior
representante
대 표
sustituir exterior
표 면
exterior rostro
superficie
표 정
exterior emoción
expresión facial
lugar de origen
출 신
salir cuerpo
uno mismo
자 신
auto-, uno mismo cuerpo
대 신
sustituir cuerpo
sustituir
신 분 증
cuerpo diferenciar certificado
carné de identidad, cédula de identificación
idea, manera de pensar
발 상
salir pensamiento
imaginación
상 상 력
pensamiento imagen, figura fuerza, poder
predicción, previsión
예 상
por adelantado pensamiento
환 상
ilusión pensamiento
fantasía

Algo de cultura

¡Aprendamos algunos acrónimos!

Intentemos habituarnos a algunos de los acrónimos más usados por las nuevas generaciones amantes de los mensajes de texto. Entre los jóvenes resulta muy común acortar aquellas palabras que sean de tres o más sílabas para poder escribir más rápido pero sin poner en peligro la inteligibilidad de los mensajes. Entre los numerosos acrónimos existentes, los de abajo se emplean con frecuencia en las conversaciones cotidianas independientemente de la edad de los hablantes pero, al no formar parte de la lengua estándar, no se pueden encontrar en los diccionarios.

• Acrónimos formados por las sílabas iniciales de las palabras que los forman

남친 여친

En el caso de las palabras de tres, cuatro o más sílabas, es habitual acortarlas tomando solamente la primera sílaba de cada palabra. Dos ejemplos muy representativos de esto serían 남친 (novio) y 여친 (novia). La palabra 남친 está compuesta por las sílabas iniciales de 남자 y 친구, mientras que 여친 está formada por las sílabas iniciales de 여자 y 친구. Existe un importante número de este tipo de vocablos en el lenguaje cotidiano como, por ejemplo, 자판기 (máquina expendedora), que viene de 자동판매기, así como el popular 소맥 (mezcla de soju y cerveza), que viene de 소주 y 맥주.

• Síncope de palabras

Como en el caso de la palabra trisílaba 선생님, que se suele contraer en 샘, son palabras coloquiales que se emplean con personas con las que se tiene confianza. El vocablo 샘 denota cierta relación especial pero hay que tener siempre en cuenta que no es un término respetuoso ni cortés. En situaciones formales es preferible no usar la forma sincopada.

El término de origen extranjero 아르바이트 (trabajo a tiempo parcial) se suele sincopar en 알바. Esta síncopa se emplea en el neologismo 알바생, que se suele usar para referirse a los estudiantes que trabajan a tiempo parcial. Lo cierto es que 알바 no se circunscribe exclusivamente a conversaciones informales sino que su uso es común en los anuncios que ofrecen trabajo a tiempo parcial. Esta síncopa se explica porque 아르바이트 es una palabra muy larga.

Además de estas dos síncopas, también reviste gran importancia 욜, la cual no solo se usa a nivel coloquial sino que también se emplea a menudo en el lenguaje escrito. Se trata de la síncopa de 요일 (día de la semana), de manera que 화요일 pasa a 화욜 y 금요일 a 금욜.

선생님 → 샘

아르바이트 → 알바

화요일 → 화욜

ANEXO

Anexo gramatical

Capítulo 1

Los interrogativos

1 El uso de los interrogativos

En coreano, las partículas tienen el cometido de indicar funciones gramaticales como las de sujeto, complemento directo o indirecto. Por ello, en coreano existe mayor libertad en el orden de las palabras que en otras lenguas como el inglés. El núcleo del predicado siempre va al final de la frase pero, salvo eso, el orden de palabras no sigue un orden inalterable. A diferencia del español, en coreano, al hacer preguntas, no es necesario colocar los interrogativos al comienzo de la frase. De hecho, basta con añadir la partícula al interrogativo para indicar su función sin necesidad de alterar el orden de las palabras.

A 동생이 누구에게 책을 줬어요?
¿A quién le ha dado tu hermano el libro?
B 동생이 선생님에게 책을 줬어요.
Mi hermano le ha dado el libro al profesor.

personas	누가 quién(es) (en función de sujeto)	누가 밥을 먹어요? ¿Quiénes comen arroz?
	누구 quién(es)	진수 씨가 누구를 좋아해요? ¿Quién le gusta a Jinsu?
		조금 전에 누구하고 얘기했어요? ¿Con quién estabas hablando hace un momento?
objetos	뭐 qué/cuál (informal)	뭐가 건강에 좋아요? ¿Qué es bueno para la salud?
		보통 저녁에 뭐 먹어요? ¿Qué sueles cenar?
		뭐에 관심이 있어요? ¿En qué tienes interés?
	무엇 qué/cuál (formal)	이름이 무엇입니까? ¿Cuál es tu nombre?
		무엇을 도와드릴까요? ¿En qué puedo ayudarlo?
características / tipos	무슨 qué + sustantivo / qué tipo de	무슨 일을 해요? ¿En qué trabajas?
	어떤 qué tipo de	어떤 사람이에요? ¿Qué tipo de persona es?
	어느 qué + sustantivo / cuál de	어느 건물에서 일해요? ¿En qué edificio trabajas?
tiempo	언제 cuándo	언제 여행을 떠나요? ¿Cuándo sales de viaje?
	며칠 qué día	며칠에 파티를 해요? ¿Qué día es la fiesta?
duración	얼마나 cuánto (tiempo)	집에서 회사까지 시간이 얼마나 걸려요? ¿Cuánto (tiempo) tardas desde tu casa hasta la empresa?
	얼마 동안 (durante) cuánto (tiempo)	얼마 동안 한국에 살았어요? ¿(Durante) cuánto (tiempo) has vivido en Corea?
lugar	어디 dónde	화장실이 어디에 있어요? ¿Dónde está el cuarto de baño?
		어디에서 친구를 만났어요? ¿En dónde conociste a tu amigo?
razón	왜 por qué	왜 늦게 왔어요? ¿Por qué has llegado tarde?
manera	어떻게 cómo	어떻게 그 사실을 알았어요? ¿Cómo te has enterado de eso?
precio	얼마 cuánto (dinero)	그 가방을 얼마에 샀어요? ¿Por cuánto (dinero) compraste ese bolso?
	얼마나 cuánto (dinero)	돈이 얼마나 들었어요? ¿Cuánto (dinero) te costó?
grado	얼마나 cuán/cómo de/ qué tan	집이 얼마나 커요? ¿Cuán grande es tu casa?
frecuencia	얼마나 자주 con qué frecuencia	얼마나 자주 운동해요? ¿Con qué frecuencia haces ejercicio?
cantidad numérica	몇 cuántos/-as	모자가 몇 개 있어요? ¿Cuántos sombreros tienes?
		친구가 몇 명 집에 왔어요? ¿Cuántos amigos vinieron a casa?
		부산에 몇 번 가 봤어요? ¿Cuántas veces has ido a Busan?
números	몇 qué + sustantivo	몇 번에 전화했어요? ¿A qué número ha llamado?

Curiosidades

La forma del interrogativo 무엇 varía dependiendo de si se usa en una conversación informal o formal.

- 뭐 (informal): 이름이 뭐예요?
  ¿Cómo se llama (esa persona/cosa)?
- 무엇 (formal): 이름이 무엇입니까?
  ¿Cómo se llama (esa persona/cosa)?

En el registro oral, es frecuente omitir la partícula '을/를' después de un interrogativo. Sin embargo, las demás desinencias no pueden omitirse cuando van con interrogativos.

- 어제 시장에서 뭐 샀어요?
  ¿Qué compraste ayer en el mercado?
  = 어제 시장에서 뭐를 샀어요?
- 인사동은 뭐가 유명해요? (○)
  ¿Qué hay famoso en Insadong?
  인사동은 뭐 유명해요? (×)

2 El uso de los interrogativos con 이다

Cuando el interrogativo (qué, cuál, quién, cuándo, dónde, etc.) se refiere únicamente a un dato concreto (por ejemplo, un nombre, una persona, un objeto, una fecha, un lugar, un precio, etc.), el interrogativo se coloca al final de la frase seguido por 이다.

- 집이 어디예요? ¿Dónde está la casa?
- 졸업식이 언제예요? ¿Cuándo es la ceremonia de graduación?

3 누가 y 누구

En coreano hay dos equivalentes al pronombre interrogativo español 'quién', 누가 y 누구. Cuando se pregunta por el sujeto de una frase (es decir, una frase cuyo núcleo de predicado no esté constituido por 이다), se emplea 누가, la cual se puede considerar una contracción de 누구 y de la partícula de sujeto 가. Por su parte, 누구 se usa en el resto de los casos.

- 누가 일찍 왔어요? (○) ¿Quién ha llegado temprano?
  누구 일찍 왔어요? (×)
- 지금 누구를 기다려요? ¿A quién esperas ahora?
- 누구하고 같이 일했어요? ¿Con quién trabajaste?
- 마이클 씨가 누구예요? (○) ¿Quién es D. Michael?
  마이클 씨가 누가예요? (×)

4 El uso de 몇

Se emplea 몇 tanto para preguntar por una cantidad numérica como por un número concreto. No se puede emplear 몇 solo sino que siempre ha de ir seguido por un sufijo contador, el cual viene determinado por la naturaleza de aquello que se cuenta.

- 모임에 사람들이 몇 명 왔어요?
  ¿Cuántos han venido a la reunión?
- 나이가 몇 살이에요?
  ¿Cuántos años tienes?
- 어제 삼겹살을 몇 인분 먹었어요?
  ¿Cuántas raciones de samgyeopsal comieron ayer?

Cuando se responde a una pregunta con '몇 번', los números se leen de manera diferente dependiendo si se refieren al puesto en una numeración o al número de veces que algo sucede.

Puesto en una numeración

A 몇 번 문제를 몰라요?
¿No sabes el número de la pregunta?
B 3(삼) 번이에요. Es el número 3.
[se usan los numerales sinocoreanos]

Número de veces

A 제주도에 몇 번 갔어요?
¿Cuántas veces has ido a la isla de Jeju?
B 3(세) 번 갔어요. He ido tres veces.
[se usan los numerales coreanos autóctonos]

–(으)ㄴ 지 "hace (tiempo) que..."

C.C P. 308

Se utiliza –(으)ㄴ 지 para indicar durante cuánto tiempo una acción o una situación han estado teniendo lugar. Se añade –(으)ㄴ 지 a las raíces de los verbos y el sustantivo que indica la duración se ubica a continuación. El uso de –(으)ㄴ 지 no es compatible con 동안 (durante).

- 한국에 산 지 2년 됐어요. (○) Hace dos años que vivo en Corea.
  한국에 산 지 2년 동안 됐어요. (×)

¡Cuidado!

La siguientes términos temporales difieren en si rigen el uso de numerales sinocoreanos o coreanos autóctonos.

3초 (tres segundos)	3분 (tres minutos)	3시간 (tres horas)	3일 (tres días)	3주일 (tres semanas)	3개월/3달 (tres meses)	3년 (tres años)
삼 초	삼 분	세 시간	삼 일	삼 주일	삼 개월 /세 달	삼 년

Se emplea 얼마나 para preguntar cuánto tiempo ha pasado.

A 태권도를 배운 지 얼마나 됐어요?
¿Cuánto tiempo hace que aprendes taekwondo?
B 한 달 됐어요. Hace un mes.

Después de –(으)ㄴ 지, se puede usar tanto una cantidad concreta de tiempo como un adjetivo o adverbio que indiquen una cantidad imprecisa de tiempo como, por ejemplo, 한참 (por un tiempo) o 오래 (durante mucho tiempo). Es posible añadir 쯤 y 정도 a la cantidad de tiempo para indicar que se trata de una estimación aproximada. La estructura –(으)ㄴ 지 suele regir verbos como 되다, 지나다 y 넘다.

- 이 회사에 다닌 지 3년 정도 됐어요.
  Hace unos tres años que trabajo en esta empresa.
- 결혼한 지 벌써 10년이 넘었어요.
  Hace ya diez años que nos casamos.
- 그 사람하고 헤어진 지 한참 지났어요.
  Hace mucho tiempo que rompí con él/ella.

En el caso que se considere que la cantidad de tiempo resulta particularmente considerable, se puede añadir (이)나 a las palabras que indican la cantidad de tiempo. Por el contrario, en caso de que se considere que la duración resulta llamativamente breve, se añade '밖에 안 verbo'.

- 이 컴퓨터가 고장 난 지 일주일이나 지났어요.
  Hace como una semana que la computadora se estropeó.
- 한국어 공부를 시작한 지 1년밖에 안 됐어요. 하지만 한국어를 잘해요. Hace solo un año que empezó a estudiar coreano, pero lo habla bien.
- 이 선풍기를 산 지 얼마 안 됐어요. 그런데 벌써 고장 났어요.
  No hace mucho que compré este ventilador, pero ya se ha estropeado.

-(으)러 "para", "con la intención de" C.C P. 306

¡Cuidado!

La estructura -(으)러 va seguida por un verbo de movimiento como 가다, 오다 o 다니다, y se usa para indicar el objetivo por el que el sujeto de desplaza a un lugar. Se añade -(으)러 a la raíz del verbo que expresa el objetivo del movimiento y el lugar al que se va, se indica por medio de la partícula 에.

- 우리 집에 집을 구경하러 한번 오세요.
  Venga a mi casa a echarle un vistazo.
- 다음 주에 친구 만나러 제주도에 갈 거예요.
  La próxima semana iré a la isla de Jeju a ver a un amigo.
- 어제 저녁 먹으러 친구 집에 갔어요.
  Ayer fui a cenar a casa de un amigo.

¡Cuidado!

Los verbos de desplazamiento pueden seguir a -(으)러 pero no puede ir nunca delante. En caso de que el objetivo sea desplazarse a algún lugar, se ha de usar -(으)려고.

- 고향에 가러 공항에 갔어요. (×)
  고향에 가려고 공항에 갔어요. (○)
  Fui al aeropuerto para ir a mi ciudad natal.

¡Cuidado!

El destino de los verbos de desplazamiento que siguen a -(으)러, se indica añadiéndole el sufijo 에. No se puede usar 에서. En el ejemplo de abajo, 식당 no es el lugar donde tiene lugar la acción de comer sino que más bien se trata del destino al que el hablante se dirige a comer. Por ello, se usa la partícula 에.

- 식당에 밥을 먹으러 갑시다. (○)
  Vayamos a comer a un restaurante.
  식당에서 밥을 먹으러 갑시다. (×)

Los numerales coreanos autóctonos

Cuando se habla de números de teléfono, contraseñas, números de habitaciones o de los números de las páginas, se emplean los numerales sinocoreanos, mientras que los numerales coreanos autóctonos se emplean con sufijos contadores al contar personas o cosas. Los numerales del 1 al 4 (así como los del 11 al 14, del 21 al 24, del 31 al 34, etc.), así como el 20, varían un poco de forma dependiendo de si van seguidos o no de sufijos contadores.

	cuando van solos	cuando van seguidos de sufijos contadores
1	하나	한 개
2	둘	두 개
3	셋	세 개
4	넷	네 개
5	다섯	다섯 개
6	여섯	여섯 개
7	일곱	일곱 개
8	여덟	여덟 개
9	아홉	아홉 개
10	열	열 개
11	열하나	열한 개
12	열둘	열두 개
13	열셋	열세 개
14	열넷	열네 개
15	열다섯	열다섯 개
20	스물	스무 개
21	스물하나	스물한 개
22	스물둘	스물두 개
23	스물셋	스물세 개
24	스물넷	스물네 개
25	스물다섯	스물다섯 개

Existen diferentes tipos de sufijos contadores cuyo uso viene determinado por la naturaleza de aquello que se cuente. Los siguientes son algunos de los más usados:

개 (objetos)	명 (personas)	분 (trato respetuoso personas)	마리 (animales)	장 (trozos de papel y objetos planos)
한 개	두 명	세 분	네 마리	다섯 장
잔 (vasos y similares)	병 (botellas y similares)	대 (aparatos)	송이 (racimos y ramos)	켤레 (pares)
여섯 잔	일곱 병	여덟 대	아홉 송이	열 켤레
살 (años de edad)	번 (veces)	통 (cartas y mensajes)	끼 (comidas)	곡 (canciones)
한 살	두 번	세 통	네 끼	다섯 곡
군데 (lugares)	마디 (palabras)	방울 (gota)	모금 (sorbos y bocanadas)	입 (bocados)
한 군데	한 마디	한 방울	한 모금	한 입

- 보통 하루에 전화 열 통쯤 해요.
  Suelo hacer unas diez llamadas al día.

- 말 한 마디도 못 했어요.
  No pude decir ni una sola palabra.
- 매장 여러 군데를 가 봤지만 물건이 없었어요.
  Fui a varias tiendas pero ese producto estaba agotado.

En un principio, los numerales coreanos autóctonos se han usado para contar cosas o personas, pero en la actualidad las cantidades grandes (por ejemplo, las centenas, los millares, decenas de millar, etc.) se expresan con los numerales sinocoreanos. Los numerales coreanos autóctonos se suelen emplear hasta el 20, mientras que los sinocoreanos se emplean para números mayores de 20.

- 교실에 의자가 18(열여덟) 개 있어요.
  Hay dieciocho sillas en el aula.
- 편의점은 24(이십사) 시간 영업해요.
  Las tiendas de conveniencia abren las veinticuatro horas.
- 이 체육관은 한번에 50(오십) 명씩 운동할 수 있어요.
  En este gimnasio pueden hacer ejercicio al mismo tiempo cincuenta personas.

No obstante, en el caso de 살, es obligatorio el uso de los numerales coreanos autóctonos en todos los casos. Es posible omitir 살 y usar exclusivamente el numeral coreano autóctono para referirse a la edad de una persona mayor (mayor desde el punto de vista del hablante). En el lenguaje oral, la edad se suele indicar con los numerales coreanos autóctonos seguidos de 살, mientras que en el lenguaje escrito se suelen emplear los numerales sinocoreanos seguidos de 세.

10	20	30	40	50	60	70	80	90	100
열	스물	서른	마흔	쉰	예순	일흔	여든	아흔	백

- 제 동생은 30(서른) 살이 안 됐어요.
  Mi hermano menor no tiene todavía treinta años.
- 우리 할머니는 90(아흔)이 다 되셨지만 건강하세요.
  Nuestra abuela tiene ya casi noventa años pero goza de buena salud.
- 23(이십삼) 세 이상 지원할 수 있습니다.
  Pueden solicitarlo a partir de los veintitrés años de edad.

¡Cuidado!

A diferencia del español, en coreano se indica cuántos años tiene algo de manera diferente a cómo se hace con las personas.

- 그 아이는 10살이에요. (los años de alguien: 살)
  Ese niño tiene diez años.
- 이 건물은 10년 됐어요. (los años de algo: 년)
  Ese edificio tiene diez años.

Existen excepciones, entre las que destacan 킬로미터 (kilómetro/(s)), 킬로그램 (kilogramo) o 인분 (ración de comida), que se usan con numerales sinocoreanos.

- 요즘 3(삼) kg 살이 빠졌어요.
  He perdido tres kilos estos días.
- 저 사람은 혼자 삼겹살 5(오) 인분을 먹을 수 있어요.
  Aquel se puede comer él solo una ración de samgyeopsal para cinco personas.

¡Cuidado!

Dependiendo de a qué se refieran, algunos sufijos contadores se emplean con los numerales coreanos autóctonos o con los sinocoreanos.

(para indicar cuántos bloques de apartamentos hay)
- 한강아파트는 모두 3(세) 동이 있어요.
  Los apartamentos Hangang son tres bloques en total.

(para indicar el número de un bloque de apartamentos)
- 우리 집은 3(삼) 동 101호예요.
  Nuestra casa es el piso n.º 101 del edificio n.º 3.

의 La partícula posesiva

La partícula 의 indica posesión y se ubica entre el poseedor y lo poseído. En el lenguaje oral se suele pronunciar como '에', aunque también se omite con frecuencia.

- 그 사람의 목소리 = 그 사람 목소리 su voz

Al usarse con los pronombres de primera y segunda persona de singular, las contracciones resultantes 내 (나의, mi(s)) y 네 (너의, tu(s)) se pronuncian igual en el coreano actual, por lo que es habitual pronunciar como 내 como '내' y 네 como '니' para distinguir claramente ente ambas formas.

- 나의 얘기 = 내 얘기 mi historia
- 너의 계획 = 네 계획 (= 니 계획) tu plan
- 저의 연락처 = 제 연락처 la manera de contactar conmigo

No se puede omitir 의 en el caso de que el poseedor o lo poseído vayan modificados por otro sustantivo o un adjetivo

- 친구의 빨간색 지갑 (○) ≠ 친구 빨간색 지갑 (×)
  la cartera roja de mi amigo
- 우리 가족의 생활 (○) ≠ 우리 가족 생활 (×)
  la vida de mi familia

No obstante, si el poseedor sea un pronombre de primera o segunda persona de singular, se debe hacer uso de la contracción.

- 내 친구의 책 (O) ≠ 나의 친구의 책 (X)
  el libro de mi amigo/a

Capítulo 2

● –고 "y"

C.C P. 298

1 Unir dos acciones o estados

Se emplea –고 para mencionar conjuntamente dos acciones o dos estados sin que su orden corresponda con u orden cronológico. Tanto es así que, si se invierte el orden, el significado de la frase no varía. Se añade –고 a la raíz de verbos y adjetivos, así como a 이다. Además, su uso es compatible con el infijo de pasado –았/었–.

- 그 여자는 키가 커요. 그리고 머리가 길어요.
  Esa chica es alta. Además, tiene el cabello largo.
  → 그 여자는 키가 크고 머리가 길어요.
  (= 그 여자는 머리가 길고 키가 커요.)
- 지난 휴가 때 친구도 만났고 책도 많이 읽었어요.
  En las pasadas vacaciones quedé con amigos y también leí muchos libros.
  (= 지난 휴가 때 친구도 만나고 책도 많이 읽었어요.)
- 그 사람은 국적이 미국인이고 직업이 운동선수예요.
  Es de nacionalidad estadounidense y trabaja como deportista profesional.

¡Cuidado!

En coreano se emplean diferentes maneras para unir gramaticalmente dos elementos dependiendo de su naturaleza.

그리고 (se usa con frases independientes)	저녁을 먹어요. 그리고 책을 읽어요. Ceno. También leo algún libro.
–고 (se usa con verbos o adjetivos)	밥을 먹고 커피를 마셔요. Como arroz y bebo café
–하고 (se usa con sustantivos)	밥하고 반찬을 먹어요. Tomo arroz y unos platillos de acompañamiento.

2 Indicar el orden cronológico de dos acciones

1) –고

También se puede emplear –고 para indicar que dos acciones ocurren una después de la otra. En dicho caso, el orden de las palabras es importante ya que indica el orden cronológico, siendo la primera acción mencionada la que tiene lugar primero. En este caso, –고 se añade a la raíz de los verbos. Por otra parte, su uso es incompatible con los infijos –았/었– o –겠–. El sujeto de las dos acciones puede ser diferente.

- 수업이 끝나고 학생들이 자리에서 일어났어요.
  La clase terminó y los estudiantes se levantaron de sus asientos. (≠학생들이 자리에서 일어나고 수업이 끝났어요.)
- 어젯밤에 샤워하고 잤어요. (○)
  Anoche me duché y me acosté.
  어젯밤에 샤워했고 잤어요. (×)

2) –아/어서

Se emplea –아/어서 en lugar de –고 cuando existe algún tipo de relación entre dos acciones consecutivas, ya que –고 tan solo indica el orden en el que suceden dos acciones que no tienen ningún tipo de relación entre sí.

- 친구를 만나서 저녁을 먹었어요.
  Se encontró con un amigo y cenaron juntos.
- 친구를 만나고 저녁을 먹었어요.
  Se encontró con un amigo y después se fue a cenar, no con su amigo sino solo o con otra persona.

El sujeto de ambas frases debe ser el mismo si el significado de –아/어서 es "y".

- 동생이 돈을 모아서 여행을 가고 싶어 해요.
  Mi hermano menor quiere ahorrar dinero e irse de viaje.
- 제가 생선을 사서 요리할 거예요.
  Voy a comprar pescado y a cocinarlo.
  ≠ 제가 생선을 사서 엄마가 요리할 거예요.
  Voy a comprar pescado y mi madre va a cocinarlo.

¡Cuidado!

La forma de –고 varía según el tipo de oración que siga.

oraciones copulativas	oraciones enunciativas	저 사람은 일본 사람이 아니고 한국 사람이에요. Aquel no es japonés sino coreano. (= 일본 사람이 아니에요. 그리고 ······)
	oraciones exhortativas e imperativas	저 사람에게 커피 말고 녹차를 주세요. No le des café sino té verde. (= 저 사람에게 커피 주지 마세요. 그리고 ······)
oración predicativas	oraciones enunciativas	친구는 제 얘기를 듣지 않고 밖으로 나갔어요. Mi amigo salió sin escucharme. (= 친구는 제 얘기를 듣지 않았어요. 그리고 ······)
	oraciones exhortativas e imperativas	담배를 피우지 말고 운동을 시작하세요. No fume y empiece a hacer ejercicio. (= 담배를 피우지 마세요. 그리고 ······)

● –(으)면서 "mientras"

1 Indicar la simultaneidad de dos acciones

Se emplea –(으)면서 para indicar que dos acciones o dos situaciones tienen lugar al mismo tiempo. Se añade –(으)면서 a la raíz de verbos y adjetivos, así como a 이다. Por otra parte, su uso es incompatible con los infijos –았/었– o –겠–.

- 운전하면서 전화하면 위험해요.
  Es peligroso hablar por teléfono mientras se conduce/maneja.
- 품질이 좋으면서 싼 물건은 많지 않아요.
  No hay muchas cosas que sean de buena calidad y baratas al mismo tiempo.

• 제 친구는 대학생이면서 작가예요.
Mi amigo es universitario y (al mismo tiempo) escritor.

El uso de –(으)면서 se da principalmente en el registro hablado y –(으)며 en el registro escrito.

• 책을 읽으면서 친구를 기다려요.
Leo un libro mientras espero a un amigo. (registro oral)
책을 읽으며 친구를 기다린다. (registro escrito)

El sujeto de ambas frases debe ser el mismo.

• 친구가 운동하면서 전화가 왔어요. (×)
친구가 운동하면서 전화를 받았어요. (○)
Me llamaron mientras hacía ejercicio.

2 Indicar contraste

También se puede emplear –(으)면서 para señalar un contraste entre dos acciones o situaciones. En este caso, –(으)면서 no puede reemplazarse por –(으)며.

• 그 여자는 그 남자를 좋아하면서 싫어하는 척해요.
A ella le gusta él pero finge odiarlo.

• 그 사람은 다 알면서 거짓말했어요. Mintió sabiéndolo.

• 이 식당은 비싸지 않으면서 음식 맛이 좋아요.
Este restaurante no es caro y la comida está muy rica.

–거나 "o"

C.C P. 298

Se emplea –거나 para indicar alternativa entre dos acciones o dos situaciones. Se añade a las raíces de verbos y adjetivos. Además, su uso es compatible con el infijo de pasado –았/었–.

• 바쁘지 않거나 관심이 있는 사람은 저한테 연락해 주세요.
Los que no estén ocupados o estén interesados, pónganse en contacto conmigo.

• 그 돈은 벌써 썼거나 다른 사람에게 줬을 거예요.
El dinero ya se lo habrá gastado o se lo habrá dado a alguien.

¡Cuidado!

El equivalente en coreano a la conjunción disyuntiva 'o' del español, varía según la naturaleza de los dos elementos entre los que se encuentre.

아니면/또는 (entre dos oraciones independientes)	커피 드릴까요? 아니면 녹차를 드릴까요? ¿Le traigo un café? ¿O le traigo una infusión? 음식을 해 먹어요. 또는 밖에서 사 먹어요. Me preparo algo y como. O voy a comer fuera.
–거나 (entre dos verbos o adjetivos)	쉬거나 자요. Descansa o duerme. 방이 작거나 추우면 얘기하세요. Si la habitación es pequeña o hace frío, dígalo.
–(이)나 (entre dos sustantivos)	버스나 지하철로 가요. Voy en autobús o en metro. 금요일이나 토요일에 시간 있어요. Tengo tiempo el viernes o el sábado.

–(으)ㄴ/는 편이다 "bastante"

C.C P. 307

Se emplea –(으)ㄴ/은 편이다 para realizar valoraciones subjetivas y matizables en lugar de afirmaciones tajantes con respecto al calificar algo.

• 우리 동네는 조용해요. Nuestro barrio es tranquilo. (afirmación tajante)

• 우리 동네는 조용한 편이에요. Nuestro barrio es bastante tranquilo. (valoración subjetiva)

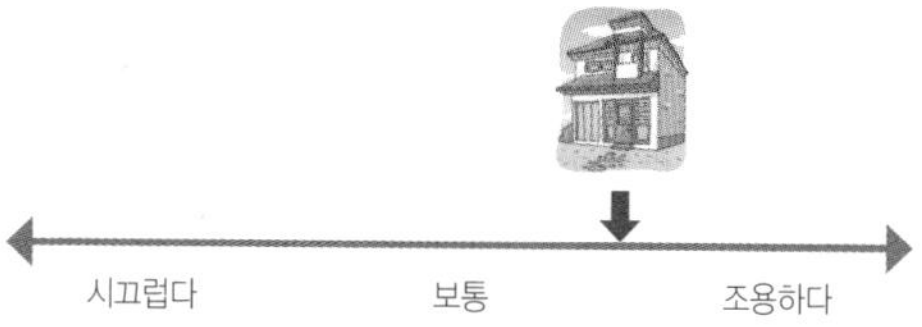

La estructura –는 편이다 se añade a las raíces de los verbos y –(으)ㄴ 편이다, a las de los adjetivos.

• 저는 노래는 못하는 편이니까 노래방에 가고 싶지 않아요.
No quiero ir al karaoke porque no se me da muy bien cantar.

• 저는 음악을 즐겨 듣는 편이 아니에요.
Yo no disfruto tanto escuchando música.

• 어렸을 때는 조용한 편이었는데 지금은 아니에요.
De niño era bastante tranquilo pero ahora no lo soy.

¡Cuidado!

Cuando se añade –는 편이다 a una raíz verbal, se requiere la presencia de un adverbio de grado en la frase, puesto que el verbo carece de dicho valor semántico.

• 저는 물을 마시는 편이에요. (×)
저는 물을 (많이/조금/자주/가끔) 마시는 편이에요. (○)
Yo suelo beber (mucha/poca/con frecuencia/de vez en cuando) agua.

Cuando se usa la forma negativa –지 않다 a la estructura –는 편이다, también hay que tener en cuenta si se trata de un sustantivo o un adjetivo.

	동사 verbo	형용사 adjetivo
modo afirmativo	일찍 일어나는 편이에요. Soy bastante madrugador.	키가 큰 편이에요. Soy bastante alto.
modo negativo	일찍 일어나지 않는 편이에요. No soy muy madrugador.	키가 크지 않은 편이에요. No soy muy alto.

¡Cuidado!

No es posible usar –(으)ㄴ/는 편이다 con algunos adjetivos como 아프다 (doler, estar dolorido), puesto que en coreano se considera que el grado de dolor no se puede indicar por medio de esta expresión.

• 저는 머리가 아픈 편이에요. (×)
저는 머리가 아파요. (○) Me duele la cabeza.

Capítulo 3

-(으)ㄴ/는 것 estructura para usar los verbos como complementos o sujetos C.C P. 307

La estructura -(으)ㄴ/는 것 se emplea para poder usar verbos, adjetivos y frases como si fueran sustantivos, de manera similar al uso del infinitivo y oraciones subordinadas sustantivas en español. De esta manera, es posible que un verbo, un adjetivo o una frase sustituyan a un sustantivo en función nominal como, por ejemplo, sujeto o complemento directo.

- 저는 한국 사람하고 얘기하는 것을 좋아해요.
  (función nominal)
  Me gusta hablar con coreanos.

Se añade -는 것 a las raíces de los verbos si estos tienen valor de presente. Por su parte, en el caso de los adjetivos, se emplea -(으)ㄴ 것.

- 한국어를 듣는 것은 괜찮지만 말하는 것이 어려워요.
  Entender el coreano no es ningún problema, pero hablarlo es difícil.
- 한국 생활에서 제일 재미있는 것은 한국 친구를 사귀는 것이에요. Lo mejor de vivir en Corea es poder hacer amigos.
- 한국 회사에서는 일을 잘하는 것도 중요하지만 성실한 것이 더 중요해요.
  En las empresas coreanas es importante trabajar diligentemente pero es aún más importante ser honesto.

Cuando 것 va seguido por sufijos, es habitual que se produzcan contracciones en el registro oral, de manera que 것이 se contrae en 게, 것을 en 걸, 것은 en 건, y 것이에요 en 거예요.

- 것을 → 걸 (= 거): 저는 운동하는 걸 좋아해요.
  Me gusta hacer ejercicio.
- 것이 → 게 (= 거): 요리를 잘하는 게 정말 부러워요.
  Me da envidia lo bien que cocinas.
- 것은 → 건: 친구들에게 연락하는 건 제가 할게요.
  Lo de avisar a nuestros amigos ya lo hago yo.
- 것이에요 → 거예요: 인생에서 중요한 것은 좋은 친구를 찾는 거예요.
  Lo importante en la vida es encontrar buenos amigos.

-(으)니까 "porque" C.C P. 305

Se emplea -(으)니까 para señalar la razón o la causa de una situación o la realización de una acción. Se añade -(으)니까 a la oración que en la que se expresa la causa, la cual siempre precede a la oración en la que se expresa el resultado. Se añade ~(으)니까 a la raíz de verbos y adjetivos, así como a 이다. Además, su uso es compatible con el infijo de pasado -았/었-.

- 우리 집에 김치가 있으니까 제가 김치를 가져올게요.
  Como tengo kimchi en mi casa, yo traeré kimchi.
- 오늘 일을 다 끝냈으니까 이제 퇴근해도 돼요.
  Como ya hemos terminado todo el trabajo de hoy, ya podemos irnos.

El uso de -(으)니까 es similar a -아/어서, pues también sirve para señalar la causa o la razón de algo. Sin embargo, mientras que el uso de -아/어서 es incompatible con el infijo de pasado -았/었-, resulta viable en el caso de -(으)니까.

- 어제 늦게 집에 들어갔으니까 피곤할 거예요.
  Como volviste tarde a casa ayer, estarás cansado.
  = 어제 늦게 집에 들어가서 피곤할 거예요.

Además, si la segunda parte de la oración es una orden o una propuesta, se puede usar -(으)니까 para indicar la razón pero esto no es posible con -아/어서.

- 제가 옆에 있으니까 언제든지 저를 불러 주세요. (○)
  Como estoy aquí al lado, llámeme en cualquier momento.
  제가 옆에 있어서 언제든지 저를 불러 주세요. (×)
- 오늘은 시간이 있으니까 같이 영화 볼까요? (○)
  Como tengo tiempo hoy, ¿qué tal si vemos una película?
  오늘은 시간이 있어서 같이 영화 볼까요? (×)

-는 게 forma contracta de -는 것 C.C P. 301

Se añade -는 게, contracción de -는 것 y la partícula 이, a la raíz de un verbo para que este adquiera una función nominal, por ejemplo, la de sujeto. Cuando se usa como sujeto, puede ir seguido de 어때요? o 좋겠다, como en los siguientes casos.

1 -는 게 어때요? "¿Qué tal si...?"

Se hace uso de -는 게 어때요? para preguntarle al interlocutor qué le parece una propuesta. Se añade -는 게 어때요? a la raíz del verbo y se debe pronunciar con un tono ascendente al final. Es posible reemplazar -는 게 (= 것이) 어때요? por -는 건 (= 것은) 어때요? sin ningún problema. La conjugación es la misma que -는 것.

A 제주도는 작년에 가 봤으니까 이번에는 부산에 가는 게 어때요?
  Como el año pasado fuimos a Jeju, ¿qué tal si vamos este año a Busan?
B 좋아요. 부산에 가요. Muy bien. Vamos a Busan.

2 -는 게 좋겠다 "Sería preferible que..."

La estructura -는 게 좋겠다 es una manera educada de expresarle nuestras opinión al interlocutor. Se emplea habitualmente para hacer sugerencias al interlocutor. Se añade -는 게 좋겠다 a las raíces verbales. Como esta estructura se emplea para expresar opiniones, es frecuente que vaya precedida por 제 생각에는 (en mi opinión) o 제가 보기에는 (desde mi punto de vista).

- 오늘은 늦게 일이 끝나니까 내일 만나는 게 좋겠어요.
  Será mejor que quedemos mañana porque hoy voy a terminar el trabajo tarde.
- 제 생각에는 혼자 지내는 것보다 사람들하고 함께 어울리는 게 좋겠어요.
  En mi opinión, es mejor pasar tiempo con los amigos que estar solo.

Si la sugerencia está compuesta por un sustantivo, se ha de usar 이/가 좋겠다.

- 밤에 잠을 못 자니까 커피보다는 우유가 좋겠어요.
  Prefiero la leche al café porque (si bebo café) no puedo dormir por la noche.

Curiosidades

En el registro oral es habitual sincopar 그러면 en 그럼.

2 Indicar hipótesis

También se emplea –(으)면 para realizar hipótesis sobre acciones y situaciones viables, inciertas, e imposibles. La hipótesis siempre se ubica en la primera parte de la frase y el hipotético resultado en la última.

- 돈을 많이 벌면 여행을 떠나고 싶어요.
  Si ahorrara mucho dinero, me gustaría irme de viaje.
- 복권에 당첨되면 그 돈으로 뭐 하고 싶어요?
  Si te tocara la lotería, ¿qué harías con ese dinero?
- 그 사실을 미리 알았으면 그 일을 하지 않았을 거예요.
  Si lo hubiese sabido con antelación, no lo habría hecho.

Capítulo 4

–(으)면 "si"

C.C P. 305

1 Indicar condiciones

Se emplea –(으)면 para indicar una condición y se añade a la raíz de verbos y adjetivos, así como a 이다. Su uso es compatible con el infijo de pasado –았/었–.

- 열심히 준비하세요. 그러면 좋은 결과가 있을 거예요.
  Prepárate muy bien. De esa manera obtendrás buenos resultados.
  → 열심히 준비하면 좋은 결과가 있을 거예요.
  Si te preparas muy bien, obtendrás muy buenos resultados.
- 학생이면 무료예요. 그냥 들어가세요.
  Si son estudiantes, es gratis. Entren sin más.
- 이 일을 시작했으면 끝까지 책임지세요.
  Si ha empezado este trabajo, asuma su responsabilidad hasta el final.

¡Cuidado!

En coreano, tanto 그러면 como 그래서 equivalen a "entonces" o "así que", pero hay que tener en cuenta que 그러면 se emplea para indicar una relación de condición–resultado, mientras que 그래서 se utiliza para expresar una relación de causa–efecto.

- (condición) 날씨가 추워요. 그러면 두꺼운 옷을 입으세요.
  Hace frío. Por eso, pongase ropa de abrigo.
- (causa) 날씨가 추워요. 그래서 감기에 걸렸어요.
  Hace frío. Por eso, me he resfriado.

–(으)ㄴ/는데 estructura para contextualizar

C.C P. 308

Se emplea –(으)ㄴ/는데 para proporcionar cierto contexto a una pregunta, una petición, una propuesta o una orden. También se utiliza para poner en situación al interlocutor antes de entrar en materia o de revelar lo que uno piensa o siente. La oración que proporciona el contexto, va siempre en primer lugar y se le añade –(으)ㄴ/는데.

- 운동을 시작하고 싶은데 가르쳐 주시겠어요?
  Quisiera empezar a hacer ejercicio. ¿Me enseñarías (a hacer algún ejercicio)? (antes de pedir algo)
- 한국학을 전공하고 있는데 특히 한국 역사에 관심이 있어요.
  Mi especialidad académica es Estudios Coreanos pero sobre todo me interesa la historia coreana. (antes de ir al grano)
- 요즘 태권도를 배우고 있는데 생각보다 어렵지 않아요.
  Estos días estoy aprendiendo taekwondo y no es tan difícil como pensaba. (antes de expresar lo que uno siente o piensa)

Si la oración que proporciona el contexto acaba en un verbo en tiempo presente, se añade –는데 a la raíz verbal. En el caso de acabar en un adjetivo, se añade –(으)ㄴ데 a la raíz. En el caso de 이다, se usa –인데. Si la oración acaba en un verbo o adjetivo en pasado, se añade –았/었는데 a la raíz.

- 오늘은 좀 바쁜데 내일 만나는 게 어때요?
  Hoy ando un poco ocupado así que, ¿qué tal si nos vemos mañana?
- 여기는 남산인데 야경이 아름다워요.
  Este es el monte Nasmsan, desde donde hay unas hermosas vistas nocturnas.
- 집에 들어갔는데 아무도 없었어요.
  Cuando regresé a casa, no había nadie.

¡Cuidado!

No es posible hacer uso de –(으)ㄴ/는데 en el caso de que el contexto corresponda a la razón o causa directa de lo expresado en la segunda parte de la frase. En esos casos, ha de usarse –아/어서.

- 시간이 없는데 오늘 만날 수 없어요. (×)
  시간이 없어서 오늘 만날 수 없어요. (○)
  Hoy no puedo quedar porque no tengo tiempo.

Se usa –(으)려고 하는데 para proporcionar algo de contexto a las intenciones del hablante, mientras que se suele emplear –(으)ㄹ 건데 para hacer referencia a algo que puede ocurrir en el futuro independientemente de lo que desee el hablante. Por otra parte, se hace uso de –(으)ㄴ 텐데 para proporcionar contexto a una hipótesis.

- 내일 친구하고 부산에 여행 가려고 하는데 아직 표를 못 샀어요.
  Mañana voy a viajar a Busan con un amigo pero todavía no hemos podido comprar los boletos.
- 다음 주에 프로젝트가 끝날 건데, 그다음에 뭐 할까요?
  La próxima semana terminaremos el proyecto así que, ¿qué hacemos después?
- 지금 출발하면 약속에 늦을 텐데 택시를 타는 게 좋겠어요.
  Aunque saliéramos ahora llegaríamos igualmente tarde pero sería mejor que tomásemos un taxi.

¡Cuidado!

No se puede usar –(으)ㄴ/는데 más de una vez en una frase.

- 이번 주에 시험이 있는데 공부를 안 했는데 걱정 돼요. (×)
  이번 주에 시험이 있는데 공부를 안 해서 걱정 돼요. (○)
  Esta semana tengo un examen y, como no he estudiado, estoy preocupado.

–(으)ㄴ/는지 preguntas en estilo indirecto

C.C P. 306

Se emplea –(으)ㄴ/는지 para hacer preguntas en estilo indirecto. Esta estructura puede ir en función de sujeto o de complemento directo.

- 이 제품이 왜 인기가 많아요? + 알고 싶어요.
  ¿Por qué este producto es tan popular? + Quiero saber.
  이 제품이 왜 인기가 많은지 알고 싶어요.
  Quiero saber por qué este producto es tan popular.
  (Aquí la pregunta en estilo indirecto va en función de complemento directo del verbo 알다.)

Si la pregunta acaba en un verbo en tiempo presente, se añade –는지 a la raíz verbal, mientras que se usa –(으)ㄴ지 en el caso de que la pregunta acabe en un adjetivo o en 이다. Si la pregunta acaba en un verbo o un adjetivo en tiempo pasado, se añade a la raíz –았/었는지. En el caso de acabar en un verbo o adjetivo en tiempo futuro, se ha de usar –(으)ㄹ지.

- 한국 음식을 어떻게 만드는지 배울 거예요.
  Voy a aprender a cocinar comida coreana.
- 신청자가 얼마나 많은지 미리 알아보세요.
  Averigüe de antemano cuántos solicitantes hay.
- 그 사람 나이가 몇 살인지 궁금해요.
  Me pregunto cuántos años tendrá.
- 사장님이 왜 화가 났는지 잘 모르겠어요.
  No sé por qué se ha enojado el presidente.
- 앞으로 어떻게 할지 생각해 봐야겠어요.
  Tenemos que pensar cómo lo vamos a hacer a partir de ahora.

Se utiliza –지 않다 para hacer preguntas negativas pero la forma de –지 않다 varía según la preceda un verbo o un adjetivo.

- 왜 일하지 않는지 그 이유를 모르겠어요.
  No sé por qué no trabaja. (verbo)
- 어떤 것이 맵지 않은지 알려 주세요.
  Indíqueme qué cosas no son picantes. (adjetivo)

Si la pregunta está compuesta por un pronombre interrogativo seguido de 이다, la pregunta en directo indirecto se forma de la siguiente manera.

	(formal)	(informal)
뭐예요?	→ 무엇인지	/ 뭔지
누구예요?	→ 누구인지	/ 누군지
언제예요?	→ 언제인지	/ 언젠지
어디예요?	→ 어디인지	/ 어딘지

- 저 사람의 이름이 뭔지 아세요?
  ¿Sabe cómo se llama aquella persona?
- 저 사람이 누군지 확인한 다음에 알려 주세요.
  Después de comprobar quién es aquella persona, hágamelo saber.

También se puede usar –(으)ㄴ/는지 con preguntas totales (aquellas que carecen de interrogativo).

- 그 사람이 한국 음식을 좋아하는지 알고 싶어요.
  Quiero saber si a esa persona le gusta la comida coreana.
- 친구에게 이 책을 읽어 봤는지 물어볼 거예요.
  Le preguntaré a mi amigo si ha leído este libro.

Es posible emplear –(으)ㄴ/는지 más de una vez en la misma frase como puede verse en los ejemplos de abajo.

- 몇 명이 가는지, 언제 출발하는지 확인하세요.
  Confirme cuántas personas van y cuándo parten.
- 키가 큰지 작은지는 중요하지 않아요.
  No importa si es alto o bajo.
- 이따가 영화를 볼지 저녁을 먹을지 같이 정해요.
  Decidamos más tarde si vamos a ver una película o si vamos a cenar.

Además, se puede utilizar –(으)ㄴ/는지 en forma negativa con el valor disyuntivo de "o no".

• 이게 사실인지 아닌지 솔직하게 말해 주세요.
Dígame honestamente si esto es verdad o si no lo es.

• 이 일이 중요한지 중요하지 않은지 제가 말할 수 없어요.
Yo no sabría decir si este asunto es importante o si no lo es.

• 이 사실을 친구에게 말해야 할지 말지 아직 못 정했어요.
Todavía no he decidido si debería contárselo a mi amigo o no.

Capítulo 5

–(으)려고 하다 "para", "con la intención de", "ir a" C.C P. 306

1 Indicar las intenciones y los objetivos

Se hace uso de –(으)려고 하다 para señalar la meta o la intención de hacer algo por parte del hablante. Se añade a la raíz de los verbos de acción. El infijo de pasado –았/었– solo resulta aplicable en 하다.

• 내년에는 꼭 취직하려고 해요.
El próximo año pienso encontrar trabajo sin falta.

• 주말에 등산하려고 하는데 같이 가면 어때요?
El fin de semana tengo pensado ir a la montaña pero, ¿qué tal si vamos juntos?

• 이제부터 담배를 피우지 않으려고 해요.
A partir de ahora decidí no fumar.

• 어제 전화하려고 했는데 시간이 없어서 못 했어요.
Pensaba llamarte ayer pero no pude hacerlo porque no me dio tiempo.

A nivel coloquial, es habitual que –(으)려고 해요 en –(으)려고요 al responder a una pregunta sobre las intenciones o planes de futuro que tenga uno. En ocasiones se pronuncia –(으)려구요.

A 언제 숙제 시작할 거예요?
¿Cuándo empezarás a hacer las tareas?
B 조금 후에 시작하려고요.
Pensaba empezarlas en un momento.

¡Cuidado!

No es nada raro que la gente añada una ㄹ a –(으)려고 하다, pero hay que tener cuenta que esta es una forma ajena a la norma.

• 이거 살려고 해요. Voy a comprar esto.
(La forma correcta sería 이거 사려고 해요.)

Curiosidades

Mientras que –(으)려고 하다 indica la intención del sujeto de la frase, –(으)ㄹ 거예요 expresa que algo va a suceder en el futuro.

• 내년에 미국에 유학 가려고 해요. 그래서 지금 열심히 영어를 공부해요.
Pienso ir el próximo año a estudiar a Estados Unidos. Por eso, ahora estudio inglés con ahínco.

• 열심히 공부하면 시험을 잘 볼 거예요.
Si estudias con ahínco, harás bien el examen.

2 Predecir algo que se espera que tenga lugar en breve

También es posible emplear –(으)려고 하다 para predecir que una situación ocurrirá o cambiará pronto.

• 영화가 시작하려고 해요. 빨리 들어갑시다.
La película está a punto de empezar. Entremos rápido.

• 아기가 울려고 하는데 어떡해요?
El bebé está a punto de echar a llorar. ¿Qué hago?

• 단추가 떨어지려고 하니까 다른 옷으로 갈아입으세요.
Cámbiate de ropa porque esos botones están a punto de caerse.

–(으)ㄴ/는데요 "es que", "pero es que" C.C P. 308

En coreano es habitual que el hablante evite mencionar explícitamente aquello que quiere decir y que, en su lugar, lo indique de manera indirecta en consideración al interlocutor mitigando cualquier impacto negativo. El uso de esta estructura en coreano es muy habitual en contextos en los que hay que expresarse de manera cortés.

A 오늘 같이 저녁 먹을까요? ¿Cenamos hoy?
B 다른 약속이 있는데요. Es que tengo otro compromiso.
(En realidad, quiere decir "같이 저녁 못 먹어요. No puedo cenar contigo.")

En estos casos, se añade –(으)ㄴ/는데요 a la oración en la que el hablante se expresa indirectamente. En el ejemplo de abajo, B rechaza amablemente la propuesta de dar un paseo que le hace A, mencionando que hace lugar en lugar de decir directamente que no quiere ir. La conjugación de –(으)ㄴ/는데요 depende de si se añade a un verbo, a un adjetivo o a 이다. La conjugación la misma que la de –(으)ㄴ/는데 del capítulo 4.

A 잠깐 밖에 산책하러 가는 게 어때요?
¿Por qué no salimos a dar un paseo un rato?
B 지금 더운데요. Es que ahora hace calor.
(En realidad, quiere decir "산책하러 가고 싶지 않아요. No quiero salir a dar un paseo.")

A 이 모임을 계속할 거예요? ¿Va a continuar la reunión?
B 아직 못 정했는데요. Pues todavía no lo he decidido.
(En realidad, quiere decir "왜 물어보세요? ¿Por qué lo pregunta?")

También se emplea -(으)ㄴ/는데요 para insinuarle una propuesta o un favor al interlocutor sin pedírselo de manera directa. En el ejemplo de abajo, el hablante comenta que últimamente echan muchas películas buenas estos días con la intención de proponerle de manera indirecta que lo acompañe a ver una película.

- 요즘 재미있는 영화가 많은데……. Últimamente hay muchas películas interesantes... 〔Se omite "같이 영화 봅시다. ¡Vayamos a ver una película!"〕
- 소금이 다 떨어졌는데……. Pues se ha acabado la sal... 〔Se omite "소금 좀 사다 주세요. ¿Puedes comprarme un poco de sal, por favor?"〕

-(으)ㄴ/는 대신에 "en lugar de" C.C P. 307

Se emplea -(으)ㄴ/는 대신에 para indicar que la acción o situación indicada en la oración que precede a esta estructura es reemplazada por la que la sigue. Se añade -는 대신에 a las raíces verbales si las acciones de ambas oraciones tienen lugar al mismo tiempo, mientras que -(으)ㄴ 대신에 se añade a las raíces tanto de verbos como de adjetivos si lo expresado en la primera oración concluye antes de que tenga lugar lo expresado en la segunda. Además, -(으)ㄴ 대신에 se añade a los adjetivos que van en tiempo presente.

- 제가 이 일을 하는 대신에 제 부탁 좀 들어주세요. Hazme un favor:
- 음식을 만드는 대신에 사 가려고 해요. En vez de hacer la comida, voy a comprarla.

También se usa -(으)ㄴ/는 대신에 para señalar una alternativa que resulta preferible o más beneficiosa que lo expresado en la primera oración.

- 월급을 많이 받는 대신에 늦게까지 일해야 돼요. Debo trabajar hasta tarde para ganar un buen sueldo.
- 동생에게 장난감을 양보하는 대신에 엄마에게 칭찬을 받았어요. Mi madre me alabó por darle mis juguetes a mi hermano pequeño.
- 칼로리 높은 음식을 많이 먹은 대신에 운동을 많이 해야 돼요. En vez de comer comida con alto contenido calórico, deberías hacer mucho ejercicio.

Otro valor de -(으)ㄴ/는 대신에 es el de presentar una situación contrapuesta a lo expresado en la primera oración.

- 그 아이는 공부에 소질이 있는 대신에 운동에 소질이 없어요. Ese niño tiene talento para los estudios pero no tiene talento para el deporte.
- 그 가게는 비싼 대신에 품질이 더 좋아요. Esa tienda es cara pero ofrece una mayor calidad.

En el caso de los sustantivos, se emplea la forma 대신에.

- 아침에 시간이 없어서 밥 대신에 사과를 먹어요. Como por la mañana no tengo tiempo, en lugar de arroz me tomo una manzana.

-(으)ㄴ 적이 있다 "haber + participio", "tener la experiencia de" C.C P. 306

Se emplea -(으)ㄴ 적이 있다 para indicar experiencias. Se añade -(으)ㄴ 적이 있다 a las raíces de verbos y adjetivos, así como a 이다. Para indicar la falta de experiencia, se emplea -(으)ㄴ 적이 없다. Es posible reemplazar 적 por 일. Como -(으)ㄴ ya indica el tiempo pasado, no es necesario poner el verbo principal en pasado: -(으)ㄴ 적이 있었다.

- 어렸을 때 팔을 다친 적이 있어요. Cuando era niño me lesioné el brazo.
- 이제까지 행복한 적이 없어요. Hasta ahora no he sido feliz.
- 잃어버린 물건을 찾은 일이 한 번도 없어요. No he encontrado ni una sola vez algo que haya perdido.

¡Cuidado!

Es posible reemplazar 적 por 일, pero no se puede reemplazar por 것.

- 주차장에서 일한 적이 있어요. (○) He trabajado en un aparcamiento/parqueadero.
  = 주차장에서 일한 일이 있어요.
  ≠ 주차장에서 일한 것이 있어요. (×)

Es posible utilizar -아/어 보다 con -(으)ㄴ 적이 있다 dando lugar a la forma -아/어 본 적이 있다, la cual se emplea para indicar que se ha intentado tener cierta experiencia. No obstante, el uso del verbo auxiliar 보다 resulta incompatible con el verbo 보다 (ver). En los siguientes ejemplos, podemos ver en qué casos es posible o imposible el uso de -아/어 본 적이 있다.

- 몽골 음식을 먹어 본 적이 없으니까 한번 먹어 보고 싶어요. Como no he probado la comida mongola, quiero probarla alguna vez.
- 한국 영화를 본 적이 있어요. He visto películas coreanas. (○)
  ≠ 한국 영화를 봐 본 적이 있어요. (×)

La estructura -(으)ㄴ/는 적이 있다 se usa en preguntas totales (aquellas que pueden contestarse con sí o no) y sus respuestas, tal y como puede verse en los ejemplos de abajo. Después de confirmar que alguien tiene una experiencia, se pregunta y se responde sobre los detalles usando el infijo de pasado -았/었-.

A 삼계탕을 먹은 적이 있어요? ¿Has comido alguna vez samgyetang?
B 네, 한 번 있어요. Sí, la he comido una vez.

A 언제 먹었어요? ¿Cuándo lo comiste? 〔"언제 먹은 적이 있어요?" no se puede usar.〕
B 1년 전에 처음 먹었어요. Hace un año que la comí.

-고 있다 "estar + gerundio"

C.C P. 300

1 Indicar una acción en curso

Se emplea -고 있다 para expresar que una acción sigue ocurriendo en el presente. También puede indicar una acción que se desarrolla de manera continuada a los largo de cierto periodo de tiempo. El verbo 이다 se conjuga para indicar el tiempo verbal y la forma negativa, de manera que -고 있었다 sería la forma de pasado, -고 있을 것이다 sería la de futuro y 고 있지 않다 correspondería a la forma negativa del tiempo presente.

- 요즘 일자리를 알아보고 있지만 좋은 일자리가 없어요.
  Estos días estoy buscando vacantes pero no hay buenas vacantes.
- 어제 저녁 7시에 집에서 밥을 먹고 있었어요. 회사에 없었어요.
  Ayer a las siete de la tarde estaba cenando en casa. No estaba en la empresa.
- 이사는 지금 생각하고 있지 않아요. 지금 집에 만족하고 있어요.
  Ahora no pienso en mudarme. Estoy satisfecho con esta casa.

Curiosidades

Se puede usar -고 계시다 en lugar de -고 있다 para mostrarle un mayor respeto al interlocutor.

- (nivel medio de cortesía) 동생이 책을 읽고 있어요.
  Mi hermano menor está leyendo un libro.
- (nivel alto de cortesía) 할아버지 책을 읽고 계세요.
  Mi abuelo está leyendo un libro.

¡Cuidado!

Solo se puede hacer uso de -고 있었다 para indicar que una acción se desarrollaba en un periodo de tiempo indeterminado en el pasado.

- 3년 전에 백화점에서 아르바이트를 하고 있었어요. (×)
  3년 전에 백화점에서 아르바이트를 했어요. (○)
  Trabajé a tiempo parcial en un centro comercial hace tres años.
- 어제 친구의 전화를 받았을 때 청소하고 있었어요. (○)
  Cuando me llamó mi amigo ayer, yo estaba limpiando.

2 Describir situaciones

También se puede usar -고 있다 con ciertos verbos como 갖다 (tener, tomar) o 보관하다 (guardar) para indicar la posesión de algo.

- 유실물 센터에서 잃어버린 물건을 보관하고 있어요.
  En la oficina de objetos perdidos tienen almacenados objetos extraviados.
- 저는 그 책을 갖고 있지 않아요. 다른 사람에게 물어보세요.
  Yo no tengo ese libro. Pregúnteles a los demás.
- 5년 전에 저는 자동차를 갖고 있었어요.
  Yo tenía auto hace cinco años.

También se puede usar -고 있다 para indicar la ropa que se lleva puesta. A diferencia del español, en el que se usar "llevar (puesto)" para cualquier tipo de prenda o complemento, en coreano se usan diferentes verbos dependiendo del tipo de prenda o complemento que sea y de en qué parte del cuerpo se lleve.

- 저는 검은색 옷에 청바지를 입고 있어요.
  Yo Yo llevo puestos unos pantalones vaqueros con una camiseta negra.
  (입다: llevar algo que cubra parte del tronco o de las extremidades)
- 친구는 운동화를 신고 있어요.
  Mi amigo lleva puestas unas zapatillas deportivas.
  (신다: calzarse; llevar algo en los pies: unos zapatos, unas zapatillas, unas medias, etc.)
- 할머지가 모자를 쓰고 계세요.
  Mi abuela lleva puesto un sombrero.
  (쓰다: llevar algo en la cabeza o la cara: un sombrero, unas gafas, un peluquín, una máscara, etc.)
- 선생님이 목걸이를 하고 있어요. La profesora lleva un collar.
  (하다: llevar algún complemento: una bufanda, unos pendientes/aretes, un lazo, etc.)
- 저는 시계를 안 차고 있어요. No llevo reloj.
  (차다: llevar algo enrollado a una parte del cuerpo: un reloj de pulsera, un cinturón, etc.)
- 친구는 반지를 끼고 있지 않아요. Mi amiga no lleva anillos.
  (끼다: llevar algo en lo que haya que introducir una parte del cuerpo: un anillo, unos guantes, unas lentes de contacto, etc.)

Capítulo 6

-아/어도 되다 "se puede", "está permitido"

C.C P. 302

1 Pedir permiso

Se emplea -아/어도 되다 para preguntarle al interlocutor si se puede realizar una acción o si está permitida una situación. Esta estructura se añade a la raíz de los verbos. Se puede contestar de manera afirmativa añadiendo -(으)세요 a la raíz del verbo que indica dicha acción. En el caso de que no se permita algo, se puede contestar usando la estructura -(으)ㄴ/는데요, ya que es una manera más educada e indirecta de hacerlo que por medio de -지 마세요.

A 이 옷 좀 입어 봐도 돼요?
¿Puedo ponerme esta prenda?
B 그럼요. 저기 탈의실에서 입어 보세요.
Claro, pruébesela en aquel probador.

A 이 물 마셔도 돼요?
¿Puedo beber de esta agua?
B 이건 물이 아닌데요.
Eso no es agua.

Es posible utilizar tanto 괜찮다 como 좋다 en lugar de 되다 en la estructura -아/어도 되다. Por otra parte, es posible usar -아/어도 되다 con -(으)ㄹ까요? para preguntar si algo está permitido de manera más cortés.

A 옆 자리에 앉아도 괜찮아요?
¿Está bien si me siento en el asiento de al lado?
B 물론이죠. 앉으세요.
Por supuesto. Siéntese.

A 음악 소리를 좀 크게 틀어도 될까요?
¿Ponemos el volumen de la música un poco más alto?
B 마음대로 하세요.
Haga como quiera.

¡Cuidado!

Cuando se da permiso para realizar una acción, no se usa -(으)ㄹ 수 있다 sino -(으)세요.

A 이 옷 좀 입어 봐도 돼요?
¿Puedo probarme esta prenda?
B 네, 입어 봐도 돼요. (X)
네, 입어 볼 수 있어요. (X)
네, 입어 보세요. (O) Pruébesela.

2 Expresar permiso

Se emplea -아/어도 되다 para indicar que una acción o un estado está permitido por las normas y convenciones que rigen una determinada sociedad o cultura. con este sentido, -아/어도 되다 se añade a la raíz de los verbos y los adjetivos, así como a 이다. En este caso también es posible utilizar tanto 괜찮다 como 좋다 en lugar de 되다.

- 냉장고의 음식은 아무거나 먹어도 돼요.
  Puedes comer lo que quieras de la comida del frigorífico.
- 이번 숙제는 하지 않아도 돼요.
  Estas tareas no necesitas hacerlas.
- 음식이 이 정도 매워도 괜찮아요. 먹을 수 있어요.
  Este nivel de picante de esta comida está bien. Puedo comérmela.
- A 회사 지원 자격은 꼭 한국인만 돼요?
  ¿Es requisito indispensable para poder trabajar en la empresa ser coreano?
  B 아니요, 외국인이어도 돼요. 상관없어요.
  No, los extranjeros también pueden hacerlo. No importa (la nacionalidad).

El infijo de pasado -았/었- se puede añadir a -아/어도 되다 para indicar que una acción o un estado estaba permitido en el pasado.

- 전에는 신분증만 있으면 들어가도 됐는데 요즘에는 들어갈 수 없어요.
  Antes bastaba un documento de identidad para poder entrar pero estos días no se puede entrar (solo con un documento de identidad).
- 실수로 불을 껐어도 괜찮아요. 다시 불을 켜면 돼요.
  No pasa nada si apagas las luces por error. Basta con encenderlas de nuevo.

-아/어야 되다 "deber", "hay que"

C.C P. 302

Se emplea -아/어야 되다 para expresar una obligación o un deber que se debe llevar a cabo en una situación o un estado concretos. Se añade -아/어야 되다 se añade a la raíz de los verbos y los adjetivos, así como a 이다.

- 학교에서는 모든 학생이 교복을 입어야 돼요.
  En la escuela, todos los estudiantes deben llevar puesto el uniforme escolar.
- 시험을 볼 때 꼭 신분증이 있어야 돼요.
  Cuando hagan el examen, deben traer sin falta un documento de identidad.

Es posible utilizar 하다 en lugar de 되다 en la estructura -아/어야 되다 sin apenas variación en el significado. El uso de -아/어야 되다 es más habitual en el lenguaje oral, mientras que el de -아/어야 하다 se suele dar más en el lenguaje escrito.

- 나이가 많은 사람에게 존댓말을 사용해야 돼요.
  Se debe hablar de usted a las personas con mucha edad.
- 밤 10시까지 기숙사에 들어와야 합니다.
  Tengo que volver a la residencia antes de las diez de la noche.

El tiempo verbal viene indicado por la conjugación de 되다. Para hacer la forma negativa, se añade -지 않다 a -아/어야 하다, lo que da resultado a -지 않아야 되다. Por otra parte, la forma -지 말아야 되다 se emplea para indicar el deseo o la esperanza que alberga el hablante.

- 학생 때 낮에 일하고 밤에 공부해야 됐어요 (= 해야 했어요).
  Cuando era estudiante, trabajaba por el día y estudiaba por la noche.
- 내일은 평소보다 더 일찍 출발해야 될 거예요.
  Mañana saldremos más temprano de lo habitual.
- 이번 회의에는 절대로 늦지 않아야 돼요.
  A esta reunión no debemos llegar tarde bajo ningún concepto.
  = 이번 회의에는 절대로 늦지 말아야 돼요.

¡Cuidado!

Las estructuras -아/어야 되다 y -아/어 보세요 no son iguales aunque puedan traducirse de la misma manera en español. Mientras que -아/어야 되다 se emplea para indicar obligaciones o requisitos, -아/어 보세요 se utiliza para hacer recomendaciones y sugerencias.

- 회사에는 늦어도 9시까지 와야 돼요.
  A la empresa hay que llegar como muy tarde a las nueve. 〔obligación〕
- 제주도에 한번 가 보세요. 정말 좋아요.
  Intente ir alguna vez a la isla de Jeju. Está muy bien. 〔recomendación〕

-아/어 있다 "estar + participio"

C.C P. 303

Mientras que -고 있다 hace referencia a una acción en curso, -아/어 있다 indica un estado constante producido por la realización de una determinada acción.

ⓐ 

ⓑ 

ⓐ 진수가 문을 열고 있어요. Jinsu está abriendo la puerta.
ⓑ 문이 열려 있어요. La puerta está abierta.

La forma -아/어 있다 se suele emplear con verbos intransitivos (aquellos que no rigen complemento directo). Se añade -아/어 있다 a las raíces de los verbos. Para indicar que un estado no continúa en el presente, se utiliza -아/어 있지 않다 añadiéndolo a la raíz verbal. Para indicar un estado del pasado se hace uso de -아/어 있었다.

- 저는 약속 장소에 벌써 와 있어요.
  Yo ya estoy en el lugar en el que quedamos.
- 회사 전화번호가 핸드폰에 저장되어 있지 않아요.
  No tengo guardado el número de la empresa en el teléfono móvil/celular.
- 아까 탁자 위에 열쇠가 놓여 있었어요.
  Antes había una llave sobre la mesa.

¡Cuidado!

Al usarse -아/어 있다 con verbos intransitivos, el sujeto de estas construcciones de indica por medio de la partícula 이/가.

- 문을 열려 있어요. (×)
  문이 열려 있어요. La puerta está abierta. (○)

¡Cuidado!

La forma negativa de -아/어 있다 no es sino -아/어 없다 sino -아/어 있지 않다.

- 사람들이 의자에 앉아 없어요. (×)
  사람들이 의자에 앉아 있지 않아요.
  La gente no está sentada en las sillas. (○)

Capítulo 7

-기 때문에 "porque", "a causa de que"

C.C P. 298

Se emplea -기 때문에 para señalar la causa que origina una determinada acción o estado. La oración que expresa la causa se añade a -기 때문에, mientras que la que indica la acción o estado resultante se ubica después. Se añade -기 때문에 a la raíz de los verbos y los adjetivos, así como a 이다. Es compatible el uso de -기 때문에 con el infijo de pasado -았/었-, lo que da lugar a -았/었기 때문에.

- 텔레비전이 없기 때문에 드라마를 볼 수 없어요.
  Como no tengo televisión, no puedo ver teleseries.
- 저는 외국인이기 때문에 빨리 말하면 알아들을 수 없어요.
  Como soy extranjero, no puedo entenderte si me hablas rápido.
- 주말에 일하지 않기 때문에 보통 주말 오전에는 시간이 있어요.
  Como los fines de semana no trabajo, suelo disponer de tiempo por las mañanas.
- 지갑을 잃어버렸기 때문에 돈이 없어요.
  No tengo dinero porque se me ha perdido la billetera.

No se puede usar -기 때문에 para justificar una orden acabada en -(으)세요 o una propuesta acabada en -(으)ㅂ시다. En estos casos, la causa debe indicarse por medio de -(으)니까.

- 배가 고프기 때문에 밥 먼저 드세요. (×)
  배가 고프니까 밥 먼저 드세요.
  Como tiene hambre, coma primero. (○)

Se puede añadir -기 때문에 a la estructura "sustantivo + 이다" para indicar la causa de algo, pero hay que tener cuidado de no confundirlo con el uso de 때문에 precedido de un sustantivo, ya que esta estructura se usa para señalar la causa de un suceso adverso.

- 아기이기 때문에 혼자 걷지 못해요.
  No puede caminar solo porque todavía es un bebé.
- 아기 때문에 제가 잠을 못 잤어요.
  No he podido dormir por culpa del bebé.

¡Cuidado!

Hay ocasiones en las que puede existir confusión entre 이기 때문에 y 때문에 cuando van precedidos por sustantivos, por lo que es recomendable tener en mente que –기 때문에 equivaldría en español a "por ser + sustantivo" o "a causa de que es + sustantivo", mientras que 때문에 equivaldría a "por (culpa de + sustantivo)".

- 금요일이기 때문에 시내에 사람이 많아요. (○)
  Hay mucha gente en el centro de la ciudad porque hoy es viernes.
  금요일 때문에 시내에 사람이 많아요. (×)

Si la acción o estado resultante se coloca en primer lugar, esta estructura se divide en dos frases de la siguiente manera.

- 그 사람은 학생이기 때문에 오전에 학교에 가야 해요.
  Como es estudiante, tiene que ir a la escuela por la mañana.
  = 그 사람은 오전에 학교에 가야 해요. 왜냐하면 학생이기 때문이에요.
  Tiene que ir a la escuela por la mañana. Es que es estudiante.

Capítulo 8

–는 동안에 "mientras"

C.C P. 301

Se emplea –는 동안에 para indicar que una acción o un estado coinciden en el tiempo que otra acción u otro estado. Se añade –는 동안에 a las raíces de los verbos.

- 아내가 집안일을 하는 동안에 남편이 아이를 돌봐요.
  Mientras la esposa hace tareas domésticas, el esposo cuida del niño.
- 제가 없는 동안에 무슨 일이 있었어요?
  ¿Qué pasó mientras yo no estaba?
- 한국에서 사는 동안에 많은 경험을 하고 싶어요.
  Quiero vivir muchas experiencias cuando viva en Corea.

Es posible usar –(으)면서 en lugar de –는 동안에. Sin embargo, el uso de –(으)면서 exige que el sujeto de ambas acciones o situaciones sea el mismo. Por el contrario, cuando se usa –(으)면서 las frases pueden tener diferentes sujetos.

- 운전하는 동안에 전화를 받지 마세요.
  No conteste al teléfono cuando conduzca/maneje. (○)
  = 운전하면서 전화를 받지 마세요. (○)
- 비가 오는 동안에 실내에서 커피를 마셨어요.
  Me tomé un café dentro mientras llovía. (○)
  = 비가 오면서 실내에서 커피를 마셨어요. (×)

Mientras que la forma –는 동안에 indica que ambas acciones o estados ocurren al mismo tiempo, la forma –은 동안에 se usa cuando la segunda acción tiene lugar después de que haya concluido la primera.

- 남편은 지하철을 타고 가는 동안에 책을 읽어요.
  Su esposo lee un libro mientras va en metro.
- 남편은 회사에 간 동안에 아내는 집안일을 해요.
  La esposa hace las tareas domésticas después de que su esposo se haya ido a la empresa.

–(으)니까 estructura para indicar que algo sucedió después de que una acción tuviese lugar

C.C P. 305

Se emplea –(으)니까 para indicar que uno se da cuenta de algo tras llevar a cabo una determinada acción. Se añade –(으)니까 a la raíz del verbo que expresa dicha acción, mientras que aquello de lo que uno se da cuenta se expresa en la segunda oración. La conjugación es la misma que cuando –(으)니까 indica una causa o razón, punto visto en el capítulo 3.

- 집에 가니까 집에 아무도 없었어요.
  Cuando llegué a casa, no había nadie.
- 이 책을 보니까 한국어 문법 설명이 잘 나와 있어요.
  Cuando vi el libro me di cuenta de que contenía buenas explicaciones sobre la gramática coreana.

Se puede añadir –아/어 보다 a –(으)니까 para expresar que uno se dio cuenta de algo tras probar algo nuevo. Cuando se usa esta combinación con el verbo 보다 (ver), la forma correcta no es –봐 보니까 sino 보니까.

- 가방 안을 찾아보니까 지갑이 없어요.
  Busqué en el interior del bolso pero la billetera no estaba.
- 한국에서 살아 보니까 한국 문화가 저하고 잘 맞아요.
  Como he vivido en Corea, conozco bien la cultura coreana.
- 한국 텔레비전을 보니까 드라마가 다양했어요.
  Me puse a ver la televisión y echaban varias teleseries.

¡Cuidado!

Como la frase que expresa aquello de lo que nos damos cuenta se ubica después de –(으)니까, no es posible hacer uso en esta frase de ningún verbo que exprese una acción realizada por el hablante.

- 제주도에 가 보니까 바다에서 수영했어요. (×)
  제주도에 가 보니까 바다에서 수영하고 싶었어요. (○)
  Cuando fui a la isla de Jeju, tenía ganas de nadar en el mar.
  제주도에 가 보니까 바다가 아름다웠어요. (○)
  Cuando fui a la isla de Jeju, el mar estaba muy hermoso.

El uso de –(으)니까 implica una secuencia cronológica

entre la realización de una acción y el consiguiente acto de darse cuenta de algo. Aunque la frase se refiera algo pasado, no es posible usar el infijo de pasado –았/었– con –(으)니까.

- 그 사람을 만나 봤으니까 좋은 사람이에요. (×)
  그 사람을 만나 보니까 좋은 사람이에요. (○)
  Lo conozco y es una buena persona.

No obstante, aunque el uso del infijo de pasado –았/었– con –(으)니까 cuando indica que uno se da cuenta de algo al realizar una determinada acción, si es posible hacer uso de –았/었– con –(으)니까 cuando se usa para indicar una causa.

- 어제 회사에 일찍 갔으니까 아침에 서류를 다 끝낼 수 있었어요.
  Como ayer fui temprano a la empresa, pude terminar todos los documentos en la mañana. (causa)
- 어제 회사에 일찍 가니까 사람들이 아무도 없었어요.
  Cuando llegué a la empresa temprano, no había nadie todavía. (hecho concluido)

–(스)ㅂ니다 lenguaje formal

C.C P. 312

La terminación se emplea –(스)ㅂ니다 para en situaciones formales o contextos oficiales como, por ejemplo, cuando da un discurso con público o cuando hay que mostrarle gran formalidad a alguien en el trabajo. Su empleo es común entre los presentadores de noticieros, entre aquellos que trabajan de cara al público como, por ejemplo, los asistentes de vuelo, y entre los empleados uniformados de los centros comerciales. En comparación con –아/어요, la terminación –(스)ㅂ니다 resulta más formal.

- 저는 항상 8시에 회사에 도착해요.
  Siempre llego a la empresa a las ocho. (informal)
  저는 항상 8시에 회사에 도착합니다.
  Siempre llego a la empresa a las ocho. (formal)

En el caso de que la raíz del verbo o del adjetivo termine en vocal, se utiliza la forma –ㅂ니다 pero si lo hace en consonante, se ha de usar –습니다. La forma de pasado se hace añadiendo –았/었습니다 a la raíz, mientras que la forma de futuro se construye añadiendo –(으)ㄹ 것입니다.

- 채소와 과일이 건강에 좋습니다.
  Las verduras y las frutas son buenas para la salud.
- 요즘에는 종이 신문을 많이 읽지 않습니다.
  Últimamente no leo mucho los periódicos en papel.
- 제가 표를 사 오겠습니다.
  Compro los boletos yo.
- 지난주에 일을 그만뒀습니다.
  Dejé de trabajar la semana pasada.
- 다음 주부터 일을 찾을 것입니다.
  Buscaré trabajo a partir de la próxima semana.

Curiosidades

Es habitual que 것입니다 se contraiga en 겁니다 cuando se usa para formar el tiempo futuro.

- 다음 주에 신제품을 발표할 겁니다.
  Presentaremos nuestro nuevo producto la próxima semana. (= 발표할 것입니다.)
- 사장님께서 내일 여기에 오실 겁니다.
  El presidente vendrá aquí mañana. (= 오실 것입니다.)

Se puede añadir el infijo –(으)시– para formar –(으)십니다, la cual se emplea para mostrar respeto hacia el sujeto de la frase. El equivalente de esta forma de respeto en el tiempo pasado es –(으)셨습니다, mientras que en el tiempo futuro es –(으)실 겁니다.

- 사장님께서 들어오십니다. El presidente entra.
- 부장님이 자리에 앉으셨습니다.
  El director se sentó en el asiento.
- 이제부터 사장님께서 발표하시겠습니다.
  A continuación el presidente realizará una exposición.
- 회장님이 10분 후에 도착하실 것입니다.
  El director ejecutivo llegará en diez minutos.

¡Cuidado!

En situaciones formales, es habitual sustituir los verbos 먹다/마시다, 있다, 자다 y 말하다 por sinónimos más respetuosos, que son 드시다 (잡수시다), 계시다, 주무시다 y 말씀하시다 respectivamente.

- 직원이 1층에 있습니다.
  El personal está en la primera planta. (neutro)
- 사장님께서 10층에 계십니다. El presidente se encuentra en la décima planta. (respetuoso)

Cuando se emplea lenguaje formal, no solo se añade el infijo de respeto –(으)시– a la parte final de las frases sino que se puede hacer uso de esta forma de respeto añadiéndola a conjunciones gramaticales.

conjunciones que empiezan por consonante		conjunciones que empiezan por –(으)		conjunciones que empiezan por –아/어	
forma neutra	forma respetuosa	forma neutra	forma respetuosa	forma neutra	forma respetuosa
–고	–(으)시고	–(으)면	–(으)시면	–아/어서	–(으)셔서
–지만	–(으)시지만	–(으)려고	–(으)시려고	–아/어도	–(으)셔도
–기 전에	–(으)시기 전에	–(으)니까	–(으)시니까	–아/어야	–(으)셔야

- 사장님께서 일찍 출근하시지만 늦게 퇴근하십니다.
  El presidente llega temprano a la empresa pero sale tarde.
- 사장님께서 먼저 시작하시면 저희도 함께 하겠습니다.
  Cuando el presidente empiece, nosotros lo seguiremos.
- 사장님께서 바쁘셔서 오늘 모임에 오지 못하셨습니다.
  Hoy el presidente no pudo venir a la reunión porque se encontraba ocupado.

Cuando se realizan preguntas en una situación formal, la terminación –다 de –(스)ㅂ니다 se sustituye por –까?, dando lugar a la terminación interrogativa –(스)ㅂ니까. En el caso de que se le deba tratar de manera respetuosa al interlocutor por tratarse de una persona desconocida o de mayor rango, se puede añadir el infijo –(으)시– a la terminación interrogativa, lo que da lugar a –(으)십니까?. Se puede contestar de manera afirmativa a este tipo de preguntas usando 네 o 그렇습니다, mientras que en el caso de responder de manera negativa se puede hacer uso de 아닙니다.

A 회의가 오후1시부터 시작합니까?
¿Empieza a la una la reunión?
B 그렇습니다. Efectivamente.

A 이번에 발표를 하십니까?
¿Va a hacer una exposición en esta ocasión?
B 아닙니다. 저는 다음에 발표할 것입니다.
No. Yo haré una exposición la próxima vez.

En contextos formales, las formas imperativas se construyen añadiendo –(으)십시오 a la raíz de los verbos y las propuestas añadiendo –(으)ㅂ시다.

- 질문이 있으면 손을 들고 질문하십시오.
  Si tienen preguntas, levanten la mano y pregunten.
- 잠깐 쉬었다가 다시 회의 시작합시다.
  Hagamos una breve pausa y empecemos de nuevo la reunión.

¡Cuidado!

En contextos informales, 그래요 adopta las siguientes formas dependiendo de su función.

- (forma enunciativa informal) 그래요.
  (equivalente formal) 그렇습니다.
- (forma interrogativa informal) 그래요?
  (equivalente formal) 그렇습니까?
- (forma imperativa informal) 그래요.
  (equivalente formal) 그러십시오.
- (propuesta informal) 그래요!
  (equivalente formal) 그럽시다.

Capítulo 9

–(으)ㄹ 때 "cuando"

C.C P. 304

Se emplea –(으)ㄹ 때 para indicar el momento o el periodo en el que una acción o situación ocurre. Se añade –(으)ㄹ 때 a la raíz de los verbos y los adjetivos, así como a 이다.

- 피곤할 때 집에서 쉬는 것이 좋아요.
  Cuando estoy cansado, me gusta descansar en casa.
- 길에 자동차가 많을 때 지하철이 택시보다 더 빨라요.
  Cuando hay muchos autos en la carretera, el metro resulta más rápido que un taxi.
- 10년 전에 외국에 살 때 기숙사에서 지냈어요.
  Cuando vivía en el extranjero, hace diez años, estaba en una residencia.

Por lo general, las acciones o situaciones expresadas en la frase a la que se añade –(으)ㄹ 때 y en la que le sigue, tienen lugar al mismo tiempo. Es decir, si lo expresado en la segunda frase ocurrió en el pasado, lo expresado en la primera también debe haber ocurrido en el pasado aunque se use –(으)ㄹ 때 sin el infijo de pasado –았/었–. No obstante, es posible usar –(으)ㄹ 때 con el infijo de pasado –았/었–, lo que da lugar a –았/었을 때. Utilizando el primer ejemplo de abajo, si la oración 그 친구를 처음 만났다 (Conocí a ese amigo.) ocurrió al mismo tiempo que la primera oración de 대학교에 다녔다 (Estudiaba en la universidad), se emplea 다닐 때. En el caso de que el hablante desee indicar que concluyó sus estudios universitarios, puede hacer uso de 다녔을 때 Ambas frases vendrían a significar casi lo mismo.

- 대학교에 다닐 때 그 친구를 처음 만났어요.
  Conocí a ese amigo cuando iba a la universidad.
  = 대학교에 다녔을 때 그 친구를 처음 만났어요.
- 아르바이트로 일할 때 많이 고생했어요.
  Lo pasé fatal cuando trabajé a tiempo parcial.
  = 아르바이트로 일했을 때 많이 고생했어요.

Sin embargo, si la acción expresada en la primera frase corresponde a una acción que sucede en un instante, como en el caso de los verbos 보다 (ver, mirar), 다치다 (lesionarse) o 죽다 (morir) es obligatorio el uso de –았/었을 때 el uso de –았/었을 때, siempre y cuando haya ocurrido en el pasado.

- 전에 다리를 다쳤을 때 그 친구가 많이 도와줬어요. (○)
  Ese amigo me ayudó mucho cuando me rompí una pierna.
  ≠전에 다리를 다칠 때 그 친구가 많이 도와줬어요. (×)
- 그 사람을 처음 봤을 때 첫눈에 사랑에 빠졌어요. (○)
  Cuando la vi por primera vez, me enamoré de ella a primera vista.
  ≠그 사람을 처음 볼 때 첫눈에 사랑에 빠졌어요. (×)

También existe una importante diferencia de significado entre –(으)ㄹ 때 y –았/었을 때 cuando se añaden a verbos de desplazamiento como 가다 (ir) y 오다 (venir). Se emplea 갈 때 / 올 때 si lo expresado en la segunda oración ocurre en medio de la acción de ir o venir, mientras que se hace uso de 갔을 때 / 왔을 때 si lo expresado en la segunda oración ocurre una vez que el sujeto haya llegado al lugar al que se dirigía.

- 회사에 갈 때 지하철에서 책을 읽어요.
  Cuando voy a la empresa en el metro, leo algún libro.
  (mientras va a la empresa)
- 회사에 갔을 때 사무실에 아무도 없었어요.
  Cuando llegué a la oficina, no había nadie.
  (después de llegar a la empresa)

¡Cuidado!

Es posible usar 때 con sustantivos como 생일 (cumpleaños), 방학 (vacaciones escolares), 휴가 (vacaciones) o 명절 (día festivo). Sin embargo, es más común el uso de la partícula de 에 con sustantivos como 오전 (la mañana), 오후 (la tarde), 주말 (fin de semana) o 주중 (entresemana).

- 생일 때 책 선물을 받고 싶어요. (○)
  Quiero que me regalen un libro por mi cumpleaños.
  주말 때 친구를 만날 거예요. (×) → 주말에 친구를 만날 거예요. (○) Voy a ver a un amigo el fin de semana.

–아/어지다 estructura para indicar cambios de estado

C.C P. 303

Tanto –아/어지다 como –게 되다 pueden añadirse a la raíz de los adjetivos para indicar un cambio de estado. El significado apenas varía, pero cuando el uso de –게 되다 suele enfatizar que dicho cambio tuvo lugar independientemente de los deseos del hablante. Por otra parte, mientras que –아/어지다 solo puede añadirse a las raíces de los adjetivos, –게 되다 puede añadirse a las raíces tanto de verbos como de adjetivos.

- 텔레비전에 자주 나와서 그 식당이 유명해졌어요.
  Como sale con frecuencia en televisión, ese restaurante se ha hecho famoso.
- 텔레비전에 자주 나와서 그 식당이 유명하게 됐어요.
  Como sale con frecuencia en televisión, ese restaurante se ha hecho famoso.

En el caso de los verbos auxiliares como 있다/없다 (de la estructura –(으)ㄹ 수 있다/없다) o 않다 (de la estructura –지 않다), no es posible hacer uso de –아/어지다, sino que se debe emplear –게 되다.

- 처음에는 매운 음식을 못 먹었는데 지금은 먹을 수 있게 됐어요. (○)
  Al principio no podía comer comida picante pero ahora ya puedo comerla
  처음에는 매운 음식을 못 먹었는데 지금은 먹을 수 있어졌어요. (×)
- 전에는 밤늦게 음식을 많이 먹었는데 지금은 먹지 않게 됐어요. (○)
  Antes comía mucho bien entrada la noche pero ahora no lo hago ya más.
  전에는 밤늦게 음식을 많이 먹었는데 지금은 먹지 않아졌어요. (×)

¡Cuidado!

En ocasiones, algunas estructuras gramaticales no se pueden utilizar con adjetivos y su uso solo es viable con verbos como es el caso de –고 싶다 (querer + infinitivo), –지 마세요 (imperativo negativo) o –(으)려면 (en caso de querer + infinitivo). En estos casos –아/어지다 resulta de gran utilidad porque añadiéndolo a la raíz de los adjetivos podemos transformarlos en verbos.

- 저 친구와 더 친해지고 싶어요. (○)
  Me gustaría hacerme más amigo de él.
  저 친구와 더 친하고 싶어요. (×)

–(으)려고 "para", "con la intención de"

C.C P. 306

Se emplea –(으)려고 para indicar la intención o el propósito por la que se lleva a cabo una acción. El sujeto de las dos oraciones debe ser el mismo.

- 나중에 아이에게 보여 주려고 어릴 때 사진을 모으고 있어요.
  Estoy guardando fotos de cuando era niño para enseñárselas luego a mi hijo.
- 아기가 엄마하고 떨어지지 않으려고 계속 울어요.
  El bebé sigue llorando para que no lo separen de su madre.

Como –(으)려고 sirve para expresar la intención o el objetivo que persigue el sujeto con una determinada acción o estado, no se puede añadir a las raíces de los adjetivos; solo se puede añadir a las raíces de los verbos.

- 피곤하지 않으려고 커피를 마셔요. (×)
  → 피곤해서 자지 않으려고 커피를 마셔요. (○)
  Como estoy cansado, me tomo un café para no quedarme dormido.

Aunque tanto –(으)려고 como –(으)러 indican un objetivo o una intención, difieren en el tipo de verbos que pueden usarse en la segunda frase. Mientras que –(으)러 debe ir seguido de un verbo de desplazamiento como 가다, 오다 o 다니다, –(으)려고 puede ir seguido por cualquier tipo de verbo.

- 한국에 일하러 왔어요. (○) He venido a Corea a trabajar.
  한국에 일하려고 왔어요. (○)
  He venido a Corea para trabajar.
- 한국에서 일하러 한국어를 배워요. (×)
  한국에서 일하려고 한국어를 배워요. (○)
  Aprendo coreano para poder trabajar en Corea.

Sin embargo, después de –(으)러 no se puede usar el verbo en forma negativa, aunque sea un verbo de desplazamiento.

- 늦지 않으러 택시로 집에 가요. (×)
  늦지 않으려고 택시로 집에 가요. (○)
  Voy a casa en taxi para no llegar muy tarde.

Por otra parte, mientras que –(으)러 puede ir seguido por una oración imperativa acabada en –(으)세요 o una propuesta acabada en –(으)ㅂ시다, –(으)려고 no puede ir seguido de este tipo de oraciones.

- 밥을 먹으러 식당에 갈까요? (○)
  ¿Vamos a comer a un restaurante?
  밥을 먹으려고 식당에 갈까요? (×)

Capítulo 10

반말 "banmal"(lenguaje informal)

C.C P. 313

1 El uso del banmal

El banmal (lenguaje informal o coloquial) se emplea con familiares de menor edad (hermanos, hijos, sobrinos, etc.), amigos (de cuando uno iba a la escuela), compañeros de clase menores, los niños o personas con las que se tenga mucha confianza. Sería una grosería utilizarlo con alguien con quien no se tenga confianza. El banmal se forma omitiendo la terminación cortés –요. También es habitual omitir las partículas de sujeto 이/가 y las de complemento directo 을/를.

A 보통 주말에 뭐 해요?
¿Qué sueles hacer los fines de semana?
B 집에서 쉬거나 친구를 만나요.
Descanso en casa o quedo con algún amigo.

Por otra parte, los equivalentes informales de 'sí' y 'no' son los siguientes:

네 → 어/응
아니요 → 아니

A 밥 먹었어요?
¿Ya has comido?
B 아니요, 아직 못 먹었어요.
No, todavía no he comido.

2 Tabla de conjugación en banmal

El banmal se suele formar simplemente omitiendo la terminación –요 pero existen otras formas informales específicas de ciertos tipos de conjugación, los cuales pueden verse en la tabla de abajo:

	conjugación	ejemplo
futuro	–(으)ㄹ 거예요 → –(으)ㄹ 거야	다음 주에 여행 갈 거야. 조금 후에 점심 먹을 거야.
el verbo 이다	–예요/이에요 → –야/이야	남자야. 미국 사람이야.
oraciones imperativas	–(으)세요 → –아/어	이것 좀 봐. (보세요 → 봐요) 기다려 줘. (주세요 → 줘요)
propuestas	–(으)ㅂ시다 → –자	집에 가자. 밥 먹자.

3 Los pronombres personales en banmal

Como en las situaciones en las que se puede usar el banmal, no es necesario mostrar respeto hacia el interlocutor, tampoco es necesario referirse de manera humilde a uno mismo. En la siguiente tabla se puede ver la correlación entre los pronombres de humildad y su contrapartida neutra.

1.ª persona		2.ª persona	
forma humilde	forma neutra	forma humilde	forma neutra
저는	나는	OO 씨는 (oder der passende Tite)	너는
저를	나를	OO 씨를	너를
저한테	나한테	OO 씨한테	너한테
제가	내가	OO 씨가	네가
제	내	OO 씨	네

- 저는 마크예요. → 나는 마크야. Yo soy Mark.
- **데니** 누가 저한테 전화할 거예요?
  → 누가 나한테 전화할 거야? ¿Quién me va a llamar?
  리나 제가 데니 씨한테 전화할게요.
  → 내가 너한테 전화할게. Te voy a llamar hoy.
- 제 책을 돌려주세요. → 내 책을 돌려줘. Devuélveme mi libro.
- (a Jinsu) 진수 씨 말을 믿을 수 없어요.
  → 네 말을 믿을 수 없어. No puedo creer lo que dices, Jinsu.

4 Frases imperativas y propuestas en estilo informal

En el estilo informal, las frases imperativas se forman con las raíces verbales terminadas en –아/어, mientras en las propuestas se añade –자 a las raíces verbales. En los registros informales, los verbos de las frases enunciativas como los de las frases imperativas acaban de la misma forma, en –아/어.

forma imperativa informal	propuesta informal
• 내일 일찍 오세요. → 내일 일찍 와. Venga mañana temprano. → Ven mañana temprano. • 저한테 얘기해 주세요. → 나한테 얘기해 줘. Hable conmigo. → Habla conmigo. • 이거 먹어 보세요. → 이거 먹어 봐. Pruebe esto. → Prueba esto.	• 밥부터 먹읍시다. → 밥부터 먹자. ¡Comamos primero! • 내일 봐요! → 내일 보자. ¡Hasta mañana! • 그래요! → 그러자. ¡Claro!

¡Cuidado!

En el caso de las frases enunciativas informales, se puede mostrar una mayor cortesía añadiendo la desinencia –요 a las formas acabadas en –아/어. Sin embargo, la desinencia –요 no se puede añadir a las formas acabadas en –자.

- 같이 여행 가자요! (×) →
  같이 여행 가요! (○) ¡Vamos de viaje!
  같이 여행 갑시다. (○) ¡Vayamos de viaje!

5 Llamar a alguien por el nombre en el registro banmal

En el registro informal banmal, cuando se llama a alguien por el nombre, se añade 야 a los nombres que terminan en vocal. En el caso de que los nombres terminen en consonante, se les añade 아.

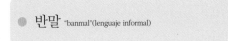

• 진수야! 밥 먹자!
¡Jinsu! ¡Cómete la comida!

• 민정아! 놀자!
¡Minjeong! ¡Juguemos!

¡Cuidado!

El banmal se usa en situaciones muy informales y con aquellos con los que uno tiene una gran confianza. No obstante, incluso cuando se usa el banmal, se ha de usar el infijo –(으)시– en el caso de que se deba mostrar respeto hacia el sujeto de la frase. En los ejemplos de abajo hay varias frases sacadas de conversaciones entre amigos, razón por la que van en banmal, pero igualmente se hace uso de –(으)시– para mostrar respeto hacia los progenitores y hacia el presidente de la empresa.

• 부모님께서 무슨 일 하셔?
¿A qué se dedican tus padres?
하셔: 하(raíz verbal) + –시–(infijo de respeto) + –어(terminación)

• 사장님께서 지난달에 한국에 오셨어.
El presidente vino a Corea el pasado mes.
오셨어: 오(raíz verbal) + –시–(infijo de respeto) + –었–(infijo de pasado) + –어(terminación)

• 내일도 부모님께서 연락하실 거야.
Mis padres van a ponerse en contacto conmigo mañana otra vez.
하실 거야: 하(raíz verbal) + –시–(infijo de respeto) + –ㄹ 거야(terminación de futuro)

–아/어야지요 "(tú) deberías + infinitivo"

C.C P. 302

1 Señalar una necesidad que resulta obvia

Se emplea –아/어야지요 para señalarle al interlocutor que resulta evidente que debe hacer algo o que una situación dese tener lugar de una determinada manera. Puesto que esta estructura suele entrañar un cierto tono de reproche o rapapolvo por no hacer algo, no se debe usar con personas a las que se les deba mostrar respeto, sino más bien con gente en puestos subordinados o de menor edad. Suele hacerse uso de esta estructura en el registro oral, siendo frecuente la contracción –지요 de en –죠, pero su uso es ajeno al registro escrito. Se añade –아/어야지요 a la raíz de los verbos y los adjetivos, así como a 이다.

• 건강하게 살려면 매일 조금씩이라도 운동해야죠.
Para llevar una vida sana se debe hacer ejercicio todos los días aunque sea solo un poco.

• 사업이 잘되기 위해서는 바빠야죠.
Pare que el negocio prospere hay que darlo todo.

• 지난번에는 남자였으니까 이번에는 여자여야죠.
Como la vez anterior fue un hombre, esta vez debería ser una mujer.

Para indicar que no se debería llevar a cabo una determinada acción, se añade –지 않다 o –지 말다 a –아/어야지요 para dando lugar a –지 않아야지요 y –지 말아야지요 respectivamente. Suele preferirse la forma –지 말아야지요 para enfatizar el deseo o intención del hablante.

• 옆에 아기가 있으면 담배를 피우지 않아야죠. 그렇죠?
Si estás al lado de un bebé, no deberías fumar. ¿No estás de acuerdo?

• 친구 사이인데 거짓말을 하지 말아야죠. 친구를 속이면 어떡해요?
Entre amigos no debe haber mentiras. ¿Cómo se puede engañar a un amigo?

2 Señalar la determinación o intención del hablante

La forma –아/어야지, con la terminación –요 omitida, se emplea para indicar la determinación o intención que tiene uno de llevar a cabo una determinada acción. Como se suele usar al hablar uno consigo mismo, no es necesario ningún tipo de cortesía, por lo cual se omite –요. Se añade –아/어야지 a las raíces de los verbos. En los siguientes ejemplos, también es posible hacer uso de la forma –아/어야겠다.

• 이제부터 열심히 공부해야지. Tendría que ponerme a estudiar con ahínco desde ya mismo.
= 이제부터 열심히 공부해야겠다.

• 다음에는 저 공연을 꼭 봐야지.
La próxima vez tengo que ver sin falta el espectáculo.
= 다음에는 저 공연을 꼭 봐야겠다.

Cuando uno se dirige a sí mismo, se pueden usar tanto –아/어야지 como –아/어야겠다 indistintamente, pero en otros contextos tienen matices diferentes. Se suele usar –아/어야겠다 después de darse uno de algo, mientras que se emplea –아/어야지 con verdades ampliamente conocidas.

• 건강해지려면 운동해야지.
Hay que hacer deporte para estar sano, ¿verdad?
(Se trata de una verdad ampliamente conocida.)

• 건강이 안 좋아졌다. 이제부터 운동해야겠다.
Mi salud no mejora. Debería ponerme a hacer ejercicio desde ya mismo.
(Se acaba de dar cuenta de qué debería hacer.)

Capítulo 11

● –(으)ㄴ/는 desinencia que une oraciones de relativo con los sustantivos que modifican

C.C P. 304

La terminación –(으)ㄴ/는 se añade a las oraciones de relativo que modifican sustantivos. En coreano, los modificadores siempre preceden aquello a lo que modifiquen. La terminación –(으)ㄴ/는 se puede añadir a la raíz de los verbos y los adjetivos, así como a 이다, que constituya la última palabra de la frase de relativo, convirtiéndose así en una modificador que describe el sustantivo que siga. La forma de la terminación difiere dependiendo del tiempo verbal o de si la oración de relativo acaba en un verbo, en un adjetivo o en 이다.

- [제일 늦게 퇴근하는] 사람이 창문을 닫으세요.
  Que cierre las ventanas el [último que salga del trabajo].
- 심한 운동은 [약을 먹는] 사람에게 위험해요.
  El ejercicio en exceso es peligroso para la gente [que toma medicinas].
- 가을에는 [단풍이 유명한] 곳에 가고 싶어요.
  Quiero ir a algún lugar [que sea famoso por sus arces].
- [직업이 화가인] 내 친구는 항상 밤에 일해요.
  Un amigo mío, [el cual es pintor,] siempre trabaja de noche.

A las palabras terminadas en 있다/없다 se le añade la terminación –는 en lugar de –(으)ㄴ.

- 재미있는 책이 없어요. (○) No hay ningún libro interesante.
  재미있은 책이 없어요. (×)

Si la oración de relativo acaba en un verbo en tiempo presente, se añade –는 a la raíz verbal. La terminación –는 indica que la acción expresada por dicho verbo ocurre al mismo tiempo que lo expresado en la oración principal.

- 그 사람은 [제가 잘 아는] 사람이에요.
  Él/Ella es alguien [que conozco muy bien].
- 어젯밤에 [친구가 전화하는] 소리 때문에 잠을 못 잤어요.
  No pude dormir anoche por culpa del jaleo [que armó mi amigo hablando por teléfono].
  [Se hace uso de –는 porque la llamada se realizó cuando el hablante no podía dormir.]

Las terminaciones –(으)ㄴ y –았/었던 se añaden a las oraciones de relativo cuando estas hacen referencia a una acción o un estado anteriores a los expresados en la oración principal.

- [지난주에 본] 영화가 재미있었어요.
  La película [que vi la semana pasada] era divertida.
- [예전에 착했던] 친구가 성격이 이상해졌어요.
  Un amigo [que solía ser muy amable] se ha vuelto raro.
- [한때 야구 선수였던] 그 남자는 지금은 회사원이에요.
  Ese hombre [que fue por algún tiempo jugador de béisbol] ahora trabaja en una empresa.

Se añade la terminación –(으)ㄹ a las oraciones de relativo cuando expresan algo que sucederá en el futuro o que todavía no ha ocurrido.

- [다음 주에 먹을] 음식 재료를 어제 시장에서 샀어요.
  Ayer compré los ingredientes para la comida [que comeremos la próxima semana].
  [Mientras que la acción de comprar tuvo lugar en el pasado, la acción de comer ocurrirá en el futuro.]
- 어제 [해야 할] 일이 많아서 늦게 잤어요.
  Como tenía muchas cosas [que hacer], ayer me acosté tarde.
  [Ayer no hizo todas las cosas que tenía que hacer]
- [할] 말이 있었지만 결국 말 못 했어요.
  Tenía algo [que decir] pero al final no pude decirlo.
  [Al final no dijo aquello que quería decir.]

La conjugación de la forma negativa varía según se niegue un verbo o un adjetivo, así como el tiempo en el que vayan.

	pasado	presente	futuro/hipótesis
verbo	여행 가지 않은 사람	여행 가지 않는 사람	여행 가지 않을 사람
adjetivo	필요하지 않았던 물건	필요하지 않은 물건	필요하지 않을 물건

¡Cuidado!

No es natural añadir la partícula 은/는 al sujeto de una oración de relativo. Es preferible usar la partícula 이/가.

- [제는 이번에 여행 가는] 곳이 부산이에요. (×)
  [제가 이번에 여행 가는] 곳이 부산이에요. (○)
  El lugar [al que voy a ir esta vez de viaje] es Busan.

● –았/었으면 좋겠다 "ojalá", "desearía"

C.C P. 305

Cuando el hablante expresa el deseo o la esperanza de que se de cierta situación, solo tiene que añadir –았/었으면 좋겠다 a la frase que expresa aquello que desea o espera. No se puede usar –고 싶다 antes de –았/었으면 좋겠다.

- 한국어를 잘했으면 좋겠어요. (○)
  Desearía hablar bien coreano.
- 한국어를 잘하고 싶었으면 좋겠어요. (×)

En el registro oral, es habitual el uso de –았/었으면 하다 en lugar de –았/었으면 좋겠다.

- 다른 집으로 이사했으면 해요 (= 좋겠어요).
  Ojalá pudiera mudarme a otra casa.

¡Cuidado!

Se puede usar tanto –았/었으면 좋겠다 como –(으)면 좋겠다 indistintamente para expresar los propios deseos. Sin embargo, se emplea –았/었으면 para indicar el anhelo del hablante de que ocurra algo que es poco probable que suceda, que la realidad sea diferente o que sucediera algo que es imposible que ocurra. Por el contrario, –(으)면 좋겠다 se suele emplear para indicar una condición o una opción.

- 언젠가 세계 여행을 했으면 좋겠어요.
  Desearía poder viajar alguna vez por todo el mundo. (expresión de deseo)
- 이번에는 제주도로 여행 가면 좋겠어요.
  Ojalá podamos ir de viaje a la isla de Jeju esta vez. (expresión de una elección)

–도록 "para que", "de manera que"

C.C P. 300

1 El uso de –도록

Se emplea –도록 para indicar el objetivo, la intención o el resultado de la acción expresada en la oración que sigue.

- 사람들이 지나가도록 길을 비켜 줬어요.
  Me moví para que la gente pasara.
- 손님이 만족할 수 있도록 정성껏 음식을 만들어요.
  Hice la comida con esmero para que los clientes quedaran satisfechos.

Se añade –도록 a la raíz de los verbos. Su uso no es compatible con el infijo de pasado –았/었–, pero sí se puede usar con la terminación negativa –지 않다. Los sujetos de la oración que se añada a –도록 y la que le siga, pueden ser el mismo o distintos.

- 나중에 가족이 놀라지 않도록 미리 얘기하세요.
  Háblelo primero con su familia para que no se asuste luego.
- 아이들도 쉽게 따라 할 수 있도록 요리 책을 쉽게 만들었어요.
  He escrito libros de cocina sencillos para que los niños puedan seguir las instrucciones sin dificultades.

2 Comparación de –도록 y –게

El significado de –게 es el mismo que el de –도록 y –게 también se añade a las raíces verbales. No obstante, –도록 se considera más formal que –게.

- 나중에 문제가 생기지 않도록 지금 확인하는 게 좋겠습니다.
  = 나중에 문제가 생기지 않게 지금 확인하는 게 좋겠어요.
  Sería recomendable comprobarlo ahora para que después no surjan problemas.

3 Comparación de –도록 y –(으)려고

Aunque el significado de –도록 es similar al de –(으)려고, ya que ambas estructuras se emplean para indicar la intención del sujeto, en ocasiones se usan de manera diferente. Como –(으)려고 hace énfasis en la intención del hablante, los sujetos de la frase que precede a –(으)려고 y de la que sigue, deben ser el mismo. Cuando ambas frases tienen un mismo sujeto, se puede usar –(으)려고 indistintamente o sin que varíe el significado.

- 회사에 늦지 않으려고 택시를 탔어요. (○)
  Tomé un taxi para no llegar tarde a la empresa.
  = 회사에 늦지 않도록 택시를 탔어요. (○)
  Tomé un taxi para no llegar tarde a la empresa.

Sin embargo, cuando las dos oraciones tienen sujetos diferentes, se puede emplear –도록 pero no es posible usar –(으)려고, como se puede comprobar en los siguientes ejemplos.

- 학생들이 쉽게 이해하려고 선생님이 그림을 그려서 설명했어요. (×)
  학생들이 쉽게 이해하도록 선생님이 그림을 그려서 설명했어요. (○)
  El profesor lo explicó haciendo dibujos para que los estudiantes lo entendieran más fácilmente.

Por otra parte, cuando la segunda oración es una forma imperativa acabada en –(으)세요 o una propuesta acabada en –(으)ㅂ시다, se puede usar –도록 pero no es posible el uso de –(으)려고.

- 늦지 않으려고 일찍 출발하세요. (×)
  늦지 않도록 일찍 출발하세요. (○)
  Salga temprano para no llegar tarde.

Capítulo 12

–다고 하다 estilo indirecto

C.C P. 310

El estilo indirecto se usa para comunicar lo que otra persona ha dicho. Las oraciones en estilo indirecto pueden acabar en –다고 하다, –(으)라고 하다, –자고 하다 y –냐고 하다, dependiendo de si se tratan de enunciados, órdenes, propuestas o preguntas respectivamente. En lugar de 하다, se pueden usar otros verbos como 말하다 (hablar), 얘기하다 (platicar), 제안하다 (proponer), 조언하다 (sugerir) o 질문하다 (preguntar).

1 Los enunciados en estilo indirecto

Los enunciados acaban en –다고 하다 en el estilo indirecto. En el caso de que la oración en estilo indirecto haga referencia al tiempo presente, se añade –ㄴ/는다고 a las raíces de los verbos, –다고 a las raíces de los adjetivos, e –(이)라고 하다 con 이다. En el caso de los enunciados en pasado, se añade -았/었다고 하다 se emplea por igual a las raíces de los verbos, de los adjetivos y a 이다. Si se hace referencia a un enunciado relativo al futuro o a una hipótesis, se añade -(으)ㄹ거라고 하다 a las raíces de los verbos, de los adjetivos y a 이다, aunque en el registro escrito se suele hacer uso de -(으)ㄹ 것이라고 하다.

- 진수가 "보통 아침에 7시에 일어나요."라고 했어요.
  Jinsu dijo: ≪Suelo levantarme a las siete de la mañana.≫
  → 진수가 보통 아침에 7시에 일어난다고 했어요.
  Jinsu dijo que se solía levantar a las siete de la mañana.
- 리나가 "일주일에 한 권씩 책을 읽어요."라고 말했어요.
  Rina dijo: ≪Leo un libro a la semana.≫
  → 리나가 일주일에 한 권씩 책을 읽는다고 말했어요.
  Rina dijo que leía un libro a la semana.
- 케빈이 "갑자기 배가 아파요."라고 소리 질렀어요.
  Kevin exclamó: ≪De pronto me duele el estómago.≫
  → 케빈이 갑자기 배가 아프다고 소리 질렀어요.
  Kevin exclamó que de pronto le dolía el estómago.
- 웨이가 "회사원이에요."라고 대답했어요.
  Wei contestó: ≪Trabajo en una empresa.≫
  → 웨이가 회사원이라고 대답했어요.
  Wei contestó que trabajaba en una empresa.
- 민호가 "어제 회사에 갑자기 일이 생겼어요."라고 얘기했어요.
  Minho dijo: ≪Ayer ocurrió un incidente en la empresa.≫
  → 민호가 어제 회사에 갑자기 일이 생겼다고 얘기했어요.
  Minho dijo que ayer había ocurrido un incidente en la empresa.
- 마크가 "다음 주에 미국에 갔다 올 거예요."라고 했어요.
  Mark dijo: ≪La próxima semana iré a Estados Unidos y volveré.≫
  → 마크가 다음 주에 미국에 갔다 올 거라고 했어요.
  Mark dijo que la siguiente semana iría a Estados Unidos y que volvería.

En coreano, se pueden usar las formas correspondientes al tiempo presente para hacer indicar que algo sucederá en un futuro cercano.

- 친구들이 다음 주에 휴가 갈 거라고 말했어요.
  Mi amigo me ha dicho que la próxima semana se irá de vacaciones.
  = 친구들이 다음 주에 휴가 간다고 말했어요.
  Mi amigo me ha dicho que la próxima semana se va de vacaciones.

Para pasar al estilo indirecto las promesas acabadas en -(으)ㄹ게요, ya se hagan al interlocutor o a uno mismo, se puede expresar en estilo indirecto de las siguientes maneras:

- 진수가 "이따가 연락할게요."라고 말했어요.
  Jinsu me dijo: ≪Contactaré contigo más tarde.≫
  → 진수가 이따가 연락하겠다고 말했어요.
  = 진수가 이따가 연락한다고 말했어요.
  Jinsu dijo que contactaría conmigo más tarde.

El equivalente a la afirmación 네 en el estilo indirecto sería 그렇다고 하다 o 맞다고 하다, que equivaldría en español a "decir que sí". Por su parte, el equivalente a la negación 아니오 en el estilo indirecto sería 아니라고 하다, que equivaldría en español a "decir que no".

- 진수가 "네."라고 했어요. Jinsu dijo: ≪Sí.≫
  → 진수가 그렇다고 했어요. Jinsu dijo que sí.
- 새라가 "아니요."라고 말했어요. Sarah dijo: ≪No.≫
  → 새라가 아니라고 말했어요. Sarah dijo que no.

2 Puntos a tener en cuenta al usar el estilo indirecto

Los enunciados que terminan en las formas negativas -지 않다 o -지 못하다 varían dependiendo de si se añaden a la raíz de un verbo o de un adjetivo. Se hace uso de -지 않다고 하다 con los adjetivos y -지 못한다고 하다 con los verbos.

- 리나가 "바쁘지 않아요."라고 했어요.
  Rina dijo: ≪No estoy ocupada.≫
  → 리나가 바쁘지 않다고 했어요.
  Rina dijo que no estaba ocupada.
- 리나가 "운동하지 않아요."라고 했어요.
  Rina dijo: ≪No hago ejercicio.≫
  → 리나가 운동하지 않는다고 했어요.
  Rina dijo que no hacía ejercicio.
- 리나가 "수영하지 못해요."라고 말했어요.
  Rina dijo: ≪No sé nadar.≫
  → 리나가 수영하지 못한다고 했어요.
  Rina dijo que no sabía nadar.

El uso de estructuras perifrásticas como -고 싶다 y -아/어야 하다 en el estilo indirecto varía según la perífrasis acabe en un adjetivo o en un verbo. Por ejemplo, como la perífrasis -고 싶다 acaba en adjetivo, se le añade la forma -다고 하다 de estilo indirecto. Por el contrario, como -아/어야 하다 acaba en verbo, se le añade la forma -ㄴ다고 하다 de estilo indirecto. Por otra parte, como -(으)ㄴ/는 편이다 termina en el sustantivo 편, se le añade la forma -(이)라고 하다 de estilo indirecto.

perífrasis acabadas en adjetivos	perífrasis acabadas en verbos
"먹고 싶어요." → 먹고 싶다고 했어요.	"먹어야 해요." → 먹어야 한다고 했어요.
"먹을 수 있어요."" → 먹을 수 있다고 했어요.	"먹으면 안 돼요." → 먹으면 안 된다고 했어요.
"볼 수 없어요." → 볼 수 없다고 했어요.	"먹으려고 해요." → 먹으려고 한다고 했어요.
"많이 먹는 편이에요." → 많이 먹는 편이라고 했어요.	"먹을 줄 알아요." → 먹을 줄 안다고 했어요.

Las terminaciones del tipo -네요, -군요, -거든요 o -잖아요, no se pueden trasladar al estilo indirecto. Igualmente tampoco se puede reflejar en el estilo indirecto si la persona empleó banmal o un estilo cortés al hablar.

- 리나가 "비빔밥이 정말 맛있네요."라고 했어요.
  Rina dijo: ≪El bibimbap está muy rico, ¿verdad?≫
  → 리나가 비빔밥이 정말 맛있다고 했어요.
  Rina dijo que el bibimbap estaba muy rico.
- 웨이가 "처음에 회사에서 많이 고생했군요."라고 말했어요.
  Wei dijo: ≪Los primeros días en la empresa fueron muy duros.≫
  → 웨이가 처음에 회사에서 많이 고생했다고 말했어요.
  Wei dijo que los primeros días en la empresa había sido muy duros.
- 가게 직원이 "손님들이 이 음식을 많이 주문하세요."라고 했어요.
  El empleado del local dijo: ≪Los clientes piden mucho este plato.≫
  → 가게 직원이 손님들이 이 음식을 많이 주문한다고 했어요.
  El empleado del local dijo que los clientes pedían mucho este plato.

Los pronombres de 1.ª persona 저, 나 y 우리 se transforman en 자기 (uno mismo) excepto cuando el hablante repite en estilo indirecto algo que él mismo ha dicho.

- 마크가 "직원이 저한테 전화했어요."라고 했어요.
  Mark dijo: ≪El empleado me llamó.≫
  → 마크가 직원이 자기한테 전화했다고 했어요.
  Mark dijo que el empleado lo había llamado.
- 에릭이 "내 친구의 이름은 박준수야."라고 말했어요.
  Erik dijo: ≪Mi amigo se llama Junsu Park.≫
  → 에릭이 자기 친구의 이름은 박준수라고 말했어요.
  Erik dijo que su amigo se llamaba Junsu Park.
- 피터가 "우리 회사 사람은 전부 남자예요."라고 했어요.
  Peter dijo: ≪En nuestra empresa todos somos hombres.≫
  → 피터가 자기 회사 사람은 전부 남자라고 했어요.
  Pedro dijo que en su empresa todos eran hombres.
- 저는 "제가 한국 사람이에요."라고 말했어요.
  Yo dije: ≪Yo soy coreano.≫
  → 저는 (제가) 한국 사람이라고 했어요. (○)
  Yo dije que (yo) era coreano.

Se suele usar la forma de pasado –고 했다 cuando se hace referencia a algo que una persona ha dicho, mientras que es normal utilizar –고 하다 para señalar algo que se suele decir.

- 마크가 한국 음식이 건강에 좋다고 했어요.
  Mark dijo que la comida coreana era saludable.
- 사람들이 한국 음식이 건강에 좋다고 해요.
  La gente dice que la comida coreana es saludable.

Para indicar que lo que se expresa corresponde a una opinión o una impresión subjetiva del sujeto, se pueden usar verbos como 생각하다, 보다 y 느끼다.

- 마크는 "한국어를 공부할 때 단어가 제일 중요해요."라고 생각해요.
  Mark piensa: ≪El vocabulario es lo más importante cuando se estudia coreano.≫
  → 마크는 한국어를 공부할 때 단어가 제일 중요하다고 생각해요.
  Mark piensa que el vocabulario es lo más importante cuando se estudia coreano.
- 진수가 "요즘은 취직하기 어려워요."라고 느껴요.
  Jinsu tiene una sensación, la de que ≪Estos días es difícil encontrar trabajo.≫
  → 진수가 요즘은 취직하기 어렵다고 느껴요.
  Jinsu tiene la sensación de que estos días es difícil encontrar trabajo.

3 Las órdenes, las propuestas y las preguntas en estilo indirecto

El imperativo en estilo indirecto se forma con –(으)라고 하다, mientras que en el caso de las propuestas se utiliza –자고 하다. Para hacer sus respectivas formas negativas se ha de utilizar 말다, dando lugar a –지 말라고 하다, en el caso de las formas imperativas, y –지 말자고 하다, en el caso de las propuestas.

- 진수가 "지하철 3호선을 타세요."라고 했어요.
  Jinsu me dijo: ≪Tome la línea 3 de metro.≫
  → 진수가 지하철 3호선을 타라고 했어요.
  Jinsu me dijo que tomara la línea 3 de metro.
- 리나가 "걱정하지 마세요."라고 얘기했어요.
  Rina me dijo: ≪No se preocupe.≫
  → 리나가 걱정하지 말라고 얘기했어요.
  Rina me dijo que no me preocupara.
- 민호가 "다음에 만나서 얘기합시다."라고 말했어요.
  Minho dijo: ≪Veámonos y hablemos en otra ocasión.≫
  → 민호가 다음에 만나서 얘기하자고 말했어요.
  Minho dijo que nos viéramos y habláramos en otra ocasión.
- 웨이가 "더 이상 걱정하지 맙시다."라고 했어요.
  Wei dijo: ≪No nos preocupemos más.≫
  → 웨이가 더 이상 걱정하지 말자고 말했어요.
  Wei dijo que no nos preocupásemos más.

Existen dos maneras de pasar –아/어 주세요 al estilo indirecto por medio de dos verbos que significan "dar". Si la acción se llevó a cabo en aras de otra persona, el estilo indirecto se forma con –아/어 주라고 했어요, mientras que si se realizó en aras del hablante ha de usarse –아/어 달라고 했어요 en su lugar.

- 진수가 "이 책을 리나에게 전해 주세요."라고 말했어요.
  Jinsu me pidió: ≪Dale este libro a Rina.≫
  → 진수가 이 책을 리나한테 전해 주라고 했어요.
  Jinsu me pidió que le diera este libro a Rina. (a Rina)
- 진수가 "이 책을 저한테 전해 주세요."라고 말했어요.
  Jinsu me pidió: ≪Deme este libro.≫
  → 진수가 이 책을 자기한테 전해 달라고 했어요.
  Jinsu me pidió que le diese este libro. (a Jinsu)

A las preguntas en estilo indirecto se le añade –냐고 하다. Si la pregunta va en presente se le añade –았/었냐고, si va en pasado se le añade y si va en futuro –(으)ㄹ 거냐고 하다.

- 진수가 마크에게 "언제 한국에 왔어요?"라고 물어봤어요.
  Jinsu le preguntó a Mark: ≪¿Cuándo viniste a Corea?≫
  → 진수가 마크에게 언제 한국에 왔냐고 물어봤어요.
  Jinsu le preguntó a Mark cuándo vino a Corea.

• 리나가 유키에게 "한국 생활이 어때요?"라고 질문했어요.
Rina le preguntó a Yuki: ≪¿Qué tal la vida en Corea?≫
→ 리나가 유키에게 한국 생활이 어떠냐고 질문했어요.
Rina le preguntó a Yuki qué tal la vida en Corea.

• 마크가 민호에게 "휴가 때 뭐 할 거예요?"라고 질문했어요.
Mark le preguntó a Minho: ≪¿Qué harás en las vacaciones?≫
→ 마크가 민호에게 휴가 때 뭐 할 거냐고 질문했어요.
Mark le preguntó a Minho qué haría en las vacaciones.

¡Cuidado!

Los signos de interrogación desaparecen cuando se pasa una pregunta al estilo indirecto.

• 진수가 "어디에 가요?"라고 물어봤어요.
Jinsu me preguntó: ≪¿Adónde vas?≫
→ 진수가 어디에 가냐고 물어봤어요? (×)
→ 진수가 어디에 가냐고 물어봤어요. (○)
Jinsu me preguntó adónde iba.

4 Formas contractas del estilo indirecto

Como se ha visto en los puntos anteriores, el estilo indirecto presenta formas muy diferentes. Dichas formas pueden contraerse en los contextos informales en los que se emplea el banmal. En estos casos, –다고 했어요 se contrae en –대요, –라고 했어요 se contrae en –래요, –자고 했어요 se contrae en –재요, –냐고 했어요 se contrae en –냬요.

• 진수가 어제 잠을 못 자서 피곤하다고 했어요.
Jinsu dijo que estaba cansado porque no pudo dormir anoche.
→ 피곤하대요

• 리나가 날씨가 안 좋으니까 우산을 가져가라고 했어요.
Rina me dijo que llevara paraguas porque no hacía buen tiempo.
→ 가져가래요

• 새라가 주말에 같이 영화 보자고 제안했어요.
Sarah me propuso que fuésemos a ver una película el fin de semana.
→ 보재요

• 유키가 내일 시간이 있냐고 물어봤어요.
Yuki me preguntó si tenía tiempo mañana.
→ 있냬요

5 Coordinación de dos oraciones en estilo indirecto o de una oración en estilo indirecto con una acción que tiene lugar al mismo tiempo

Por medio de –(으)면서 se coordinan dos acciones que tienen lugar al mismo tiempo. Además, si añadimos –(으)면서 a la forma de estilo indirecto –고 하다, el resultante –고 하면서 permite coordinar dos oraciones en estilo indirecto o indicar que estaba haciendo alguien cuando dijo aquello de lo que se informa en estilo indirecto.

피곤해요?
음악을 듣고 싶어요.
좋은 노래가 있어요?

• 케빈이 피곤하냐고 하면서 커피를 줬어요.
Kevin me preguntó si estaba cansada y me dio un café.

• 리나가 음악을 듣고 싶다고 하면서 좋은 노래가 있냐고 물어봤어요.
Rina me pregunto si quería escuchar música y si conocía alguna canción buena.

–(으)ㄴ/는 것 같다 "parecer que"

C.C P. 307

1 Realizar hipótesis

Se hace uso de –(으)ㄴ/는 것 같다 para realizar hipótesis sobre una acción, un estado o un acontecimiento. Si la suposición hace referencia al presente, se añade –(으)ㄴ 것 같다 a la raíz de los verbos y –는 것 같다 a la raíz de los adjetivos. Si la suposición hace referencia al pasado, se añade –(으)ㄴ 것 같다 a la raíz de los verbos y –았/었던 것 같다 a la raíz de los adjetivos. Si la suposición hace referencia al futuro, se añade –(으)ㄹ 것 같다 a la raíz tanto de verbos como de adjetivos.

• 사람들이 두꺼운 옷을 입고 있어요. 밖이 추운 것 같아요.
La gente lleva ropa de abrigo. Parece que hace frío afuera.

• 리나 씨가 답을 아는 것 같아요. 자신 있게 웃고 있어요.
Parece que Rina sabe la respuesta. Está sonriendo con confianza.

• 케빈한테 여자 친구가 생긴 것 같아. 시간이 날 때마다 전화하러 나가.
Parece que Kevin se ha echado novia. Cada vez que tiene tiempo sale a llamar por teléfono.

• 내 친구가 이 책을 읽은 것 같아. 여러 가지 물어봤는데 다 대답을 잘해.
Parece que mi amigo se ha leído este libro. Le he hecho varias preguntas y las ha contestado todas bien.

• 발음을 들어 보니까 미국 사람인 것 같아.
Por su pronunciación parece ser estadounidense.

• 하늘이 어두워요. 비가 올 것 같아요.
El cielo está oscuro. Parece que va a llover.

• 밥을 안 먹고 산에 올라가면 배가 고플 것 같아요.
Si subimos la montaña sin comer, puede que nos entre hambre.

Sin embargo, a los adjetivos que acaban en 있다/없다 como 재미있다, 맛있다, etc. no se les añade –(으)ㄴ 것

같다 sino -는 것 같다.

- 저 음식이 제일 맛있는 것 같아요. 제일 많이 팔려요. (○)
  Aquel plato parece el más sabroso. Es el que más se vende.
- 저 음식이 제일 맛있은 것 같아요. 제일 많이 팔려요. (×)

¡Cuidado!

Existe una sutil diferencia entre el uso de los adjetivos en presente y en futuro.

- 주말에는 사람이 많은 것 같아.
  Parece que los fines de semana hay mucha gente.
  (La hipótesis se basa en la observación de que suele haber mucha gente los fines de semana.)
- 주말에는 사람이 많을 것 같아.
  Parece que habrá mucha gente el fin de semana.
  (Esta hipótesis de que habrá mucha gente no se basa en ningún tipo de observación ni información previa.)

Cuando se añade -(으)ㄴ/는 것 같다 a la negación -지 않다, la forma en la que se añade depende de si se niega un adjetivos o un verbo. En el caso de los adjetivos, se emplea la forma -지 않은 것 같다 y, en el caso de los verbos, se hace uso de -지 않는 것 같다.

- 오늘 날씨가 춥지 않은 것 같아요. 사람들이 옷을 얇게 입었어요.
  Parece que hoy no hace frío. La gente lleva ropa ligera.
- 저 사람은 영화를 자주 보지 않는 것 같아요. 요즘 영화에 대해 잘 몰라요.
  No parece que él/ella vea películas con frecuencia. No sabe mucho sobre películas recientes.

¡Cuidado!

En la lengua coloquial, es habitual la pronunciación -는 거 같아요 en lugar de -는 것 같아요. También es común la pronunciación 같애요 en lugar de 같아요, pero dicha pronunciación no se considera correcta.

2 Dar una opinión persona de manera indirecta

No solo se hace uso de -(으)ㄴ/는 것 같다 para realizar hipótesis sino que el hablante también puede emplear esta estructura para dar su opinión personal. Al hacerlo, el hablante no presenta su parecer de una manera contundente sobre un tema sino que más bien la deja caer de manera indirecta.

- 가격표를 보세요. 여기가 다른 가게보다 비싼 것 같아요.
  Fíjese en la etiqueta del precio. Parece que aquí está más caro que en otras tiendas.
  (El hablante no está expresando una hipótesis, ya que está viendo el precio, sino que más bien está expresando su opinión basándose en su conocimiento y su experiencia al respecto.)
- 작년에 산 바지가 작아. 내가 요즘 살이 찐 것 같아.
  Los pantalones que compré el año pasado me están pequeños. Parece que he engordado últimamente.
  (El hablante no ha comprobado su peso pero deduce que ha engordado por la sensación que tiene al ponerse los pantalones que compró el año pasado.)

Capítulo 13

-(으)ㄹ래요 "querría", "gustaría"

C.C P. 306

1 Señalar la intención del hablante

Se emplea -(으)ㄹ래요 por parte de los hablantes para indicar su intención añadiéndolo a la raíz de los verbos. Se emplea principalmente en el registro oral. Se utiliza -지 않다 para constituir la forma negativa, que es -지 않을래요. Dado que el uso de -(으)ㄹ래요 suele implicar informalidad y cierta confianza, solo debería usarse con personas de estatus similar o inferior al menos.

- 오늘 좀 피곤하니까 운동은 쉴래요.
  Como estoy un poco cansado, hoy me apetece descansar y no hacer ejercicio.
- 나는 이거 안 먹을래.
  Yo no quiero comer esto.

2 Preguntarle al interlocutor sobre sus intenciones, pedirle algo o hacerle una propuesta

La estructura interrogativa -(으)ㄹ래요? se emplea para preguntarle al interlocutor sobre, para pedirle que haga algo o hacerle una propuesta. En estos casos, uno debe tratar de responder a la pregunta según la intención que tenga. Echemos un vistazo a los siguientes ejemplos.

(1) preguntarle a alguien por sus intenciones

A 진수 씨, 뭐 마실래요? (= 먹고 싶어요?)
¿Qué te apetece tomar, Jinsu?
B 전 커피 마실게요.
Yo tomaré café.

¡Cuidado!

Se puede contestar a la pregunta -(으)ㄹ래요? haciendo uso de -(으)ㄹ래요, pero al hacerlo así se da a entender que la decisión se ha tomado sin tener en cuenta a la persona que ha hecho la pregunta. Por ello, puede resultar una respuesta grosera o, al menos, descortés. Por el contrario, -(으)ㄹ게요 sí implica cierta consideración por parte del hablante y, por lo tanto, resulta más cortés. Es preferible usar –(으)ㄹ래요 con aquellos con los que uno tiene confianza o con los que puede comunicar sus intenciones sin mostrar deferencias, mientras que resulta preferible emplear –(으)ㄹ게요 con personas a las que haya que mostrar cierta cortesía.

• 엄마: 밥 먹을래? ¿Quieres comer?
아이1: 싫어, 밥 안 먹을래. En absoluto. No quiero comer.
(Se espeta que no se quiere comer.)
아이2: 저는 밥 안 먹을게요. No me apetece comer.
(Se rechaza amablemente la comida.)

(2) Un favor

A 사무실 연락처 좀 알려 줄래요? (= 알려 주시겠어요?)
¿Me diría(s) el número de teléfono de la oficina?
B 알려 줄게요. Te lo diré.

(3) Una sugerencia

A 제가 밥을 살 테니까 같이 식사할래요? (= 식사할까요?)
¿Te apetece que vayamos a comer? Yo invito.
B 좋아요, 같이 식사해요. Muy bien. Vayamos a comer.

Se utilizan –지 않다 y –지 말다 para constituir las formas negativas –지 않을래요 y –지 말래요.

• 오늘 점심은 시원하게 국수로 먹지 않을래요?
¿No te apetecería almorzar hoy unos fideos fríos?

• 오늘 모임에 가지 말래요? 우리끼리 영화나 봐요.
¿Prefieres que no vayamos a la reunión de hoy? Pues vayamos a ver una película

Se hace uso de –(으)ㄹ래요 en situaciones informales en las que no es necesario mostrar cortesía. No obstante, en los casos en los que se deba mostrar deferencia, se puede añadir el infijo de cortesía –(으)시–, lo que da lugar a la forma –(으)실래요?. Dicha forma se puede usar con compañeros de trabajo, amigos de la escuela o parientes con los que se tenga muy buena relación, si estos tienen más edad.

• 뭐 드실래요? ¿Qué le gustaría comer?
(a un amigo de la escuela mayor que el hablante)
• 저하고 같이 준비하실래요?
¿Le apetecería prepararlo conmigo?
(a un compañero de trabajo de mayor que el hablante)

Es posible hacer uso de –(으)ㄹ래? y de 말래? con amigos muy cercanos con los que uno no necesita mostrar ningún tipo de cortesía al preguntarles por su intención de hacer o no hacer algo.

• 오늘 쇼핑하러 가는데 같이 갈래? 말래?
Iba a ir de compras hoy. ¿Quieres venir conmigo? ¿O no te apetece?

• 도시락 싸 왔어. 너도 같이 먹을래? 말래?
He traído comida en la fiambrera. ¿Te apetece que la compartamos? ¿O no te apetece?

–(으)ㄹ까 하다 "estar pensando en + infinitivo"

C.C P. 306

Se emplea –(으)ㄹ까 하다 para indicar que por parte del hablante que está pensando en llevar a cabo una determinada acción. Su uso implica una cierta vaguedad e inconcreción, por lo que se presenta esa idea como una opción entre varias y que podría fácilmente sustituirse por alguna de ellas. Como el sujeto debe ser el hablante, esta estructura solo puede usarse en 1.ª persona. La estructura –(으)ㄹ까 하다 se añade a las raíces verbales.

• 일이 끝났으니까 오랜만에 친구를 만날까 해요.
Como ya he terminado el trabajo, estoy pensando en quedar con un amigo que no veo desde hace mucho tiempo.

• 오늘 점심은 냉면을 먹을까 하는데 어때요?
Hoy podríamos almorzar naengmyeon. ¿Qué te parece?

Curiosidades

Tanto –(으)ㄹ까하다 como –(으)려고 하다 se emplean por parte del hablante para indicar que está pensando hacer algo. Sin embargo, –(으)ㄹ까 하다 no implica que se haya tomado ninguna decisión todavía, sino más bien una idea vaga que todavía no se ha materializado en un plan. Por el contrario, –(으)려고 하다 se suele emplear para expresar la intención de llevar a cabo una determinada acción que se ha planeado.

• 이번 방학 때 제주도로 여행 갈까 해요.
Estoy considerando la idea de viajar a la isla de Jeju estas vacaciones.
(Implica que todavía es una vaga idea que podría desecharse.)

• 이번 방학 때 제주도로 여행 가려고 해요.
Pienso viajar a la isla de Jeju estas vacaciones.
(Implica que el hablante ya ha tomado la decisión de hacerlo.)

Para indicar cierta vacilación a la hora de tomar una decisión entre varias, se repite esta estructura dando lugar a –(으)ㄹ까 –(으)ㄹ까. Si uno está dudando entre hacer algo o no hacerlo, puede expresarlo por medio de –(으)ㄹ까 말까.

• 주말에 동창 모임에 갈까 집에서 쉴까 고민하고 있어요.
Estoy dudando entre ir el fin de semana a la reunión de antiguos alumnos y quedarme en casa.

• 물건은 마음에 드는데 비싸서 살까 말까 생각하고 있어요.
Como el producto que me gusta es caro, estoy pensando si comprarlo o no.

¡Cuidado!

Puesto que el –(으)ㄹ까 de –(으)ㄹ까 하다 se emplea para hacerse una pregunta a uno mismo, solo puede emplearse en 1.ª persona. Su uso no es posible con la 2.ª y la 3.ª persona. No se puede usar –(으)ㄹ까 하다 para hacerle una pregunta al interlocutor.

- 친구는 일을 그만둘까 해요. (×)
  → 친구는 일을 그만두려고 해요. (○)
  Mi amigo piensa dejar su trabajo.
- 언제 일하기 시작할까 해요? (×)
  → 언제 일하기 시작할 거예요? (○)
  ¿Cuándo empezará a trabajar?

Como la oración que va después de –기는 하지만 presenta la opinión del hablante de manera un tanto contundente o directa, es habitual y más cortés en el lenguaje oral omitirla para pasar a insinuarla.

- 그 식당이 맛있긴 해요.
  No niego que la comida del restaurante esté rica.
  (El hablante reconoce que la comida está buena pero da a entender que hay algo que no le gusta, quizá un servicio deficiente o unos precios desorbitados.)
- 그 사람의 이름을 듣기는 했어요.
  Me suena haber oído su nombre.
  (El hablante reconoce haber estuchado el nombre de una persona pero da a entender que desconoce qué aspecto tiene.)

–기는 하지만 "es así pero..."

C.C P. 298

Se emplea –기는 하지만 para indicar que se está parcialmente de acuerdo con lo expresado en la primera oración y matizarlo en la segunda. Esta estructura se emplea con frecuencia en los debates para darle cierta credibilidad al interlocutor antes de señalar el punto d vista que uno tiene. En comparación con –지만, el uso de –기는 하지만 resulta más cortés. Se añade a las raíces de verbos y adjetivos, así como a 이다. En el lenguaje oral, es habitual que se contraiga –기는 en –긴.

- 그 영화가 재미있기는 하지만 너무 길어요.
  (= 그 영화가 재미있기는 해요. 하지만 너무 길어요.)
  No niego que la película sea interesante pero es demasiado larga.
- 고기를 먹을 수 있긴 하지만 좋아하지 않아요.
  La carne la puedo comer, pero no me gusta.

Se puede usar –(으)ㄴ/는데 en lugar de –지만, pero su forma varía según se use con verbos o adjetivos. A la raíz de los adjetivos se les añade –기는 하는데, mientras que a la raíz de los adjetivos se les añade –기는 한데.

- 이 식당은 비싸긴 한데 맛있어요.
  No niego que este restaurante sea caro pero la comida está muy rica.
- 이 옷이 저한테 딱 맞기는 하는데 색이 마음에 안 들어요.
  No niego que esta prenda me quede como un guante pero no me gusta el color.

La estructura –기는 하다 es compatible con los infijos –았/었– y –겠–, los cuales se añaden al verbo 하다.

- 여행이 힘들긴 했는데 재미있었어요.
  No niego que el viaje fue duro pero también fue divertido.
- 제가 음식을 만들긴 하겠지만 맛이 없을 거예요.
  Haré la comida yo pero no me saldrá rica.

–군요 terminación empleada para indicar que se ha entendido al interlocutor o para darle la razón

C.C P. 309

Cuando el hablante desea mostrar que le sorprende o que entiende algo de lo que acaba de enterarse, así como cuando se sorprende al darse cuenta de una cosa al ver u oír algo, puede hacer uso de –군요. En el caso de los verbos en presente, se debe añadir –는군요 a la raíz de los verbos. En el caso de los adjetivos e 이다, se añade la forma –군요. En el caso de que se haga referencia a algo ocurrido en el pasado, se añade –았/었군요 a la raíz de los verbos y de los adjetivos, así como a 이다. Cuando uno habla consigo mismo, utiliza –구나 en lugar de –군요.

- 어제 집에 일이 있었군요. 몰랐어요.
  Así que ayer tuviste un incidente en casa. No lo sabía.
- 케빈은 정말 좋은 사람이구나!
  Pues sí que es buena persona Kevin.

Cuando el hablante lanza una hipótesis sobre lo que pueda estar ocurriendo en el momento actual, puede añadir el infijo –겠– a –군요, dando lugar a –겠군요. Si la hipótesis hace referencia a una situación que ya ha tenido lugar, se le debe añadir además el infijo de pasado –았/었–, lo que da lugar a la forma –았/었겠군요.

- 하루에 열 시간씩 일하면 힘들겠군요.
  Sí que es duro trabajar diez horas al día.
- 여행할 때 가방을 도둑맞아서 고생했겠군요.
  Qué mal debes de haberlo pasado cuando te robaron el bolso mientras viajabas.

Curiosidades

Tanto -군요 como -네요 pueden emplearse por parte del hablante para indicar cómo se siente o qué piensa. Sin embargo, aunque sus usos son muy semejantes, existe una diferencia clave.

- 이 길이 맞네요. 제가 전에 말했잖아요.
  Este camino es el correcto. Te lo había dicho antes.
  (El hablante señala que lo que se ha dicho concuerda con lo que él pensaba.)
- 이 길이 맞군요. 몰랐어요.
  Así que este es el camino correcto. No lo sabía.
  (El hablante indica que se acaba de enterar de ese hecho, ya que no tenía conocimiento previo al respeto.)

Capítulo 14

-나 보다 "debe de", "parecer que"

C.C P. 309

1 Lanzar hipótesis

Se emplea -나 보다 para lanzar una hipótesis sobre una acción, un estado o una situación. El uso de -나 보다 que el hablante base su hipótesis en algo que haya visto él mismo. Esta estructura no se puede usar en 1.ª persona. Puesto que esta estructura implica lanzar una hipótesis sobre algo con incertidumbre, se forma con la terminacion interrogativa -나 seguida del verbo -보다, lo que en español vendría a equivaler a parecer que y deber de. Si la hipótesis se refiere al momento presente, se añade -(으)ㄴ가 보다 a las raíces de los adjetivos y a 이다, mientes que en el caso de los verbos se añade -나 보다 a la raíz. Si la hipótesis se realiza sobre algo que haya podido suceder en el pasado, se añade -았/었 보다 a la raíz de los verbos y los adjetivos, así como a 이다.

- 저 집은 과일을 많이 먹나 봐요. 매일 과일을 많이 사 가요.
  En esa casa parece que comen mucha fruta. Van todos los días a comprar fruta.
- 역사에 관심이 많은가 봐요. 집에 역사책이 많이 있네요.
  Parece que le interesa mucho la historia. Tiene muchos libros de historia en casa.
- 어젯밤에 잠을 못 잤나 봐요. 얼굴이 피곤해 보여요.
  Parece que anoche no durmió muy bien. Su rostro se ve muy cansado.

No obstante, en el caso de los adjetivos acabados en 있다/없다, se les añade -나 보다 en lugar de -(으)ㄴ가 보다.

- 저 영화가 제일 재미있나 봐요. 표가 매진됐어요. (○)
  Aquella película parece ser la más divertida. Se han agotado las entradas.
  저 영화가 제일 재미있은가 봐요. 표가 매진됐어요. (×)

2 Diferencias entre -나 보다 y -(으)ㄴ/는 것 같다

Al igual que -나 보다, se utiliza -(으)ㄴ/는 줄 알았다 por parte del hablante para lanzar hipótesis basadas en alguna observación. Sin embargo, mientras que -(으)ㄴ/는 줄 알았다 admite que la hipótesis se base en el conocimiento o la experiencia previa del hablante, -나 보다 no se puede usar si la hipótesis se basa en algo que el hablante ha experimentado de manera directa.

- 식당에 사람들이 많은 것을 보니까 이 식당 음식이 맛있나 봐요. (○)
  La comida de este restaurante debe de estar rica porque veo que hay mucha gente.
  (El hablante no ha ido nunca a ese restaurante pero opina que la comida debe de estar buena en base a que ve que hay mucha gente en el restaurante.)
  = 식당에 사람들이 많은 것을 보니까 이 식당 음식이 맛있는 것 같아요. (○)
  Parece que la comida de este restaurante debe de estar rica porque veo que hay mucha gente.
- 전에 먹어 보니까 이 식당 음식이 맛있는 것 같아요. (○)
  Seguro que la comida de este restaurante está rica; que yo ya la he probado.
  (El hablante opina que la comida estará rica basándose en que tiene la experiencia de haber comido ahí.)
  = 전에 먹어 보니까 이 식당 음식이 맛있나 봐요. (×)

No es posible usar estructuras adverbiales que indican subjetividad como 제 생각에 (en mi opinión) 제가 보기에 (desde mi punto de vista) con -나 보다, pero estas sí resultan compatibles con -(으)ㄴ/는 것 같다.

- 제 생각에 한국어 공부는 어려운가 봐요. (×)
  제 생각에 한국어 공부는 어려운 것 같아요. (○)
  En mi opinión, parece difícil estudiar coreano.

Por otra parte, no se puede usar -나 보다 en 1.ª persona, ya que las hipótesis que pueda hacer el hablante sobre sí mismo estarán siempre basadas en algún tipo de experiencia o conocimiento previo sobre sí mismo.

(Al oír el hablante cómo le suena el estómago.)

- 제가 배고픈가 봐요. (×)
  제가 배고픈 것 같아요. (○) Parece que tengo hambre.

Sin embargo, en el caso de que el hablante tarde en darse cuenta de que le ha sucedido algo sin que se diese cuenta, es posible usar -나 보다 en 1.ª persona. Este uso es habitual en monólogos, por lo que la ausencia de interlocutores permite que se use el banmal omitiendo la terminación -요.

- 내가 저 사람을 좋아하나 봐. Parece que él/ella me gusta.
- 그 사실을 나만 몰랐나 봐.
  Parece que yo soy el único que no lo sabía.

3 Nota importante sobre el uso de -나 보다

Existen varias restricciones relativas al empleo de -나 보다, pero entre ellas no está su compatibilidad con el infijo de pasado -았/었- ni con la negación -지 않다. No obstante, hay que recordar que -았/었-

ni con la negación -지 않다 no se añaden al verbo 보다 sino que se colocan junto antes de -나 보다 añadiéndose a la hipótesis.

- 여행이 재미있나 봤어요. (×)
  → 여행이 재미있었나 봐요. (○)
  el viaje parece haber sido divertido.
- 오늘 날씨가 추운가 보지 않아요 (×)
  → 오늘 날씨가 춥지 않은가 봐요. (○)
  Parece que hoy no hace frío.

-(으)ㄴ/는 줄 알았다 "pensaba que"

C.C P. 307

Se utiliza -(으)ㄴ/는 줄 알았다 para indicar que lo que se pensaba sobre una acción o un estado resulta no ser correcto. Como se hace referencia a una idea equivocada, se debe usar el verbo 알다. Se añade -는 줄 알았다 a la raíz de los verbos si hacen referencia al presente, mientras que se añade -(으)ㄴ 줄 알았다 a la raíz de los verbos si se refieren al pasado. También se añade -(으)ㄴ 줄 알았다 a las raíces de los adjetivos y a 이다 si hacen referencia al presente. Si aquello que erróneamente se creía, se refiere al futuro o es una suposición, se añade -(으)ㄹ 줄 알았다 a la raíz de los verbos y de los adjetivos, así como a 이다.

- 처음에는 한국 사람이 영어를 못하는 줄 알았어요. Al principio pensaba que los coreanos no sabían hablar inglés.
  (= 처음에는 한국 사람이 영어를 못한다고 생각했는데 그렇지 않았어요.) (= Al principio pensaba que los coreanos no sabían hablar inglés pero no era así.)
- 어제 회사에 간 줄 알았는데 사실은 가지 않았대요.
  Pensé que ayer había ido a la empresa pero en realidad no fue.
- 얼굴이 어려 보여서 학생 일줄 알았는데 선생님이래요.
  Pensaba que era un estudiante porque su rostro se ve muy joven, pero dicen que es profesor.

Curiosidades

La estructura gramatical -(으)ㄹ 줄 알다, que hace referencia al conocimiento y capacidad necesarios para llevar algo a cabo, en su forma de pasado resulta ser idéntica a la estructura empleada para indicar algo que se creía erróneamente, -(으)ㄴ/는 줄 알았다. Aunque ambas formas son idénticas, tienen sentidos muy diferentes. El significado correcto se deberá deducir por el contexto de cada caso.

- 전에는 피아노를 칠 줄 알았어요. 그런데 지금은 다 잊어버렸어요. Antes sabía tocar el piano. Pero ahora se me ha olvidado todo. (saber hacer algo)
- 전에는 다른 사람이 피아노를 칠 줄 알았어요. 그런데 아니었어요. Pensaba que estaba tocando el piano otra persona. Pero no era así. (una idea equivocada)

Mientras que -(으)ㄴ/는 줄 몰랐다 se emplea para indicar que se desconocía cierto acontecimiento o situación, -(으)ㄴ/는 줄 알았다 se utiliza para señalar que se estaba equivocado con respecto a algo que se creía. En otras palabras, -(으)ㄴ/는 줄 몰랐다 indica que el hablante desconocía algo, mientras que -(으)ㄴ/는 줄 알았다 señala que el hablante pensaba algo que en realidad no era así. Las formas de la conjugación son las mismas que las de -(으)ㄴ/는 줄 알았다.

- 그 사람이 결혼한 줄 알았어요.
  Pensaba que él/ella estaba cansado/a.
  = 그 사람이 결혼 안 한 줄 몰랐어요.
  No sabía que él/ella no estaba cansado/a.

¡Cuidado!

Mientras que -(으)ㄴ/는 줄 알았다 indica que se creía algo que resultó no ser verdad, de -ㄴ/는다는 것을 알았다 se emplea para indicar que uno se ha dado cuenta de algo.

- 그 사람이 나를 좋아하는 줄 알았다. Pensaba que yo le gustaba a él/ella. (Pensé que le gustaba.)
- 그 사람이 나를 좋아한다는 것을 알았다. Sabía que yo le gustaba a él/ella. (Me di cuenta de que le gustaba.)

-던 oración de relativo en pasado

C.C P. 299

1 Carácter retrospectivo del subordinante -던

El subordinante -던 se coloca entre una oración de relativo en pasado y el sustantivo que modifica al que se completa con una acción o estado ocurridos en el pasado pero que no llegan al momento presente.

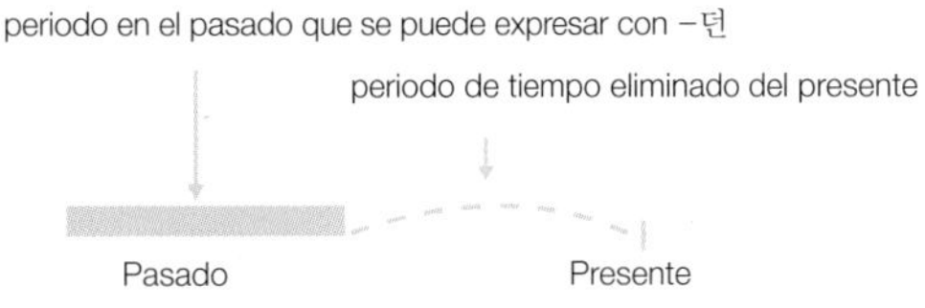

El subordinante -던 se añade a las raíces de los verbos y los adjetivos, así como a 이다. El uso de -던 implica que la acción o situación que se menciona ocurrió o se mantuvo durante cierto tiempo en el pasado, o que solía ocurrir de manera repetida o continuada. Es posible añadir el infijo de pasado -았/었-, lo que da lugar a -았/었던, para señalar que la acción mencionada ocurrió una única vez o unas pocas veces y que no tiene lugar en la actualidad.

- 어렸을 때 같이 놀던 친구하고 지금 연락이 안 돼요.
  Ahora ya no tengo contacto con los amigos con los que jugaba cuando era niño.

- 전에는 활발하던 아이가 지금은 조용하네요.
Antes era un niño muy activo, pero ahora es bastante tranquilo, ¿verdad?
- 사랑했던 사람을 잊을 수가 없어요.
No se puede olvidar a la persona que se ha amado.
- 학생 때 다리를 다쳤던 경험이 있어요.
Tengo la experiencia de haberme roto una pierna siendo estudiante.

2 Diferencias entre –던 y –았/었던

Se añade –던 a la raíces de los verbos que indican una acción repetida o un hábito del pasado, mientras que se añade –았/었던 a la raíces de los verbos que indican una acción que ocurrió una única vez o muy pocas veces en el pasado.

- 학교 다닐 때 자주 가던 식당이 지금은 없어졌어요.
El restaurante al que solía ir a menudo cuando iba a la escuela, ahora ya no está.
- 그 공원은 옛날에 학교 다닐 때 한 번 갔던 곳이에요.
Ese parque es al que fui una vez antaño cuando todavía iba a la escuela.

Sin embargo, en el caso de verbos como 살다 (vivir), 다니다 (asistir), 사귀다 (hacer amigo de, salir con) o 좋아하다 (gustar), que no hacen referencia una acción aislada sino más bien a un estado continuado, se les puede añadir tanto –던 como –았/었던 sin que apenas varíe el significado.

- 어렸을 때 내가 살던 동네에는 놀이터가 없었어요.
Cuando era niño no había ningún parque infantil en el barrio en el que yo vivía.
= 어렸을 때 내가 살았던 동네에는 놀이터가 없었어요.

Por su parte, verbos como 죽다 (morir), 다치다 (lesionarse) o 결혼하다 (casarse), los cuales tienen lugar en un breve instante, no se usan con –던 sino con –았/었던.

- 10년 전에 죽었던 개가 지금도 생각나요. (○)
Aún hoy me acuerdo de mi perro, el cual murió hace diez años.
10년 전에 죽던 개가 지금도 생각나요. (×)

En el caso de los adjetivos que describan una situación o estado que se prolonga por un periodo del pasado, se les puede añadir indistintamente tanto –던 como –았/었던.

- 예전에는 뚱뚱하던 친구가 지금은 날씬해졌어요.
Un amigo que antes estaba gordo, ahora está muy delgado.
= 예전에는 뚱뚱했던 친구가 지금은 날씬해졌어요.

3 Diferencias entre –았/었던 y –(으)ㄴ

Al hablar de un evento o estado del pasado, es habitual que se pueda usar indistintamente tanto –았/었던 como –(으)ㄴ.

- 전에 길에서 만난 친구 이름이 뭐예요?
¿Cómo se llama ese amigo tuyo al que nos hemos encontrado antes caminando?
= 전에 길에서 만났던 친구 이름이 뭐예요?

El uso de –았/었던 señala que la acción o estado mencionados ocurrieron durante cierto periodo de tiempo en el pasado pero que concluyeron, de manera que no continúan en el presente.

- 그 사람은 3년 전에 결혼한 사람이에요.
Él es el que se casó hace tres años.
(Esta persona se casó hace tres años y sigue casada.)
그 사람은 3년 전에 결혼했던 사람이에요.
Él es el que se había casado hace tres años
(Esta persona se casó hace tres años pero ahora es viuda o divorciada.)

Además, como –았/었던 suele hacer referencia a la rememoración de algo, no se puede emplear para referirse a algo que acaba de ocurrir y de lo que uno ha sido testigo.

- 식사를 다 한 사람은 교실로 돌아가세요. (○)
Que vuelvan al aula los que han acabado de comer.
식사를 다 했던 사람은 교실로 돌아가세요. (×)

4 Uso de –던 para indicar acciones inacabadas o interrumpidas

También se puede utilizar –던 para referirse a acciones o estados que no se pudieron concluir porque fueron interrumpidos. En estos casos no se puede emplear el infijo –았/었–, ya que su uso implica que la acción o el estado han llegado a su término.

- 아까 내가 마시던 커피가 어디 있지? 반도 안 마셨는데…….
¿Dónde está el café que estaba bebiendo? No me había bebido ni la mitad.
- 회의가 끝났으니까 아까 하던 얘기 계속합시다.
Como ya ha terminado la reunión, sigamos charlando de lo que estábamos hablando.

En los casos en los que la acción se ha interrumpido, existe una clara diferencia entre el uso de –던 y –(으)ㄴ. Puesto que –았/었– indica que algo ha concluido, solo se puede hacer uso de –았/었던 y –(으)ㄴ para acciones y estados que han llegado a su término.

- 아까 먹던 과자는 책상 위에 있으니까 먹어.
La galleta que estabas comiendo esta sobre el escritorio. (No se ha comido todas las galletas.)
- 아까 먹은 (= 먹었던) 과자가 이상한 것 같아. 배가 아파.
La galleta que me comí antes sabía rara. Me duele la barriga. (Se ha comido todas las galletas.)

–느라고 "porque (en ese momento ocurría cierta acción)"

C.C P. 301

1 El uso de –느라고

Se usa –느라고 se emplea para la causa de una consecuencia negativa. También se emplea para justificar una situación resultante negativa como excusa. Se añade –느라고 a la raíz de los verbos de acción.

- 주말에 집안일 하느라고 쉬지 못했어요.
  No pude descansar durante el fin de semana porque lo pasé haciendo tareas domésticas.
- 재미있는 책을 읽느라고 밤을 새웠어요.
  Al estar leyendo un libro tan interesante, se me hizo de día.
- 요즘 아르바이트하느라고 바빠요.
  Estos días estoy ocupado porque trabajo a tiempo parcial.

Cuando se utiliza –느라고 con verbos como 수고하다 (trabajar con ahínco) o 애쓰하다 (esforzarse) que tienen significados similares a 고생하다 (sufrir), no se busca justificar algo indeseado sino, por el contrario, mostrarle agradecimiento al interlocutor por su diligencia.

- 그동안 많은 일을 혼자 하느라고 수고하셨습니다.
  Has hecho una excelente labor haciendo tantas cosas tú solo durante todo este tiempo.
- 발표 준비하느라고 애쓰셨어요.
  Te has esforzado mucho en preparar la exposición.

2 Usos incorrectos de –느라고

Al señalar –느라고 la causa de una consecuencia negativa llevada a cabo por el sujeto, el sujeto de la oración que precede a –느라고 y la que le sigue debe ser el mismo.

- 갑자기 일이 생기느라고 전화 못 했어요. (×)
  → 갑자기 일이 생겨서 그 일을 하느라고 전화 못 했어요. (○)
  No pude llamar porque ocurrió un incidente y tuve que ocuparme de él.

Debido a que –느라고 se usa con acciones que tienen consecuencias negativas, no es posible su uso con adjetivos.

- 춥느라고 감기에 걸렸어요. (×)
  → 추워서 감기에 걸렸어요. (○)
  Me he resfriado porque hace frío.

Como –느라고 presenta la consecuencia negativa de una acción que el sujeto decidió llevar a cabo, –느라고 no puede añadirse a verbos en forma negativa.

- 전화 안 하느라고 친구가 화가 났어요. (×)
  → 전화 안 해서 친구가 화가 났어요. (○)
  Mi amigo se enojó porque no le llamé.

Incluso aunque el verbo al que se añade –느라고 haga referencia al pasado, no se puede añadir el infijo –았/었– de pasado a –느라고.

- 친구하고 놀았느라고 숙제를 못 했어요. (×)
  → 친구하고 노느라고 숙제를 못 했어요. (○)
  No pude hacer las tareas porque había salido con unos amigos.

–(으)ㄹ 걸 그랬다 "ojalá hubiera", "desearía haber"

C.C P. 306

1 Mostrar arrepentimiento con –(으)ㄹ 걸: "ojalá hubiera", "desearía haber"

Se utiliza –(으)ㄹ 걸 그랬다 para lamentarse por no haber hecho algo. Esta estructura se compone de 그랬다, que hace referencia al hecho no haber hecho algo en el pasado, y de –(으)ㄹ, que señala la ausencia de éxito en el presente. En el registro oral, se puede omitir 그랬다 y terminar la frase en –(으)ㄹ걸. Por el contrario, las formas negativas –지 않을걸 그랬다 y –지 말 걸 그랬다 indican arrepentimiento por haber hecho algo en el pasado. También es posible omitir 그랬다 al usar estas formas negativas, las cuales quedarían respectivamente como 지 않을걸 y –지 말걸.

- 미리 전화해 볼걸. 그러면 오늘 퇴근이 늦는 것을 알았을 것을.
  Debería haber llamado con antelación. Así habrías sabido que hoy iba a llegar tarde al trabajo.
- 아까 소금을 더 넣지 말 걸 그랬어요. 먹어 보니까 음식이 좀 짜네요.
  No debería haberle echado más sal. Ahora que la pruebo, me doy cuenta de que está un poco salada.

¡Cuidado!

Como la acción no llegó a realizarse, se hace uso de –(으)ㄹ para indicar que dicha acción no llegó a tener lunar.

- 친구에게 미리 전화한 걸 그랬어요. (×)
- 친구에게 미리 전화할 걸 그랬어요. (○)
  Debería haber llamado a mi amigo con antelación

2 Uso especulativo de –(으)ㄹ 걸요: "puede que"

En la segunda conversación del capítulo 13 se hace uso de la estructura especulativa –(으)ㄹ 걸, la cual es idéntica a la forma contracta de –(으)ㄹ 걸 그랬다 pero difiere en su significado. La estructura especulativa –(으)ㄹ걸 sirve para expresar hipótesis sobre las que el propio hablante no tiene mucha certeza ni confianza dando a entender que podría estar equivocado. Esta estructura no se emplea en situaciones formales sino más bien en compañía de personas a las que se tenga mucha confianza. Esta estructura se añade a la raíz de los verbos y los adjetivos, así como a 이다, y se pronuncia elevando la entonación al final. Si se especula sobre lo haya podido pasar en el pasado, se debe añadir el infijo de pasado −았/었− a −(으)ㄹ걸, dando lugar a −았/었을걸요.

- 글쎄요, 아마 진수도 그 사실을 모를걸요.
  Bueno, puede que Jinsu no lo sepa.
- 두고 봐. 내가 너보다 더 잘할걸.
  Ya lo verás. Puede que duerma más que tú.
- 이미 표가 다 팔렸을걸. 그 영화가 얼마나 인기가 많은데.
  Puede que las entradas estén agotadas. Es que esa película es tan popular.

¡Cuidado!

Aunque −(으)ㄹ걸 puede expresar tanto arrepentimiento como una suposición, además de por el contexto, en el registro oral es posible distinguir una de la otra por la entonación final.

- 미리 준비할걸. 그러면 실수하지 않았을 거야.
  Debería haberlo preparado de antemano. De esa manera no habría cometido ningún error. (arrepentimiento)
- 미리 준비할걸. 리나는 항상 미리 하는 성격이잖아.
  Puede que ya lo haya preparado. Rina es de las que siempre prepara las cosas con antelación. (suposición)

Capítulo 15

−다가 "mientras"

C.C P. 299, 300

1 Indicar el paso de una acción o estado a otra acción o estado en el trascurso de la primera

Se emplea −다가 para señalar que una acción o un estado tienen lugar mientras otra acción u otro estado se estaban desarrollando. Al indicar −다가 un cambio de acción o de estado, el sujeto de ambas oraciones debe ser el mismo. Se añade −다가 a la raíz de los verbos y los adjetivos.

- 그 책을 읽다가 어려워서 그만뒀어요.
  Estaba leyendo ese libro pero lo dejé porque era difícil.
- 친구가 자동차를 5년 동안 쓰다가 저에게 줬어요.
  Mi amigo llevaba cinco años con su automóvil pero me lo dio.
- 오늘 오전에는 흐리다가 오후에는 개겠습니다.
  Esta mañana estará nublado pero por la tarde se despejará.

Se le puede añadir a −다가 el infijo de pasado −았/었− para indicar el fin de la primera acción o estado al tener lugar la acción o estado de la segunda oración.

- 열이 났다가 약을 먹고 열이 떨어졌어요.
  Tenía fiebre pero me tomé una medicina y me bajó.
- 여자 친구에게 반지를 선물했다가 헤어진 후 다시 가져갔어요.
  Le regalé un anillo a mi novia pero me lo devolvió después de romper.
- 그 사람은 원래는 군인이었다가 경찰이 됐어요.
  Él era antes soldado pero se ha hecho policía.

Por el contrario, no es posible usar el infijo de pasado −았/었− si la acción de la primera oración no llega a su término porque se ve interrumpida por la expresada en la segunda oración. El empleo de −았/었다가 implica que la acción o estado de la segunda oración ocurrió una vez concluyó la acción o estado expresado en la primera oración.

- 집에 가다가 우연히 친구를 만났어요.
  Me encontré por casualidad con un amigo cuando iba a casa.
  (Se encontró con su amigo mientras iba a su casa.)
- 집에 갔다가 우연히 친구를 만났어요.
  Me encontré por casualidad con un amigo cuando fui a casa.
  (Se encontró con su amigo después de llegar a casa.)

¡Cuidado!

El sujeto de la oración que precede a −다가 como de la que le sigue, debe ser el mismo.

- 친구가 샤워하다가 전화가 왔어요. (×)
  → 친구가 샤워하다가 전화를 받았어요. (○)
  Mi amigo se estaba duchando pero contestó al teléfono.

2 Indicar que un acontecimiento inesperado ocurre

También se puede emplear −다가 para indicar que una situación inesperada y accidental tiene lugar mientras otra acción se está desarrollando. En estos casos, la acción inesperada suele ser algún acontecimiento.

- 버스를 타고 가다가 지갑을 잃어버린 것 같아요.
  Me parece que perdí la billetera en el autobús.
- 뛰어가다가 (돌에 걸려서) 넘어졌어요.
  Me caí sobre unas piedras al ir corriendo.
- 샤워하다가 (미끄러져서) 허리를 다쳤어요.
  Me lastimé la espalda porque me resbalé en la ducha.
- 친구하고 얘기하다가 그 사실을 알게 됐어요.
  Me di cuenta de eso mientras charlaba con un amigo.

Mientras que −다가 se usa con acontecimientos accidentales e inesperados, −아/어서 se emplea con acontecimientos intencionados o esperados.

- 편의점에 들렀다가 친구를 만났어요.
  Al pasar por la tienda de conveniencia me encontré con un amigo.
  (El hablante vio por casualidad a un amigo mientras trabajaba en la tienda.)

- 편의점에 들러서 친구를 만났어요.
Fui a la tienda de conveniencia a ver a un amigo.
(El hablante vio a un amigo en mientras trabajaba en la tienda tal y como esperaba o como habían quedado.)

3 Indicar que algo ocurre se manera repetida

Es posible añadir –다가 a las raíces de una serie de verbos, los cuales van de seguidos por 하다 al final de la frase, para señalar que dos o más acciones tienen lugar de manera repetida. Es posible omitir –가 de esta estructura, la cual quedaría como –다 –다 하다.

- 공부하다가 텔레비전을 보다가 하면 집중할 수 없잖아.
Es imposible que te concentres si ves la televisión mientras estudias.
- 한국하고 일본을 왔다 갔다 하면서 사업하려고 해요.
Voy a Corea y a Japón para hacer negocios.
- 스위치를 껐다 켰다 하지 마.
Deja de encender y apagar el interruptor.

– 았/었어야지요 "debería(s) haber...", "tendría(s) que haber..." C.C P. 302

- 약속을 했으면 약속을 지켰어야죠. 안 지키면 어떡해요?
Si hiciste una promesa, deberías haberla mantenido. ¿Cómo no mantienes tu palabra?
- 그런 일이 있으면 나한테 미리 말했어야지. 왜 말 안 했어?
Si ha pasado algo como eso, deberías habérmelo dicho con antelación. ¿Por qué no me lo has dicho?
- 그 사람의 비밀을 말하지 말았어야죠. 얘기하면 어떡해요?
No le deberías haber contado el secreto. ¿Cómo se te ha ocurrido contárselo?

–았/었어야 했는데 "debería haber...", "pero..." C.C P. 302

- 미리 말했어야 했는데 걱정할까 봐 얘기 못 했어요.
Debería habértelo dicho antes pero no lo hice para no preocuparte.
- 모델을 하려면 키가 더 컸어야 했는데 아쉽네요.
Me da coraje no ser más alto (lit. no haber crecido más) para así poder hacer de modelo.
- 무거운 짐을 혼자 들지 말았어야 했는데 결국 허리를 다쳤어요.
No debería haber cargado yo solo con ese bulto tan pesado porque ahora como consecuencia me duele la espalda.
- 내가 더 신경 썼어야 했는데……
Debería haber prestado más atención pero...

–(으)ㄹ 텐데 estructura para expresar conjeturas, esperanza e hipótesis: "es probable que", "ojalá", "quizá" C.C P. 305

1 Realizar hipótesis por medio de –(으)ㄹ 텐데

Se emplea –(으)ㄹ 텐데 para expresar conjeturas por parte del hablante. Al igual que en el caso del uso –(으)ㄴ/는데 en el capítulo 4, la oración que sigue presenta un contraste con la que precede a –(으)ㄹ 텐데. Se añade –(으)ㄹ 텐데 a la raíz de los verbos y los adjetivos, así como a 이다. Al igual que ocurre con –(으)ㄴ/는데, la frase que sigue a –(으)ㄹ 텐데 puede omitirse, de manera que el interlocutor debe inferirla.

- 이미 소금을 많이 넣어서 짤 텐테 또 소금을 넣으려고 해요?
Ya le hemos echado mucha sal. ¿Piensas echarle más sal?
- 매일 운동하면 건강이 좋아질 텐데 실제로 매일 운동하기 어려워요.
Si hiciese ejercicio todos los días, tendría mejor salud, pero es difícil hacer ejercicio todos los días.
- 넘어져서 꽤 아플 텐데 아이가 울지 않네요.
Al haberse caído el bebé debería haberse hecho bastante daño, pero no llora.
- 어린 아이가 혼자 유학 가는 것이 쉽지 않을 텐데.
No debe de ser fácil para un niño ir a estudiar al extranjero.

Si la hipótesis es relativa a una situación que ya ha tenido lugar, se añade el infijo de pasado –았/었– a –(으)ㄹ 텐데, lo que da lugar a –았/었을텐데.

- 회의가 이미 시작했을 텐데 어떻게 하죠?
¿Qué haríamos si la reunión ya hubiese comenzado?
- 3시 비행기니까 벌써 출발했을 텐데 전화를 해 볼까요?
El avión de las tres ya debería haber partido. ¿Los llamamos?

Curiosidades

Mientras que –(으)ㄹ 텐데 se utiliza para lanzar hipótesis, –(으)ㄹ 건데 se emplea para indicar la intención de realizar una acción en el futuro.

- 저 일은 혼자 하기 어려울 텐데 신입 사원이 혼자 맡았어요.
Ese trabajo debe de ser difícil de hacer para una sola persona, pero el nuevo empleado se ha encargado de él él solo.
- 내일 출장을 갈 건데 일이 아직 다 준비가 안 됐어요.
Mañana me voy de viaje de negocios pero todavía no tengo todas las cosas preparadas.

2 Expresar esperanza por medio de –아/어야 할 텐데

Se puede añadir –아/어야 하다 a –(으)ㄹ 텐데, dando lugar a –아/어야 할 텐데, para señalar que el hablante desea que la situación llegue a tener lugar.

- 이번에는 꼭 취직해야 할 텐데 걱정이에요.
  Ojalá encuentre trabajo de una vez por todas esta vez. Estoy preocupado.
- 다음 주에 여행 가려면 날씨가 좋아야 할 텐데…….
  Como me voy de viaje la próxima semana, espero que haga buen tiempo.

3 Expresar hipótesis que podrían suceder si se cumpliera cierta condición, por medio de –(으)면 …… –(으)ㄹ 텐데

Se pueden usar –(으)면 y –(으)ㄹ 텐데 en la misma frase para presentar una situación hipotética que podría ocurrir en caso de cumplirse cierta condición.

- 친구에게 사과하면 우리 사이가 다시 좋아질 텐데…….
  Si le pidiera perdón a mi amigo, la relación volvería a ser buena.
  (Si su amigo se disculpara, la relación sería buena otra vez.)
- 가족과 함께 있지 않으면 외로울 텐데…….
  Si no estuviera con mi familia, me sentiría muy solo.
  (Si no estuviera con su familia, el hablante se sentiría solo.)

Cuando la hipótesis hace referencia a algo que podría haber ocurrido en el pasado si se hubiese cumplido cierta condición, se añade el infijo de pasado –았/었– a –(으)면 … –(으)ㄹ 텐데, dando lugar a –았/었으면 … –(으) 았/었을 텐데.

- 내가 좀 더 참았으면 친구하고 싸우지 않았을 텐데 (실제로 친구하고 싸워서) 후회돼요.
  Si hubiese aguantado un poco más, no me habría peleado con mi amigo, así que ahora me arrepiento (de haberme peleado con él).
  (Si el hablante se hubiese controlado un poco más, no se habría peleado con su amigo.)
- 그때 친구가 나를 도와주지 않았으면 나는 그 일을 포기했을 텐데 (친구가 도와줘서) 다행이에요.
  Si en ese momento mi amigo no me hubiese ayudado, me habría dado por vencido con ese trabajo, así que menos mal (que me ayudó).
  (Si su amigo no le hubiera ayudado, el hablante habría abandonado aquel asunto.)

La conjugación en coreano

1 ¿Qué es la conjugación?

En coreano, se entiende por conjugación un proceso por el cual se les añaden una serie de terminaciones a la raíz de los verbos y los adjetivos, así como a 이다, para realizar algunas matizaciones en su significado.

Existen tres tipos de terminaciones que se añaden a las raíces: infijos (como los que indican respeto o tiempo verbal), terminaciones oracionales (que indican si la frase es enunciativa, interrogativa, imperativa o propositiva) y desinencias conjuntivas (que sirven para unir dos frases indicando cuál es la relación entre ellas). Por ejemplo, al conjugar el verbo 읽다, podemos concluir en qué tiempo verbal van 읽어요/읽었어요; podemos concluir qué tipo de frase son 읽습니다/읽습니까/읽으세요/읽읍시다; y podemos deducir qué tipo de relación gramatical existe entre una frase y la siguiente gracias a 읽고/읽지만/읽어서/읽으면. Por lo tanto, la conjugación de los verbos, los adjetivos e 이다 se basa en añadirles una serie afijos gramaticales que suponen variaciones semánticas en una frase.

> **Raíz:** es la forma invariable de una un verbo, de un adjetivo o de 이다, la cual se obtiene eliminando la terminación 다.
>
> | Ej. | 마시다 (beber) : 마시 (raíz) + 다
> 먹다 (comer) : 먹 (raíz) + 다
> 좋다 (ser bueno) : 좋 (raíz) + 다
> 이다 (ser) : 이 (raíz) + 다

2 ¿Cómo se conjuga?

A la hora de conjugar una determinada palabra, es importante saber si dicha palabra tiene una conjugación regular o irregular.

Conjugaciones regulares

Las palabras que tienen una conjugación regular se altera al añadir las terminaciones de la conjugación.

1. La terminación -아/어 se añade a la raíz de la siguiente manera:

❶ **La terminación -여:**

Se añade -여 a las raíces acabadas en 하, pero la forma resultante 하여 se suele contraer en 해.

> | Ej. | **하다** (hacer): 하 (raíz verbal) + -여 (terminación) → 해

❷ **La terminación -아:**

Se añade -아 a las raíces cuya última vocal sea ㅏ u ㅗ.

> | Ej. | **찾다** (buscar, encontrar): 찾 (raíz verbal) + -아 (terminación) → 찾아
> **만나다** (ver (a alguien), conocer (a alguien)): 만나 (raíz verbal) + -아 (terminación) → 만나
> (Cuando no hay ninguna consonante entre la ㅏ final de la raíz y la -아 de la terminación que le sigue, ㅏ + -아 se contrae en ㅏ.)
> **좋다** (ser bueno): 좋 (raíz del adjetivo) + -아 (terminación) → 좋아
> **오다** (venir): 오 (raíz verbal) + -아 (terminación) → 와
> (Cuando la raíz termina en la vocal ㅗ se contrae con la -아 de la terminación, formando el diptongo ㅘ.)

❸ **La terminación -어:**

Se emplea –어 en el resto de los casos; es decir, se añade –어 a las raíces que no acaben en 하 ni cuya última vocal sea ㅏ u ㅗ.

| Ej. | **먹다** (comer): 먹 (raíz verbal) + –어 (terminación) → 먹어

입다 (llevar puesto): 입 (raíz verbal) + –어 (terminación) → 입어

마시다 (beber): 마시 (raíz verbal) + –어 (terminación) → 마셔

(Cuando la raíz termina en ㅣ, al entrar en contacto con la terminación –어, se contrae en ㅕ.)

줄다 (disminuir): 줄 (raíz verbal) + –어 (terminación) → 줄어

주다 (dar): 주 (raíz verbal) + –어 (terminación) → 줘

(Cuando la raíz termina en la vocal ㅜ se contrae con la –어 de la terminación, formando el diptongo ㅝ.)

2. Las palabras terminadas en ㅡ o ㄹ, se omiten ㅡ o ㄹ cuando van seguidas de las siguientes terminaciones:

❶ **Se omite ㅡ:**

ㅡ cuando va seguido de –아/어.

| Ej. | **바쁘다** (estar ocupado): 바쁘 (raíz del adjetivo) + –아 (terminación) → 바빠 (Se omite ㅡ.)

cf.) 바쁘 (raíz del adjetivo) + –고 (terminación) → 바쁘고

(No se omite ㅡ porque va seguido de consonante.)

쓰다 (escribir): 쓰 (raíz verbal) + –어 (terminación) → 써 (Se omite ㅡ.)

cf.) 쓰 (raíz verbal) + –면 (terminación) → 쓰면 (No se omite ㅡ porque va seguido de consonante.)

❷ **Se omite ㄹ:**

– cuando va seguido de terminaciones que empiezan por ㄴ, ㅂ y ㅅ.

| Ej. | **살다** (vivir): 살 (raíz verbal) + –는 (terminación) → 사는 (Se omite ㄹ.)

살 (raíz verbal) + –ㅂ니다 (terminación) → 삽니다 (Se omite ㄹ.)

살 (raíz verbal) + –세요 (terminación) → 사세요 (Se omite ㄹ.)

cf.) 살 (raíz verbal) + –고 (terminación) → 살고

(No se omite ㄹ cuando le siguen terminaciones que empiezan por ㄴ, ㅂ y ㅅ.)

살 (raíz verbal) + –아요 (terminación) → 살아요

(No se omite ㄹ cuando le siguen terminaciones que empiezan por vocal.)

★ Las raíces que terminan en ㄹ no se pueden ir seguidas por las que comienzan con –으–.

| Ej. | **살다** (vivir): 살 (raíz verbal) + –면 (terminación) → 살면 (O)

살 (raíz verbal) + –으면 (terminación) → 살으면 (X)

(Después de 살, no puede usarse 으.)

살 (raíz verbal) + –ㄴ (terminación) → 산 (O)

살 (raíz verbal) + –은 (terminación) → 살은 (X)

(Después de 살, no puede usarse 으.)

Conjugaciones irregulares

Las palabras que tienen una conjugación irregular lo son porque no se conjugan siguiendo las estructuras de la conjugación irregular. A continuación se presenta una serie de ejemplos para ilustrar los principales tipos de conjugación irregular.

1. Ejemplos en grupos de dos de palabras con raíces acabadas en la misma consonante pero que se conjugan de manera diferente:

	conjugación regular	conjugación irregular
raíz terminada en ㄷ	**닫다** (cerrar): 문을 닫아요. **받다** (recibir): 선물을 받아요. (La consonante final ㄷ se mantiene al conjugarse.)	**듣다** (oír, escuchar): 음악을 들어요. **걷다** (caminar, andar): 길을 걸어요. (La consonante final ㄷ se transforma en ㄹ al conjugarse. Cambian tanto la ortografía como la pronunciación.)
raíz terminada en ㅂ	**입다** (llevar): 옷을 입어요. **좁다** (ser estrecho): 길이 좁아요. (La consonante final ㅂ se mantiene al conjugarse.)	**줍다** (recoger, tomar): 길에서 돈을 주웠어요. **쉽다** (ser fácil): 한국어 공부가 쉬워요. (La consonante final ㅂ se transforma en 우 al conjugarse. Cambian tanto la ortografía como la pronunciación.)
raíz terminada en ㅅ	**웃다** (sonreír): 크게 웃어요. **씻다** (lavarse): 손을 씻어요. (La consonante final ㅅ se mantiene al conjugarse.)	**짓다** (construir): 건물을 지어요. **낫다** (recuperarse): 감기가 나았어요. (La consonante final ㅅ desaparece al conjugarse. Cambian tanto la ortografía como la pronunciación.)
raíz terminada en 르	**들르다** (pasar por): 친구 집에 잠깐 들렀어요. **따르다** (seguir): 친구를 따라 갔어요. (Al conjugarse, se mantiene la consonante ㄹ pero desaparece la vocal ㅡ.)	**누르다** (apretar): 버튼을 눌러요. **다르다** (ser diferente): 성격이 달라요. (Al conjugarse, desaparece la vocal ㅡ y la consonante ㄹ se duplica, lo que supone que se pronuncie de manera parecida a la 'l' española. Cambian tanto la ortografía como la pronunciación.)
raíz terminada en ㅎ	**넣다** (meter): 물건을 가방에 넣어요. **좋다** (ser bueno): 날씨가 좋아요. (La consonante final ㅎ se mantiene al conjugarse.)	**그렇다** (ser así): 정말 그래요. **하얗다** (ser de color blanco): 눈이 하얘요. (La consonante final ㅎ desaparece haciendo que la vocal final se transforme en ㅐ y ㅒ. Cambian tanto la ortografía como la pronunciación.)

2. Palabras cuya raíz o terminación se ven alteradas de diferentes maneras por la conjugación:

❶ Conjugaciones irregulares de raíces acabadas en ㄷ:

La consonante final ㄷ de las raíces se transforma en ㄹ ante vocales.

| Ej. | 듣다 (oír, escuchar)

(1) ante consonante	(2) ante las vocales -아/어	(3) ante la vocal -으
듣 + 고 → 듣고	듣 + -어요 → 들어요	듣 + 은 → 들은
듣 + 지 → 듣지	듣 + -어서 → 들어서	듣 + 을 → 들을
듣 + 니 → 듣니	듣 + -어도 → 들어도	듣 + 으면 → 들으면

Esta alteración solo se da ante vocales.

❷ Conjugaciones irregulares de raíces acabadas en ㅂ:

La consonante final ㅂ de las raíces se transforma en 우 ante vocales.

| Ej. | **덥다** (hacer calor)

(1) ante consonante	(2) ante las vocales -아/어	(3) ante la vocal -으
덥 + 고 → 덥고	덥 + -어요 → 더워요	덥 + 은 → 더운
덥 + 지 → 덥지	덥 + -어서 → 더워서	덥 + 을 → 더울
덥 + 니 → 덥니	덥 + -어도 → 더워도	덥 + 으면 → 더우면

Esta alteración solo se da ante vocales.

| Excepción | En el caso del verbo 돕다 y del adjetivo 곱다, la ㅂ final se transforma en 오 ante las vocales -아/어.

(1) ante consonante	(2) ante las vocales -아/어	(3) ante la vocal -으
돕 + 고 → 돕고	돕 + -아요 → 도와요	돕 + 은 → 도운
돕 + 지 → 돕지	돕 + -아서 → 도와서	돕 + 을 → 도울
돕 + 니 → 돕니	돕 + -아도 → 도와도	돕 + 으면 → 도우면

Esta alteración solo se da ante las vocales -아/어.

❸ Conjugaciones irregulares de raíces acabadas en ㅅ:

La consonante final ㅅ de las raíces desaparece ante vocales.

| Ej. | **짓다** (construir)

(1) ante consonante	(2) ante las vocales -아/어	(3) ante la vocal -으
짓 + 고 → 짓고	짓 + -어요 → 지어요	짓 + 은 → 지은
짓 + 지 → 짓지	짓 + -어서 → 지어서	짓 + 을 → 지을
짓 + 니 → 짓니	짓 + -어도 → 지어도	짓 + 으면 → 지으면

Esta alteración solo se da ante las vocales -아/어.

❹ Conjugaciones irregulares de raíces acabadas en 르:

La vocal final ㅡ de la raíz desaparece y la consonante final ㄹ se duplica ante vocales.

| Ej. | **모르다** (desconocer, ignorar): 모르 (raíz verbal) + -아요 (terminación)
→ 모ㄹ (Desaparece la ㅡ) + ㄹ (Se añade otra ㄹ) + -아요 (terminación) → 몰라요

(1) ante consonante	(2) ante las vocales -아/어	(3) ante la vocal -으
모르 + 고 → 모르고	모르 + -아요 → 몰라요	
모르 + 지 → 모르지	모르 + -아서 → 몰라서	
모르 + 니 → 모르니	모르 + -아도 → 몰라도	

Esta alteración solo se da ante las vocales -아/어.

No se da este caso debido a que no se puede añadir -으 a las raíces acabadas en 르, ya que -으 solo puede añadirse a una consonante final.

❺ Conjugaciones irregulares de raíces acabadas en ㅎ:

La consonante final ㅎ de la raíz desaparece antes vocales, ㄴ y ㅁ. Sin embargo, ante -아/어, la desaparición de ㅎ provoca que la vocal que quede entre en contacto con -아/어, lo que lleva a que ambas vocales contraigan en ㅐ o ㅒ.

| Ej. | **그렇다** (ser así)

(1) ante consonante	(2) ante las vocales -아/어	(3) ante la vocal -으
그렇 + 고 → 그렇고	그렇 + -어요 → 그래요	그렇 + 은 → 그런
그렇 + 지 → 그렇지	그렇 + -어서 → 그래서	그렇 + 을 → 그럴
그렇 + 니 → 그러니	그렇 + -어도 → 그래도	그렇 + 으면 → 그러면
La consonante ㅎ solo desaparece ante ㄴ.	La consonante ㅎ desaparece provocando la contracción vocálica ㅐ.	La consonante ㅎ desaparece ante vocales y la consonante ㅁ.

★ Breve lista de palabras con conjugación irregular

verbos irregulares con ㄷ	verbos irregulares con ㅂ	verbos irregulares con ㅅ	verbos irregulares con 르	verbos irregulares con ㅎ
듣다 (oír)	돕다 (ayudar)	짓다 (construir, hacer)	모르다 (desconocer)	파랗다 (ser azul)
걷다 (caminar)	줍다 (recoger)	낫다 (curarse)	고르다 (elegir)	빨갛다 (ser rojo)
묻다 (preguntar)	굽다 (asar)	붓다 (hincharse)	부르다 (llamar)	노랗다 (ser amarillo)
싣다 (cargar)	덥다 (hacer calor)	잇다 (unir, atar)	흐르다 (fluir)	까맣다 (ser negro)
깨닫다 (deducir, darse cuenta)	어렵다 (ser difícil)	긋다 (trazar)	빠르다 (ser rápido)	하얗다 (ser blanco)

Tablas de conjugación

En coreano, se modifican los verbos, los adjetivos e 이다 cuando se les añaden terminaciones gramaticales a sus raíces. A este fenómeno se lo denomina conjugación. En las siguientes tablas se puede consultar la conjugación de varias palabras. Al consultarlas se ha de tener en cuenta que hay terminaciones que no varían al añadirse a una raíz verbal o a la de un adjetivos, mientras que otras sí varían según se añadan a la raíz de un verbo o de un adjetivo.

I. Tablas de terminaciones que se añaden a la raíz tanto de verbos y como de adjetivos sin sufrir ninguna modificación.

Existen tres tipos de terminaciones gramaticales que no varían, independientemente de si se añaden a la raíz de un verbo o de un adjetivo.

- **Terminaciones gramaticales que comienzan por ㄱ, ㄷ o ㅈ, que se añaden directamente a las raíces de los verbos y los adjetivos, así como a 이다, sin ninguna modificación**

	condición	ejemplo	–지만 P. 22		–고 P. 34		–거나 P. 38		–든지 P. 102		–기 때문에 P. 118		–기는 하지만 P. 218	
			presente	–았/었–	presente	–았/었–	presente	–았/었–	presente	–았/었–	presente	–았/었–	presente	–았/었–
verbos	terminación en vocal	보다	보지만	봤지만	보고	봤고	보거나	봤거나	보든지	봤든지	보기 때문에	봤기 때문에	보기는 하지만	보기는 했지만
	terminación en consonante	먹다	먹지만	먹었지만	먹고	먹었고	먹거나	먹었거나	먹든지	먹었든지	먹기 때문에	먹었기 때문에	먹기는 하지만	먹기는 했지만
	desaparece la ㅡ	쓰다	쓰지만	★썼지만	쓰고	★썼고	쓰거나	★썼거나	쓰든지	★썼든지	쓰기 때문에	★썼기 때문에	쓰기는 하지만	쓰기는 했지만
	desaparece la ㄹ	살다	살지만	살았지만	살고	살았고	살거나	살았거나	살든지	살았든지	살기 때문에	살았기 때문에	살기는 하지만	살기는 했지만
	verbos irregulares con ㄷ	듣다	듣지만	★들었지만	듣고	★들었고	듣거나	★들었거나	듣든지	★들었든지	듣기 때문에	★들었기 때문에	듣기는 하지만	듣기는 했지만
	verbos irregulares con ㅂ	돕다	돕지만	★도왔지만	돕고	★도왔고	돕거나	★도왔거나	돕든지	★도왔든지	돕기 때문에	★도왔기 때문에	돕기는 하지만	돕기는 했지만
	verbos irregulares con ㅅ	짓다	짓지만	★지었지만	짓고	★지었고	짓거나	★지었거나	짓든지	★지었든지	짓기 때문에	★지었기 때문에	짓기는 하지만	짓기는 했지만
	verbos irregulares con 르	모르다	모르지만	★몰랐지만	모르고	★몰랐고	모르거나	★몰랐거나	모르든지	★몰랐든지	모르기 때문에	★몰랐기 때문에	모르기는 하지만	모르기는 했지만
	있다/없다 haber/ no haber	있다	있지만	있었지만	있고	있었고	있거나	있었거나	있든지	있었든지	있기 때문에	있었기 때문에	있기는 하지만	있기는 했지만
adjetivos	terminación en vocal	편하다	편하지만	편했지만	편하고	편했고	편하거나	편했거나	편하든지	편했든지	편하기 때문에	편했기 때문에	편하기는 하지만	편하기는 했지만
	terminación en consonante	좋다	좋지만	좋았지만	좋고	좋았고	좋거나	좋았거나	좋든지	좋았든지	좋기 때문에	좋았기 때문에	좋기는 하지만	좋기는 했지만
	desaparece la ㅡ	바쁘다	바쁘지만	★바빴지만	바쁘고	★바빴고	바쁘거나	★바빴거나	바쁘든지	★바빴든지	바쁘기 때문에	★바빴기 때문에	바쁘기는 하지만	바쁘기는 했지만
	desaparece la ㄹ	길다	길지만	길었지만	길고	길었고	길거나	길었거나	길든지	길었든지	길기 때문에	길었기 때문에	길기는 하지만	길기는 했지만
	verbos irregulares con ㅂ	어렵다	어렵지만	★어려웠지만	어렵고	★어려웠고	어렵거나	★어려웠거나	어렵든지	★어려웠든지	어렵기 때문에	★어려웠기 때문에	어렵기는 하지만	어렵기는 했지만
	verbos irregulares con 르	다르다	다르지만	★달랐지만	다르고	★달랐고	다르거나	★달랐거나	다르든지	★달랐든지	다르기 때문에	★달랐기 때문에	다르기는 하지만	다르기는 했지만
	con 이다	남자(이)다	남자지만	남자였지만	남자고	남자였고	남자거나	남자였거나	남자든지	남자였든지	남자기 때문에	남자였기 때문에	남자기는 하지만	남자기는 했지만
	con 이다	사람이다	사람이지만	사람이었지만	사람이고	사람이었고	사람이거나	사람이었거나	사람이든지	사람이었든지	사람이기 때문에	사람이었기 때문에	사람이기는 하지만	사람이기는 했지만

★ Véanse las páginas 295-297 para encontrar explicaciones más pormenorizadas sobre los diferentes tipos de conjugación irregular.

★★ Se puede añadir –게 되다 tanto a la raíz de los verbos como de los adjetivos. En el caso de los sustantivos seguidos por el verbo copulativo 이다, se hace uso de sustantivo + 이/가 되다.

1. Terminaciones que comienzan por consonantes

❶ Terminaciones que comienzan por las consonantes ㄱ, ㄷ y ㅈ

Las terminaciones que comienzan por las consonantes ㄱ, ㄷ y ㅈ que se añaden a la raíces independientemente de si estas acaban en vocal o consonante. Estas terminaciones no implican ninguna variación en la raíz, ni siquiera en el caso de aquellas palabras que tengan una conjugación irregular. No obstante, existen varias formas irregulares ocasionas al añadirse el infijo de pasado −았/었−.

Curiosidades

Las terminaciones gramaticales acabadas en −다, como −게 되다, −고 있다, etc., pueden usarse tanto en el registro oral como en el escrito.

Las terminaciones gramaticales acabadas en −요, como −거든요, −지요, etc., tan solo se emplean en el registro oral.

¡Cuidado!

Se debe tener en cuenta qué terminaciones se pueden usar indistintamente con verbos, adjetivos e 이다, y cuáles se pueden añadir exclusivamente a raíces verbales.

Hay que tener en cuenta qué terminaciones son compatibles con el infijo de pasado −았/었− y cuáles no, así como la manera de añadirlas.

−던 P. 230		−다가 P. 242		−지요 P. 74		−거든요 P. 122		−겠− P. 146		−잖아요 P. 182		−게 되다 P. 114	
presente	−았/었−	presente	−았/었−	presente	−았/었−	presente	−았/었−	presente	−았/었−	presente	−았/었−	presente	−았/었−
보던	봤던	보다가	봤다가	보지요	봤지요	보거든요	봤거든요	보겠어요	봤겠어요	보잖아요	봤잖아요	보게 돼요	보게 됐어요
먹던	먹었던	먹다가	먹었다가	먹지요	먹었지요	먹거든요	먹었거든요	먹겠어요	먹었겠어요	먹잖아요	먹었잖아요	먹게 돼요	먹게 됐어요
쓰던	★썼던	쓰다가	★썼다가	쓰지요	★썼지요	쓰거든요	★썼거든요	쓰겠어요	★썼겠어요	쓰잖아요	★썼잖아요	쓰게 돼요	쓰게 됐어요
살던	살았던	살다가	살았다가	살지요	살았지요	살거든요	살았거든요	살겠어요	살았겠어요	살잖아요	살았잖아요	살게 돼요	살게 됐어요
듣던	★들었던	듣다가	★들었다가	듣지요	★들었지요	듣거든요	★들었거든요	듣겠어요	★들었겠어요	듣잖아요	★들었잖아요	듣게 돼요	듣게 됐어요
돕던	★도왔던	돕다가	★도왔다가	돕지요	★도왔지요	돕거든요	★도왔거든요	돕겠어요	★도왔겠어요	돕잖아요	★도왔잖아요	돕게 돼요	돕게 됐어요
짓던	★지었던	짓다가	★지었다가	짓지요	★지었지요	짓거든요	★지었거든요	짓겠어요	★지었겠어요	짓잖아요	★지었잖아요	짓게 돼요	짓게 됐어요
모르던	★몰랐던	모르다가	★몰랐다가	모르지요	★몰랐지요	모르거든요	★몰랐거든요	모르겠어요	★몰랐겠어요	모르잖아요	★몰랐잖아요	모르게 돼요	모르게 됐어요
있던	있었던	있다가	있었다가	있지요	있었지요	있거든요	있었거든요	있겠어요	있었겠어요	있잖아요	있었잖아요	있게 돼요	있게 됐어요
편하던	편했던	편하다가	편했다가	편하지요	편했지요	편하거든요	편했거든요	편하겠어요	편했겠어요	편하잖아요	편했잖아요	편하게 돼요	편하게 됐어요
좋던	좋았던	좋다가	좋았다가	좋지요	좋았지요	좋거든요	좋았거든요	좋겠어요	좋았겠어요	좋잖아요	좋았잖아요	좋게 돼요	좋게 됐어요
바쁘던	★바빴던	바쁘다가	★바빴다가	바쁘지요	★바빴지요	바쁘거든요	★바빴거든요	바쁘겠어요	★바빴겠어요	바쁘잖아요	★바빴잖아요	바쁘게 돼요	바쁘게 됐어요
길던	길었던	길다가	길었다가	길지요	길었지요	길거든요	길었거든요	길겠어요	길었겠어요	길잖아요	길었잖아요	길게 돼요	길게 됐어요
어렵던	★어려웠던	어렵다가	★어려웠다가	어렵지요	★어려웠지요	어렵거든요	★어려웠거든요	어렵겠어요	★어려웠겠어요	어렵잖아요	★어려웠잖아요	어렵게 돼요	어렵게 됐어요
다르던	★달랐던	다르다가	★달랐다가	다르지요	★달랐지요	다르거든요	★달랐거든요	다르겠어요	★달랐겠어요	다르잖아요	★달랐잖아요	다르게 돼요	다르게 됐어요
남자던	남자였던	남자다가	남자였다가	남자지요	남자였지요	남자거든요	남자였거든요	남자겠어요	남자였겠어요	남자잖아요	남자였잖아요	★★남자가 돼요	★★남자가 됐어요
사람이던	사람이었던	사람이다가	사람이었다가	사람이지요	사람이었지요	사람이거든요	사람이었거든요	사람이겠어요	사람이었겠어요	사람이잖아요	사람이었잖아요	★★사람이 돼요	★★사람이 됐어요

- Terminaciones gramaticales que comienzan por ㄱ, ㄷ o ㅈ, que se añaden directamente a las raíces de los verbos y los adjetivos, así como a 이다, pero cuyo uso resulta incompatible con el infijo de pasado -았/었-

	condición	ejemplo	-기는요 P.118
verbos	terminación en vocal	보다	보기는요
	terminación en consonante	먹다	먹기는요
	desaparece la 으	쓰다	쓰기는요
	desaparece la ㄹ	살다	살기는요
	verbos irregulares con ㄷ	듣다	듣기는요
	verbos irregulares con ㅂ	돕다	돕기는요
	verbos irregulares con ㅅ	짓다	짓기는요
	verbos irregulares con 르	부르다	부르기는요
	있다/없다 haber/no haber	있다	있기는요
adjetivos	terminación en vocal	편하다	편하기는요
	terminación en consonante	좋다	좋기는요
	verbos irregulares con 으	바쁘다	바쁘기는요
	verbos irregulares con ㄹ	길다	길기는요
	verbos irregulares con ㅂ	어렵다	어렵기는요
	verbos irregulares con 르	다르다	다르기는요
	con 이다	남자(이)다	남자기는요
	con 이다	사람이다	사람이기는요

- Terminaciones gramaticales que comienzan por ㄱ, ㄷ o ㅈ, que se añaden exclusivamente a raíces verbales

	condición	ejemplo	-기로 하다 P.54		-고 있다 P.90		-기 쉽다/어렵다 P.114		-지 그래요? P.122		-곤 하다 P.230	
			presente	-았/었-	presente	-았/었-	presente	-았/었-	presente	-았/었-	presente	-았/었-
verbos	terminación en vocal	보다	보기로 해요	보기로 했어요	보고 있어요	보고 있었어요	보기 쉬워요	보기 쉬웠어요	보지 그래요?	보지 그랬어요?	보곤 해요	보곤 했어요
	terminación en consonante	먹다	먹기로 해요	먹기로 했어요	먹고 있어요	먹고 있었어요	먹기 쉬워요	먹기 쉬웠어요	먹지 그래요?	먹지 그랬어요?	먹곤 해요	먹곤 했어요
	desaparece la 으	쓰다	쓰기로 해요	쓰기로 했어요	쓰고 있어요	쓰고 있었어요	쓰기 쉬워요	쓰기 쉬웠어요	쓰지 그래요	쓰지 그랬어요?	쓰곤 해요	쓰곤 했어요
	desaparece la ㄹ	살다	살기로 해요	살기로 했어요	살고 있어요	살고 있었어요	살기 쉬워요	살기 쉬웠어요	살지 그래요?	살지 그랬어요?	살곤 해요	살곤 했어요
	verbos irregulares con ㄷ	듣다	듣기로 해요	듣기로 했어요	듣고 있어요	듣고 있었어요	듣기 쉬워요	듣기 쉬웠어요	듣지 그래요?	듣지 그랬어요?	듣곤 해요	듣곤 했어요
	verbos irregulares con ㅂ	돕다	돕기로 해요	돕기로 했어요	돕고 있어요	돕고 있었어요	돕기 쉬워요	돕기 쉬웠어요	돕지 그래요?	돕지 그랬어요?	돕곤 해요	돕곤 했어요
	verbos irregulares con ㅅ	짓다	짓기로 해요	짓기로 했어요	짓고 있어요	짓고 있었어요	짓기 쉬워요	짓기 쉬웠어요	짓지 그래요?	짓지 그랬어요?	짓곤 해요	짓곤 했어요
	verbos irregulares con 르	부르다	부르기로 해요	부르기로 했어요	부르고 있어요	부르고 있었어요	부르기 쉬워요	부르기 쉬웠어요	부르지 그래요?	부르지 그랬어요?	부르곤 해요	부르곤 했어요

- Terminaciones gramaticales que comienzan por ㄱ, ㄷ o ㅈ, que se añaden exclusivamente a raíces verbales, pero cuyo uso resulta incompatible con el infijo de pasado -았/었-

	condición	ejemplo	-기 전에 P.42	-자마자 P.70	-도록 P.186	-다가 P.242
verbos	terminación en vocal	보다	보기 전에	보자마자	보도록	보다가
	terminación en consonante	먹다	먹기 전에	먹자마자	먹도록	먹다가
	desaparece la 으	쓰다	쓰기 전에	쓰자마자	쓰도록	쓰다가
	desaparece la ㄹ	살다	살기 전에	살자마자	살도록	살다가
	verbos irregulares con ㄷ	듣다	듣기 전에	듣자마자	듣도록	듣다가
	verbos irregulares con ㅂ	돕다	돕기 전에	돕자마자	돕도록	돕다가
	verbos irregulares con ㅅ	짓다	짓기 전에	짓자마자	짓도록	짓다가
	verbos irregulares con 르	부르다	부르기 전에	부르자마자	부르도록	부르다가

❷ Terminaciones que comienzan por ㄴ

Cuando las terminaciones que comienzan por ㄴ se añaden a raíces terminadas en ㄹ, la ㄹ final desaparece al entrar en contacto con la ㄴ inicial de la terminación (Ej. 살 + 네요 → 사네요).

• Terminaciones gramaticales que comienzan por ㄴ, que se añaden a las raíces de tanto de verbos y como de adjetivos, así como a 이다

	condición	ejemplo	-네요 P.106	
			presente	'-았/었-'
verbos	terminación en vocal	보다	보네요	봤네요
	terminación en consonante	먹다	먹네요	먹었네요
	desaparece la 으	쓰다	쓰네요	★썼네요
	desaparece la ㄹ	살다	★사네요	살았네요
	verbos irregulares con ㄷ	듣다	듣네요	★들었네요
	verbos irregulares con ㅂ	돕다	돕네요	★도왔네요
	verbos irregulares con ㅅ	짓다	짓네요	★지었네요
	verbos irregulares con 르	부르다	부르네요	★불렀네요
adjetivos	terminación en vocal	편하다	편하네요	편했네요
	terminación en consonante	작다	작네요	작았네요
	desaparece la 으	바쁘다	바쁘네요	★바빴네요
	desaparece la ㄹ	길다	★기네요	길었네요
	verbos irregulares con ㅂ	어렵다	어렵네요	★어려웠네요
	verbos irregulares con 르	다르다	다르네요	★달랐네요
	con 이다	남자(이)다	남자네요	남자였네요
	con 이다	사람이다	사람이네요	사람이었네요

★ Véanse las páginas 295-297 para encontrar explicaciones más pormenorizadas sobre los diferentes tipos de conjugación irregular.

• Terminaciones gramaticales que comienzan por ㄴ, que se añaden exclusivamente a raíces verbales, pero cuyo uso resulta incompatible con el infijo de pasado -았/었-

	condición	ejemplo	-는 게 어때요? P.58	-는 게 좋겠다 P.58	-는 동안에 P.130	-는 대로 P.138	-느라고 P.234
verbos	terminación en vocal	보다	보는 게 어때요?	보는 게 좋겠어요	보는 동안에	보는 대로	보느라고
	terminación en consonante	먹다	먹는 게 어때요?	먹는 게 좋겠어요	먹는 동안에	먹는 대로	먹느라고
	desaparece la 으	쓰다	쓰는 게 어때요?	쓰는 게 좋겠어요	쓰는 동안에	쓰는 대로	쓰느라고
	desaparece la ㄹ	살다	★사는 게 어때요?	★사는 게 좋겠어요	★사는 동안에	★사는 대로	★사느라고
	verbos irregulares con ㄷ	듣다	듣는 게 어때요?	듣는 게 좋겠어요	듣는 동안에	듣는 대로	듣느라고
	verbos irregulares con ㅂ	돕다	돕는 게 어때요?	돕는 게 좋겠어요	돕는 동안에	돕는 대로	돕느라고
	verbos irregulares con ㅅ	짓다	짓는 게 어때요?	짓는 게 좋겠어요	짓는 동안에	짓는 대로	짓느라고
	verbos irregulares con 르	부르다	부르는 게 어때요?	부르는 게 좋겠어요	부르는 동안에	부르는 대로	부르느라고

★ Véanse las páginas 295-297 para encontrar explicaciones más pormenorizadas sobre los diferentes tipos de conjugación irregular.

2. Terminaciones que comienzan por -아/어-

Las terminaciones gramaticales que comienzan por -아/어- se conjugan de la misma manera que la forma -아/어요. En el caso de las raíces de verbos o adjetivos terminados en 하, al entrar 하 en contacto -아/어-, se produce la contracción 해. Si la raíz termina en la vocal ㅏ u ㅗ, se añade -아-, mientras que en el resto de los casos se añade -어-. Se ha de tener muy en cuenta la conjugación irregular de las raíces terminadas en 르 al añadírsele el infijo de pasado -았/었-.

- **Terminaciones gramaticales que comienzan por -아/어-, que se añaden a las raíces de tanto de verbos y como de adjetivos, así como a 이다**

	condición	ejemplo	-아/어도 P. 150		-아/어도 되다 P. 98		-아/어야 되다 P. 98		-아/어야지요 P. 170, P. 246		-아/어야 했는데 P. 246	
			presente	-았/었-	presente	-았/었-	presente	-았/었-	presente	-았/었-	presente	-았/었-
verbos	terminación en 하	일하다	일해도	일했어도	일해도 돼요	일해도 됐어요	일해야 돼요	일해야 됐어요	일해야지요	일했어야 지요	일해야 했는데	일했어야 했는데
	terminación en ㅏ	만나다	만나도	만났어도	만나도 돼요	만나도 됐어요	만나야 돼요	만나야 됐어요	만나야지요	만났어야 지요	만나야 했는데	만났어야 했는데
	terminación en ㅗ	보다	봐도	봤어도	봐도 돼요	봐도 됐어요	봐야 돼요	봐야 됐어요	봐야지요	봤어야 지요	봐야 했는데	봤어야 했는데
	terminación en ㅓ	먹다	먹어도	먹었어도	먹어도 돼요	먹어도 됐어요	먹어야 돼요	먹어야 됐어요	먹어야지요	먹었어야 지요	먹어야 했는데	먹었어야 했는데
	terminación en ㅣ	마시다	마셔도	마셨어도	마셔도 돼요	마셔도 됐어요	마셔야 돼요	마셔야 됐어요	마셔야지요	마셨어야 지요	마셔야 했는데	마셨어야 했는데
	terminación en ㅜ	주다	줘도	줬어도	줘도 돼요	줘도 됐어요	줘야 돼요	줘야 됐어요	줘야지요	줬어야 지요	줘야 했는데	줬어야 했는데
	desaparece la 으	쓰다	★써도	★썼어도	★써도 돼요	★써도 됐어요	★써야 돼요	★써야 됐어요	★써야지요	★썼어야 지요	★써야 했는데	★썼어야 했는데
	desaparece la ㄹ	살다	살아도	살았어도	살아도 돼요	살아도 됐어요	살아야 돼요	살아야 됐어요	살아야지요	살았어야 지요	살아야 했는데	살았어야 했는데
	verbos irregulares con ㄷ	듣다	★들어도	★들었어도	★들어도 돼요	★들어도 됐어요	★들어야 돼요	★들어야 됐어요	★들어야 지요	★들었어야 지요	★들어야 했는데	★들었어야 했는데
	verbos irregulares con ㅂ	돕다	★도와도	★도왔어도	★도와도 돼요	★도와도 됐어요	★도와야 돼요	★도와야 됐어요	★도와야지 요	★도왔어야 지요	★도와야 했는데	★도왔어야 했는데
	verbos irregulares con ㅅ	짓다	★지어도	★지었어도	★지어도 돼요	★지어도 됐어요	★지어야 돼요	★지어야 됐어요	★지어야 지요	★지었어야 지요	★지어야 했는데	★지었어야 했는데
	verbos irregulares con 르	모르다	★몰라도	★몰랐어도	★몰라도 돼요	★몰라도 됐어요	★몰라야 돼요	★몰라야 됐어요	★몰라야 지요	★몰랐어야 지요	★몰라야 했는데	★몰랐어야 했는데
adjetivos	terminación en 하	편하다	편해도	편했어도	편해도 돼요	편해도 됐어요	불편해야 돼요	불편해야 됐어요	편해야지요	편했어야 지요	편해야 했는데	편했어야 했는데
	terminación en ㅏ	비싸다	비싸도	비쌌어도	비싸도 돼요	비싸도 됐어요	비싸야 돼요	비싸야 됐어요	비싸야 지요	비쌌어야 지요	비싸야 했는데	비쌌어야 했는데
	terminación en ㅗ	많다	많아도	많았어도	많아도 돼요	많아도 됐어요	많아야 돼요	많아야 됐어요	많아야지요	많았어야 지요	많아야 했는데	많았어야 했는데
	desaparece la 으	바쁘다	★바빠도	★바빴어도	★바빠도 돼요	★바빠도 됐어요	★바빠야 돼요	★바빠야 됐어요	★바빠야 지요	★바빴어야 지요	★바빠야 했는데	★바빴어야 했는데
	desaparece la ㄹ	길다	길어도	길었어도	길어도 돼요	길어도 됐어요	길어야 돼요	길어야 됐어요	길어야지요	길었어야 지요	길어야 했는데	길었어야 했는데
	verbos irregulares con ㄷ	어렵다	★어려워도	★어려웠어도	★어려워도 돼요	★어려워도 됐어요	★어려워야 돼요	★어려워야 됐어요	★어려워야 지요	★어려웠어 야지요	★어려워 야 했는데	★어려웠어야 했는데
	verbos irregulares con 르	다르다	★달라도	★달랐어도	★달라도 돼요	★달라도 됐어요	★달라야 돼요	★달라야 됐어요	★달라야 지요	★달랐어야 지요	★달라야 했는데	★달랐어야 했는데
	con 이다	남자(이)다	★남자라도	남자였어도	★★남자라도 돼요	★★남자라 도 됐어요	남자여야 돼요	남자여야 됐어요	남자여야 지요	남자였어야 지요	남자여야 했는데	남자였어야 했는데
	con 이다	사람이다	★사람이라 도	사람이었어도	★★사람이라 도 돼요	★★사람이 라도 됐어요	사람이어야 돼요	사람이어야 됐어요	사람이어야 지요	사람이었어야 지요	사람이어야 했는데	사람이었어야 했는데

★ Véanse las páginas 295-297 para encontrar explicaciones más pormenorizadas sobre los diferentes tipos de conjugación irregular.

★★ La forma resultante de añadir -아/어도 a la estructura 'sustantivo + 이다', es sustantivo + (이)라도. Si se añade el infijo de -았/었-, la forma resultante es -였어도/-이었어도.

★★★ Se refiere a la última vocal de la raíz. Por ejemplo, en la raíz del verbo 마시다, que es 마시, podemos encontrar dos vocales, la ㅏ y la ㅣ, pero la última vocal de la raíz es la ㅣ.

- **Terminaciones gramaticales que comienzan por −아/어−, que se añaden exclusivamente a las raíces verbales, pero cuyo uso resulta incompatible con el infijo de pasado −았/었−**

	condición	ejemplo	−아/어서 P.54	−아/어 줄까요? P.86	−아/어 주시겠어요? P.66	−아/어야겠다 P.170
	terminación en 하	일하다	일해서	일해 줄까요?	일해 주시겠어요?	일해야겠어요
	★★★terminación en ㅏ	가다	가서	가 줄까요?	가 주시겠어요?	가야겠어요
	★★★terminación en ㅗ	보다	봐서	봐 줄까요?	봐 주시겠어요?	봐야겠어요
	★★★terminación en ㅓ	읽다	읽어서	읽어 줄까요?	읽어 주시겠어요?	읽어야겠어요
	★★★terminación en ㅣ	기다리다	기다려서	기다려 줄까요?	기다려 주시겠어요?	기다려야겠어요
verbos	★★★terminación en ㅜ	춤을 추다	춤을 춰서	춤을 춰 줄까요?	춤을 춰 주시겠어요?	춤을 춰야겠어요
	desaparece la 으	쓰다	★써서	★써 줄까요?	★써 주시겠어요?	★써야겠어요
	desaparece la ㄹ	놀다	놀아서	놀아 줄까요?	놀아 주시겠어요?	놀아야겠어요
	verbos irregulares con ㄷ	듣다	★들어서	★들어 줄까요?	★들어 주시겠어요?	★들어야겠어요
	verbos irregulares con ㅂ	돕다	★도와서	★도와줄까요?	★도와주시겠어요?	★도와야겠어요
	verbos irregulares con ㅅ	짓다	★지어서	★지어 줄까요?	★지어 주시겠어요?	★지어야겠어요
	verbos irregulares con 르	부르다	★불러서	★불러 줄까요?	★불러 주시겠어요?	★불러야겠어요

★ Véanse las páginas 295-297 para encontrar explicaciones más pormenorizadas sobre los diferentes tipos de conjugación irregular.

★★★ Se refiere a la última vocal de la raíz.

- **Terminaciones gramaticales que comienzan por −아/어−, que se añaden exclusivamente a las raíces de los adjetivos**

	condición	ejemplo	−아/어지다 P.150		−아/어 보이다 P.178	
			presente	−았/었−	presente	−았/었−
	terminación en 하	유명하다	유명해져요	유명해졌어요	유명해 보여요	유명해 보였어요
	★★★terminación en ㅏ	비싸다	비싸져요	비싸졌어요	비싸 보여요	비싸 보였어요
	★★★terminación en ㅗ	많다	많아져요	많아졌어요	많아 보여요	많아 보였어요
adjetivos	desaparece la 으	바쁘다	★바빠져요	★바빠졌어요	★바빠 보여요	★바빠 보였어요
	verbos irregulares con ㄹ	길다	길어져요	길어졌어요	길어 보여요	길어 보였어요
	verbos irregulares con ㅂ	어렵다	★어려워져요	★어려워졌어요	★어려워 보여요	★어려워 보였어요
	verbos irregulares con 르	다르다	★달라져요	★달라졌어요	★달라 보여요	★달라 보였어요

★ Véanse las páginas 295-297 para encontrar explicaciones más pormenorizadas sobre los diferentes tipos de conjugación irregular.

★★★ Se refiere a la última vocal de la raíz.

- **−아/어 있다 (estar + participio): indicar la continuidad de un estado tras haber tenido lugar la acción que lo ocasionó**

살다 vivir	살아 있다 estar vivo	**켜지다** encender	불이 켜져 있다 estar encendido/ prendido	**쓰이다** escribir	책에 이름이 쓰여 있다 estar escrito	**떨어지다** caerse	바닥에 쓰레기가 떨어져 있다 haberse caído
죽다 morir	죽어 있다 estar muerto	**꺼지다** apagar	불이 꺼져 있다 estar apagado	**그려지다** dibujar	종이에 그림이 그려져 있다 estar dibujado	**빠지다** caerse	물 속에 젓가락이 빠져 있다 haberse caído
가다 ir	가 있다 haberse ido	**열리다** abrir	문이 열려 있다 estar abierto	**걸리다** colgar	벽에 시계가 걸려 있다 estar colgado	**부러지다** partirse	연필이 부러져 있다 haberse partido
오다 venir	와 있다 haber llegado	**닫히다** cerrar	문이 닫혀 있다 estar cerrado	**달리다** colgar	옷에 단추가 달려 있다 estar colgado	**깨지다** romperse	컵이 깨져 있다 estar roto
앉다 sentarse	앉아 있다 estar sentado	**놓이다** poner	책상 위에 책이 놓여 있다 estar puesto	**붙이다** pegar	벽에 종이가 붙어 있다 estar pegado	**찢어지다** desgarrar	옷이 찢어져 있다 estar desgarrado
서다 ponerse de pie	서 있다 estar de pie		가방 안에 책이 들어 있다 El libro está (metido) en la cartera.	**새겨지다** incrustar	반지에 글자가 새겨져 있다 estar incrustado	**구겨지다** arrugarse	종이가 구겨져 있다 estar arrugado

3. Terminaciones que comienzan por –(으)–

Cuando las terminaciones gramaticales que comienzan por –으– se añaden a raíces que acaban en vocal, la desaparece –으–.

- **Terminaciones gramaticales que comienzan por –(으)–, que se añaden a las raíces de tanto de verbos y como de adjetivos, así como a 이다**

	condición	ejemplo	–(으)ㄹ 때 P.146		–(으)ㄹ까 봐 P.166		–(으)ㄹ까요? P.50, P.182		–(으)ㄹ지도 모르다 P.198		–(으)ㄹ 테니까 P.210	
			presente	–았/었–	presente	–았/었–	presente	–았/었–	presente	–았/었–	presente	–았/었–
verbos	terminación en vocal	보다	볼 때	봤을 때	볼까 봐	봤을까 봐	볼까요?	봤을까요?	볼지도 몰라요	봤을지도 몰라요	볼 테니까	봤을 테니까
	terminación en consonante	먹다	먹을 때	먹었을 때	먹을까 봐	먹었을까 봐	먹을까요?	먹었을까요?	먹을지도 몰라요	먹었을지도 몰라요	먹을 테니까	먹었을 테니까
	desaparece la 으	쓰다	쓸 때	★썼을 때	쓸까 봐	★썼을까 봐	쓸까요?	★썼을까요?	쓸지도 몰라요	★썼을지도 몰라요	쓸 테니까	★썼을 테니까
	desaparece la ㄹ	살다	살 때	살았을 때	살까 봐	살았을까 봐	살까요?	살았을까요?	살지도 몰라요	살았을지도 몰라요	살 테니까	살았을 테니까
	verbos irregulares con ㄷ	듣다	★들을 때	★들었을 때	★들을까 봐	★들었을까 봐	★들을까요?	★들었을까요?	★들을지도 몰라요	★들었을지도 몰라요	★들을 테니까	★들었을 테니까
	verbos irregulares con ㅂ	돕다	★도울 때	★도왔을 때	★도울까 봐	★도왔을까 봐	★도울까요?	★도왔을까요?	★도울지도 몰라요	★도왔을지도 몰라요	★도울 테니까	★도왔을 테니까
	verbos irregulares con ㅅ	짓다	★지을 때	★지었을 때	★지을까 봐	★지었을까 봐	★지을까요?	★지었을까요?	★지을지도 몰라요	★지었을지도 몰라요	★지을 테니까	★지었을 테니까
	verbos irregulares con 르	모르다	모를 때	★몰랐을 때	모를까 봐	★몰랐을까 봐	모를까요?	★몰랐을까요?	모를지도 몰라요	★몰랐을지도 몰라요	모를 테니까	★몰랐을 테니까
adjetivos	terminación en vocal	불편하다	불편할 때	불편했을 때	불편할까 봐	불편했을까 봐	불편할까요?	불편했을까요?	불편할지도 몰라요	불편했을지도 몰라요	불편할 테니까	불편했을 테니까
	terminación en consonante	많다	많을 때	많았을 때	많을까 봐	많았을까 봐	많을까요?	많았을까요?	많을지도 몰라요	많았을지도 몰라요	많을 테니까	많았을 테니까
	desaparece la 으	바쁘다	바쁠 때	★바빴을 때	바쁠까 봐	★바빴을까 봐	바쁠까요?	★바빴을까요?	바쁠지도 몰라요	★바빴을지도 몰라요	바쁠 테니까	★바빴을 테니까
	desaparece la ㄹ	길다	길 때	길었을 때	길까 봐	길었을까 봐	길까요?	길었을까요?	길지도 몰라요	길었을지도 몰라요	길 테니까	길었을 테니까
	verbos irregulares con ㅂ	어렵다	★어려울 때	★어려웠을 때	★어려울까 봐	★어려웠을까 봐	어려울까요?	★어려웠을까요?	★어려울지도 몰라요	★어려웠을지도 몰라요	★어려울 테니까	★어려웠을 테니까
	verbos irregulares con 르	다르다	다를 때	★달랐을 때	다를까 봐	★달랐을까 봐	다를까요?	★달랐을까요?	다를지도 몰라요	★달랐을지도 몰라요	다를 테니까	★달랐을 테니까
	con 이다	남자(이)다	남자일 때	남자였을 때	남자일까 봐	남자였을까 봐	남자일까요?	남자였을까요?	남자일지도 몰라요	남자였을지도 몰라요	남자일 테니까	남자였을 테니까
	con 이다	사람이다	사람일 때	사람이었을 때	사람일까 봐	사람이었을까 봐	사람일까요?	사람이었을까요?	사람일지도 몰라요	사람이었을지도 몰라요	사람일 테니까	사람이었을 테니까

★ Véanse las páginas 295-297 para encontrar explicaciones más pormenorizadas sobre los diferentes tipos de conjugación irregular.

-(으)ㄹ걸? hipótesis P.216		-(으)ㄹ 텐데 P.250		-(으)니까 P.134 causa P.58		-(으)면 P.66		-(으)면 좋겠다 P.186		-(으)면 안 되다 P.106	
presente	-았/었-	presente	-았/었-	presente	-았/었-	presente	-았/었-	presente	-았/었-	presente	-았/었-
볼걸?	봤을걸?	볼 텐데	봤을 텐데	보니까	봤으니까	보면	봤으면	보면 좋겠어요	봤으면 좋겠어요	보면 안 돼요	보면 안 됐어요
먹을걸?	먹었을걸?	먹을 텐데	먹었을 텐데	먹으니까	먹었으니까	먹으면	먹었으면	먹으면 좋겠어요	먹었으면 좋겠어요	먹으면 안 돼요	먹으면 안 됐어요
쓸걸?	★썼을걸?	쓸 텐데	★썼을 텐데	쓰니까	★썼으니까	쓰면	★썼으면	쓰면 좋겠어요	★썼으면 좋겠어요	쓰면 안 돼요	쓰면 안 됐어요
살걸?	살았을걸?	살 텐데	살았을 텐데	★사니까	살았으니까	살면	살았으면	살면 좋겠어요	살았으면 좋겠어요	살면 안 돼요	살면 안 됐어요
★들을걸?	★들었을걸?	★들을 텐데	★들었을 텐데	★들으니까	★들었으니까	★들으면	★들었으면	★들으면 좋겠어요	★들었으면 좋겠어요	★들으면 안 돼요	★들으면 안 됐어요
★도울걸?	★도왔을걸?	★도울 텐데	★도왔을 텐데	★도우니까	★도왔으니까	★도우면	★도왔으면	★도우면 좋겠어요	★도왔으면 좋겠어요	★도우면 안 돼요	★도우면 안 됐어요
★지을걸?	★지었을걸?	★지을 텐데	★지었을 텐데	★지으니까	★지었으니까	★지으면	★지었으면	★지으면 좋겠어요	★지었으면 좋겠어요	★지으면 안 돼요	★지으면 안 됐어요
모를걸?	★몰랐을걸?	모를 텐데	★몰랐을 텐데	모르니까	★몰랐으니까	모르면	★몰랐으면	모르면 좋겠어요	★몰랐으면 좋겠어요	모르면 안 돼요	모르면 안 됐어요
불편할걸?	불편했을걸?	불편할 텐데	불편했을 텐데	불편하니까	불편했으니까	불편하면	불편했으면	불편하면 좋겠어요	불편했으면 좋겠어요	불편하면 안 돼요	불편하면 안 됐어요
많을걸?	많았을걸?	많을 텐데	많았을 텐데	많으니까	많았으니까	많으면	많았으면	많으면 좋겠어요	많았으면 좋겠어요	많으면 안 돼요	많으면 안 됐어요
바쁠걸?	★바빴을걸?	바쁠 텐데	★바빴을 텐데	바쁘니까	★바빴으니까	바쁘면	★바빴으면	바쁘면 좋겠어요	★바빴으면 좋겠어요	바쁘면 안 돼요	바쁘면 안 됐어요
길걸?	길었을걸?	길 텐데	길었을 텐데	★기니까	길었으니까	길면	길었으면	길면 좋겠어요	길었으면 좋겠어요	길면 안 돼요	길면 안 됐어요
★어려울걸?	★어려웠을걸?	★어려울 텐데	★어려웠을 텐데	★어려우니까	★어려웠으니까	★어려우면	★어려웠으면	★어려우면 좋겠어요	★어려웠으면 좋겠어요	어려우면 안 돼요	★어려우면 안 됐어요
다를걸?	★달랐을걸?	다를 텐데	★달랐을 텐데	다르니까	★달랐으니까	다르면	★달랐으면	다르면 좋겠어요	★달랐으면 좋겠어요	다르면 안 돼요	다르면 안 됐어요
남자일걸?	남자였을걸?	남자일 텐데	남자였을 텐데	남자니까	남자였으니까	남자(이)면	남자였으면	남자(이)면 좋겠어요	남자였으면 좋겠어요	남자(이)면 안 돼요	남자(이)면 안 됐어요
사람일걸?	사람이었을걸?	사람일 텐데	사람이었을 텐데	사람이니까	사람이었으니까	사람이면	사람이었으면	사람이면 좋겠어요	사람이었으면 좋겠어요	사람이면 안 돼요	사람이면 안 됐어요

• Terminaciones gramaticales que comienzan por –(으)–, que se añaden a las raíces de tanto de verbos y como de adjetivos, así como a 이다, pero cuyo uso resulta incompatible con el infijo de pasado –았/었–

	condición	verbos	–(으)ㄴ 적이 있다 P. 90	–(으)ㄹ수록 P. 214
verbos	terminación en vocal	일하다	일한 적이 있어요	일할수록
	terminación en consonante	읽다	읽은 적이 있어요	읽을수록
	desaparece la 으	쓰다	쓴 적이 있어요	쓸수록
	desaparece la ㄹ	놀다	★논 적이 있어요	놀수록
	verbos irregulares con ㄷ	걷다	★걸은 적이 있어요	★걸을수록
	verbos irregulares con ㅂ	돕다	★도운 적이 있어요	★도울수록
	verbos irregulares con ㅅ	짓다	★지은 적이 있어요	★지을수록
	verbos irregulares con 르	부르다	부른 적이 있어요	부를수록

	condición	verbos	–(으)ㄴ 적이 있다 P. 90	–(으)ㄹ수록 P. 214
adjetivos	terminación en vocal	불편하다	불편한 적이 있어요	불편할수록
	terminación en consonante	많다	많은 적이 있어요	많을수록
	desaparece la 으	바쁘다	바쁜 적이 있어요	바쁠수록
	desaparece la ㄹ	길다	★긴 적이 있어요	길수록
	verbos irregulares con ㅂ	어렵다	★어려운 적이 있어요	★어려울수록
	verbos irregulares con 르	다르다	다른 적이 있어요	다를수록
	con 이다	가수(이)다	가수인 적이 있어요	가수일수록
	con 이다	학생이다	학생인 적이 있어요	학생일수록

★ Véanse las páginas 295-297 para encontrar explicaciones más pormenorizadas sobre los diferentes tipos de conjugación irregular.

• Terminaciones gramaticales que comienzan por –(으)–, que se añaden exclusivamente a raíces verbales

	condición	ejemplo	–(으)려고 하다 P. 82		–(으)ㄹ 줄 알다 P. 166		–(으)ㄹ까 하다 P. 214	
			presente	–았/었–	presente	–았/었–	presente	–았/었–
verbos	terminación en vocal	하다	하려고 해요	하려고 했어요	할 줄 알아요	할 줄 알았어요	할까 해요	할까 했어요
	terminación en consonante	읽다	읽으려고 해요	읽으려고 했어요	읽을 줄 알아요	읽을 줄 알았어요	읽을까 해요	읽을까 했어요
	desaparece la 으	쓰다	쓰려고 해요	쓰려고 했어요	쓸 줄 알아요	쓸 줄 알았어요	쓸까 해요	쓸까 했어요
	desaparece la ㄹ	놀다	놀려고 해요	놀려고 했어요	놀 줄 알아요	놀 줄 알았어요	놀까 해요	놀까 했어요
	verbos irregulares con ㄷ	듣다	★들으려고 해요	★들으려고 했어요	★들을 줄 알아요	★들을 줄 알았어요	★들을까 해요	★들을까 했어요
	verbos irregulares con ㅂ	돕다	★도우려고 해요	★도우려고 했어요	★도울 줄 알아요	★도울 줄 알았어요	★도울까 해요	★도울까 했어요
	verbos irregulares con ㅅ	짓다	★지으려고 해요	★지으려고 했어요	★지을 줄 알아요	★지을 줄 알았어요	★지을까 해요	★지을까 했어요
	verbos irregulares con 르	부르다	부르려고 해요	부르려고 했어요	부를 줄 알아요	부를 줄 알았어요	부를까 해요	부를까 했어요

★ Véanse las páginas 295-297 para encontrar explicaciones más pormenorizadas sobre los diferentes tipos de conjugación irregular.

• Terminaciones gramaticales que comienzan por –(으)–, que se añaden exclusivamente a raíces verbales, pero cuyo uso resulta incompatible con el infijo de pasado –았/었–

	condición	ejemplo	–(으)ㄴ 지 P. 18	–(으)ㄴ 후 P. 42	–(으)니까: verbos coordinados P. 134	–(으)러 P. 22	–(으)려고 P. 82, P. 154	–(으)려면 P. 154	–(으)ㄹ까요?: propuesta P. 50	–(으)ㄹ 뻔하다 P. 202	–(으)ㄹ래요 P. 210	–(으)ㄹ 걸 그랬다: arrepentimiento P. 234	–(으)려던 참이다 P. 250	–(으)시겠어요? P. 134
verbos	terminación en vocal	보다	본 지	본 후	보니까	보러	보려고	보려면	볼까요?	볼 뻔했어요	볼래요	볼 걸 그랬어요	보려던 참이에요	보시겠어요?
	terminación en consonante	읽다	읽은 지	읽은 후	읽으니까	읽으러	읽으려고	읽으려면	읽을까요?	읽을 뻔했어요	읽을래요	읽을 걸 그랬어요	읽으려던 참이에요	읽으시겠어요?
	desaparece la 으	쓰다	쓴 지	쓴 후	쓰니까	쓰러	쓰려고	쓰려면	쓸까요?	쓸 뻔했어요	쓸래요	쓸 걸 그랬어요	쓰려던 참이에요	쓰시겠어요?
	desaparece la ㄹ	놀다	★논 지	★논 후	★노니까	놀러	놀려고	놀려면	놀까요?	놀 뻔했어요	놀래요	놀 걸 그랬어요	놀려던 참이에요	★노시겠어요?
	verbos irregulares con ㄷ	듣다	★들은 지	★들은 후	★들으니까	★들으러	★들으려고	★들으려면	★들을까요?	★들을 뻔했어요	★들을래요	★들을 걸 그랬어요	★들으려던 참이에요	★들으시겠어요?
	verbos irregulares con ㅂ	돕다	★도운 지	★도운 후	★도우니까	★도우러	★도우려고	★도우려면	★도울까요?	★도울 뻔했어요	★도울래요	★도울 걸 그랬어요	★도우려던 참이에요	★도우시겠어요?
	verbos irregulares con ㅅ	짓다	★지은 지	★지은 후	★지으니까	★지으러	★지으려고	★지으려면	★지을까요?	★지을 뻔했어요	★지을래요	★지을 걸 그랬어요	★지으려던 참이에요	★지으시겠어요?
	verbos irregulares con 르	부르다	부른 지	부른 후	부르니까	부르러	부르려고	부르려면	부를까요?	부를 뻔했어요	부를래요	부를 걸 그랬어요	부르려던 참이에요	부르시겠어요?

★ Véanse las páginas 295-297 para encontrar explicaciones más pormenorizadas sobre los diferentes tipos de conjugación irregular.

II. Tablas de terminaciones que se añaden a la raíz según se añadan a la raíz de un verbo o de adjetivo

La siguiente tabla muestra las terminaciones gramaticales que varían de forma dependiendo de si se añaden a la raíz de un verbo o de un adjetivo.

1. Terminaciones gramaticales que comienzan por -(으)ㄴ/는

Se añade la forma -는 a las raíces de los verbos, mientras que se añade la forma -(으)ㄴ/는 a las raíces de los adjetivos. En el caso de 이다, se emplea -인. Las formas de pasado, por el contrario, se conjugan tal y como puede verse en las siguientes tablas:

- **Terminación que permite unir una oración a un sustantivo: Los sustantivos como 것, 게 (=것이), 대신, 편 y 줄 no pueden usarse de manera aislada por lo que resulta necesario que vayan acompañados por una oración**

	condición	ejemplo	-(으)ㄴ/는 + 명사 P.178		-(으)ㄴ/는 것 P.50		-(으)ㄴ/는 것 같다 P.198		-(으)ㄴ/는 편이다 P.38		-(으)ㄴ/는 줄 알았다 P.226		-(으)ㄴ/는 대신에 P.86	
			presente	pasado	presente	pasado	presente	pasado	presente	pasado	presente	pasado	presente	pasado
verbos	terminación en vocal	만나다	만나는	만난	만나는 것	만난 것	만나는 것 같아요	만난 것 같아요	만나는 편이에요	만난 편이에요	만나는 줄 알았어요	만난 줄 알았어요	만나는 대신에	만난 대신에
	terminación en consonante	읽다	읽는	읽은	읽는 것	읽은 것	읽는 것 같아요	읽은 것 같아요	읽는 편이에요	읽은 편이에요	읽는 줄 알았어요	읽은 줄 알았어요	읽는 대신에	읽은 대신에
	desaparece la 으	쓰다	쓰는	쓴	쓰는 것	쓴 것	쓰는 것 같아요	쓴 것 같아요	쓰는 편이에요	쓴 편이에요	쓰는 줄 알았어요	쓴 줄 알았어요	쓰는 대신에	쓴 대신에
	desaparece la ㄹ	놀다	★노는	★논	★노는 것	★논 것	★노는 것 같아요	★논 것 같아요	★노는 편이에요	★논 편이에요	★노는 줄 알았어요	★논 줄 알았어요	★노는 대신에	★논 대신에
	verbos irregulares con ㄷ	걷다	걷는	★걸은	걷는 것	★걸은 것	걷는 것 같아요	★걸은 것 같아요	걷는 편이에요	★걸은 편이에요	걷는 줄 알았어요	★걸은 줄 알았어요	걷는 대신에	★걸은 대신에
	verbos irregulares con ㅂ	돕다	돕는	★도운	돕는 것	★도운 것	돕는 것 같아요	★도운 것 같아요	돕는 편이에요	★도운 편이에요	돕는 줄 알았어요	★도운 줄 알았어요	돕는 대신에	★도운 대신에
	verbos irregulares con ㅅ	짓다	짓는	★지은	짓는 것	★지은 것	짓는 것 같아요	★지은 것 같아요	짓는 편이에요	★지은 편이에요	짓는 줄 알았어요	★지은 줄 알았어요	짓는 대신에	★지은 대신에
	verbos irregulares con 르	부르다	부르는	부른	부르는 것	부른 것	부르는 것 같아요	부른 것 같아요	부르는 편이에요	부른 편이에요	부르는 줄 알았어요	부른 줄 알았어요	부르는 대신에	부른 대신에
	있다/없다 haber/no haber	있다	★있는	있었던	★있는 것	있었던 것	★있는 것 같아요	있었던 것 같아요	★있는 편이에요	있었던 편이에요	★있는 줄 알았어요		★있는 대신에	
adjetivos	terminación en vocal	유명하다	유명한	유명했던	유명한 것	유명했던 것	유명한 것 같아요	유명했던 것 같아요	유명한 편이에요	유명했던 편이에요	유명한 줄 알았어요		유명한 대신에	
	terminación en consonante	많다	많은	많았던	많은 것	많았던 것	많은 것 같아요	많았던 것 같아요	많은 편이에요	많았던 편이에요	많은 줄 알았어요		많은 대신에	
	있다/없다 ser/no ser	맛있다	★★맛있는	맛있었던	★★맛있는 것	맛있었던 것	★★맛있는 것 같아요	맛있었던 것 같아요	★★맛있는 편이에요	맛있었던 편이에요	★★맛있는 줄 알았어요		★★맛있는 대신에	
	desaparece la 으	바쁘다	바쁜	★바빴던	바쁜 것	★바빴던 것	바쁜 것 같아요	★바빴던 것 같아요	바쁜 편이에요	★바빴던 편이에요	바쁜 줄 알았어요		바쁜 대신에	
	desaparece la ㄹ	길다	★긴	★길었던	★긴 것	★길었던 것	★긴 것 같아요	★길었던 것 같아요	★긴 편이에요	★길었던 편이에요	★긴 줄 알았어요		★긴 대신에	
	verbos irregulares con ㅂ	어렵다	★어려운	★어려웠던	★어려운 것	★어려웠던 것	★어려운 것 같아요	★어려웠던 것 같아요	★어려운 편이에요	★어려운 편이에요	★어려운 줄 알았어요		★어려운 대신에	
	verbos irregulares con 르	다르다	다른	★달랐던	다른 것	★달랐던 것	다른 것 같아요	★달랐던 것 같아요	다른 편이에요	★달랐던 편이에요	다른 줄 알았어요		다른 대신에	
	con 이다	남자(이)다	남자인	남자였던	남자인 것	남자였던 것	남자인 것 같아요	남자였던 것 같아요	남자인 편이에요	남자였던 편이에요	남자인 줄 알았어요		남자인 대신에	
	con 이다	사람이다	사람인	사람이었던	사람인 것	사람이었던 것	사람인 것 같아요	사람이었던 것 같아요	사람인 편이에요	사람이었던 편이에요	사람인 줄 알았어요		사람인 대신에	

★★ Los adjetivos acabados en 있다 u 없다 (ej. 맛있다) llevan la forma -는.

● -(으)ㄴ/는데 y -(으)ㄴ/는지

	condición	ejemplo	-(으)ㄴ/는데(요) P. 70, P. 82, P. 130, P. 162			-(으)ㄴ/는데도 P. 242			-(으)ㄴ/는지 P. 74		
			presente	pasado	futuro/ hipótesis	presente	pasado	futuro/ hipótesis	presente	pasado	futuro/ hipótesis
verbos	terminación en vocal	만나다	만나는데	만났는데	만날 건데 / 만날 텐데	만나는데도	만났는데도	만날 건데도 / 만날 텐데도	만나는지	만났는지	만날지
	terminación en consonante	읽다	읽는데	읽었는데	읽을 건데 / 읽을 텐데	읽는데도	읽었는데도	읽을 건데도 / 읽을 텐데도	읽는지	읽었는지	읽을지
	desaparece la 으	쓰다	쓰는데	★썼는데	쓸 건데 / 쓸 텐데	쓰는데도	★썼는데도	쓸 건데도 / 쓸 텐데도	쓰는지	★썼는지	쓸지
	desaparece la ㄹ	놀다	★노는데	놀았는데	놀 건데 / 놀 텐데	★노는데도	놀았는데도	놀 건데도 / 놀 텐데도	★노는지	놀았는지	놀지
	verbos irregulares con ㄷ	걷다	걷는데	★걸었는데	★걸을 건데 / 걸을 텐데	걷는데도	★걸었는데도	★걸을 건데도 / 걸을 텐데도	걷는지	★걸었는지	★걸을지
	verbos irregulares con ㅂ	돕다	돕는데	★도왔는데	★도울 건데 / 도울 텐데	돕는데도	★도왔는데도	★도울 건데도 / 도울 텐데도	돕는지	★도왔는지	★도울지
	verbos irregulares con ㅅ	짓다	짓는데	★지었는데	★지을 건데 / 지을 텐데	짓는데도	★지었는데도	★지을 건데도 / 지을 텐데도	짓는지	★지었는지	★지을지
	verbos irregulares con 르	부르다	부르는데	★불렀는데	부를 건데 / 부를 텐데	부르는데도	★불렀는데도	부를 건데도 / 부를 텐데도	부르는지	★불렀는지	부를지
	있다/없다 haber/no haber	있다	있는데	있었는데	있을 건데 / 있을 텐데	있는데도	있었는데도	있을 건데도 / 있을 텐데도	있는지	있었는지	있을지
adjetivos	terminación en vocal	유명하다	유명한데	유명했는데	유명할 건데 / 유명할 텐데	유명한데도	유명했는데도	유명할 건데도 / 유명할 텐데도	유명한지	유명했는지	유명할지
	terminación en consonante	많다	많은데	많았는데	많을 건데 / 많을 텐데	많은데도	많았는데도	많을 건데도 / 많을 텐데도	많은지	많았는지	많을지
	있다/없다 ser/no ser	맛있다	★★맛있는데	맛있었는데	맛있을 건데 / 맛있을 텐데	★★맛있는데도	맛있었는데도	맛있을 건데도 / 많있을 텐데도	★★맛있는지	맛있었는지	맛있을지
	desaparece la 으	바쁘다	바쁜데	★바빴는데	바쁠 건데 / 바쁠 텐데	바쁜데도	★바빴는데도	바쁠 건데도 / 바쁠 텐데도	바쁜지	★바빴는지	바쁠지
	desaparece la ㄹ	길다	★긴데	길었는데	길 건데 / 길 텐데	긴데도	길었는데도	길 건데도 / 길 텐데도	★긴지	길었는지	길지
	verbos irregulares con ㅂ	어렵다	★어려운데	★어려웠는데	★어려울 건데 / 어려울 텐데	★어려운데도	★어려웠는데도	★어려울 건데도 / 어려울 텐데도	★어려운지	★어려웠는지	★어려울지
	verbos irregulares con 르	다르다	다른데	★달랐는데	다를 건데 / 다를 텐데	다른데도	★달랐는데도	다를 건데도 / 다를 텐데도	다른지	★달랐는지	다를지
	con 이다	남자(이)다	남자인데	남자였는데	남자일 건데 / 남자일 텐데	남자인데도	남자였는데도	남자일 건데도 / 남자일 텐데도	남자인지	남자였는지	남자일지
	con 이다	사람이다	사람인데	사람이었는데	사람일 건데 / 사람일 텐데	사람인데도	사람이었는데도	사람일 건데도 / 사람일 텐데도	사람인지	사람이었는지	사람일지

★ Véanse las páginas 295-297 para encontrar explicaciones más pormenorizadas sobre los diferentes tipos de conjugación irregular.
★★ Los adjetivos acabados en 있다 u 없다 (ej. 맛있다) llevan las formas -는데 u -는지.

● -(는)군요: indicar que se ha comprendido algo

	condición	presente	-(으)ㄴ/는군요 P. 218		
			presente	pasado	futuro/ hipótesis
verbos	terminación en vocal	만나다	만나는군요	만났군요	만날 거군요
	terminación en consonante	읽다	읽는군요	읽었군요	읽을 거군요
	desaparece la 으	쓰다	쓰는군요	★썼군요	쓸 거군요
	desaparece la ㄹ	놀다	★노는군요	놀았군요	놀 거군요
	verbos irregulares con ㄷ	걷다	걷는군요	★걸었군요	걸을 거군요
	verbos irregulares con ㅂ	돕다	돕는군요	★도왔군요	★도울 거군요
	verbos irregulares con ㅅ	짓다	짓는군요	★지었군요	★지을 거군요
	verbos irregulares con 르	부르다	부르는군요	★불렀군요	부를 거군요
	있다/없다 haber/no haber	있다	★있군요	있었군요	있을 거군요
adjetivos	terminación en vocal	유명하다	유명하군요	유명했군요	유명할 거군요
	terminación en consonante	많다	많군요	많았군요	많을 거군요
	있다/없다 ser/no ser	맛있다	★★맛있군요	맛있었군요	맛있을 거군요
	desaparece la 으	바쁘다	바쁘군요	★바빴군요	바쁠 거군요
	desaparece la ㄹ	길다	길군요	길었군요	길 거군요
	verbos irregulares con ㅂ	어렵다	어렵군요	★어려웠군요	★어려울 거군요
	verbos irregulares con 르	다르다	다르군요	★달랐군요	다를 거군요
	con 이다	남자(이)다	남자군요	남자였군요	남자일 거군요
	con 이다	사람이다	사람이군요	사람이었군요	사람일 거군요

★ Véanse las páginas 295-297 para encontrar explicaciones más pormenorizadas sobre los diferentes tipos de conjugación irregular.

★★ Los adjetivos acabados en 있다 u 없다 (ej. 맛있다) llevan las formas -는데 y -는지.

● -(으)ㄴ가/나 보다: hacer conjeturas

	condición	presente	-나 봐요 P. 226		
			presente	pasado	futuro/ hipótesis
verbos	terminación en vocal	만나다	만나나 봐요	만났나 봐요	만날 건가 봐요
	terminación en consonante	읽다	읽나 봐요	읽었나 봐요	읽을 건가 봐요
	desaparece la 으	쓰다	쓰나 봐요	★썼나 봐요	쓸 건가 봐요
	desaparece la ㄹ	놀다	★노나 봐요	놀았나 봐요	놀 건가 봐요
	verbos irregulares con ㄷ	걷다	걷나 봐요	★걸었나 봐요	★걸을 건가 봐요
	verbos irregulares con ㅂ	돕다	돕나 봐요	★도왔나 봐요	★도울 건가 봐요
	verbos irregulares con ㅅ	짓다	짓나 봐요	★지었나 봐요	★지을 건가 봐요
	verbos irregulares con 르	부르다	부르나 봐요	★불렀나 봐요	부를 건가 봐요
	있다/없다 haber/ no haber	있다	★있나 봐요	있었나 봐요	있을 건가 봐요
adjetivos	terminación en vocal	유명하다	유명한가 봐요	유명했나 봐요	
	terminación en consonante	많다	많은가 봐요	많았나 봐요	
	있다/없다 ser/ no ser	맛있다	★★맛있나 봐요	맛있었나 봐요	
	desaparece la 으	바쁘다	바쁜가 봐요	★바빴나 봐요	
	desaparece la ㄹ	길다	★긴가 봐요	길었나 봐요	
	verbos irregulares con ㅂ	어렵다	★어려운가 봐요	★어려웠나 봐요	
	verbos irregulares con 르	다르다	다른가 봐요	★달랐나 봐요	
	con 이다	남자(이)다	남자인가 봐요	남자였나 봐요	
	con 이다	사람이다	사람인가 봐요	사람이었나 봐요	

★ Véanse las páginas 295-297 para encontrar explicaciones más pormenorizadas sobre los diferentes tipos de conjugación irregular.

★★ Los adjetivos acabados en 있다 u 없다 (ej. 맛있다) llevan las formas -나 보다.

2. Estilo indirecto

Las oraciones en estilo indirecto se conjugan de la siguiente manera cuyo nexo es –다고, se conjugan de la siguiente manera.

	condición	ejemplo	oraciones enunciativas –다고 하다 P.194			oraciones interrogativas –냐고 하다 P.194			oraciones imperativas –(으)라고 하다 P.194		propuestas –자고 하다 P.194	
			presente	pasado	futuro	presente	pasado	futuro	afirmativo	negativo	afirmativo	negativo
verbos	terminación en vocal	만나다	만난다고 했어요	만났다고 했어요	만날 거라고 했어요	만나냐고 했어요	만났냐고 했어요	만날 거냐고 했어요	만나라고 했어요	만나지 말라고 했어요	만나자고 했어요	만나지 말라고 했어요
	terminación en consonante	읽다	읽는다고 했어요	읽었다고 했어요	읽을 거라고 했어요	읽냐고 했어요	읽었냐고 했어요	읽을 거냐고 했어요	읽으라고 했어요	읽지 말라고 했어요	읽자고 했어요	읽지 말자고 했어요
	desaparece la 으	쓰다	쓴다고 했어요	★썼다고 했어요	쓸 거라고 했어요	쓰냐고 했어요	★썼냐고 했어요	쓸 거냐고 했어요	쓰라고 했어요	쓰지 말라고 했어요	쓰자고 했어요	쓰지 말자고 했어요
	desaparece la ㄹ	놀다	★논다고 했어요	놀았다고 했어요	놀 거라고 했어요	★노냐고 했어요	놀았냐고 했어요	놀 거냐고 했어요	놀라고 했어요	놀지 말라고 했어요	놀자고 했어요	놀지 말자고 했어요
	verbos irregulares con ㄷ	걷다	걷는다고 했어요	★걸었다고 했어요	★걸을 거라고 했어요	걷냐고 했어요	★걸었냐고 했어요	★걸을 거냐고 했어요	★걸으라고 했어요	걷지 말라고 했어요	걷자고 했어요	걷지 말자고 했어요
	verbos irregulares con ㅂ	돕다	돕는다고 했어요	★도왔다고 했어요	★도울 거라고 했어요	돕냐고 했어요	★도왔냐고 했어요	★도울 거냐고 했어요	★도우라고 했어요	돕지 말라고 했어요	돕자고 했어요	돕지 말자고 했어요
	verbos irregulares con ㅅ	짓다	짓는다고 했어요	★지었다고 했어요	★지을 거라고 했어요	짓냐고 했어요	★지었냐고 했어요	★지을 거냐고 했어요	★지으라고 했어요	짓지 말라고 했어요	짓자고 했어요	짓지 말자고 했어요
	verbos irregulares con 르	부르다	부른다고 했어요	★불렀다고 했어요	부를 거라고 했어요	부르냐고 했어요	★불렀냐고 했어요	부를 거냐고 했어요	부르라고 했어요	부르지 말라고 했어요	부르자고 했어요	부르지 말자고 했어요
	있다/없다 haber/no haber	있다	★있다고 했어요	있었다고 했어요	있을 거라고 했어요	있냐고 했어요	있었냐고 했어요	있을 거냐고 했어요	있으라고 했어요	있지 말라고 했어요	있자고 했어요	있지 말자고 했어요
adjetivos	terminación en vocal	유명하다	유명하다고 했어요	유명했다고 했어요	유명할 거라고 했어요	유명하냐고 했어요	유명했냐고 했어요	유명할 거냐고 했어요				
	terminación en consonante	많다	많다고 했어요	많았다고 했어요	많을 거라고 했어요	많냐고 했어요	많았냐고 했어요	많을 거냐고 했어요				
	있다/없다 ser/no ser	맛있다	★★맛있다고 했어요	맛있었다고 했어요	맛있을 거라고 했어요	★★맛있냐고 했어요	맛있었냐고 했어요	맛있을 거냐고 했어요				
	desaparece la 으	바쁘다	바쁘다고 했어요	★바빴다고 했어요	바쁠 거라고 했어요	바쁘냐고 했어요	★바빴냐고 했어요	바쁠 거냐고 했어요				
	desaparece la ㄹ	길다	길다고 했어요	길었다고 했어요	길 거라고 했어요	★기냐고 했어요	길었냐고 했어요	길 거냐고 했어요				
	verbos irregulares con ㅂ	어렵다	어렵다고 했어요	★어려웠다고 했어요	★어려울 거라고 했어요	어렵냐고 했어요	★어려웠냐고 했어요	어려울 거냐고 했어요				
	verbos irregulares con 르	다르다	다르다고 했어요	★달랐다고 했어요	다를 거라고 했어요	다르냐고 했어요	★달랐냐고 했어요	다를 거냐고 했어요				
	con 이다	남자(이)다	★남자라고 했어요	남자였다고 했어요	남자일 거라고 했어요	남자냐고 했어요	남자였냐고 했어요	남자일 거냐고 했어요				
	con 이다	사람이다	★사람이라고 했어요	사람이었다고 했어요	사람일 거라고 했어요	사람이냐고 했어요	사람이었냐고 했어요	사람일 거냐고 했어요				

★ Véanse las páginas 295-297 para encontrar explicaciones más pormenorizadas sobre los diferentes tipos de conjugación irregular.
★★ Los adjetivos acabados en 있다 u 없다 (ej. 맛있다) llevan las formas 있다고 / 없다고.

3. Nivel de formalidad en coreano y formas de respeto

- –(으)시–: formas de respeto en estilo semiformal

	condición	ejemplo	neutro			respetuoso		
			presente –아/어요	pasado –았/었어요	futuro/hipótesis –(으)ㄹ 거예요	presente –(으)세요	pasado –(으)셨어요	futuro/hipótesis –(으)실 거예요
verbos	terminación en vocal	보다	봐요	봤어요	볼 거예요	보세요	보셨어요	보실 거예요
	terminación en consonante	읽다	읽어요	읽었어요	읽을 거예요	읽으세요	읽으셨어요	읽으실 거예요
	desaparece la 으	쓰다	★써요	★썼어요	쓸 거예요	쓰세요	쓰셨어요	쓰실 거예요
	desaparece la ㄹ	살다	살아요	살았어요	살 거예요	★사세요	★사셨어요	★사실 거예요
	verbos irregulares con ㄷ	듣다	★들어요	★들었어요	★들을 거예요	★들으세요	★들으셨어요	★들으실 거예요
	verbos irregulares con ㅂ	돕다	★도와요	★도왔어요	★도울 거예요	★도우세요	★도우셨어요	★도우실 거예요
	verbos irregulares con ㅅ	짓다	★지어요	★지었어요	★지을 거예요	★지으세요	★지으셨어요	★지으실 거예요
	verbos irregulares con 르	모르다	★몰라요	★몰랐어요	모를 거예요	모르세요	모르셨어요	모르실 거예요
	otros verbos	먹다	먹어요	먹었어요	먹을 거예요	★드세요	★드셨어요	★드실 거예요
		자다	자요	잤어요	잘 거예요	★주무세요	★주무셨어요	★주무실 거예요
		말하다	말해요	말했어요	말할 거예요	★말씀하세요	★말씀하셨어요	★말씀하실 거예요
		있다 (irregulares)	있어요	있었어요	있을 거예요	★계세요	★계셨어요	★계실 거예요
adjetivos	있다 tener	있다 (tener)	있어요	있었어요	있을 거예요	★있으세요	★있으셨어요	★있으실 거예요
	terminación en vocal	편하다	편해요	편했어요	편할 거예요	편하세요	편하셨어요	편하실 거예요
	terminación en consonante	좋다	좋아요	좋았어요	좋을 거예요	좋으세요	좋으셨어요	좋으실 거예요
	desaparece la 으	바쁘다	★바빠요	★바빴어요	바쁠 거예요	바쁘세요	바쁘셨어요	바쁘실 거예요
	desaparece la ㄹ	길다	길어요	길었어요	길 거예요	★기세요	★기셨어요	★기실 거예요
	verbos irregulares con ㅂ	어렵다	★어려워요	★어려웠어요	★어려울 거예요	★어려우세요	★어려우셨어요	★어려우실 거예요
	verbos irregulares con 르	다르다	★달라요	★달랐어요	다를 거예요	다르세요	다르셨어요	다르실 거예요
	con 이다	남자(이)다	남자예요	남자였어요	남자일 거예요	남자세요	남자셨어요	남자실 거예요
	con 이다	사람이다	사람이에요	사람이었어요	사람일 거예요	사람이세요	사람이셨어요	사람이실 거예요

★ Véanse las páginas 295-297 para encontrar explicaciones más pormenorizadas sobre los diferentes tipos de conjugación irregular.

- **Estilo formal con -(스)ㅂ니다: formas de respeto en estilo formal**

	condición	ejemplo	oraciones enunciativas						oraciones imperativas		propuestas	
			estilo formal			estilo formal con respeto			afirmativo	negativo	afirmativo	negativo
			presente -(스)ㅂ니다	pasado -았/었습니다	futuro/ hipótesis -(으)ㄹ 것입니다	presente -(으)십니다	pasado -(으)셨습니다	futuro/ hipótesis -(으)실 것입니다	-(으) 십시오	-지 마십시오	-(으)ㅂ시다	-지 맙시다
verbos	terminación en vocal	보다	봅니다	봤습니다	볼 것입니다	보십니다	보셨습니다	보실 것입니다	보십시오	보지 마십시오	봅시다	보지 맙시다
	terminación en consonante	읽다	읽습니다	읽었습니다	읽을 것입니다	읽으십니다	읽으셨습니다	읽으실 것입니다	읽으십시오	읽지 마십시오	읽읍시다	읽지 맙시다
	desaparece la 으	쓰다	씁니다	★썼습니다	쓸 것입니다	쓰십니다	쓰셨습니다	쓰실 것입니다	쓰십시오	쓰지 마십시오	씁시다	쓰지 맙시다
	desaparece la ㄹ	살다	★삽니다	살았습니다	살 것입니다	★사십니다	★사셨습니다	★사실 것입니다	★사십시오	살지 마십시오	★삽시다	살지 맙시다
	verbos irregulares con ㄷ	듣다	듣습니다	들었습니다	★들을 것입니다	★들으십니다	★들으셨습니다	★들으실 것입니다	★들으십시오	듣지 마십시오	★들읍시다	듣지 맙시다
	verbos irregulares con ㅂ	돕다	돕습니다	★도왔습니다	★도울 것입니다	★도우십니다	★도우셨습니다	★도우실 것입니다	★도우십시오	돕지 마십시오	★도웁시다	돕지 맙시다
	verbos irregulares con ㅅ	짓다	짓습니다	★지었습니다	★지을 것입니다	★지으십니다	★지으셨습니다	★지으실 것입니다	★지으십시오	짓지 마십시오	★지읍시다	짓지 맙시다
	verbos irregulares con 르	부르다	부릅니다	★불렀습니다	부를 것입니다	부르십니다	부르셨습니다	부르실 것입니다	부르십시오	부르지 마십시오	부릅시다	부르지 맙시다
	terminación en consonante	먹다	먹습니다	먹었습니다	먹을 것입니다	★드십니다	★드셨습니다	★드실 것입니다	★드십시오	★드시지 마십시오	먹읍시다	먹지 맙시다
	terminación en consonante	자다	잡니다	잤습니다	잘 것입니다	★주무십니다	★주무셨습니다	★주무실 것입니다	★주무십시오	★주무시지 마십시오	잡시다	자지 맙시다
	terminación en consonante	말하다	말합니다	말했습니다	말할 것입니다	★말씀하십니다	★말씀하셨습니다	★말씀하실 것입니다	★말씀하십시오	★말씀하시지 마십시오	말합시다	말하지 맙시다
	있다 haber	있다	있습니다	있었습니다	있을 것입니다	★계십니다	★계셨습니다	★계실 것입니다	★계십시오	★계시지 마십시오	★있읍시다	★있지 맙시다
adjetivos	없다 no tener	있다	있습니다	있었습니다	있을 것입니다	★있으십니다	★있으셨습니다	★있으실 것입니다	★있으십시오	★있지 마십시오	★있읍시다	★있지 맙시다
	terminación en vocal	편하다	편합니다	편했습니다	편할 것입니다	편하십니다	편하셨습니다	편하실 것입니다				
	terminación en consonante	좋다	좋습니다	좋았습니다	좋을 것입니다	좋으십니다	좋으셨습니다	좋으실 것입니다				
	desaparece la 으	바쁘다	바쁩니다	★바빴습니다	바쁠 것입니다	바쁘십니다	바쁘셨습니다	바쁘실 것입니다				
	desaparece la ㄹ	길다	깁니다	길었습니다	길 것입니다	★기십니다	★기셨습니다	★기실 것입니다				
	verbos irregulares con ㅂ	어렵다	어렵습니다	★어려웠습니다	★어려울 것입니다	어려우십니다	★어려우셨습니다	★어려우실 것입니다				
	verbos irregulares con 르	다르다	다릅니다	★달랐습니다	다를 것입니다	다르십니다	다르셨습니다	다르실 것입니다				
	con 이다	남자(이)다	남자입니다	남자였습니다	남자일 것입니다	남자십니다	남자셨습니다	남자실 것입니다				
	con 이다	사람이다	사람입니다	사람이었습니다	사람일 것입니다	사람이십니다	사람이셨습니다	사람이실 것입니다				

★ Véanse las páginas 295-297 para encontrar explicaciones más pormenorizadas sobre los diferentes tipos de conjugación irregular.

Curiosidades

El infijo –(으)시– se conjuga de la siguiente manera según qué desinencias conjuntivas se le añadan.

neutro	respetuoso	neutro	respetuoso	neutro	respetuoso
–고	–(으)시고	–(으)면	–(으)시면	–아/어서	–(으)셔서
–지만	–(으)시지만	–(으)려고	–(으)시려고	–아/어도	–(으)셔도
–기 전에	–(으)시기 전에	–(으)니까	–(으)시니까	–아/어야	–(으)셔야

● Estilo informal: estilo informal sin formas de respeto

	condición	ejemplo	oraciones enunciativas			oraciones imperativas		propuestas	
			presente	pasado	futuro/hipótesis	afirmativo	negativo	afirmativo	negativo
verbos	terminación en vocal	보다	봐	봤어	볼 거야	봐	보지 마	보자	보지 말자
	terminación en consonante	먹다	먹어	먹었어	먹을 거야	먹어	먹지 마	먹자	먹지 말자
	desaparece la 으	쓰다	★써	★썼어	쓸 거야	★써	쓰지 마	쓰자	쓰지 말자
	desaparece la ㄹ	놀다	놀아	놀았어	놀 거야	놀아	놀지 마	놀자	놀지 말자
	verbos irregulares con ㄷ	듣다	★들어	★들었어	★들을 거야	★들어	듣지 마	듣자	듣지 말자
	verbos irregulares con ㅂ	돕다	★도와	★도왔어	★도울 거야	★도와	돕지 마	돕자	돕지 말자
	verbos irregulares con ㅅ	짓다	★지어	★지었어	★지을 거야	★지어	짓지 마	짓자	짓지 말자
	verbos irregulares con 르	부르다	★불러	★불렀어	부를 거야	★불러	부르지 마	부르자	부르지 말자
	있다/없다 haber/no haber	있다	있어	있었어	있을 거야	있어	있지 마	있자	있지 말자
adjetivos	terminación en vocal	편하다	편해	편했어	편할 거야				
	terminación en consonante	좋다	좋아	좋았어	좋을 거야				
	desaparece la 으	바쁘다	★바빠	★바빴어	바쁠 거야				
	desaparece la ㄹ	길다	길어	길었어	길 거야				
	verbos irregulares con ㅂ	어렵다	★어려워	★어려웠어	★어려울 거야				
	verbos irregulares con 르	다르다	★달라	★달랐어	다를 거야				
	con 이다	남자(이)다	★남자야	★남자였어	남자일 거야				
	con 이다	사람이다	★사람이야	★사람이었어	사람일 거야				

★ Véanse las páginas 295-297 para encontrar explicaciones más pormenorizadas sobre los diferentes tipos de conjugación irregular.

Claves de respuestas

Capítulo 1

Autoevaluación 1 .... P. 19

1 (1) ⓑ (2) ⓑ (3) ⓑ (4) ⓐ (5) ⓐ (6) ⓑ (7) ⓐ (8) ⓐ

2 (1) 얼마나 (2) 어떻게 (3) 누가 (4) 어때요 (5) 왜 (6) 얼마예요

3 (1) 기다린 지 (2) 먹은 지 (3) 산 지 (4) 다닌 지

Autoevaluación 2 .... P. 23

1 (1) ⓑ (2) ⓑ (3) ⓐ (4) ⓐ (5) ⓑ (6) ⓐ

2 (1) 어렵지만 (2) 없지만 (3) 했지만 (4) 재미없었지만

3 (1) 영화를 보러 (2) 밥을 먹으러 (3) 음료수를 사러 (4) 선물을 찾으러 (5) 친구를 만나러 (6) 약을 사러

Autoevaluación 3 .... P. 27

1 (1) ⓑ (2) ⓐ (3) ⓑ (4) ⓑ (5) ⓑ (6) ⓐ

2 (1) 마리가 (2) 곡을 (3) 마디 (4) 군데

3 (1) 세 잔을 (2) 세 장을 (3) 한 켤레 (4) 두 봉지를 (5) 한 상자를

Capítulo 2

Autoevaluación 1 .... P. 35

1 (1) 비가 오고/왔고 바람이 불었어요 (2) 체육관에 가서 운동할 거예요 (3) 값이 싸고 맛있어요

2 (1) ⓐ (2) ⓑ (3) ⓑ (4) ⓐ (5) ⓑ (6) ⓑ

3 (1) 일하면서 (2) 좋으면서 (3) 운전하면서 (4) 낮으면서

Autoevaluación 2 .... P. 39

1 (1) 타거나 (2) 내거나 (3) 많거나

2 (1) 많이 자는 (2) 늦게 일어나는 (3) 자주 요리하는 (4) 거의 영화를 안 보는/보지 않는

3 (1) ⓑ (2) ⓑ (3) ⓑ (4) ⓐ

Autoevaluación 3 .... P. 43

1 (1) 세수한 (2) 면도한 다음에/면도한 후에 (3) 닦기 전에 (4) 집에서 나가기

2 (1) 일을 시작하기 전에 (2) 친구하고 싸운 후에/다음에/뒤에 (3) 고향에 돌아가기 전에 (4) 한국어를 배운 후에/다음에/뒤에

3 (1) 비가 온 (2) 식기 (3) 사기 (4) 끝난

Capítulo 3

Autoevaluación 1 .... P. 51

1 (1) 여행 갈까요 (2) 식사할까요 (3) 예매할까요 (4) 들을까요

2 (1) 쉬는 (2) 사용하는 (3) 필요한 (4) 전화하는

3 (1) ⓑ (2) ⓐ (3) ⓐ (4) ⓐ (5) ⓑ

Autoevaluación 2 .... P. 55

1 (1) 갑자기 다른 일이 생겨서 (2) 자판기가 고장 나서 (3) 배터리가 다 돼서 (4) 성격이 안 맞아서 (5) 문법 질문이 있어서

2 (1) ⓑ (2) ⓑ (3) ⓐ (4) ⓐ (5) ⓐ (6) ⓐ

3 (1) 운동하기로 (2) 공부하기로 (3) 늦지 않기로 (4) 여행 가기로

Autoevaluación 3 .... P. 59

1 (1) ⓑ (2) ⓐ (3) ⓑ (4) ⓑ (5) ⓐ (6) ⓑ

2 (1) 맛있으니까 (2) 불편하니까 (3) 봤으니까 (4) 잠이 들었으니까 (5) 안 끝났으니까/끝나지 않았으니까

3 (1) ⓑ (2) ⓓ (3) ⓐ (4) ⓒ

Capítulo 4

Autoevaluación 1 .... P. 67

1 (1) 물어보면 (2) 늦으면 (3) 읽으면 (4) 마시면

2 (1) ⓑ (2) ⓐ (3) ⓐ (4) ⓑ

3 (1) ⓒ (2) ⓐ (3) ⓓ (4) ⓑ

Autoevaluación 2 .... P. 71

1 (1) ⓔ (2) ⓓ (3) ⓐ (4) ⓕ (5) ⓑ (6) ⓒ

2 (1) ⓑ (2) ⓑ (3) ⓐ (4) ⓑ

3 (1) 대학교를 졸업하자마자 (2) 소식을 듣자마자 (3) 핸드폰을 사자마자 (4) 숙소를 찾자마자 (5) 집에 들어가자마자

Autoevaluación 3 .... P. 75

1 (1) 언제 일을 시작하는지 (2) 어떻게 그 사실을 알았는지 (3) 어디로 여행 가고 싶은지 (4) 고향이 어딘지/어디인지 (5) 어른에게 어떻게 말해야 하는지 (6) 왜 친구의 얘기를 듣지 않는지

2 (1) ⓑ (2) ⓑ (3) ⓑ (4) ⓐ

3 (1) 싸지요 (2) 덥지요 (3) 쉽지 않지요 (4) 먹었지요 (5) 읽지요 (6) 부산이지요

Capítulo 5

Autoevaluación 1 .... P. 83

1 (1) 책을 읽으려고 해요
(2) 다음 주 수요일에 영화를 보려고 하
(3) 등산 안 가려고 해요/등산 가지 않으려고 해요

2 (1) ⓑ (2) ⓑ (3) ⓑ (4) ⓐ

3 (1) ⓓ (2) ⓒ (3) ⓐ (4) ⓑ

Autoevaluación 2 .... P. 87

1 (1) ⓐ (2) ⓑ (3) ⓑ (4) ⓑ

2 (1) ⓒ (2) ⓓ (3) ⓔ (4) ⓑ (5) ⓐ

3 (1) 얼굴이 예쁜 (2) 분위기가 좋은 (3) 사는 (4) 운전하는

Autoevaluación 3 .... P. 91

1 (1) ⓑ (2) ⓐ (3) ⓑ (4) ⓐ

2 (1) ⓐ (2) ⓑ (3) ⓐ (4) ⓑ

3 (1) 간 적이 있 (2) 배운 적이 있 (3) 해 본 적이 없
(4) 먹은 적이 있 (5) 들은 적이 없 (6) 산 적이 없

Capítulo 6

Autoevaluación 1 .... P. 99

1 (1) 써도 (2) 앉아도 (3) 봐도 (4) 입어 봐도

2 (1) 모아야 (2) 지켜야 (3) 줄여야 (4) 맡겨야

3 (1) ⓑ (2) ⓐ (3) ⓑ (4) ⓐ

Autoevaluación 2 .... P. 103

1 (1) ⓑ (2) ⓐ (3) ⓑ (4) ⓑ

2 (1) 인터넷으로 사, 여행사에 전화하
(2) 공원에서 산책하, 맛있는 음식을 먹
(3) 택시를 타, 한국 사람에게 길을 물어보

Autoevaluación 3 .... P. 107

1 (1) 담배를 피우면 안 돼요 (2) 늦게 오면 안 돼요
(3) 음악을 틀면 안 돼요 (4) 예약을 미루면 안 돼요

2 (1) ⓔ (2) ⓕ (3) ⓒ (4) ⓑ (5) ⓓ (6) ⓐ

3 (1) ⓐ (2) ⓐ (3) ⓐ (4) ⓑ (5) ⓐ (6) ⓑ

Capítulo 7

Autoevaluación 1 .... P. 115

1 (1) ⓐ (2) ⓑ (3) ⓐ (4) ⓑ (5) ⓑ (6) ⓑ

2 (1) 그만두게 됐어요 (2) 짜게 됐어요 (3) 적응하게 됐어요
(4) 잘하게 돼요/잘하게 될 거예요

3 (1) ⓑ (2) ⓔ (3) ⓐ (4) ⓒ (5) ⓓ

Autoevaluación 2 .... P. 119

1 (1) ⓑ (2) ⓐ (3) ⓑ (4) ⓑ (5) ⓐ (6) ⓑ

2 (1) 멋있기는요 (2) 못하기는요 (3) 힘들기는요
(4) 안 하기는요 (5) 고맙기는요 (6) 미인은요

3 (1) 부니까 (2) 받았기 때문에 (3) 친구들 때문에
(4) 피곤하니까

Autoevaluación 3 .... P. 123

1 (1) ⓔ (2) ⓓ (3) ⓒ (4) ⓑ (5) ⓐ

2 (1) 잘하거든요 (2) 있거든요 (3) 살았거든요
(4) 오거든요 (5) 다르거든요

3 (1) ⓐ (2) ⓑ (3) ⓑ (4) ⓑ

Capítulo 8

Autoevaluación 1 .... P. 131

1 (1) ⓐ (2) ⓔ (3) ⓑ (4) ⓒ (5) ⓓ

2 (1) 다니는 동안에 (2) 공부하는 동안에 (3) 사는 동안에
(4) 회의하는 동안에 (5) 외출한 동안에

3 (1) ⓑ (2) ⓐ (3) ⓑ (4) ⓑ

Autoevaluación 2 .... P. 135

1 (1) ⓑ (2) ⓑ (3) ⓐ (4) ⓐ

2 (1) 음악을 들어 보니까 (2) 전화해 보니까
(3) 차를 마셔 보니까 (4) 태권도를 배워 보니까
(5) 지하철을 타 보니까

3 (1) 신으시겠어요 (2) 드시겠어요 (3) 사시겠어요
(4) 보시겠어요

Autoevaluación 3 .... P. 139

1 (1) 변호사입니다 (2) 보냈습니다 (3) 만납니다
(4) 주고받습니다 (5) 아쉽습니다 (6) 말씀드리겠습니다
(7) 타십니다 (8) 대해 주십니다 (9) 식사하셨습니다
(10) 존경하고 있습니다

2 (1) 이십니까? 아닙니다, 입니다
(2) 오셨습니까? 그렇습니다 (3) 주십시오, 하겠습니다
(4) 합시다! 그럽시다

3 (1) 받는 대로 (2) 끝나는 대로 (3) 밝는 대로
(4) 읽는 대로

Capítulo 9

Autoevaluación 1 .... P. 147

1 (1) ⓔ (2) ⓐ (3) ⓓ (4) ⓑ (5) ⓒ

2 (1) 시간이 날 (2) 하기 싫은 일을 할 (3) 처음 만났을
(4) 회사를 그만둘

3 (1) ⓐ (2) ⓑ (3) ⓑ (4) ⓐ

Autoevaluación 2 ········· P. 151

1 (1) ⓑ (2) ⓐ (3) ⓑ (4) ⓐ (5) ⓑ (6) ⓑ

2 (1) ⓕ (2) ⓐ (3) ⓔ (4) ⓑ (5) ⓒ (6) ⓓ

3 (1) 비싸도 (2) 편해졌어요 (3) 연습해도 (4) 추워져요
(5) 한국인이라도

Autoevaluación 3 ········· P. 155

1 (1) ③ⓑ (2) ④ⓐ (3) ①ⓓ (4) ②ⓒ

2 (1) 잘하려면 (2) 타려면 (3) 거절하려면
(4) 화해하려면 (5)후회하지 않으려면

3 (1) ⓐ (2) ⓑ (3) ⓑ (4) ⓐ (5) ⓑ

Capítulo 10

Autoevaluación 1 ········· P. 163

1 (1) ⓑ (2) ⓐ (3) ⓐ (4) ⓑ

2 (1) 있어 (2) 어/응 (3) 왜 (4) 가자 (5) 내가 (6) 아니야
(7) 나한테 (8) 너는 (9) 사 줘 (10) 보자/봐

3 (1) 나는 (2) 내가 (3) 먹어요/먹읍시다 (4) 어/응

Autoevaluación 2 ········· P. 167

1 (1) 만들 줄 몰라요 (2) 탈 줄 모르 (3) 고칠 줄 아
(4) 운전할 줄 알 (5) 사용할 줄 몰라

2 (1) ⓒ (2) ⓐ (3) ⓔ (4) ⓑ (5) ⓓ

3 (1) ⓑ (2) ⓑ (3) ⓐ (4) ⓑ (5) ⓑ (6) ⓑ

Autoevaluación 3 ········· P. 171

1 (1) ⓐ (2) ⓑ (3) ⓑ (4) ⓑ

2 (1) 준비해야겠어요 (2) 알아봐야겠어요 (3) 일해야겠어
(4) 피우지 않아야겠어요/피우지 말아야겠어요

3 (1) ⓑ (2) ⓒ (3) ⓐ (4) ⓔ (5) ⓓ

Capítulo 11

Autoevaluación 1 ········· P. 179

1 (1) ⓑ (2) ⓑ (3) ⓑ (4) ⓐ (5) ⓐ (6) ⓐ

2 (1) 시설이 깨끗한 (2) 스트레스를 안 받는/받지 않는
(3) 얘기를 잘 들어 주는 (4) 친구하고 같이 본

3 (1) 맛있어 (2) 피곤해 (3) 나이 들어 (4) 친해

Autoevaluación 2 ········· P. 183

1 (1) 몇 살일까요 (2) 살까요 (3) 있을까요
(4) 생각할까요 (5) 왜 왔을까요

2 (1) ⓑ (2) ⓐ (3) ⓐ (4) ⓐ (5) ⓐ

3 (1) ⓐ (2) ⓒ (3) ⓓ (4) ⓑ

Autoevaluación 3 ········· P. 187

1 (1) 구했으면 좋겠어요 (2) 사귀었으면 좋겠어요
(3) 건강했으면 좋겠어요/건강하셨으면 좋겠어요
(4) 지냈으면 좋겠어요
(5) 생기지 않았으면 좋겠어요/생기지 말았으면 좋겠어요

2 (1) ⓐ (2) ⓑ (3) ⓑ (4) ⓐ (5) ⓑ

3 (1) ⓔ (2) ⓒ (3) ⓑ (4) ⓐ (5) ⓕ (6) ⓓ

Capítulo 12

Autoevaluación 1 ········· P. 195

1 (1) 밤에 잠이 잘 안 온다고
(2) 음식이 상했으니까 먹지 말라고
(3) 어느 옷이 제일 마음에 드냐고
(4) 이번 주말에 같이 영화를 보자고
(5) 집주인의 연락처를 알려 달라고

2 (1) 어렵다고요 (2) 모른다고요 (3) 말하지 말라고요
(4) 전화하겠다고/전화한다고

3 (1) 그렇다고 (2) 자기 지갑이 (3) 쓰지 않는다고
(4) 먹고 싶다고 (5) 살라고요?

Autoevaluación 2 ········· P. 199

1 (1) ⓐ (2) ⓐ (3) ⓑ (4) ⓐ (5) ⓑ (6) ⓐ

2 (1) ⓔ (2) ⓐ (3) ⓑ (4) ⓒ (5) ⓕ (6) ⓓ

3 (1) 늦을지도 (2) 받을지도 (3) 알지도 (4) 갔을지도
(5) 말했을지도 (6) 쌀지도

Autoevaluación 3 ········· P. 203

1 (1) 준기 씨의 집이 크고 집세도 싸다면서요
(2) 준기 씨가 바빠서 시간이 없다면서요
(3) 준기 씨가 회사에 갈 때 버스로 2시간 걸린다면서요
(4) 준기 씨의 양복이 백만 원이라서면요
(5) 준기 씨가 다음 달에 결혼할 거라면서요

2 (1) ⓐ (2) ⓑ (3) ⓑ (4) ⓐ (5) ⓑ (6) ⓑ

3 (1) 사장님이라면서요? (2) 기다리라면서요?
(3) 떨어질 뻔했어요 (4) 있다면서요?

Capítulo 13

Autoevaluación 1 ········· P. 211

1 (1) 짤 테니까 (2) 돌볼 테니까 (3) 막힐 테니까
(4) 말하지 않을 테니까/말 안 할 테니까 (5) 도착했을 테니까

2 (1) ⓐ (2) ⓐ (3) ⓑ (4) ⓐ (5) ⓐ (6) ⓑ

3 (1) ⓑ (2) ⓓ (3) ⓒ (4) ⓔ (5) ⓐ

Autoevaluación 2 .... P. 215

1 (1) ⓐ (2) ⓑ (3) ⓐ (4) ⓑ

2 (1) 배울까 해요 (2) 안 갈까 해요/가지 말까 해요
(3) 먹을까 하 (4) 살까

3 (1) 마실수록 (2) 많을수록 (3) 들을수록 (4) 들수록

Autoevaluación 3 .... P. 219

1 (1) ⓐ (2) ⓑ (3) ⓑ (4) ⓑ (5) ⓐ

2 (1) ⓓ (2) ⓐ (3) ⓒ (4) ⓒ

3 (1) 좋군요 (2) 왔군요 (3) 알겠군요 (4) 귀여웠겠군요

Capítulo 14

Autoevaluación 1 .... P. 227

1 (1) ⓑ (2) ⓐ (3) ⓐ (4) ⓑ

2 (1) 오나 봐요 (2) 잤나 봐요 (3) 유명한가 봐요
(4) 먼가 봐요 (5) 있나 봐요

3 (1) 산 줄 알았어요 (2) 가는 줄 알았어요
(3) 일한 줄 알았어요 (4) 매운 줄 알았어요

Autoevaluación 2 .... P. 231

1 (1) 70년대에 유행했던/유행하던
(2) 어렸을 때 가지고 놀았던/놀던
(3) 전에 친구하고 갈비를 먹었던
(4) 학교 다닐 때 키가 작았던/작던
(5) 5년 전에 회사 동료였던/동료이던
(6) 몇 년 전에 할머니께서 주셨던

2 (1) ⓑ (2) ⓐ (3) ⓑ (4) ⓐ (5) ⓐ

3 (1) 먹곤 해요 (2) 보곤 해요 (3) 싸우곤 했어요
(4) 산책하곤 했어요

Autoevaluación 3 .... P. 235

1 (1) 공부하느라고 (2) 참느라고 (3) 사느라고
(4) 돌보느라고 (5) 찾느라고 (6) 나오느라고

2 (1) 비가 와서 (2) 바빠서
(3) 회의를 하느라고/회의가 있어서
(4) 제가 음악을 듣느라고/동생이 음악을 들어서
(5) 여자 친구를 만나느라고/여자 친구가 생겨서

3 (1) ⓐ (2) ⓐ (3) ⓑ (4) ⓐ (5) ⓑ

Capítulo 15

Autoevaluación 1 .... P. 243

1 (1) ③ⓑ (2) ①ⓓ (3) ④ⓐ (4) ②ⓕ
(5) ⑥ⓔ (6) ⑤ⓒ

2 (1) 들다가 (2) 놀다가 (3) 졸다가 (4) 걷다가

3 (1) ⓑ (2) ⓐ (3) ⓐ (4) ⓐ (5) ⓑ (6) ⓑ

Autoevaluación 2 .... P. 247

1 (1) 예약했어야지요 (2) 참았어야지요
(3) 받지 말았어야지요/받지 않았어야지요
(4) 나가지 말았어야지요/나가지 않았어야지요
(5) 확인했어야지

2 (1) 갔어야 했는데 (2) 사과했어야 했는데
(3) 돌려줬어야 했는데 (4) 웃지 말았어야 했는데

3 (1) ⓐ (2) ⓐ (3) ⓑ (4) ⓑ (5) ⓐ

Autoevaluación 3 .... P. 251

1 (1) ⓑ (2) ⓐ (3) ⓑ (4) ⓑ (5) ⓐ (6) ⓑ

2 (1) 좋을 텐데 (2) 비쌀 텐데 (3) 심심할 텐데
(4) 아닐 텐데 (5) 화가 났을 텐데

3 (1) ⓐ (2) ⓒ (3) ⓓ (4) ⓑ

Anexo a red de palabras con caracteres chinos

Capítulo 1

한국 (韓[Corea]國[país]): República de Corea

대한민국 (大[grande]韓[Corea]民[pueblo]國[país]): República de Corea

대학 (大[grande]學[estudio]): universidad

최대 (最[el más]大[grande]): máximo

대부분 (大[grande]部[parte]分[separado]): la mayor parte

한복 (韓[Corea]服[ropa]): traje tradicional coreano

교복 (校[escuela]服[ropa]): uniforme escolar

운동복 (運[transporte]動[movimiento]服[ropa]): ropa deportiva

수영복 (水[agua]泳[nadar]服[ropa]): bañador/traje de baño

한류 (韓[Corea]流[corriente]): ola coreana (=popularidad de los productos de entretenimiento surcoreanos a nivel mundial)

교류 (交[cruzar]流[corriente]): intercambio

상류 (上[arriba]流[corriente]): clase alta

주류 (主[dueño, principal]流[corriente]): corriente predominante

국어 (國[país]語[lengua, habla]): lengua nacional (=coreano)

단어 (單[único, simple]語[lengua, habla]): palabra

언어 (言[hablar]語[lengua, habla]): lengua

어학 (語[lengua, habla]學[estudio]): lingüística

외국 (外[fuera]國[país]): país extranjero

외출 (外[fuera]出[salir]): salida

외교 (外[fuera]交[cruzar]): relaciones exteriores

해외 (海[mar]外[fuera]): ultramar, extranjero

국내 (國[país]內[dentro]): nacional

실내 (室[habitación, sala]內[dentro]): interior

시내 (市[ciudad]內[dentro]): centro de la ciudad

내용 (內[dentro]容[incluir]): contenido

Capítulo 2

주말 (週[semana]末[final]): fin de semana

매주 (每[todo]週[semana]): todas las semanas

매일 (每[todo]日[día]): todos los días

매월 (每[todo]月[mes]): todos los meses

매년 (每[todo]年[año]): todos los años

일주일 (一[uno]週[semana]日[día]): una semana

생일 (生[nacimiento]日[día]): cumpleaños

휴일 (休[descanso]日[día]): día no laboral

기념일 (紀[anales]念[pensamiento]日[día]): Día Conmemorativo (a los Caídos)

주급 (週[semana]給[paga, aprovisionamiento]): salario semanal

월급 (月[mes]給[paga, aprovisionamiento]): salario mensual

시급 (時[hora, tiempo]給[paga, aprovisionamiento]): cantidad que se gana por hora

급식 (給[paga, aprovisionamiento]食[comer]): suministro de comida

월말 (月[mes]末[final]): finales de mes

월세 (月[mes]貰[alquiler]): alquiler mensual

월초 (月[mes]初[comienzo, principio]): principios de mes

월간지 (月[mes]刊[publicación]誌[sufijo para publicaciones]): publicación mensual

연말 (年[año]末[final]): finales de año

작년 (昨[pasado]年[año]): el año pasado

내년 (來[venir]年[año]): el próximo año

연금 (年[año]金[dinero]): pensión (de jubilación)

결말 (結[terminar, relacionar]末[final]): desenlace, final

결국 (結[terminar, relacionar]局[situación]): al final, consecuencia

결과 (結[terminar, relacionar]果[fruto]): resultado, fruto final

결론 (結[terminar, relacionar]論[argumentación]): conclusión

Capítulo 3

시간 (時[tiempo, hora]間[espacio, duración]): tiempo, hora

동시 (同[mismo]時[tiempo, hora]): (al) mismo tiempo

동료 (同[mismo]僚[compañero]): compañero/-a de trabajo, colega

동창 (同mismo窓ventana): compañero/a de clase

동의 (同mismo意opinión, significado): acuerdo

일시적 (一uno時tiempo, hora的sufijo que transforma los sustantivos en adjetivos): provisional

일부 (一uno部parte): una parte

일방적 (一uno方lado的sufijo que transforma los sustantivos en adjetivos): unilateral

통일 (統unir一uno): unificación

시계 (時tiempo, hora計medición, cálculo): reloj

온도계 (溫calor度grado計medición, cálculo): termómetro

계산 (計medición, cálculo算cómputo): cuenta

계획 (計medición, cálculo劃trazo de pincel): plan

중간 (中centro間espacio, duración): el medio

중심 (中centro心corazón): centro

중순 (中centro旬periodo de diez días): mediados de mes

집중 (集acumular中centro): concentrar

기간 (期periodo間espacio, duración): periodo de tiempo

단기 (短corto期periodo): corto plazo, breve duración

장기 (長largo期periodo): largo plazo, larga duración

초기 (初comienzo期periodo): comienzo de un periodo

인간 (人persona間espacio, duración): ser humano

개인 (個unidad人persona): individuo, persona particular

본인 (本origen人persona): uno mismo

군인 (軍ejército人persona): soldado

Capítulo 4

서점 (書escrito店tienda): librería

교과서 (敎enseñanza科sección, departamento書escrito): libro de texto

교사 (敎enseñanza師maestro): docente, profesor

종교 (宗ritos敎enseñanza): religión

교육 (敎enseñanza育criar, cultivar): educación

계약서 (契acuerdo, pacto約promesa書escrito): contrato

약속 (約promesa束atar): compromiso, promesa

예약 (豫por adelantado約promesa): reserva

선약 (先anterior約promesa): compromiso previo

유서 (遺dejar, abandonar書escrito): testamento

유산 (遺dejar, abandonar產producto, propiedad): herencia

유전 (遺dejar, abandonar,傳legado): herencia (genética)

유적 (遺dejar, abandonar跡huella, rastro): ruinas, restos arqueológicos

본점 (本origen店tienda): establecimiento principal

본업 (本origen 業negocio, trabajo): principal negocio, profesión principal

본사 (本origen社tierra, grupo): empresa matriz

본부 (本origen部parte, sección): sede central

매점 (賣venta店tienda): kiosco, tienda

매장 (賣venta場lugar): tienda

매표소 (賣venta票boletos所lugar): taquilla

매진 (賣venta盡acabarse): agotarse (un producto)

점원 (店tienda員empleado): dependiente, empleado

직원 (職profesión員empleado): empleado, personal

회원 (會reunión, asociación員empleado): miembro, socio

공무원 (公público務asuntos, deberes員empleado): funcionario, empleado público

Capítulo 5

음식 (飮beber食comer): alimento, comida

음료수 (飮beber料ingrediente水agua): bebida

생수 (生vivo水agua): agua mineral

정수기 (淨limpio水agua器aparato): dispensador de agua, filtradora de agua

수도 (水agua道camino): suministro de agua

음주 운전(飮beber酒licor運desplazarse, transportar轉rodar, rotar): conducción en estado de embriaguez

맥주 (麥cebada酒licor): cerveza

소주 (燒destilación酒licor): soju (aguardiente coreano)

포도주 (葡萄uva酒licor): vino

과음 (過demasiado飮beber): ingesta excesiva de alcohol

과속 (過demasiado速velocidad): exceso de velocidad

과로 (過demasiado勞trabajo): fatiga laboral

과식 (過demasiado食comida): comer en exceso

식당 (食comer堂edificio, sala): restaurante

강당 (講[discurso]堂[edificio, sala]): auditorio, salón de actos

성당 (聖[sagrado]堂[edificio, sala]): iglesia católica

후식 (後[después]食[comer]): postre

후손 (後[después]孫[nieto]): descendiente

후배 (後[después]輩[generación]): compañero/a que ha entrado a la escuela o al lugar de trabajo después que uno

오후 (午[mediodía]後[después]): tarde

회식 (會[reunión, asociación]食[comer]): comida/cena de empresa

회사 (會[reunión, asociación]社[terreno, agrupación]): empresa, compañía

회의 (會[reunión, asociación]議[debate, exposición]): conferencia, convención

회비 (會[reunión, asociación]費[costar]): tarifa, precio

Capítulo 6

무선 (無[in-/des- (que no tiene o que no existe)]線[línea]): inalámbrico

무관 (無[in-/des- (que no tiene o que no existe)]關[relación]): sin relación

관심 (關[relación]心[corazón]): interés

관계 (關[relación]係[conexión]): relación

관련 (關[relación]聯[asociación]): relación, conexión

무시 (無[in-/des- (que no tiene o que no existe)]視[mirar]): ignorancia

감시 (監[supervisar]視[mirar]): vigilar

경시 (輕[insignificante]視[mirar]): menospreciar

중시 (重[pesado]視[mirar]): relevancia

무례 (無[in-/des- (que no tiene o que no existe)]禮[cortesía]): descortesía

예절 (禮[cortesía]節[principio moral]): (buenos) modales

예의 (禮[cortesía]儀[comportamiento]): buena educación

장례식 (葬[entierro]禮[cortesía]式[ceremonia]): funeral

노선 (路[calzada]線[línea]): ruta, recorrido

고속도로 (高[alto]速[velocidad]道[camino]路[calzada]): autopista

산책로 (散[deambular]策[plan]路[calzada]): sendero para pasear

가로등 (街[calle]路[calzada]燈[farol]): farola

직선 (直[recto, directo]線[línea]): línea recta

직접 (直[recto, directo]接[tocar]): directo

직진 (直[recto, directo]進[avance]): avanzar recto

직행 (直[recto, directo]行[desplazamiento]): trayecto directo (=sin paradas o escalas)

전선 (電[electricidad]線[línea]): cable eléctrico

충전 (充[llenar]電[electricidad]): recarga de energía

전기 (電[electricidad]氣[energía]): electricidad

전화 (電[electricidad]話[conversar]): teléfono

Capítulo 7

불편 (不[prefijo negativo equivalente a in-/a-)]便[comodidad, conveniencia]): inconveniencia, incomodidad

불행 (不[prefijo negativo equivalente a in-/a-]幸[felicidad, suerte]): desdicha, infelicidad

다행 (多[mucho]幸[felicidad, suerte]): afortunado, dichoso

행복 (幸[felicidad, suerte]福[fortuna]): felicidad, dicha

행운 (幸[felicidad, suerte]運[transportar]): suerte

불가능 (不[prefijo negativo equivalente a in-/a-]可[posible, permitido]能[capacidad, talento]): imposible

허가 (許[permiso, aprobación]可[posible, permitido]): permiso

불가 (不[prefijo negativo equivalente a in-/a-]可[posible, permitido]): prohibido

가능성 (可[posible, permitido]能[capacidad, talento]性[carácter, naturaleza]): posibilidad

불신 (不[prefijo negativo equivalente a in-/a-]信[creer, confiar]): ingesta desconfianza, incredulidad

확신 (確[certeza]信[creer, confiar]): convencimiento, firme creencia

신뢰 (信[creer, confiar]賴[confianza]): fe, confianza

신용 (信[creer, confiar]用[uso]) 카드: tarjeta de crédito

간편 (簡[fácil]便[comodidad, conveniencia]): manejable, simple

간단 (簡[fácil]單[simple]): sencillo, simple

간이 화장실 (簡[fácil]易[simple]化[cambiar]粧[maquillaje]室[habitación, sala]): aseo/sanitario portátil

간소화 (簡[fácil]素[elemental]化[cambiar]): simplificación

편안 (便[comodidad, conveniencia]安[paz]): comodidad, confortabilidad

불안 (不[prefijo negativo equivalente a in-/a-]安[paz]): ansiedad, intranquilidad

안녕 (安[paz]寧[tranquilidad]): bienestar, paz

안전 (安[paz]全[todo]): seguridad

편리 (便[comodidad, conveniencia]利[beneficio]): conveniencia, ventaja

유리 (有[existir, haber]利[beneficio]): ventaja

이용 (利[beneficio]用[uso]): utilización

불리 (不[prefijo negativo equivalente a in-/a-]利[beneficio]): desventaja

Capítulo 8

상품 (商[comercio]品[producto]): producto, artículo

상업 (商[comercio]業[trabajo]): negocios, comercio

공업 (工[oficio, elaboración]業[trabajo]): industria

농업 (農[cultivo]業[trabajo]): agricultura

산업 (産[producción]業[trabajo]): industria

상표 (商[comercio]標[señal, marca]): marca comercial

목표 (目[ojo]標[señal, marca]): objetivo, meta

표시 (標[señal, marca]示[mostrar]): expresión

표준 (標[señal, marca]準[criterio]): estándar

상가 (商[comercio]街[calle]): distrito comercial, zona de tiendas

대학가 (大[grande]學[estudio]街[calle]): zona universitaria

주택가 (住[habitar]宅[casa]街[calle]): zona residencial

가로수 (街[calle]路[calzada]樹[árbol]): alameda

명품 (名[(re)nombre]品[producto]): obra maestra

유명 (有[existir]名[(re)nombre]): fama

무명 (無[a-/des- (prefijo negativo que algo no existe)]名[(re)nombre]): anónimo

명소 (名[(re)nombre]所[lugar]): lugar de interés

물품 (物[objeto]品[producto]): artículo

선물 (膳[obsequio]物[objeto]): regalo

물가 (物[objeto]價[precio]): costo de vida, los precios de las cosas

건물 (建[construcción]物[objeto]): edificio

작품 (作[crear]品[producto]): obra

시작 (始[inicio]作[crear]): empezar

작가 (作[crear]家[persona que se dedica a algo]): autor

부작용 (副[secundario]作[crear]用[uso]): efectos secundarios

Capítulo 9

실력 (實[realidad, verdad]力[fuerza, poder]): habilidad, competencia

사실 (事[asunto]實[realidad, verdad]): hecho, verdad

사고 (事[asunto]故[percance]): accidente

행사 (行[desplazamiento]事[asunto]): evento

사업 (事[asunto]業[trabajo]): negocio

현실 (現[actual]實[realidad, verdad]): realidad

현재 (現[actual]在[existir]): el presente

표현 (表[fachada, superficie]現[actual]): expresión

현금 (現[actual]金[dinero]): dinero en efectivo

확실 (確[certeza]實[realidad, verdad]): seguridad, certeza

확인 (確[certeza]認[identificar]): comprobar, verificar

정확 (正[correcto]確[certeza]): exactitud, precisión

확률 (確[certeza]率[proporción, tasa]): probabilidad

권력 (權[derechos]力[fuerza, poder]): autoridad

저작권 (著[exhibir]作[crear]權[derechos]): derechos de autor

인권 (人[persona]權[derechos]): derechos humanos

권리 (權[derechos]利[ventaja]): derechos

체력 (體[cuerpo]力[fuerza, poder]): fuerza física

신체 (身[cuerpo]體[cuerpo]): cuerpo

체험 (體[cuerpo]驗[examinar, experimentar]): experiencia personal

체감 (體[cuerpo]感[sentir, percibir]): sensación

강력 (强[fuerte]力[fuerza, poder]): fuerte influencia, gran poder

강조 (强[fuerte]調[configurar]): énfasis, insistencia

강요 (强[fuerte]要[necesidad]): forzar, obligar

강대국 (强[fuerte]大[grande]國[país]): potencia, país poderoso

Capítulo 10

문제 (問[pregunta]題[tema, cuestión]): problema

문제점 (問[pregunta]題[tema, cuestión]點[punto]): interrogante, duda

관점 (觀[vista]點[punto]): punto de vista

장점 (長[largo]點[punto]): ventaja, punto fuerte

단점 (短[corto]點[punto]): desventaja, punto débil

질문 (質[calidad]問[pregunta]): pregunta

본질 (本[origen]質[calidad]): esencia

품질 (品[producto, artículo]質[calidad]): calidad de un producto

소질 (素[factor, elemento]質[calidad]): aptitud, talento

문답 (問[pregunta]答[respuesta]): preguntas y respuestas

대답 (對[contra, frente]答[respuesta]): respuesta, contestación

정답 (正[correcto]答[respuesta]): respuesta correcta

답장 (答[respuesta]狀[documento, estado]): respuesta (a una carta o mensaje)

숙제 (宿[alojamiento, morada]題[tema, cuestión]): tareas para casa

기숙사 (寄[conceder]宿[alojamiento, morada]舍[casa]): residencia, dormitorio

노숙자 (露[rocío, expuesto a los elementos]宿[alojamiento, morada]者[persona]): persona sin hogar

숙소 (宿[alojamiento, morada]所[lugar]): alojamiento, hospedaje

제목 (題[tema, cuestión]目[ojo]): título

과목 (科[sección, departamento]目[ojo]): asignatura

목록 (目[ojo]錄[anotar]): lista, catálogo

목적 (目[ojo]的[finalidad]): objetivo, meta

주제 (主[principal, propietario]題[tema, cuestión]): tema principal

주인 (主[principal, propietario]人[persona]): dueño, propietario

주장 (主[principal, propietario]張[conceder]): aseveración, argumento

민주주의 (民[pueblo, nación,]主[principal, propietario] 主義[~ismo]): democracia

Capítulo 11

성격 (性[sexo, naturaleza]格[estado]): personalidad

남성 (男[varón]性[sexo, naturaleza]): varón, masculino

장남 (長[largo, mayor]男[varón]): varón primogénito

남편 (男[varón]便[conveniente]): esposo, marido

미남 (美[bello]男[varón]): hombre atractivo

여성 (女[mujer]性[sexo, naturaleza]): mujer, femenino

미녀 (美[bello]女[mujer]): mujer hermosa

소녀 (少[pequeño]女[mujer]): niña

여왕 (女[mujer]王[rey]): reina soberana

특성 (特[especial]性[sexo, naturaleza]): característica

특별 (特[especial]別[otro])하다: especial

독특 (獨[solo, único]特[especial])하다: original

특이 (特[especial]異[diferente]) 하다: peculiar

합격 (合[unir]格[estado]): aprobar un examen

연합 (聯[conectar]合[unir]): alianza

통합 (統[control, dominio]合[unir]): unificación

합의 (合[unir]意[significado]): acuerdo, consenso

자격 (資[riqueza, propiedades]格[estado]): título, certificado

투자 (投[tirar]資[riqueza, propiedades]): inversión

자금 (資[riqueza, propiedades]金[dinero]): capital, fondos

자료 (資[riqueza, propiedades]料[material, pago]): materiales, datos

격식 (格[estado]式[ceremonia, estilo]): formalidad, etiqueta

결혼식 (結[atar, amarrar]婚[matrimonio]式[ceremonia, estilo]): boda

공식적 (公[público, oficial]式[ceremonia, estilo]的[terminación que transforma sustantivos en adjetivos]): oficial

방식 (方[método, forma]式[ceremonia, estilo]): método, forma

Capítulo 12

병원 (病[enfermedad]院[edificio público]): hospital

병실 (病[enfermedad]室[habitación, sala]): habitación de hospital

교실 (教[enseñanza]室[habitación, sala]): aula

욕실 (浴[bañarse]室[habitación, sala]): cuarto de baño con bañera/pila

화장실 (化[cambiar]粧[maquillaje]室[habitación, sala]): aseo, cuarto de baño

병명 (病[enfermedad]名[(re)nombre]): nombre de enfermedad

명함 (名[(re)nombre]銜[contener, tener]): tarjeta de visita

서명 (書[escribir]名[(re)nombre]): firma

성명 (姓[apellido]名[(re)nombre]): nombre y apellidos

난치병 (難[dificultad]治[curación]病[enfermedad]): enfermedad incurable

재난 (災[desastre]難[dificultad]): catástrofe, calamidad

난처 (難[dificultad]處[situación])하다: estar en dificultades/una situación difícil

피난 (避[huir, evitar]難[dificultad]): refugio

법원 (法[ley]院[edificio público]): tribunal

방법 (方[manera, dirección]法[ley]): método, manera

불법 (不[prefijo negativo equivalente a in-/a-]法[ley]): ilegal

국제법 (國[país]際[frontera, entre]法[ley]): ley internacional

문화원 (文[escritura]化[cambiar]院[edificio público]): centro cultural

문학 (文[escritura]學[estudio]): literatura

문장 (文[escritura]章[sección]): frase

문자 (文[escritura]字[letra]): letra, grafema

대학원 (大[grande]學[estudio]院[edificio público]): posgrado

장학금 (奬[estimular, apoyar]學[estudio]金[dinero]): beca

학교 (學[estudio]校[escuela]): escuela

학자 (學[estudio]者[persona]): académico, erudito

Capítulo 13

활동 (活[existencia]動[movimiento]): actividad

생활 (生[vida]活[existencia]): vida cotidiana

인생 (人[persona]生[vida]): vida humana

생명 (生[vida]命[esperanza de vida, destino]): vida (en oposición a muerte)

생존 (生[vida]存[existir]): supervivencia

활기 (活[existencia]氣[energía])있다: tener vitalidad

인기 (人[persona]氣[energía]): popularidad

분위기 (雰[atmósfera]圍[entorno]氣[energía]): ambiente

용기 (勇[coraje]氣[energía]): valentía

재활용 (再[otra vez]活[existencia]用[uso]): reciclaje

사용 (使[emplear]用[uso]): utilización, empleo

유용 (有[haber, tener]用[uso])하다: ser útil, provechoso

비용 (費[costar]用[uso]): costo, gasto

동사 (動[movimiento]詞[palabra]): verbo

조사 (助[auxiliar]詞[palabra]): partícula

부사 (副[secundario]詞[palabra]): adverbio

명사 (名[(re)nombre]詞[palabra]): sustantivo

자동 (自[auto-, uno mismo]動[movimiento]): automático

자살 (自[auto-, uno mismo]殺[matar]): suicidio

자유 (自[auto-, uno mismo]由[proveniente de]): libertad

자연 (自[auto-, uno mismo]然[de manera]): naturaleza

부동산 (不[prefijo negativo equivalente a in-/a-]動[movimiento]産[propiedad]): inmobiliaria, bienes inmuebles

재산 (財[riqueza]産[propiedad]): fortuna (=dinero y propiedades)

가산 (家[casa, familia]産[propiedad]): patrimonio familiar

파산 (破[romper]産[propiedad]): bancarrota

Capítulo 14

여행 (旅[viajar]行[desplazamiento]): viaje

여권 (旅[viaje]券[certificado, boleto]): pasaporte

복권 (福[fortuna]券[certificado, boleto]): boleto de lotería

상품권 (商[comercio]品[artículo]券[certificado, boleto]): cupón / bono canjeable

입장권 (入[entrar]場[lugar]券[certificado, boleto]): entrada

여행사 (旅[viaje]行[desplazamiento]社[tierra, grupo]): agencia de viajes

지사 (支[rama]社[tierra, grupo]): filial, sucursal

사장 (社[tierra, grupo]長[líder]): director ejecutivo, presidente de una empresa

사회 (社[tierra, grupo]會[reunión, asociación]): sociedad

여관 (旅[viaje]館[edificio publico]): pensión, hostal

대사관 (大[grande]使[mensajero]館[edificio publico]): embajada

도서관 (圖[ilustración]書[escrito]館[edificio publico]): biblioteca

박물관 (博[amplio]物[objeto]館[edificio publico]): museo

선행 (先[anterior]行[desplazamiento]): antelación

선생 (先[anterior]生[vida, nacimiento]): maestro, profesor

우선순위 (優[excelente]先[anterior]順[orden]位[puesto]): prioridad

선배 (先[anterior]輩[generación]): compañero/a que ha entrado a la escuela o al lugar de trabajo antes que uno

진행 (進[avance]行[desplazamiento]): progreso

승진 (昇[escritura]進[avance]): promoción, ascenso

직진 (直[recto, directo]進[avance]): recto

선진국 (先[anterior]進[avance]國[país]): país desarrollado

비행기 (飛[volar]行[desplazamiento]機[máquina]): avión

세탁기 (洗[lavar]濯[lavar]機[máquina]): lavadora

자판기 (自[auto-, uno mismo]販[vender]機[máquina]): máquina expendedora

기계 (機[máquina]械[instrumento]): máquina

Capítulo 15

출발 (出[salir]發[salir]): salida, partida

출구 (出[salir]口[boca]): (puerta de) salida

입구 (入[entrar]口[boca]): (puerta de) entrada

비상구 (非[in-/a- (prefijo privativo)]常[frecuente]口[boca]): salida de emergencia

항구 (港[puerto]口[boca]): puerto

출근 (出[salir]勤[trabajo]): entrar a trabajar

퇴근 (退[terminar]勤[trabajo]): salir del trabajo

근무 (勤[trabajo]務[deber]): estar de servicio

야근 (夜[noche,]勤[trabajo]): horas de trabajo extra por la noche

출신 (出[salir]身[cuerpo]): lugar de origen

자신 (自[auto-, uno mismo]身[cuerpo]): uno mismo

대신 (代[sustituir]身[cuerpo]): en lugar de

신분증 (身[cuerpo]分[diferenciar]證[certificado]): carné de identidad, cédula de identificación

개발 (開[abrir]發[salir]): desarrollo

개방적 (開[abrir]放[soltar]的[sufijo que transforma los sustantivos en adjetivos]): franco

공개 (公[público, oficial]開[abrir]): apertura al público

재개 (再[otra vez]開[abrir]): reanudación

발표 (發[salir]表[exterior]): exposición de un tema

대표 (代[sustituir]表[exterior]): representante

표면 (表[exterior]面[rostro]): superficie

표정 (表[exterior]情[emoción]): expresión facial

발상 (發[salir]想[pensamiento]): idea, manera de pensar

예상 (豫[por adelantado]想[pensamiento]): predicción, previsión

환상 (幻[ilusión]想[pensamiento]): fantasía

상상력 (想[pensamiento]像[imagen, figura]力[fuerza, poder]): imaginación

Nuevo vocabulario & Nuevas expresiones

Capítulo 1

Conversación 1 P. 20

| Nuevo vocabulario |

지난달	el mes pasado
반갑다	encantado/a (de conocer a alguien)
시	ciudad
서쪽	sur
얼마나	cuánto (tiempo)
앞으로	a partir de ahora
지내다	llevarse (con alguien)

| Nuevas expresiones |

만나서 반가워요.
Encantado/a(s) de conocerte/os/lo(s)/la(s).

그렇군요.
Ya veo.

우리 앞으로 잘 지내요.
Espero que nos veamos a menudo. (lit. Llevémonos bien a partir de ahora.)

Conversación 2 P. 24

| Nuevo vocabulario |

가르치다	enseñar
생활	vida cotidiana
언어	lengua
때문에	a causa de
힘들다	resultar duro
아직	todavía, aún
못하다	dársele mal (algo a alguien)
잘하다	dársele bien (algo a alguien)
연락처	contacto

| Nuevas expresiones |

무슨 일 하세요?
¿A qué se dedica usted?

한국 생활은 어떠세요?
¿Qué tal la vida en corea?

아직 잘 못해요.
Todavía no se me da muy bien.

Conversación 3 P. 28

| Nuevo vocabulario |

이거	esto
모두	todo, todas las cosas
(나이) 차이가 나다	llevarse edad (con otra persona)
빼고	aparte de, excepto
함께	juntos/as
여기저기	a/en varios lugares
떨어져 살다	vivir por la cuenta de uno

| Nuevas expresiones |

가족이 모두 몇 명이에요?
¿Cuántos son en su familia?

오빠하고 나이가 세 살 차이가 나요.
Mi hermano mayor y yo nos llevamos tres años.

여기저기 떨어져 살아요.
Vivimos cada uno en lugar diferente.

Capítulo 2

Conversación 1 P. 36

| Nuevo vocabulario |

돌아가다	volver, regresar
쉬다	descansar
확인하다	revisar, comprobar
관심이 있다	tener interés
주로	principalmente
에 대한	sobre, acerca de
주중	entresemana
이것저것	todo tipo de
다양하게	varios
가요	canción pop

| Nuevas expresiones |

저는 여행에 관심이 있어요.
Me encantan los viajes.

토요일 아침마다 운동해요.
Hago ejercicio cada sábado.

이것저것 다양하게 들어요.
Escucho todo tipo de música.

Conversación 2 P. 40

| Nuevo vocabulario |

밖	fuera
정도	aproximadamente, alrededor de
반반씩	a medias
집안일	labores domésticas
소설	novela
역사	historia
게으르다	ser vago/perezoso
가끔씩	a veces, de vez en cuando

| Nuevas expresiones |

한 달에 2~3(두세) 번 정도 만나요.
Nos vemos unas dos o tres veces al mes.

영어하고 한국어로 반반씩 해요.
Hablamos mitad en inglés y mitad en coreano.

집안일은 가끔씩 해요.
Hago las tareas domésticas de vez en cuando.

Conversación 3 P. 44

| Nuevo vocabulario |

씻다	lavar(se)
바로	inmediatamente, justo
새벽	madrugada
때	cuando
쭉	siempre así desde
불규칙하다	ser irregular
해가 뜨다	salir el sol, amanecer
푹	(dormir) profundamente
평일	día laboral
하루 종일	todo el día
건강	salud
습관	hábito, costumbre
고쳐지다	corregir, arreglar

| Nuevas expresiones |

학생 때부터 쭉 그랬어요.
Lo he hecho así desde que era estudiante.

그때그때 달라요.
Depende del día.

그렇긴 해요.
Eso es verdad./Ahí tienes razón.

Capítulo 3

Conversación 1 P. 52

| Nuevo vocabulario |

직접	directo, directamente
경기	partido, evento deportivo
시간 맞추다	sincronizar el tiempo
출구	(puerta de) salida
예매하다	reservar los boletos

| Nuevas expresiones |

야구나 축구 같은 거 좋아해요.
Me gustan los deportes como el fútbol o el béisbol.

오후 2시 어때요?
¿Qué tal a las dos de la tarde?

그때 봐요.
¡Hasta luego!

Conversación 2 P. 56

| Nuevo vocabulario |

그날	ese día
일이 생기다	ocurrir algo
혹시	por algún casual
(약속을) 미루다	posponer (una cita)
벌써	ya
바꾸다	cambiar
안부	saludo(s)
전하다	trasmitir

| Nuevas expresiones |

웬일이에요?
¿Qué pasa?, ¿Cómo va todo?

안부 전해 주세요.
Salúdale(s) de mi parte, por favor.

끊을게요.
Adiós. (lit. Voy a colgar.)

Conversación 3 P. 60

| Nuevo vocabulario |

뭐	qué
한정식	hanjeongsik (menú tradicional coreano compuesto por varios platos)
값	precio, coste
적당하다	ser razonable
넘어서	pasadas las (hora)
언제든지	en cualquier momento, cuando sea

이후	a partir de (esa hora)
넉넉하게	suficiente
가지고 오다	traer
데리러 가다	acompañar/llevar (a alguien)
연락하다	contactar, ponerse en contacto
서두르다	apresurarse, darse prisa

| Nuevas expresiones |

저는 언제든지 괜찮아요.
Me va bien cualquier hora.

그러면 좋지요.
Estaría muy bien.

서두르지 마세요.
Tómese su tiempo. (lit. No se dé prisa.)

Capítulo 4

Conversación 1 P. 68

| Nuevo vocabulario |

이쪽	por aquí
저쪽	por allí
건너다	cruzar
자세히	detalladamente
설명하다	explicar
처음	primero, en primer lugar
횡단보도	paso de peatones
보이다	verse, poder ver
끼고 돌다	girar, torcer
또	otra vez
물어보다	preguntar

| Nuevas expresiones |

저, 실례합니다.
Oiga, disculpe.

이쪽이 아니라 저쪽이에요.
No es por aquí sino por allí.

좀 자세히 설명해 주시겠어요?
¿Podría explicármelo más detalladamente, por favor?

Conversación 2 P. 72

| Nuevo vocabulario |

휴지	papel higiénico
지하	subterráneo
복잡하다	hacer que uno se sienta desorientado/confuso
내려가다	bajar
계단	escaleras
음료수	bebida
코너	sección
맞은편	el lado opuesto
이제	ya, ahora

| Nuevas expresiones |

더 자세히 말해 주시겠어요?
¿Le importaría ser más concreto, por favor?

저기 〔sustantivo〕 보이죠?
Ve 〔sustantivo〕 de allí,¿verdad?

또 필요한 거 없으세요?
¿No necesita nada más?

Conversación 3 P. 76

| Nuevo vocabulario |

사실은	la verdad, en realidad
내리다	bajar(se)
나오다	salir
주변	alrededor
말고	no... sino, exceptuando
건너편	al otro lado
동상	estatua
마중 나가다	salir a buscar/recoger (a alguien)
입구	(puerta de) entrada

| Nuevas expresiones |

거의 다 왔어요?
¿Ya estás llegando? (lit. ¿Ya casi has venido?)

어떻게 가는지 잘 모르겠어요.
No sé muy bien cómo llegar.

〔A〕 말고 〔B〕 없어요?
Además de 〔A〕, ¿no tiene(n) 〔B〕?

Capítulo 5

Conversación 1 P. 84

| Nuevo vocabulario |

일찍	temprano
한식	comida coreana
맵다	picar, ser picante
잘	bien
다	todo

| Nuevas expresiones |

〔sustantivo〕 먹으면 어때요?
¿Qué tal si comemos 〔sustantivo〕?

(sustantivo) 빼고 다른 건 괜찮아요?
Excepto (sustantivo), ¿Todo está bien?

-(으)면 다 괜찮아요.
No hay ningún problema si…

Conversación 2 P. 88

| Nuevo vocabulario |

된장	pasta de soja/soya
손님	cliente
떨어지다	acabarse, quedarse alguien sin algo
(음식이) 안 되다	no estar disponible (un plato)
이 중에서	entre ellos
뭘로 (=무엇으로)	de qué
넣다	poner
끓이다	hervirse
고기	carne
채소	verdura(s)
들어가다	llevar (ingredientes)
따로	aparte, por separado
가능하면	si es posible

| Nuevas expresiones |

뭐 드시겠어요?
¿Qué va(n) a tomar? (lit. ¿Qué les apetece comer?

다른 건 돼요?
¿Está disponible el resto?

가능하면 맵지 않게 해 주세요.
Si es posible, que no pique, por favor.

Conversación 3 P. 92

| Nuevo vocabulario |

맛집	buen restaurante
알아보다	averiguar, encontrar
한정식 집	restaurante de hanjeongsik (menú tradicional coreano compuesto por varios platos)
맛이 좋다	tener buen sabor
분위기	ambiente
추천하다	recomendar
며칠	unos días
입맛에 맞다	ser apto para el paladar de alguien

| Nuevas expresiones |

아직 못 찾았어요.
Todavía no he encontrado ninguno.

(sustantivo)에 가 본 적이 있어요?
¿Has ido alguna vez a (sustantivo)?

알려 줘서 고마워요.
Gracias por decírmelo/informarme.

Capítulo 6

Conversación 1 P. 100

| Nuevo vocabulario |

말씀하다	hablar (término de respeto)
이용료	coste
내다	pagar
학생증	carné/tarjeta de estudiante
무료	gratis
평일	entresemana
비밀번호	contraseña
입력하다	introducir

| Nuevas expresiones |

뭐 좀 물어봐도 돼요?
¿Puedo hacerle una pregunta?

말씀하세요.
Dígame.

하나만 더 물어볼게요.
Permítame que le haga una pregunta más.

Conversación 2 P. 104

| Nuevo vocabulario |

가져가다	llevar
물론	por supuesto
지도	plano, mapa
숙박 시설	alojamiento
조용하다	ser tranquilo
곳	lugar
탁자	mesa
안내 책자	folleto informativo
놓이다	estar puesto para algún fin (forma pasiva de 놓다)
예약하다	reservar, hacer una reserva
자세하다	estar detallado (algo)
정보	información

| Nuevas expresiones |

이거 가져가도 돼요?
¿Puedo llevarme esto?

물론이죠.
Por supuesto./Cómo no.

더 자세한 정보가 나와 있어요.
Hay disponible información más detallada.

Conversación 3 P. 108

| Nuevo vocabulario |

다니다	ir a la escuela/al trabajo
적응하다	adaptarse, ajustarse
정장	traje
갔다 오다	ir (a un lugar) y volver
분위기	ambiente
자유롭다	relajado, independiente
특히	especialmente
엄격하다	ser quisquilloso/estricto
출근하다	ir a trabajar
마음대로	como (se) quiera
꼭	sin falta, obligatoriamente
정해진 시간	horario fijo
회식	comida de empresa
빠지다	faltar, no asistir a
싫어하다	desagradar
동료	compañero de trabajo

| Nuevas expresiones |

(sustantivo)에 잘 적응하고 있어요.
(Alguien) se está adaptando bien a (sustantivo).

그런 편이에요.
Resulta bastante conveniente.

마음대로 입어도 돼요.
Se puede vestir como se quiera.

Capítulo 7

Conversación 1 P. 116

| Nuevo vocabulario |

동네	barrio
깨끗하다	limpio
편하다	conveniente, cómodo
교통	tráfico
거실	salón
주방	cocina
집세	alquiler, renta
나머지	lo(s) demás, el resto
떠나다	dejar, salir

| Nuevas expresiones |

(sustantivo)이/가 어때요?
¿Qué tal (sustantivo)?

얼마 안 걸려요.
No se tarda mucho.

그거 빼고 나머지는 다 괜찮아요.
Salvo (por) eso, todo lo demás está bien.

Conversación 2 P. 120

| Nuevo vocabulario |

여러 가지	varios (tipos de)
불편하다	inconveniente, engorroso
우선	en primer lugar
직장	lugar de trabajo
주변	alrededores
마음에 들다	gustar, agradar
오래되다	ser antiguo (algo)
벌레	bicho
이사하다	mudarse
생각 중	estar pensando, estar dándole vueltas a la cabeza
사실은	La verdad es que

| Nuevas expresiones |

뭐가 문제예요?
¿Qué problema(s) hay?

집은 마음에 들어요?
¿Te gusta la casa?

저도 지금 생각 중이에요.
Ahora estoy pensándolo yo también.

Conversación 3 P. 124

| Nuevo vocabulario |

숨	respiración, aliento
밤새	toda la noche
고치다	arreglar
게다가	además
틈	grieta, fisura
들어오다	entrar
다행이다	gracias a Dios/menos mal
옆집	casa de al lado
소리	sonido, ruido
들리다	oírse, escucharse
인사하다	saludar
기회	oportunidad

| Nuevas expresiones |

다행이네요.
Gracias a Dios./Menos mal.

그러지 말고 … 지 그래요?
En lugar de eso, ¿por qué no...?

그게 좋겠네요.
Puede que sea una buena idea.

Capítulo 8

Conversación 1 P. 132

| Nuevo vocabulario |

사용하다	usar, utilizar
잘 나가다	venderse bien
젊다	ser joven
인기가 있다	ser popular
색	color
고장이 나다	estropearse, malograrse
둘 다	ambos, los dos
튼튼하다	ser resistente
가져오다	traer
수리하다	que le reparen a un cliente algo

| Nuevas expresiones |

요즘 이게 제일 잘 나가요.
Estos días esto es lo que más se vende.

이게 어디 거예요?
¿De dónde es?

다른 거 없어요?
¿No tiene otro/a?

Conversación 2 P. 136

| Nuevo vocabulario |

전원	boton del encendido
켜지다	encenderse
버튼	botón (de un aparato)
새	nuevo/a
제품	producto, artículo
교환하다	cambiar
영수증	recibo

| Nuevas expresiones |

어떻게 오셨어요?
¿En qué puedo ayudarlo/a(s)?
(lit. ¿Por qué ha(n) venido?)

전원이 안 켜져요.
No se encendió.

(sustantivo) 좀 보여 주시겠어요?
¿Me podría enseñar (sustantivo), por favor?

물론이죠.
Por supuesto.

Conversación 3 P. 140

| Nuevo vocabulario |

딱 끼다	quedar ajustado
성함	nombre completo (término de respeto)
반품	devolución
배송비	gastos de envío
고객님	señor(a) cliente (forma de respeto)
접수	confirmación una solicitud
상품	producto, artículo
상자	caja
포장하다	envolver, empaquetar
택배 기사님	repartidor(a) de entrega a domicilio
환불	reembolso, devolución de dinero
방문하다	visitar
처리하다	gestionar
문의 사항	pregunta, consulta

| Nuevas expresiones |

무엇을 도와드릴까요?
¿En qué puedo ayudarlo/a(s))

성함이 어떻게 되십니까?
¿Me daría su nombre, por favor?

다른 문의 사항은 없으십니까?
¿No tiene alguna otra pregunta?

Capítulo 9

Conversación 1 P. 148

| Nuevo vocabulario |

말이 통하다	poder comunicarse
생활 방식	manera de vivir
사고방식	modo de pensar
차이	diferencia
적응이 되다	acostumbrarse
실수	error
완벽하게	completamente, perfectamente
어떤	qué tipo de, cierto
반말	banmal (forma coloquial equivalente al tuteo del español)
혼나다	ser reprendido, ser regañado

| Nuevas expresiones |

적응이 안 됐어요.
No pude adaptarme.

이제 많이 익숙해졌어요.
Ya me he acostumbrado bastante.

예를 들면
Por ejemplo

Conversación 2 P. 152

| Nuevo vocabulario |

고민	angustia, preocupación
실력	capacidad, nivel
한	aproximadamente
어느 정도	(un) cierto (sustantivo)
자신감	confianza en uno mismo
점점	poco a poco
없어지다	desaparecer, perder
최대한	tanto como sea posible
꾸준히	con constancia
곧	pronto

| Nuevas expresiones |

무슨 고민이 있어요?
¿Qué te inquieta?

저도 그렇게 생각해요.
Yo también pienso así.

최대한 많이
Tanto como sea posible

Conversación 3 P. 156

| Nuevo vocabulario |

대단하다	fantástico
원래	desde el principio
이해하다	entender, comprender
만큼	tan/tanto como
적어도	como mínimo, al menos
이상	más de
알아듣다	entender (algo que se oye)
포기하다	dejar, abandonar
자꾸	repetidamente, continuamente

| Nuevas expresiones |

요즘 어떻게 지내요?
¿Cómo te va últimamente?

사람마다 다르죠.
Depende de cada persona. (lit. Cada persona es diferente.)

〔A〕이/가〔B〕에 도움이 돼요.
〔A〕es de ayuda para〔B〕.

Capítulo 10

Conversación 1 P. 164

| Nuevo vocabulario |

아무	ningún, cualquier
부탁을 들어주다	acceder a hacer algo se pide
고장 나다	estropearse, malograrse
고치다	arreglar, reparar
갑자기	de repente
막	acabar de, hace un momento
선	cable
연결되다	estar conectado
문제	problema
급하다	ser urgente, necesitar algo de manera urgente

| Nuevas expresiones |

아무것도 안 해.
No hago nada.

지금 막 고장 났어.
Acaba de estropearse.

〔sustantivo〕에는 아무 문제 없어.
No hay ningún problema con/en〔sustantivo〕.

Conversación 2 P. 168

| Nuevo vocabulario |

날씨	clima, tiempo
모시고	acompañando a alguien (término de respeto)
걷다	caminar
빌리다	tomar prestado
바닷가	playa
경치	paisaje
데	lugar
알리다	informar

| Nuevas expresiones |

무슨 일 있어?
¿Qué pasa?

그거 좋은 생각이다.
Esa es una buena idea.

여행 잘 갔다 와.
Que tengas un buen viaje./Que disfrutes del viaje.

Conversación 3 P. 172

| Nuevo vocabulario |

지갑	billetera
잃어버리다	perder

기억나다	recordar
마지막으로	por último, finalmente
계산하다	calcular, pagar la cuenta
꺼내다	sacar
들어 있다	llevar (dentro)
현금	dinero en efectivo
신분증	documento de identidad
정지하다	cancelar (una tarjeta de crédito)
깜빡	por completo, completamente
잊어버리다	olvidar
유실물 센터	oficina de objetos perdidos
일단	antes de nada

| Nuevas expresiones |

어떡하지?
¿Qué hago?

기억 안 나.
No me acuerdo.

깜빡 잊어버리고 아직 못 했어.
Se me ha pasado por completo y todavía no lo he hecho.

Capítulo 11

Conversación 1 P. 180

| Nuevo vocabulario |

맨	del todo
갈색	marrón
수염	barba
배우	actor, actriz
체격	complexión
딱	claramente
그나저나	por cierto
친하다	llevarse bien
첫눈에 반하다	enamorarse a primera vista
계속	seguir gerundio
되게	muy
소개하다	presentar

| Nuevas expresiones |

그치?
¿Verdad?

첫눈에 반한 거야?
¿Fue amor a primera vista?

잘해 봐.
Que todo vaya bien.

Conversación 2 P. 184

| Nuevo vocabulario |

청바지	pantalones vaqueros, bluyíns
들다	llevar
그건	eso
어디선가	en alguna parte
생각나다	darse cuenta
지난	pasado/a
발표하다	hacer una exposición oral
어쨌든	el caso es, de todas formas
놓고 가다	dejar (algo e irse)
갖다주다	llevarle algo a alguien

| Nuevas expresiones |

어디선가 봤는데
Lo he visto en alguna parte pero…

아! 맞다!
¡Ah, es verdad!/¡Ah, tienes razón!

글쎄.
Pues no sé./Bueno. (con tono dubitativo)

Conversación 3 P. 188

| Nuevo vocabulario |

사귀다	hacer amigos, quedar con
동호회	asociación, club
가입하다	ingresar, apuntarse
수줍음이 많다	ser tímido
활발하다	ser extrovertido
상관없다	no importar, no tener relación
성격이 맞다	tener personalidades afines

| Nuevas expresiones |

어떻게 하면 좋을까요?
¿Qué sería mejor que hiciera?

나이는 상관없어요.
La edad no importa.

또 다른 건 뭐가 …?
¿Qué mas…?

Capítulo 12

Conversación 1 P. 196

| Nuevo vocabulario |

교통사고	accidente de tráfico
사고가 나다	sufrir/ocurrir un accidente

다치다	lesionarse
입원하다	ser ingresado en un hospital
수술하다	operar(se)
바라다	desear, esperar
병문안	visita (a alguien en un hospital)
면회	horas de visita

| Nuevas expresiones |

무슨 얘기요?
¿De qué se trata?

뭐라고요?
¿Cómo dice?/¿Perdón?

저도 그러길 바라고 있어요.
Yo también espero que sea así.

Conversación 2 P. 200

| Nuevo vocabulario |

(시간이) 지나다	pasar (el tiempo)
아까	hace un momento
전화가 오다	recibir una llamada
사정이 있다	surgir algo
몸이 안 좋다	encontrarse mal, tener mal cuerpo
그런	de ese tipo
목소리	voz
감기에 걸리다	resfriarse, pillar un resfriado
힘이 없다	no tener energía
낮	día (en oposición a noche)

| Nuevas expresiones |

뭐라고 했어요?
¿Qué dijo (esa persona)?

그런 것 같아요.
Eso parece.

평소와 달리
A diferencia de lo que es habitual.

Conversación 3 P. 204

| Nuevo vocabulario |

부러지다	romperse (un hueso)
다행히	afortunadamente
약간	un poco, ligeramente
큰일(이) 나다	ocurrir una desgracia
왔다 갔다 하다	seguir yendo
치료 받다	recibir terapia
걱정하다	preocuparse
심하게	seriamente
고생하다	pasarlo mal/fatal
낫다	recuperarse, curarse

| Nuevas expresiones |

다행이네요.
¡Gracias a Dios!, ¡Menos mal!

몸조리 잘하세요.
Cuídate mucho.

빨리 낫기를 바랄게요.
Espero que te recuperes rápido.

Capítulo 13

Conversación 1 P. 212

| Nuevo vocabulario |

고향	pueblo/ciudad natal
경험을 쌓다	adquirir/ganar experiencia (laboral)
일자리	puesto de trabajo
번역하다	traducir
통역	interpretación (de un idioma a otro)

| Nuevas expresiones |

그렇긴 하죠.
En eso tienes razón./Eso es verdad.

몇 번 해 봤어요.
Lo he hecho unas cuantas veces.

그렇게 얘기해 줘서 고마워요.
Muchas gracias por decirme eso./...por tus amables palabras.

Conversación 2 P. 216

| Nuevo vocabulario |

한자	carácter chino
살이 찌다	ganar peso
실제로	en realidad
바뀌다	cambiar
씩	cada
최소한	al menos, como mínimo
조금씩	de manera gradual, progresivamente

| Nuevas expresiones |

그건 그렇지!
Eso es verdad.

내가 보기에
Desde mi punto de vista/Tal y como yo lo veo

최소한 … 이상
Al menos ..., o más

Conversación 3 P. 220

| Nuevo vocabulario |

졸업하다	graduarse
취직	encontrar trabajo
대학원	(escuela de) posgrado
사회	sociedad
낫다	ser preferible
장학금	beca
전공하다	especializarse (en un campo académico)
국제 관계	relaciones internacionales
분야	campo, área

| Nuevas expresiones |

네 생각은 어때?
¿Qué opinas?

그러면 좋지.
Sería fantástico. / Podría estar bien.

하긴.
Eso es verdad.

Capítulo 14

Conversación 1 P. 228

| Nuevo vocabulario |

초등학교	escuela primaria
어렸을 때	de niño/a(s)
귀엽다	ser lindo
여행 다니다	ir de viaje
지금도	todavía
이사 가다	mudarse
연락이 끊기다	dejar de tener contacto

| Nuevas expresiones |

어디더라?
¿Dónde sería?

그런 얘기 많이 들었어요.
Eso me lo han dicho muchas veces.
(lit. Esa historia le he oído muchas veces.)

안타깝네요.
Es una lástima./¡Qué rabia!

Conversación 2 P. 232

| Nuevo vocabulario |

모양	forma, estilo
전부	todo
잊다	olvidar
관광객	turista
현지인	población local, la gente del lugar

| Nuevas expresiones |

다른 사람들도 다 그렇게 말해요.
Todo el mundo me lo dice.

뭐가 제일 생각나요?
¿De qué te acuerdas más?

지금도 잊을 수 없어요.
Incluso ahora no lo puedo olvidar.

Conversación 3 P. 236

| Nuevo vocabulario |

해산물	marisco
당연히	por supuesto que, claro que
싱싱하다	estar fresco
일출	amanecer, salida del sol
전날	el día anterior
등산하다	subir montañas
아쉽다	ser una lástima

| Nuevas expresiones |

당연히 먹었죠.
Por supuesto que lo comí.

너무 아쉬워하지 마세요.
No lo pienses más. (lit. No te dé lástima.)

시간 맞춰서 같이 가요.
Busquemos un buen momento y vayamos juntos.

Capítulo 15

Conversación 1 P. 244

| Nuevo vocabulario |

표가 팔리다	agotarse los boletos
영화관	cine
자리	plaza, asiento
아무래도	en fin

| Nuevas expresiones |

무슨 일이에요?
¿De qué se trata?

상관 없어요.
No importa.

하나만 더 물어볼게요.
Le haré una sola pregunta más.

Conversación 2 P. 248

| Nuevo vocabulario |

죄송하다	lamentar(lo)
길이 막히다	haber un atasco de tráfico
차가 밀리다	haber demasiado tráfico
출발하다	salir, partir
마침	justo (en ese momento)
정신이 없다	estar desorientado/desnortado
조심하다	tener cuidado
자료	información, datos

| Nuevas expresiones |

늦어서 죄송합니다.
Le pido disculpas por el retraso.

다음부터는 …지 않도록 하세요.
La próxima vez trate de no…

그렇게 하겠습니다.
Sí, así lo haré.

Conversación 3 P. 252

| Nuevo vocabulario |

잘되다	ser (algo) positivo, ir bien
부탁하다	pedir un favor
맡다	que le encarguen algo a uno, asignarle un trabajo a alguien
을/를 통해	a través de, por

| Nuevas expresiones |

전화하려던 참이었는데 잘됐네요.
¡Qué coincidencia! Estaba a punto de llamarte.

저 말고 부탁할 사람이 없어요?
Aparte de mí, ¿no hay otra persona a la que se la puedas pedir?

제가 다른 사람을 소개하면 어떨까요?
¿Qué te parece si te presento yo a alguien?